조선 전기 공론 논변 연구

조선 전기 공론 논변 연구

조선 전기 공론 논변 연구

엄 훈

도서출판 역락

어린 시절 나는 마루와 큰방의 경계인 문지방에 오도카니 앉아서 먼 산을 파다가 아버지한테 혼이 난 적이 있다. '문지방에 앉는 일은 상놈의 짓'이라는 게 아버지의 말씀이었다. 나는 문지방에 앉는 일이 어째서 상놈의 짓인지 궁금했지만 아버지의 호령이 무서워 문지방에 걸터앉는 일을 그만두었다. 얼마 전 나는 교수휴게실에서 L 교수의 이야기를 듣다가 내가 왜 그때 아버지한테 혼이 났는지를 비로소 알게 되었다. 문화인류학자들에 따르면 문지방에 앉는 일을 금기시하는 것은 모든 문화권에 보편적인 현상이며 그 이유는 문지방에 앉는 행동이 사람들에게 위험한 것으로 인식되기 때문이라고 한다. 그러한 행동이 '위험한 일'로 인식되는 까닭은 세상을 설명 가능한 몇 가지 범주로 나누고 그러한 범주에 따라 세상을 이해하고 바라보려는 사람들의 관습화된 인식 체계를 상징적으로 위반하기 때문이라는 것이다.

돌이켜 보건대 국어교육 연구자가 조선시대 공론 영역의 논변을 장르론적 관점에서 연구하는 일은 '문지방을 밟는 일'이 아니었나 싶다. 어떤 이는 이 연구에서 역사학을 보았고 어떤 이는 고전문학을 보았으며 또 어떤 이는 텍스트학을 보았다. 그러면서도 딱히 어느 한 범주에 속한다고 말하기도 곤란한 것이 사실이었다. 좀더 구체적으로 말하자면 이 연구는 기존의 고전문학의 한 연구 대상을 장르론적 관점에서 새롭게 가치 부여를 한 후 장르 소통의 시대적 양상의 한 단면을 신문화사적 맥락 검토와 텍스트학적 분석과 평가를 통해 종합적으로 재구성한 것이었다. 내 논문을 접한 사람들은 대부분 이런 식의 다학문적 접근에 관심을 보이면서도 정작 내가 연구하는 대상의 실체가 무엇인가에 대해서는 큰 관심을 보이지 않았다. 나는 역사학과 언어학과 국어교육학의 경계에 우두커니 서서 자기중심적 대화에 빠져 있었다.

사실 학문계에서 문지방을 밟는 일은 집안의 문지방을 밟는 일과는 달리 매우 흔하고 의미 있는 일이다. 교육학과 문화인류학의 상호교섭, 역사학과 문화인류학의 경계 허물기, 지리학과 문학의 만남 등에서 그 예를 찾아볼 수 있다. 학문계의 여러 분야들은 고정되고 정체되어 있는 것이 아니라 경계를 밟고 경계를 허무는 과정을 통해서 끊임없이 성장하고 변화하고 소멸하며 새로운 학문 분야가 탄생하기도 한다. 그러나 그러한 경계 허물기가 가능하기 위해서는 학문 공동체 안에서의 지속적인 대화가 필수적이다. 과거의 논변에 대한 이러한 다학문적 접근이 뿌리를 내리기 위해서는 지속적인 설득 과정을 통해 연구 공동체를 형성해야 하는 것이다.

그러나 박사논문을 쓴 후 나는 학교 현장에 뿌리를 둔 질적 연구에 관심을 기울이게 되었다. 교실을 관찰하고 아이들을 관찰하는 일은 내가 국어 교사로서 성장하는 데 많은 도움이 되었으며 삶과 연구의 자연스러운 일치에서 오는 정체감 또한 맛볼 수 있었다. 그에 따라 수년간 열정을 쏟아 부었던 조선시대 논변 문화에 대한 연구는 나의 손끝에서 점점 멀어져갔다. 학문적 문지방에서의 나의 기도는 이제 작은 에피소드에 지나지 않았다. 그러나 과거의 논변 문화라는 새로운 연구 영역의 학문적 가치와 그것이 국어교육을 위한 한 광맥으로 자리 잡을 가능성에 대한 나의 확신은 변하지 않았기에 아쉬움이 클 수밖에 없었다.

올해 초 청주교육대학으로 자리를 옮기면서 지금까지의 학문적 관심사에 대해 되돌아볼 여유가 생겼다. 그리하여 학교 현장에 기반한 연구를 더욱 구체화시키면서도 과거의 논변 문화 연구를 되돌아보고 이를 국어교육에 접맥시킬 후속 연구를 구상할 수 있게 되었다. 교육 속의 논변(argumentation in education)이 그것이다. 이러한 계획의 출발점으로 조선시대의 논변에 대한 장르론적 연구와 그 결과의 국어교육적 재구성에 대한 논의를 정리하여 책으로 출판한다.

　이 책은 크게 두 부분으로 구성되어 있다. 제1부는 '조선 전기 공론 논변의 분석과 평가'이며 제2부는 '고전 논변에 대한 국어교육적 접근'이다. 사실 이것은 그리 균형 잡힌 구분은 아니다. 이 책의 무게 중심은 단연 제1부에 있으며 제2부는 보론이라고 해야 할 만큼 소략하다. 그런데도 이 책의 제2부를 굳이 독립시킨 까닭은 고전 논변의 국어교육적 의의를 드러내는 것이 이 연구의 궁극적인 목표였기 때문이다. 이 책의 무게 중심이 제1부로 간 까닭은 곧 설명하려니와 상대적으로 소략한, 그래서 채워야 할 것이 많은 '고전 논변에 대한 국어교육적 접근'이 장차 본격적으로 이루어질 것임을 예고하는 뜻으로 이해하기 바란다.

　내가 조선시대 언관들의 논증 텍스트를 연구하기 시작했을 때, 나는 아직까지 드러나지 않은 국어 문화 교육의 중요한 한 지류가 있음을 확신했다. 그러나 상당한 시간이 흐르도록 내가 연구하고자 하는 대상의 실체가 무엇인지, 또 그 대상에 어떻게 접근해야 하는지조차 몰라 막막하기만 했다. 내 연구의 대상이 중세적 공론 영역에서 소통된 논증적 대화 장르였음을 인식하게 된 것은 한참 후의 일이었다. 연구 대상의 성격이 분명해지면서 연구 방법도 점차 확립되었다. 과거의 논증적 대화의 문화적 맥락을 밝히기 위한 문화 해석의 방법, 논변을 화행의 교환이라는 관점에서 입체적으로 분석하고 재구성하기 위한 논증적 대화 분석의 방법, 그리고 당대 논변의 규준적 모델을 재구성하고 그 모델에 비추어 논변을 평가하는 논변 평가의 방법이 그것이다. 이 세 가지 연구 방법이 동시에 적용된 것은 이중 어느 하나의 방법만으로는 중세적 공론 영역에서 소통된 논증적 대화 장르의 실체를 드러낼 수가 없었기 때문이다.

　연구가 본격적인 궤도에 오르면서 나는 초기에 내가 느꼈던 막막함에 버금가는 또 다른 막막함을 느꼈다. 나는 사람들에게 조선 전기 공론 영역의 변화 과정과 그 속에서 소통된 논변의 장르적 실체와 당대 공론 논변의 합리성에 이르기까지 모든 것을 일일이 설명해야 했다. 어느 것 하나 미리 논의되고 합의된 것이 없었다. 지금까지 관심의 범위에서 벗어나 있던 대상을 새로운 관점에서 조명하는 일은 마치 집 한 채를 짓기 위해 집 지을 땅부터 만들어내야 하는 것과도 같았다. 국어 문화 교육의 지평을 확장해 보려는 의도로 시작한 이 작업이 문화 교육의 소재라고 할 수 있는 조선 전기 공론 논변의 실체를 밝혀내는 일에 집중될 수밖에 없었던 것은 이 때문이다.

그러나 바로 이 첫 단계의 작업이 있었기 때문에, 고전 논변을 소재로 한 교육이 어떠해야 하는지에 대한 새로운 논의가 가능해졌다. 고전 논변의 소품들을 대상으로 한 기존의 고전 표현론적 고찰은 고전의 표현 원리를 발견하는 데는 도움이 되었지만 고전 논변이 무엇인지, 그것을 왜 가르쳐야 하며 어떻게 가르쳐야 하는지에 대하여 답할 수 없었다. 이는 물론 공론 논변의 장르적 실체에 대한 인식이 없었던 데서 초래된 결과였다. 그런 의미에서 조선시대 공론 논변에 대한 장르론적 연구는 고전 논변에 대한 국어교육적 인식의 지평을 열어주었으며 고전 논변 교육의 성격과 위상을 논하는 출발점이 되었다.

이 책의 제1부의 논의는 중세적 공론 논변이 변화 발전하는 특정한 시점에서 특정한 논변 사건을 중심으로 그 장르적 관습을 드러내는 방식으로 이루어졌다. 여기에서 초점으로 삼은 시기는 성종 19년으로 홍문관의 언관화를 주축으로 언론 삼사 제도가 완비되어 공론소재(公論所在), 즉 '공론이 있는 곳'의 관념이 획기적으로 확장되는 전기를 마련한 때이다. 임사홍 탄핵 논변은 이러한 제도적 변화와 맞물려 있었던 사건으로 당대 공론 논변의 장르적 관습을 생생하게 보여준다.

이러한 접근법을 통하여 중세적 공론 논변의 장르적 발전의 구체적 단면을 드러낼 수 있었지만 공론 논변의 역사적 변화 과정을 추적할 수는 없었다. 특히 중세적 공론 논변의 소멸 과정과, 이와 맞물려 이루어진 것으로 보이는 근대적 공론 논변의 발생 과정에 대한 연구는 조만간 이루어져야 할 중요한 과제이다.

'고전 논변에 대한 국어교육적 접근'을 다루는 제2부는 고전 논변 교육

을 고전 논변을 소재로 한 교육이라고 정의한 다음, 고전 논변 교육의 개
념을 그 인접 개념인 현대 논변 교육과의 관계를 중심으로 풀어낸다. 또
한 그 상위 개념인 논변 교육이 국어과 교육에서 어떤 위상을 차지하는가
를 논한다. 이러한 논의를 관통하는 필자의 기본 관점은 '고전 논변 교육
은 그것의 장르적 실체를 중심으로 이루어져야 한다'는 것이며, '고전 논
변 교육은 논증 장르 문식성을 신장시키는 데 기여해야 한다'는 것이다.

끝으로 이 책의 제2부에서 사용되고 있는 '고전 논변'이라는 용어에 대
하여 언급할 필요성을 느낀다. 이 용어는 '조선 전기 공론 논변' 같은 전
문적인 학술어를 대신하여 근대 이전의 논변을 포괄적으로 지칭하는 교
육적 용어로 만들어진 것이다. 여기서 '고전'이란 말은 고전 문학의 장르
들인 고전 시가, 고전 산문, 고전 소설 등의 용어에서 차용한 것이다. '고
전'이라는 말에는 문학 작품이라는 의미가 함축되어 있어서 비문학 장르
인 논변에 사용하는 것이 한편으로는 어색하다. 그러나 옛날 우리나라에
는 문사철 일체라는 관념이 있어 문학적 글 읽기(쓰기)와 비문학적 글 읽
기(쓰기)가 뚜렷이 구분되지 않았다는 점과, 국어 문화 교육의 테두리 안
에서 논변과 문학이 함께 다루어질 수 있다는 점을 고려하여 '고전 논변'
이라는 용어를 사용하기로 하였다.

천학비재에 가시덩굴처럼 엉킨 생각이 잘 풀리지 않아 표현까지 생경
한 부분도 많으나 이 분야에 대한 학문계의 대화에 작은 실마리를 제공
한다는 의미에서 부끄러움을 무릅쓰고 이 책을 세상에 내놓는다.

2005년 11월 10일

엄 훈

목 차

제1부 조선 전기 공론 논변의 분석과 평가

제 2 부 고전 논변에 대한 국어교육적 접근

제1부

조선 전기 공론 논변의 분석과 평가

제 1 장 서 론

1. 연구의 성격과 목적

이 연구는 조선 전기 공론 영역(public sphere)에서 이루어진 논증적 대화1)를 대상으로 삼아 그 장르 관습을 당대의 사회·문화적 맥락 속에서

---

1) 논증적 대화란 대화의 진행(move)에서 논증이 결정적이고 주된 기능을 하는 대화를 가리킨다. 그러므로 논증적 대화가 무엇인지 이해하기 위해서는 논증에 대한 명확한 정의가 선행되어야 한다. 이 연구에서는 논증(argumentation)을 van Eemeren et al. (2002 : ⅵ〜ⅶ)이 내린 정의에 따라 이해한다. 이하는 그들의 설명을 요약한 것이다. van Eemeren et al.(2002)은 논증을 의견의 차이를 해결하는 수단으로 설명한다. 사람들 사이의 의견 차이는 사적인 생활에서건 공적인 생활에서건 끊임없이 나타나게 마련이다. 이러한 의견 차이는 중대한 일에 관련된 것일 수도 있고 사소한 것에 불과할 수도 있다. 의견 차이는 논문이나 신문에 실리는 논박문 등과 같은 데서뿐만 아니라 대화나 회합에서도 드러난다. 논증을 전개한다는 것은, 이러한 모든 경우에 있어서, 화자나 필자가 그들과 의견을 달리하는 사람들과 더불어 토의를 한다는 것을 의미한다. 이러한 논증적 토의는 인간의 사회 생활에서 결정적인 역할을 한다. 또 논증이란 구어적 문어적 소통 양식에 관계없이 이루어지는 보편적인 언어 행위이다. 논증은 사회적 행위이기도 하다. 논증을 개진한다는 것은 어떤 이가 다른 이들을 상대로 그러한 행위를 함을 내포한다. 더 나아가 논증은 이성적 행위인데 이는 논증이 합리적인 태도를 지니고 있는 비판자가 수용할 수 있는 그러한 방식으로 어떤 견해를 옹호하는 것을 지향하기 때문이다. 논증을 개진함에 있어서 화자나 필자는 자신과 청자 또는 독자 사이에 의견의 차이가 존재한다는 가정으로부터 출발한다. 쟁점이 되는 견해를 정당화하는 명제들을 제시함으로써 화자와 필자는 청자와 독자에게 그 견해가 받아들일 만한 것임을 확신시키려고 한다. 이러한 특성들을 종합하면 논증은 다음과 같이 정의될 수 있다. '논증이란 어떤 견해를 정당화하는 일련의 명제들을 제시

밝혀내는 것을 목적으로 한다. 아울러 그렇게 밝혀진 장르 지식이 국어교육에서 어떻게 다루어져야 하는가를 논한다.

조선시대는 양반이라 통칭되는 지식인 관료들과 예비 관료 집단인 유생(儒生)들이 다양한 방식으로 공론(公論)을 형성하였으며, 이러한 공론은 국왕과 언관(言官)을 주축으로 하여 공식적이고 공개적으로 소통되었다. 조선시대에 공론이 형성되고 소통되는 장(場)은 공론소재(公論所在)라 하여 매우 중시되었으며 이러한 공론 소통의 장에서 삼사(三司) 즉, 사헌부, 사간원, 홍문관의 언관(言官)과 임금, 그리고 재신(宰臣) 사이에 논집시정(論執時政), 정풍속(正風俗), 규찰백관(糾察百官), 간쟁(諫諍), 논박(論駁) 등의 논증적 대화가 이루어졌다.

당대에 공론 정치의 토대로 작용하였던 공론 영역은 국왕을 정점으로 다양한 논증적 대화가 이루어지는 의사소통의 장(場)이었다. 실제로 그러한 대화의 전형이라 할 언관과 임금 간의 논증적 대화는 공론 영역의 소장(消長)과 더불어 발전하고 변화하고 소멸하는 과정을 거쳤다. 그 당시 공론 영역에서 이루어진 논증적 대화는 당대인이 합리적인 것으로 인정하고 공유하는 관념인 공감의 체계에 기초하여 관습적인 방식으로 전개된 것으로 보인다. 또한 공론 영역에서의 논증적 대화는 조정의 중대사를 공식적이고 공개적으로 논의하고 결정하였던 한자 문화권의 오랜 전통과 무관하지 않다. 그렇다면 조선시대 공론 영역에서의 논증적 대화는 당대의 사회·문화적 맥락 안에서 관습적으로 운용된 논증 장르의 하나였다고 추정할 수 있다.

조선시대 공론 영역에서 이루어진 논증적 대화가 장르적 속성을 지니고 있었음은 그 대화가 전통적인 설득 장르들이라 할 수 있는 다양한

함으로써 그 견해의 수용가능성을 합리적인 비판자에게 확신시키는 것을 목적으로 하는 언어적, 사회적, 이성적 행위이다. *Argumentation is a verbal, social, and rational activity aimed at convincing a reasonable critic of the acceptability of a standpoint by putting forward a constellation of one or more propositions to justify this standpoint.'*

상·하행 문체(上·下行 文體), 즉 상소(上疏), 상차자(上箚子), 계(啓), 의(議), 비답(批答), 전교(傳敎) 등에 의해 실현되었던 데서도 그 근거를 찾을 수 있다. 공론 영역의 논증적 대화에서 사용된 이러한 장르들은 논변류(論辨類), 주의류(奏議類), 조령류(詔令類)라는 전통적인 문체류에 망라되어 있다(심경호, 1998 : 131).

이 연구에서는 공론 영역에서의 논증적 대화 장르를 지칭하는 포괄적인 명칭으로 '공론 논변(公論 論辨)'을 사용하고자 한다. 논변은 한자문화권에서 사리를 분별하고 시비를 가리는 것을 목적으로 하는 다양한 텍스트의 유형을 아우르는 문체 명칭으로 사용되어왔다.[2] 논변은 전통적인 논증 장르 전체를 아우르는 명칭은 아니었으나 논변이라는 용어의 대중성과 이 용어가 지니고 있는 개념적 포괄성으로 하여 제반 논증 장르들을 아우르는 장르류의 명칭으로 살려 쓰는 것이 그리 어색하지는 않다.[3] 여기서 공론 논변은 공론 영역에서 소통되는 제반 논증 장르들을 아우르는 명칭이라고 정의된다.[4]

조선 전기의 공론 논변이 거시적 논증 장르로서의 성격을 지니고 있다

---

[2] 논변을 거시적인 문체 범주의 명칭으로 사용한 예로는 청조(淸朝) 동성파(桐城派) 요내(姚鼐)의 『古文辭類纂』을 들 수 있다.

[3] 전통적인 논증 장르의 분류 기준에 일관성이 결여되어 있는 것도 '논변'을 제반 논증 장르들을 포괄하는 명칭으로 선택한 이유 중의 하나이다. 즉 논변은 대화의 목적(사리를 분별하고 시비를 가림)에 따라 제반 미시적 장르들을 아우르고 있으나 주의나 조령은 상행과 하행이라는 의사소통의 방향에 따라 하위 장르들을 분류하고 있다. 이러한 분류 방식은 분류 체계상의 중복을 초래할 수 있다. 한편 주의나 조령은 상하간 소통이라는 중세의 특수한 소통 맥락을 반영하는 명칭이어서 현대에 제반 논증 장르를 포괄하는 개념으로 살려 쓰기에는 적절하지 않다.

[4] 논변을 논증적 대화의 제 양식을 아우르는 말로 사용할 때 조선시대 공론 논변은 그 속에서 사용된 제반 미시적 논증 장르들을 포괄하는 범주로 이해된다. 그런데 조선시대 공론 논변은 단순한 범주 명칭을 넘어 거시적 논증 장르로 정의될 만한 특성을 지니고 있었다. 즉, 공론 영역이라는 특정한 의사소통의 장에서 이들 미시적 논증 장르들은 서로 유기적으로 결합되어 장르 통합체적 성격을 지니게 되었던 것이다. 미시적 논증 장르들의 통합 양상에 대해서는 이 연구의 4장 참조. 조선시대 공론 영역에서 소통된 논증 장르들의 유기적 결합 양상은 공론 논변을 일종의 거시적 논증 장르로 규정하는 근거가 된다.

면 이를 연구하는 일은 우리의 전통적인 논증 장르의 한 줄기를 계통적으로 밝혀내는 작업이라고 할 수 있다. 어떤 논증 장르를 계통적으로 연구한다는 것은 구체적인 논변 자료를 대상으로 하여 그 소통의 사회·문화적 맥락과 그 속에서 이루어진 논증 행위의 관습성을 밝혀내고 그러한 관습성의 문화적 의미를 해석해 가는 과정이다. 이러한 작업이 축적될 때 발생에서 소멸에 이르는 장르의 역사가 그 모습을 드러낼 것이다.

이 연구는 논변 교육의 소재(素材)를 확보하기 위한 내용 연구의 성격을 지니고 있다. 고전 논변은 국어 문화 교육의 소재로, 또한 논증 장르 교육의 소재로 활용될 수 있다. 그 동안 고전 논변은 국어교육에서 상대적으로 소홀히 취급되어왔다(엄훈, 2000 : 271). 필자는 이러한 현상의 원인을 고전 논변에 대한 연구의 부재에서 찾는다. 우리의 역사에서 찬란한 논변 문화가 꽃피었다 해도 이에 대한 학문적 접근이 이루어지지 않는 한 우리는 고전 논변을 교육의 소재로 삼기가 힘들다.[5]

고전 논변에는 논증의 일반적인 유형들이 두루 갖추어져 있으며 그 소통 과정에 우리 논변의 고유한 관습적 특성이 반영되어 있다는 점에서[6] 논증 장르 교육의 유용한 소재가 된다. 고전 논변을 논증 장르 교육의 소재로 확보하기 위해서도 이에 대한 본격적인 연구가 선행되어야 함은 물론이다.

이 연구는 조선왕조실록에 실려 있는 언관과 임금과 재신들 간의 논증적 대화에 관한 기사를 자료로 삼는다. 연구의 초점이 되는 시기는 조선 전기 공론 논변의 기본 틀이 확립되는 성종조이다. 이 연구의 연구 문제

---

5) 고전 논변에 대한 연구의 부재는 고전 논변 문화에 대한 저급한 인식으로 이어져 문화적 열등감의 원천이 되기도 한다. 아직도 논증 문화나 토론 문화는 서구에서 유래하였으며 근대에 이르러 서구의 논증 문화와 토론 문화가 비로소 우리의 문화에 접목되었다는 견해가 널리 퍼져 있다(엄훈, 2000 : 271). 여기에서 한 걸음 더 나아가 유교 문화권에서는 토론 문화가 꽃필 토양조차 마련되지 않았다는 왜곡된 인식이 널리 유포되어 있다(Freeley, 1996 : 18).

6) 고전 논변의 논증 유형에 대한 앞선 고찰은 염은열(1996) 및 엄훈(2000, 2002b)에서 찾을 수 있다.

는 다음의 세 가지이다.

첫째, 조선 전기에 공론 영역에서 소통되던 논증적 대화가 사회적 행위로서의 논증 장르였음을 밝히는 것이다. 이 연구는 조선 전기에 정치적 공론 영역이 공고하게 형성되어 있었음을 밝힌 사회학계와 역사학계의 선행 연구를 출발점으로 삼는다. 여기서는 조선 전기의 공론 영역이 언관-임금-재신 간의 논증적 대화의 사회·문화적 맥락으로 기능하였음을 밝히고 당대 공론 정치의 주체였던 사대부들이 세계와 인간, 그리고 공론에 대하여 어떻게 인식하고 있었는가를 확인하는 데 초점을 맞춘다. 아울러 이러한 당대인의 관념이 공론 영역의 성격 변화와 더불어 어떻게 변화해 가는가 하는 점도 탐구의 대상이 된다.

둘째, 조선 전기 공론 논변의 장르 관습을 발화 행위의 차원에서 밝히는 것이다. 이 연구 문제는 첫 번째 연구 문제의 탐구 결과를 기초로 탐구된다. 논변의 장르 관습 분석은 참여자, 소통 구조, 소통 양식, 정황적 프레임, 말차례 교환의 양상, 논증의 유형 등에 대한 분석과 논변의 건전성에 대한 평가를 포함한다.[7]

셋째, 조선 전기 공론 논변에 대한 연구 결과가 국어교육에서 어떻게 다루어져야 하는가의 문제를 다룬다. 이 문제를 논의하는 과정에서 과거의 논변을 소재로 한 논변 교육의 성격과 위상이 밝혀질 것이다.

2. 관련 연구 검토

국내에서 과거의 논변에 대한 본격적인 연구는 아직 찾아보기 힘들

---

[7] 논증은 건전성에 대한 참여자들의 평가를 함축하고 있으므로 논증 연구는 평가 지향적이라는 성격을 띠게 마련이다. 관습화된 논증적 대화인 논변에 대한 연구가 분석과 평가의 두 가지 양상을 보이게 되는 것은 이 때문이다.

다.8) 그러나 이 연구에 인접하여 있거나 연구에 참조할 수 있는 관련 연구들은 다양한 양태로 산견된다. 이를 몇 가지 범주로 묶어서 개관하면 다음과 같다.

표현 문화론9)의 관점에서 고전 논변에 접근한 논문으로 염은열(1996)을 들 수 있다. 염은열(1996)은 고전 표현의 설득 전략을 밝혀내기 위해 홍귀달의 상소문을 분석하였다. 그 결과 논지 전개의 구체화, 숨겨진 전제의 활용, 권위적 논거의 활용, 거짓 인과관계의 활용 등이 구체적인 설득 전략으로 사용되었음을 밝혀내었다. 이 연구는 과거의 논변 텍스트에 대한 분석적 연구의 가능성을 보여주었으나 과거의 논변을 당대의 문화적 맥락 속에서 고찰하려는 시도를 하지 않아 그 수사적 특성을 소박하게 고찰하는 데 머물렀다.

국어 생활 문화 연구의 범주에 드는 것으로 김종철(2000)을 들 수 있다. 김종철(2000)은 조선조 사대부가(士大夫家)의 여성 행장(女性行狀)의 글쓰기 문화를 고찰하면서 글쓰기가 사람살이의 어떤 문화와 결속되어 있는 관습적 행위이며 이러한 관습적 글쓰기 양식의 기저에는 일정한 문화적 척도가 작용하고 있음을 논하였다. 이 연구는 당대의 특정한 문화적 맥락 속에서 글쓰기의 문화를 재구성하였다는 점에서 과거의 논변 문화 연구

---

8) 물론 한문학 분야에서 이룩한 다양한 한문 장르의 문체 연구를 무시하는 것은 아니다. 그러나 현재 한문학의 문체 연구는 문학 장르에 한정되어 있다. 즉, 설득을 목적으로 하는 문체의 경우에도 문학의 한 갈래로 분류하고 그 문학적 특성을 연구하고 있는 실정이다. 따라서 추론과 설득의 방법으로서의 논변에 대한 분석적 접근이나 설득을 위한 사회적 행위로서의 논증 장르에 대한 본격적인 접근은 이루어지지 않았다.

9) 표현 문화론이라는 명칭은 김창원(2000)을 따른 것이다. 표현 문화론은 고전표현론에서 출발하였다. 고전표현론은 고전 자료가 정태성, 역사성, 근원성을 지님으로써 표현론을 구상하는 데 방법적 수월함을 줄 수 있음에 착안하여 제안되었는데 그 후 고전 및 현대 문학 작품들을 대상으로 하여 표현의 원리를 추출하거나 표현에 관여하는 사고의 과정을 일반화하는 논의들로 구체화되었다. 고전표현론은 뚜렷한 연구의 흐름을 형성하면서 표현 문화론의 방향으로 확장되고 있다. 즉 고전 문학 작품의 한계를 벗어나 일상적인 글쓰기나 현대 문학 작품으로까지 연구 범위를 확장하여 표현의 '문화 원리'를 모색하고 있다.

의 관점과 방법에 시사하는 바가 크다.

장르론적 관점에서 고전 논변에 접근한 것으로 최인자(2001a : 170~186)가 있다. 최인자는 상소문을 발화 장르(speech genre)의 일종으로 보고 그 표현의 규칙성을 찾아내려고 노력하였다. 최인자(2001a)는 신하와 임금 사이에 이루어진 설득 행위의 관습을 연구의 대상으로 부각시켜 그 양식적 특성을 규명하려 하였다는 점에서 혁신적인 시도라 할 수 있다. 그러나 최인자(2001a)는 장덕순(1984)의 관점에 따라 상소문을 고전 수필류의 하나로 간주함으로써 상소를 통한 신하와 임금 간의 대화를 공론 영역에서 이루어진 관습화된 설득 행위로 바라보지는 못하고 있다.

과거의 논변 연구와 인접한 연구로 국어 사용의 양상을 사적(史的)인 차원에서 접근한 일련의 성과를 들 수 있다. 민현식(1994a ; 1994b)은 개화기의 문체 갈등의 양상을 당대의 사회적 갈등과 관련하여 연구하였다. 김광해(1996)는 '역사의 흐름에 따라 국어 사용의 양상이 어떻게 변해 왔는가'를 탐구하는 분야를 국어생활사라 명명하고 그 연구의 필요성을 강조하였다. 이 밖에 신명선(1998)과 정진원(1999)도 이러한 연구의 범주에 속한다. 국어 사용의 사적 양상에 대한 연구는 아직 그 포괄 범위가 모호한 상태로 남아 있다. 지금까지의 연구 경향은 문체 및 담화 차원의 언어 사용의 특성을 기술하는 단계에 머무르고 있다.

화법의 역사를 살핀 것으로는 전영우(1998)가 있다. 전영우는 근대 토론 문화의 성립 과정을 정리하고 근대에 활약한 선각자들의 화법을 연구하였다. 이에 덧붙여 전영우(1997)[10]는 현대 화법의 관점에서 조선조 중기에 영의정을 지낸 동고(東皐) 이준경(李浚慶)의 화법을 연구하여 근대 이전의 역사적 인물에 대한 화법 연구의 가능성을 보여주었다. 전영우는 동고의 설명과 설득 방법, 전말 보고, 토의와 토론시의 문제 해법 등 그의 화법의 여러 측면을 사례 중심으로 살핌으로써 역사적 인물의 화법이 지닌

---

10) 전영우(1997), "동고 이준경(1499~1572)의 화법", 『동고학논총』, 동고학연구소. 전영우(1998 : 81~103)에 재수록.

현대적 의의를 드러내었다. 그러나 당대의 논변을 현대 화법론의 관점으로 해석하여 현대적 편견을 극복하지 못하고 있다.

이상의 연구들은 과거의 논변 연구의 시발점이 되거나 중요한 참조가 될 수 있는 인접 연구라고 할 수는 있지만 당대의 논변을 당대의 사회·문화적 맥락 속에서 해석하려는 시도로 이어지지 못하고 있다.

과거의 논변 연구와 상호보완적인 관계를 지니는 것이 현대의 논변 연구이다. 최근에 국어교육의 관점에서 현대의 논변 분석을 시도하고 논변 교육의 지평을 모색하고 있는 것이 민병곤(2000, 2001a, 2001b)이다. 민병곤(2000)은 신문 사설의 논증 구조를 분석하고 논증 구조 분석의 국어교육적 의의를 논하였다. 민병곤(2001a)은 서구의 논증 이론의 전개 과정을 개관하고 논증 교육을 위한 기초 연구 과제와 실용적 연구 과제를 제안하였다. 여기에 소개된 연구들은 논증 연구와 논증 교육이 형식 논리학적 편향을 극복하고 어떻게 실제 맥락을 복원하는 방향으로 재정립되어 왔는가를 보여준다. 그는 이 논문에서 국어 생활의 한 양상으로서 논증 활동에 주목하여 국어교육에서 논증 교육은 문화적 맥락과 불가분의 관련을 맺고 있음을 지적하였다. 민병곤(2001b)은 TV 토론 담화의 논증을 화용-대화론적(pragma-dialectical) 분석 기법을 이용하여 분석함으로써 논증적 대화에 대한 규준적 분석(normative analysis)과 그에 따른 논증 평가의 가능성을 보여주었다.

이외에 조선 전기 공론 논변 연구에 직접, 간접적으로 도움을 주는 연구로 조선시대의 교육 제도에 대한 연구와 제도 언론 및 공론 영역(public sphere)에 대한 연구가 있다. 조선시대의 교육 제도에 접근하여 그 교육적 의의를 살핀 논문으로는 송영일(1998), 조희정(2001)이 있다. 송영일은 조선 성종조 경연(經筵) 진강(進講) 연구를 통해 경연의 체제와 운영, 진강의 내용과 방식, 당대의 통치 체제 속에서의 경연의 위상 등을 밝혔다.[11] 경

---

11) 그는 현대의 교육과정의 이론적 틀에 따라 경연 진강의 목적, 내용, 방법, 평가를 논하였으며 이로부터 현대 교육적 관점에서 찾을 수 있는 의의를 찾고자 하였다. 송

연의 장은 공론 논변의 중요한 공간이라는 점에서 참조가 된다. 조희정(2001)은 중세 과거 시험과 현대 국가 단위 평가 시험의 성격을 비교하고 세종조 강경 논쟁에서 드러나는 글쓰기 평가의 관점을 고찰하였다. 이 연구는 평가 제도와 평가 관점의 측면에서 과거 시험과 현대 국가 단위 평가 시험(사법 시험, 행정 시험, 중등 교원 임용 시험)의 비교 가능성을 검토하고 과거와 현대의 글쓰기 평가 방식을 비교하였다. 이러한 비교를 통해 과거의 글쓰기 평가가 현대의 글쓰기 평가의 관점과 방법에 던지는 시사점을 확인하려 하였다.

조선시대의 제도 언론에 대한 제도사적 연구로는 최승희(1976), 목정균(1985), 정두희(1994)를, 조선시대 언론 문화에 대한 개괄적 접근으로는 한국역사연구회 편(1996), 김경수(2000), 김세철·김영재(2000)를 참조할 수 있다.

조선시대 공론 영역(public sphere)에 대한 연구는 당대 공론 영역에서 전개된 논증적 대화 연구의 기초를 제공한다는 점에서 중요한 의미를 지닌다. 최정호(1986)는 하버마스의 공론장(Öffentlichkeit)에 해당하는 개념과 사회적 현상이 조선시대에 발생하였음을 지적하고 그 개략적인 전개 과정을 묘사하고 있다. 최이돈(1986, 1989, 1992)은 공론 소통의 제도적 기반과 공론에 대한 당대인의 인식 변화를 홍문관의 언관화(言官化) 과정과 낭관권(郎官權)의 형성 과정을 중심으로 고찰하였다. 김돈(1997)은 16세기 유생층의 공론 형성 과정과 그에 따른 군신 권력 관계의 변동을 살피고 있다. 김항(1998)은 구한말 근대적 공론 영역의 형성 조건과 근대적 공론 영역이 구축한 상징적 현실이 무엇이었는가를 탐구하였다. 이들 연구들은 조선시대에 전통적인 정치적 공론 영역이 공고하게 형성되었으며 사회의 변동

영일의 작업은 당대의 경연 진강의 형식적 실체를 밝히는 데 상당한 기여를 하였으나 현대의 교육과정 이론을 틀로 삼아 단편적인 지식을 평면적으로 나열하는 데 그쳐 당대의 교육 제도가 지닌 교육 문화적 맥락을 입체적으로 밝혀내는 데 이르지는 못하였다.

과 함께 변화 발전하다가 구한말에 이르러 근대적 공론 영역으로 교체되었음을 실증적으로 보여주고 있다. 그러나 이 연구들은 공론 영역의 변동에만 초점을 맞춤으로써 공론 영역 안에서 소통된 '공론'의 실체가 무엇이었으며 그것이 어떻게 소통되었는지에 대한 관심으로까지는 발전하지 못하였다.

이상에서 고찰한 바와 같이 과거의 논변에 대한 국내의 연구는 아직 뚜렷한 자취를 찾아보기 힘들다. 이러한 현상은 고전 문학의 범주에 드는 여러 장르에 대한 연구가 풍부한 자취를 남기고 있는 사실과 비교해 보면 그 격차를 실감할 수 있다. 또한 최근 국어교육 연구자들이 비판적·논리적 사고 교육을 활발하게 모색하고 있고, 논술 능력이 대학 입학 전형의 중요한 준거가 되고 있는 현실에 비추어 보아도 이에 대한 진지한 반성이 필요하다.

과거의 논변에 대한 연구가 타 장르에 비해 상대적으로 미진한 현상은 연구 자료의 성격 측면과 연구의 관점 및 방법 측면에서 진단해 볼 수 있을 것이다. 먼저 연구 자료의 성격 측면에서 이 문제에 접근해 보자. 우리는 우선 자료 자체의 양과 질이 연구의 결정적인 장애가 되지는 않는다는 것을 확인할 수 있다. 약간의 관심만 있다면 논증 장르에 속하는 다양하고 풍부한 자료들을 도서관이나 연구 기관에서 어렵지 않게 접할 수 있다.[12] 그렇다면 무엇이 문제인가? 그것은 바로 과거의 논변 자료가 한

---

12) 과거 논변 자료의 다양성은 그것들이 실려 전하는 사서(史書)나 문집들을 일일이 열거할 필요도 없이 논변에 속하는 문종의 다양성을 살펴보는 것만으로도 충분하다. 한자 문화권에서 소통된 문장의 갈래들 중 설득을 목적으로 하며 논증적 성격을 강하게 지니고 있는 문체로 논변체(論辨體), 주의체(奏議體), 조령체(詔令體)가 있다. 이 세 가지 문체는 각각 그 하위 장르들을 포괄한다. 논변류(論辨類)에는 논(論), 변(辨), 설(說), 의(議), 해(解), 난(難), 석(釋), 유(喩), 대문(對問) 등이 속하고, 주의류(奏議類)에는 주(奏), 소(疏), 상소(上疏), 장(章), 표(表), 유표(遺表), 하표(賀表), 의서(議書), 책문(冊文), 차(箚), 책(策), 대책(對策), 전(牋), 계(啓), 장(狀), 봉사(封事), 노포(露布), 탄사(彈事), 주기(奏記) 등이 속하며, 조령류(詔令類)에는 고(誥), 서(誓), 조(詔), 제(制), 칙(勅), 유(諭), 새서(璽書), 구선(口宣), 책(策), 비답(批答), 사문(赦文), 구석문(九錫文), 철권문(鐵券文), 첩(牒), 방(牓), 교(敎), 부(符) 등이 있다. 윤용식·손종흠(1994 : 4~9).

문으로 기록되었다는 점이다. 한문으로 기록된 자료는 해독이 쉽지 않기 때문에 연구에 상당한 어려움을 야기한다. 그러나 돌이켜보건대 자료 해독의 어려움이 연구의 근본적인 장애였다고 보기는 힘들다. 더욱 근본적인 장애는 자료의 가치에 대한 연구자들의 선입관이다. 즉 한문 자료는 국어 생활의 양상을 고찰하는 데 부적합하다는 선입관이 강하게 작용하고 있었던 것이다.13)

연구의 관점 및 방법 측면에서도 선행 연구의 부족 현상을 진단할 수 있다. 그동안 우리는 과거의 논변 문화를 대변하는 방대한 자료를 소장하고 있으면서도 이들 자료를 논변 자료로 보지 못하고 문학의 한 갈래로 보는 우를 범하였으며, 그 결과 논증 현상을 중심으로 텍스트를 분석하는 방법론을 발전시키지 못하였던 것이다. 그런데 이러한 관점의 제한은 한문학 연구의 오랜 전통에 기인한다고 할 수 있다.

원래 한자 문화권에서는 논증 및 설득 행위를 장르의 일종으로 보는 전통이 있었다. 한문 산문의 여러 장르는 기원적으로 조정에서 임금과 더불어 공사를 논할 때 사용된 소통의 양식들이었다고 한다.14) 즉 조정이라는 공공의 장에서 올바른 의사 결정을 내리기 위해 상하간에 소통된 담화 양식들이었다. 따라서 고대의 한문 장르는 텍스트보다는 맥락을 중심으로 구분되었다. 즉 문어 텍스트의 규칙성보다는 '소통의 대상이 누구인가', '소통의 목적이 무엇인가'와 같은 맥락이 장르 구분의 준거가 되었던 것이다. 또한 고대의 소통 장르는 기원적으로 구어 장르였으며 문어가 중시된 후대에도 오랫동안 구어 매체와 문어 매체가 통합적으로 사용되었

---

13) 이러한 선입관은 지금까지 국어학 연구에서 한문 텍스트 자체를 본격적인 연구 대상으로 삼고 있지는 않다는 데서 발견된다. 한문 텍스트가 국어 생활의 양상을 밝히는 중요한 원천이 될 수 있다는 것은 이 연구를 통해 입증될 것이다.

14) 한문 산문의 원천이라 할 『尙書』에는 전(典)・모(謨)・훈(訓)・고(誥)・서(誓)・명(命)의 여섯 가지 공문 문체가 분류되어 있으며 『周禮』에도 사(祠)・명(命)・고(誥)・회(會)・도(禱)・뇌(誄)의 여섯 가지 문체를 지어서 상하・친소・원근을 통하게 한다는 말이 있다(심경호, 1998 : 127). 이를 볼 때 고대 한자 문화권의 장르 구분의 시작은 공공의 장에서 소통되는 담화 양식을 분류한 것이었음이 명백하다.

다. 고대 한자 문화권의 논증 및 설득 장르는 기본적으로 공공성이 강한 담화였으며 실용적인 동기를 지닌 사회적 행위였던 것이다.

그러던 것이 위진 시대 이후 문학성을 중심으로 장르를 구분하는 경향이 생기기 시작하였다(심경호, 1998 : 127~28). 즉 장르 소통의 목적이나 맥락보다는 문장 자체가 지닌 특성이 관심의 대상이 되었던 것이다. 그 후 한문 산문 문체 분류에서 문학적 편향성은 더욱 두드러지게 되어 실제 맥락 속에서의 설득과 사리분별이라는 논증 장르의 본래적 기능보다는 텍스트가 지니는 미학적 속성이 강조되었다. 한문 산문 문체 분류에서 가장 높은 수준을 이룬 것으로 평가되는 요내(姚鼐)의 『고문사류찬(古文辭類纂)』에 이르면 논증 장르에 속하는 논변(論辨), 주의(奏議), 조령(詔令)이 모두 문학의 갈래들로 인식되고 있으며 이러한 인식은 현대의 한문학에도 그대로 이어지고 있다.

논변을 문학의 한 갈래로 보게 되면 사회적 행위로서의 논증적 대화라는 논변의 본질이 연구자의 시야에서 사라지게 된다. 문학적 편향성이라는 제한된 관점은 공론 영역에서 발전된 논증 장르를 본격적인 연구의 대상에서 제외하는 결과를 낳게 되었던 것이다.

한자 문화권에서 논변에 대한 분석적인 연구 방법의 단초가 없었던 것은 아니다. 춘추 전국의 교체기에 활동한 묵자는 논증 방법과 기교에 대한 논의를 상당히 진척시켰다. 『묵자』의 「경(經)·상/하」 및 「경설(經說)·상/하」에서는 여러 학문 분야에서 등장하는 어휘의 개념과 내포적 의미에 대하여 정의를 내리고 그 원리를 설명하였으며, 개념의 사용에 따르는 여러 문제들에 대해 명확히 시비를 가리고자 하였다. 또 「소취(小取)」에서는 변론의 목적과 기술, 형식과 적용 등을 체계적으로 설명하여 고대 중국의 논증 이론의 정수를 보여주고 있다. 이후 전국시대 중엽의 『맹자』와 『장자』 및 전국시대 후기의 『순자』와 『한비자』도 논변의 구조와 논변 기교를 발전시키는 데 상당한 기여를 하였다(심경호, 1998 : 2부 5장). 그러나 이러한 분석적 연구의 경향은 더 이상 발전하지 못하였다.

논증적 대화에 대한 분석적인 연구 방법은 서구에서 훨씬 정교하게 발전하였다. 서구의 논증 분석 방법은 아리스토텔레스의 수사학, 대화론, 오류론 등을 학문적 뿌리로 하여 발달해 온 방법이다.15) 아리스토텔레스는 일찍이 말의 기능에 주목하여 그것을 분석적으로 연구하는 전통을 수립하였던 것이다. 반면 우리 나라를 비롯한 한자 문화권에서는 말의 기능을 연구의 객관적인 대상으로 삼아오지 않았다. 일이 이렇게 된 데에는 설득 활동에 대한 관점의 차이가 작용하였다고 볼 수 있다. 즉, 서구의 수사학은 설득의 방법이 진리와는 별개로 존재함을 전제로 하고 있지만 우리의 전통적 언어관에서는 삶과 언어, 진리와 설득력이 본질적으로 다르지 않다. 이러한 언어관에서 보면 설득의 방법을 분석적으로 다루는 것은 위학(僞學)이 될 수 있다. 이런 점에서 논증적 대화에 대한 분석적 연구는 우리의 문화적 전통에서는 수용하기가 어려운 이질적인 연구 방법이었다고도 할 수 있다.

과거의 논변에 대한 연구는 과거의 논변 현상 그 자체와는 별개의 가치를 지닌다. 그것은 자연계의 물리 현상과 그러한 현상을 연구하는 물리학이 별개의 세계에 속하며 그것들이 각각 이질적인 가치를 지니고 있는 것과 유사하다. 이런 점에서 과거 우리의 논변 문화가 다채롭고도 풍요롭게 전개되었다는 것과 그러한 논변 문화에 대한 학문적 접근이 이루어지지 않았다는 것은 별개의 사실이며 이 둘은 각각 그 자체의 내재적인 가치를 지니고 있다고 할 수 있다.

과거의 논변 현상에 대한 연구는 내재적인 가치만 지니고 있는 것이 아니다. 과거의 논변 문화 연구의 결과는 현재의 논변 문화를 이해하는 열쇠가 될 수 있다. 또한 과거의 논변 문화에 대한 지식은 그 자체로 문

---

15) 논증 분석의 아리스토텔레스적 전통 또한 '논리학적 편향'이라는 과정을 거쳐서 발전하였다. 일상 논증을 분석의 대상으로 삼았던 아리스토텔레스적 전통은 중세 이후 논리학으로 환원되는 편향성을 보였다. 이러한 편향성은 20세기 중반에 와서야 본격적으로 반성되었고 이러한 반성과 아리스토텔레스적 전통의 재발견이 서구의 현대 논증 이론 전개의 토대가 되었다.

화적 가치를 지니며 국어 문화 교육을 통해 현실의 논변 문화에 영향을 미칠 수 있다.16)

과거의 논변 연구가 지니는 내재적 가치와 현실적 가치를 인정한다면 마땅히 연구의 장애가 되고 있는 자료에 대한 인식적 한계와 연구의 관점 및 방법상의 한계를 극복해야 한다. 우선 자료의 측면에서 한국의 중세 한문 텍스트는 한국의 언어 생활 자료로서 그 가치가 인정되어야 한다. 중세 시기 한문은 동아시아의 공동 문어로서의 위상을 지니고 있었다. 동아시아 각국에서 한문은 나름의 의미 전달 체계를 갖추고 있었다. 조선시대의 한문은 외국어로서의 중국어와는 성격이 다른 의사소통의 수단이었다. 한문은 중국에서 차용한 문자 체계이기는 하나 조선이라는 언어 공동체 안에서 독자적으로 소통의 기능을 수행한 문어 체계였다. 한문은 우리의 선조들이 자신의 의도와 사고를 표현하는 수단이었다. 더구나 논변 연구는 당대 사회의 관습과 관념, 그리고 논증자의 감추어진 추론 과정을 밝혀내는 것을 주요한 목표로 삼으므로 당대인의 언어적 사고를 담고 있는 한문 논변 자료의 연구 가치는 매우 높다고 할 수 있다.

연구의 관점 면에서 우리는 고대 한자 문화권에서 형성되었던 실용적인 장르관을 창조적으로 계승할 필요가 있다. 앞서 논의한 바와 같이 고대 한자 문화권에서는 조정이라는 공공의 장에서 소통되는 담화 양식을 장르로 인식하는 사회적 행위로서의 장르관이 형성되었다. 그러던 것이 후대에 문학성을 중심으로 장르를 구분하게 됨에 따라 실제 맥락 속에서의 사회적 행위는 시야에서 사라지고 텍스트의 미학적 속성, 즉 표현성만이 부각되는 문학적 편향이 나타난다. 현재 한문학의 테두리에서 고문(古

---

16) 우리가 주목해야 할 또 하나의 사실은, 서구의 논증 문화 연구에 대한 개관에서 언급될 것인바, 아시아의 논증 문화에 대한 서구의 논증 이론가들의 접근이 본격화되고 있다는 점이다. 이러한 현상은 문화가 자본으로 전환되는 현 시대의 상황에서 심각하게 반성해 볼 필요가 있다. 즉 우리의 논변 문화에 대한 학문적 지식이 누구에 의해 점유되는가 하는 것은 학문적 자존심의 문제를 넘어서서 문화적 주권을 누가 쥐느냐의 문제로까지 확대될 수 있다.

文), 즉 한문 산문을 연구하는 연구자들은 대부분 이러한 문학적 편향에서 자유롭지 못하다. 그러므로 고대 한자 문화권의 실용적인 장르관을 창조적으로 계승한다는 것은 과거의 논변을 문학 텍스트라는 관점으로 바라보는 '문학적 편향'을 극복하는 일이며, 사회적 행위로서의 논변의 진면목을 되찾는 일이기도 하다.

연구의 방법 면에서는 서구에서 발달되어온 논증 분석 방법을 주체적으로 수용하여 활용하여야 한다. 한자 문화권에서 논변에 대한 분석적 연구의 단초가 없지는 않았지만 초보적인 수준에 머물러 있었으며 그나마도 더 이상 이어지지 못하였다. 반면 서구의 논증 분석 방법은 고대 그리스에 그 기초가 형성되고 20세기 중반 이후 체계적으로 계승되고 발전되었다. 서구의 논증 분석 방법은 비록 서구의 학문적 전통에서 발달되어온 것이기는 하나 방법론적 보편성을 지니고 있음을 부인할 수 없다. 또한 논증 분석 방법은 연구자의 관점과 연구의 목적에 따라 다양하게 변형되게 마련이므로 우리의 논변 현상에 적합한 분석 방법을 발전시키는 것이 가능하다. 서구의 논증 분석 방법의 발전적 수용 문제는 다음 장에서 다룬다.

끝으로 과거의 논증 문화에 대한 연구를 중심으로 서구 학계의 논증 연구 성과를 개관해 보고자 한다. 과거의 논증 문화에 대한 그들의 최근 연구 경향은 우리의 논변 연구의 앞길을 조망해 보는 데 도움이 될 것이다.

서구 학계의 논증 연구는 대체로 북미의 스피치 커뮤니케이션 지향적인 접근, 네덜란드 암스테르담의 화용-대화론적 접근, 그리고 캐나다의 비형식 논리학적 접근이라는 세 가지 경향으로 대별된다.17)

---

17) 이 세 가지 경향을 대표하는 학회들이 북미 유타주의 알타(Alta, Utah)에 본부를 둔 NCA/AFA Summer Conference on Argumentaion, 암스테르담 대학에 본부를 둔 ISSA Conference on Argumentation, 그리고 캐나다 온타리오 주 윈저 대학(Univ. of Windsor, Ontario, Canada)에 본부를 둔 OSSA Conference on Argumentation이다. NCA/AFA Summer Conference는 1979년 첫 출범한 이래 2년에 한번씩 개최되고 있으며 ISSA

아리스토텔레스의 저작들에 연원이 닿아 있는 서구의 논증 이론은 "규준적인 것에서 기술적인 것, 형식적인 것에서 비형식적인 것, 대화론적인 것에서 수사학적인 것, 분석적인 것에서 경험적인 것, 인지적인 것에서 행동적인 것, 그리고 질적인 것에서 양적인 것에 이르는 다양한 관점과 접근법"을 포괄하며 철학자, 논리학자, 언어학자, 담화 분석자, 의사소통학자, 법률학자, 심리학자, 교육학자, 기타 다른 사회과학자들이 논증 문화 분석에 학제적으로 참여하고 있다.[18] 서구의 논증 이론은 대화론적이고 규준적인 전통이 강한 유럽의 연구 조류와 수사학적이고 기술적인 경향이 강한 북미의 연구 조류 및 텍스트 분석적인 경향이 강한 캐나다의 연구 조류가 서로 영향을 주고받으면서 발전하고 있다.[19] 아래에서 실용적인 관점에서 논증 현상에 접근하는 대표적인 두 학술지인 Argumentation and Advocacy[20]와 Argumentation[21]에 실린 논문과 서평을 중심으로 과거의 논증 문화에 대한 서구의 연구 경향을 개관한다.

과거의 논증 문화에 대한 서구의 최근 연구 성과는 크게 서양의 설득 문화의 역사적 변천에 관한 연구, 동양의 논증 문화에 관한 연구, 법 의식과 법정 토론의 변천에 관한 연구로 대별할 수 있다.

서양의 설득 문화의 역사적 변천에 관한 연구에는 카펜터(Carpenter, 1995), 머피(Murphy, 1995), 아보트(Abbot, 1996), 벤슨 편(Benson, 1997), 헤릭(Herrick, 1997), 케네디(Kennedy, 1998), 라웨어(LaWare, 1998), 반 에머렌과 후

Conference는 1986년 첫 출범한 이래 4년에 한번씩 개최되고 있고, OSSA Conference 는 1995년 출범한 이래 2년에 한번씩 개최되고 있다. 이들 학회에서 발행하는 학술지가 *Argumentation and Advocacy, Argumentation,* 그리고 *Informal Logic*이다.

18) ISSA(International Society for the Study of Argumentation)의 제5차 국제 회의 안내문에서 인용.

19) 서구의 논증 연구의 경향에 대한 소개는 Zarefsky(1995)와 Johnson(1995)을 참조할 만하다.

20) American Forensic Association에서 간행하는 국제 학술지. 1964년에 The Journal of the American Forensic Association이라는 이름으로 간행하다가 1988년부터 Argumentation and Advocacy : The Journal of the American Forensic Association이라 개칭하였다.

21) International Society for the Study of Argumentation(ISSA)에서 간행하는 학술지.

틀로서(van Eemeren, and Houtlosser, 1998), 키위(Kiewe, 1999)가 있다.

먼저 역사적 연구로 관점을 전환하고 있는 수사학계의 경향을 보여주는 저술로 벤슨 편(1997)과 케네디(1998)를 들 수 있다. 벤슨 편(1997)은 대중 연설에 관한 1992년 미네소타 대학 학술회의의 논문 선집으로 당시 전개되고 있던 수사학적 비평의 방법과 개인 연설 텍스트의 이론적 위상에 대한 논의의 연장이라는 의미를 지닌 저작이다. 이 저작에는 19세기 미국 대중 연설의 잘 알려진 순간들에 대한 여덟 편의 비평적 에세이가 실려 있다. 이들 논문들은 모두 특정한 대중 연설의 맥락이 되는 과거를 재구성하는 데 주의를 기울인다. 이 저작은 미국의 대중 연설의 순간들을 역사적 맥락 속에서 재구성해내려 하였다는 의의가 있으나 연단 위에서 이루어진 공식적인 연설의 제한적인 사례들에 대한 연구만으로 당대의 수사적 문화와 정치 문화를 대변하려 하였다는 연구의 제한점이 있다.

이들의 연구는 미적 관념이 세대의 변화에 따라 근본적으로 변화한다는 데 착안하여 인간의 마음과 환경이 변해가는 방식에 주목하였다는 점에서 수사법 연구의 중요한 변화를 보여주고 있다. 즉 수사법적[22] 취향이 시간에 따라 변화하는 것이라면 사람들이 설득되는 수사법적 취향을 연구하는 최선의 방법은 시간에 초점을 두는 것이며 현재와는 다른 수사법적 유행을 연구하는 것이라고 주장한다(Black, 1997 : 1~4). 수사법 자체를 집단의 차이와 시간의 변화에 따라 달라지는 것으로 인식하고 그 변화의 면모를 밝히기 위해 역사 연구를 제안하고 있는 것이다.

이러한 관점의 변화는 케네디(1998)에서도 발견된다. 미국 고전 수사학계의 태두로 인정되는 케네디는 수사학이란 '더욱 효과적인 분쟁 해결을 지향하는 의사소통에 부여되는 에너지'라고 정의내림으로써 수사적 설득 행위를 동물의 행동에까지 확장하여 설명한다. 케네디는 동물의 행동, 오

---

22) 'rhetoric'이란 개념은 문맥에 따라서 '학문으로서의 수사학'과 '사람들이 설득하는 방법'을 가리키는 두 가지 의미로 쓰인다. 따라서 그 형용사형인 'rhetorical'이 명백히 후자의 의미로 쓰이는 경우에는 '수사적' 또는 '수사법적'이라고 번역한다.

스트레일리아의 토착 언어 문화, 북아메리카 인디언의 언어 문화, 고대 메소포타미아와 이집트의 언어 문화, 고대 중국의 언어 문화, 고대 인도의 문화를 거쳐 고대 그리스-로마의 수사학에 이르기까지 수사적 설득 행위의 양상을 비교 분석한다. 케네디의 이 저작은 다른 문화적 전통들과 고대 그리스-로마의 수사학적 전통을 비교 분석함으로써 고대 그리스-로마의 전통에서와 같이 분별적이고 초점이 분명한 수사학을 발전시킨 문화가 없었음을 드러내는 데로 귀결된다는 점에서 서구 중심적이고 진화론적인 관점의 편향이 나타난다. 그러나 수사적 설득 행위를 동물의 행동에까지 적용되는 보편적인 현상으로 보고 그 문화적 발현 양상을 역사적인 관점에서 정리하였다는 점에서 고전 수사학을 정전으로 막연히 규정하는 종래의 모호한 설명을 역사적이고 비교 문화적인 설명으로 대체하는 관점의 전환을 이룩하였다.23)

과거의 논증 문화의 특수한 양상을 포착하여 논구한 연구들로 카펜터(1995), 머피(1995), 아보트(1996), 헤릭(1997), 라웨어(1998), 반 에머렌과 후틀로서(1998), 키위(1999)가 있다. 이들 중 시각적 논증이라는 새로운 연구 영역을 개척하고 있는 라웨어(1998)와 논증 분석 방법이 돋보이는 반 에머렌과 후틀로서(1998)를 예로 든다.

라웨어(1998)는 1960년대 후반에서 1970년대 초반 시카고 남부에 새롭게 정착한 맥시코계 미국인들의 공동체에서 '카사 아즈틀란'에 그려졌던 벽화가 어떤 논증 기능을 하였는가를 역사적, 문화적 맥락 속에서 해석하고 있다. 카사 아즈틀란의 민중 벽화는 치카노(맥시코계 미국인)의 역사적 자부심과 미래의 희망에 대한 논증이며 공동체로 하여금 외부의 억압에 저항하도록 하는 논거가 되었던 것이다. 이 연구는 언어적 명제뿐 아니라

---

23) 동물의 행동으로부터 고대 그리스-로마의 수사학에 이르는 그의 역사적 접근은 고대 그리스로부터 19세기의 신고전주의에 이르는 수사학의 역사를 다룬 Kennedy(1980)의 후속 작업이라고 볼 수 있다. 그의 앞선 저작이 서구의 수사학 전통만을 다루었다면 Kennedy(1998)는 비교 문화적 관점에서 비서구적인 수사법의 양상에까지 고찰의 대상을 넓혔다는 차이가 있다.

시각적 명제(visual proposition)도 논증의 요소가 될 수 있으며 시각적 명제가 특정한 맥락에서 특정한 청중에게 메시지를 전달하는 더욱 효과적인 수단이 될 수 있다는 주장에 근거하고 있다(Foss, 1993). 이 연구를 통하여 라웨어는 특정한 시간, 특정한 장소에 거주하는 지역 주민 집단에 기반한 민중 미술이나 벽화 운동이 시각적 논증의 다양한 기능을 보여준다는 점과 그러한 시각적 논증을 역사적, 문화적 맥락 속에서 해석해 낼 수 있음을 실증하고 있다.

반 에머렌과 후틀로서(1998)는 필립 2세에 항거하는 반란의 지도자로서 자신의 행위를 정당화하는 오렌지 공 윌리엄의 '변명'(Apologie, 1581)을 당대의 역사적 맥락 속에서 분석하였다. 그들은 당대의 논증활동을 역사적 정황 속에서 연구하되 논증활동의 전개 과정을 규준적으로 분석하는 화용-대화론(pragma-dialectics)의 방법과 논증자가 수사적 목적을 달성하기 위해 구사하는 수사적 작전 행동(strategic manoeuvring) 분석을 결합함으로써 논증활동에 대한 총체적 접근의 사례를 제공하였다. 그들은 아리스토텔레스 이래 쌍벽을 이루며 발전해온 대화론과 수사학을 실제의 논증활동 분석에서 통합할 필요성을 제기하고 화용-대화론을 중심으로 수사학적 접근 방법을 통합하였다. 즉 화용-대화론의 규준적 분석 방법의 틀 속에서 논증자의 '수사적 작전 행동'을 분석해 들어감으로써 구체적인 입장을 지니고 상대방을 설득하여 목적을 달성하려는 참여자의 논증 행위를 더욱 생생하게 분석해내는 방법론적인 진보를 이룩하였다.

법 의식과 법정 토론의 변천에 관한 연구로는 위토프(1996), 아모시와 들롱 편(1999), 헤이지언 주니어(2001)를 들 수 있다. 대표적인 사례로 헤이지언 주니어(2001)를 들 수 있는데, 그는 비판적 수사학의 관점을 적용하여 법률적 상징 세계와 특정한 사법적 정황에서 판단을 내려야 하는 개인과 공동체의 물질적 실체 사이의 관계를 고찰하였다. 그는 1800년대 초에 영국을 들끓게 하였던 구빈법(救貧法)에 대한 논쟁을 맬서스-고드윈 토론(Malthus-Godwin debate)[24]을 중심으로 분석하고 이러한 논쟁의 결과가

1834년의 구빈법 개정에 어떻게 반영되는가를 추적하였다. 이를 통하여 그는 법과 법의식이 탈맥락적, 탈역사적, 무비판적인 법리학적 원리에 따라 도출되는 것이 아니며 이데올로기의 경쟁을 통해 사회에서 이루어지는 협상과 타협의 결과물임을 밝혔다.

동양의 논증 문화에 관한 연구로는 젠센(1992), 브랜햄(1994), 가렛(1993, 1994, 1997)이 있다. 젠센(1992)은 아시아의 논증 문화가 풍요롭고 다양한 문화적 전통을 지니고 있음을 전제하고 그 문화적 양상을 개관한다.[25] 젠센의 아시아 논증 문화 개관은 아시아의 논증 문화에 본격적으로 접근하기 시작하는 서구 논증 이론가들의 관점을 확인할 수 있는 자료이다.

브랜햄(1994)은 토론이 일본의 전통 문화와는 상반된 것이며 일본에는 토착적인 논증과 토론의 전통이 없었다는 관념이 존재함을 지적하고 이러한 관념이 일본의 동질성의 신화에 기인한 것이며 일본의 실제 역사를 은폐하고 있다고 진단한다.[26] 그는 1853년의 개항 이전에 일본에 풍부한 토론의 역사가 있었음을 실증하였다.

가렛은 중국의 논증 문화에 대한 연구를 연속적으로 발표하여 눈길을

---

24) 윌리엄 고드윈이 Enquiry Concerning Political Justice(1793)를 발표하자 이에 대한 반박으로 맬서스가 An Essay On the Principle of Population(1978)을 발표하여 전개된 논쟁을 가리킨다. 고드윈은 계몽주의자의 입장에서 극빈자의 환경을 개선하기를 주장했고 맬서스는 신과 자연의 역할에 맡겨야 한다고 주장했다.

25) 그는 아시아의 논변 문화에 대하여 다음의 세 가지로 개관하였다. (1) 아시아 논변 문화의 기저에 있는 가치들 ; yin(陰)과 yang(陽)의 상생과 대립, 조화와 통일의 강조, 집단성의 강조, 마음의 수양을 귀중히 여김, 에토스의 강조, (2) 아시아 논변의 두드러진 특성들 ; 권위로부터의 논증, 유추 논증, 예시 논증, 상대적으로 미약한 연역적 논증, 청중 지향적인 논증, (3) 세속적인 배경과 수도원적 배경 ; 수도원에서의 논증 전통이 아시아의 세속적이고 실용적인 문화적 경향에 의해 소멸되어감.

26) 그의 다음과 같은 언급은 우리의 논변 문화에 대한 인식 수준에도 그대로 적용되는 진단이다. "서구나 일본의 커뮤니케이션 학자들은 공히 일본의 토착 수사학의 결핍이라 여겨지는 현상이 강력한 문화적 폐쇄, '서양식의' 논리학과 대중 담론과 의견의 명확한 진술에 대한 깊은 저항의 조류에서 기인하였다고 주장하였다… 일본에서 근대적 연설과 토론 활동이 출현한 것은 메이지 시대(1868∼1912)에 이루어진 서양과의 접촉에 따른 것이며 유키치 후쿠자와와 다른 서양 문화의 보급자들의 노력에 기인한 것이라고 종종 설명되었다." Branham(1994 : 131). 우리의 논변 전통에 대한 왜곡된 인식에 대하여는 엄훈(2000)에서 언급한 바 있다.

끌고 있다. 가렛(1993)은 전국시대(B.C. 500~200년경) 중국 논증의 핵심 어휘를 분석하고 있다. 즉 당대의 텍스트에 가장 빈번히 등장하는 세 어휘이며 주요한 화행이기도 한 bian(辯), shua(說1), shui(說2)의 용법을 기술적으로 분석하고 있다.[27] 이러한 노력은 "특정한 아시아 문화의 특정한 역사적 시기에 나타나는 논증적, 설득적 담화에 초점을 맞춤으로써" 아시아의 논증 문화의 풍성한 광맥을 발굴하려는 야심적인 계획의 일환으로 이루어진 것이다(Garrett, 1993 : 105).

가렛(1994)은 당 왕조(618~960)에서의 유불도(儒佛道) 삼교 간의 논쟁을 수사학적으로 분석하고 있다. 가렛은 삼교 논쟁의 발단과 전개와 결말을 기술하고 이것을 중국 왕조의 역사적 맥락 속에 위치시켜 그 상관성을 고찰하였다. 이를 통하여 그녀는 논쟁의 전개 과정이 정치적 맥락 속에서 가장 잘 설명됨을 논하였다. 즉 삼교 논쟁은 합리적인 논쟁의 불편부당한 판정자로서의 황제의 권위를 높이고 왕조의 정당성을 고양하는 기능을 하였다는 것이다.[28]

가렛(1997)은 약 4세기부터 10세기까지 중국의 불교 승려들 사이에서 행해진 공식적이고 반공개적(半公開的)인 종교적 논박(禪問答)을 연구하였다. 이 연구에서 가렛은 중국 승려들이 어떻게 창조적인 언어적 전략과 초언어적 전략을 구사하여 논박을 전복하려고 시도하였는지를 설명하고 있다.

과거의 논증 문화에 대한 서구의 연구 경향에서 눈여겨보아야 할 것은 연구의 관점과 방법의 변화이다. 서구의 논증 이론가들은 서구 중심적인 논증 이론에서 탈피하여 상대주의적인 관점에서 비서구적인 논증 문화에

---

27) 가렛은 당대의 텍스트에서 해당 어휘의 용법을 대조하고 분석하는 방법을 통해 그것들의 의미론적 범위를 확정하고 그것들의 통사법을 분석하고 그것들에 대한 정의와 기술뿐만 아니라 행동의 사례까지 수집하였다.

28) 가렛은 특정한 문화적 맥락에서 합리적인 논쟁과 그 논쟁에 대한 판정을 제도화하는 현상이 논쟁 그 자체의 기능을 넘어서는 광범위한 수사학적 기능을 지닐 수 있음을 지적하고 이것이 범문화적인 현상임을 논하고 있다. Garrett(1994 : 159) 참조.

접근하려고 노력하고 있다. 상대주의적인 관점에서 논증 문화에 접근한다
는 것은 그것을 특정한 시간적, 공간적 맥락 속에서 고찰한다는 것을 의
미한다. 즉 논증 문화를 종족적이고 역사적인 실체로 보게 된 것이다. 가
렛을 중심으로 시도되는 아시아 논증 문화에 대한 기술적 접근은 이러한
관점 전환의 결과로 이루어진 주목할 만한 성과이다.

연구의 방법면에서는 대화론적인 접근과 수사학적인 접근을 통합하려
는 시도가 눈에 띈다(van Eemeren, and Houtlosser, 1998). 대화론적 접근은 논
증의 내적 구조를 규준적인 관점에서 재구성하는 데 적합한 접근법이며
수사학적인 접근은 논증자의 구체적인 전략 구사를 기술적으로 밝혀내는
데 적합한 접근법이다. 이 두 접근법은 논증 문화를 입체적으로 재구성하
는 작업에서 상호보완적인 역할을 한다.

과거의 논증 문화에 대한 서구의 연구가 연구의 관점과 방법 면에서
상당히 앞서 있기는 하지만 당대의 문화를 '그 때 그 곳'의 관점에서 해
석해 내는 작업은 본격적으로 시도되고 있지 못하다. 다시 말해 특정한
역사적 상황에서 논증 전개의 관념적 기반이 되는 당대인의 공감의 체계
에 대한 탐구가 미흡하다는 것이다. 19세기 초 영국의 법 의식에 대하여
연구한 헤이지언 주니어(2001)에서 당대인의 관념 세계에 대한 접근의 단
초가 보이나 이 또한 논증의 관념적 토대가 되는 공감의 체계를 연구한
것이라고 볼 수는 없다. 비록 시간적, 공간적 맥락에 따른 상대주의적 접
근이라는 관점의 전환은 이루었으나 아직 당대인의 관점으로 논변을 해
석하려는 시도에까지 이르지는 못한 것으로 보인다.

논증 행위는 그것이 전개되는 담화 공동체와 불가분의 관계에 있다. 즉
모든 논증 행위는 특정한 담화 공동체의 의사소통의 맥락 안에서 이루어
지며 공동체 구성원의 사고방식과 관습을 토대로 전개된다. 또 논증 행위
는 그것이 전개되는 의사소통의 장에 따라, 즉 참여자와 정황과 목적에
따라 일정한 양식성을 띠게 된다. 따라서 한 담화 공동체의 논증 행위를
연구하는 것은 해당 담화 공동체 안에 형성된 특정한 의사소통의 맥락과

의사소통에 참여하는 공동체 구성원들의 사고방식 및 그 속에서 소통되는 논증의 양식성을 연구하는 것이 된다. 여기서 해당 담화 공동체의 구성원들이 공감하는 사고방식은 그 담화 공동체의 합리성을 형성한다. 이렇게 어떤 담화 공동체에서 공인되어 논증 행위의 합리성을 판정하는 준거가 되는 사고방식들의 체계를 '공감의 체계'라 칭할 수 있을 것이다.

이런 점에서 특정한 담화 공동체의 논증 행위를 특정한 역사적 시점에서 연구한다는 것은 그 때 그 곳의 의사소통의 맥락과 공동체 구성원들의 공감의 체계를 토대로 하지 않고서는 불가능하다. 한편 이러한 의사소통의 맥락과 공감의 체계는 그 담화 공동체의 사회 제도와 권력 관계로부터 영향을 받는다. 역사적 실체로서의 논증 행위는 중층적인 사회적 맥락 속에 짜여들어 있는 것이다. 그러므로 '그 때 그 곳'의 논변 문화에 총체적으로 접근하기 위해서는 당대의 논증 행위를 규정하는 장르 관습을 해당 담화 공동체의 사회·문화적 맥락 속에서 조망해야 한다.

국내와 서구의 관련 연구 검토를 통하여 우리는 과거의 논변 문화 연구가 지향해야 할 큰 방향을 다음과 같이 설정할 수 있다. 첫째, 과거의 논변 문화의 큰 줄기를 이루는 공론 영역에서의 논증적 대화를 본격적인 연구의 대상으로 삼아야 한다. 특히 조선시대의 공론 영역은 언관(言官)-임금-재신(宰臣) 간의 논증적 대화가 이루어지는 의사소통의 맥락으로 기능하였다. 조선시대 공론 영역에서의 논증적 대화를 연구하기 위해서는 그러한 논증적 대화의 기록이면서 소통의 양식이기도 했던 한문 텍스트에 대한 연구자들의 인식을 새롭게 할 필요가 있다.

둘째, 과거의 논변을 당대의 맥락 속에서 재구성해야 한다. 다시 말해서 현존하는 논변 자료를 토대로 특정한 논증 장르의 구체적인 운용태를 계통적인 장르 발전의 한 지점에서 되살려 내야 한다는 것이다. 구체적인 논증 현상을 분석하고 재구성함에 있어서는 기술적인 분석과 규준적인 분석이 상호보완적으로 적용될 필요가 있다. 또한 이러한 작업이 공허하지 않기 위해서는 논변 전개의 관념적 토대가 되는 당대인의 공감의 체계를 확인하고 그러한 공감의 체계 위에서 논증적 대화의 관습이 어떻게 형성되고 어떻게 받아들여졌는가를 확인하는 과정이 필요하다.

3. 연구 자료

논변에 대한 미시적 분석의 대상으로 어떤 자료를 선택할 것인가는 연구의 결과를 좌우할 만큼 중요하다. 원론적으로는 사료로 남아 있는 모든 텍스트를 미시적 분석의 대상으로 삼는 것이 이상적이나 실록에 실려 전하는 수많은 사례들을 모두 미시적으로 분석한다는 것은 현 시점에서 현실적으로 불가능하다. 따라서 실록에 실린 수많은 사례 중에서 대표적인 것을 선택할 필요가 있다. 이 때 무엇을 기준으로 미시적 분석의 대상을 선택할 것인가를 따져보아야 한다. 이 연구에서 설정한 선택의 기준은 다음의 세 가지이다.

첫째, 조선 전기 공론 논변의 전형적인 전개 양상을 보여줄 수 있어야 한다. 그러기 위해서는 조선 전기 공론 논변의 전형적인 소통 구조와 소통 절차가 확립되는 시점의 논변을 선택하는 것이 좋을 것이다. 이에 덧붙여 공론 논변의 제반 행위 요소들(소통 양식들)을 두루 갖추고 있어야 한다. 둘째, 논변 문화의 미시적인 양상에 대한 풍부한 해석의 실마리를 제공할 수 있어야 한다. 셋째, 사건의 배경이 되는 문제 상황이 흥미로운 것이어야 한다.[29]

연구자는 성종조를 중심으로 조선 전기의 삼사(三司) 관련 실록 자료를 두루 검토하면서 미시적인 텍스트 분석 대상으로 다음의 두 자료를 선택하였다. 첫 번째 자료는 성종 13년 1월 21일(庚寅) 경연에서의 대간(臺諫)

---

[29] 흥미로운 문제 상황은 과거의 논변 문화 탐구의 동인이 될 수 있다는 점에서 교육적으로 유용하다.

의 논변과 그 다음날인 1월 22일(辛卯)의 영돈녕 이상(領敦寧 以上)[30]의 의론(議論)이다. 두 번째 자료는 성종 19년에 '공이 큰 공신의 적장(嫡長)을 서용(敍用)하라'는 성종의 명에 따라 임원준의 아들 임사홍이 서용됨으로써 발단된 탄핵 논변이다.

미시적 분석의 대상이 되는 첫 번째 자료는 경연에서 이루어지는 대간의 제안 논변과 이에 대한 임금의 판결 과정을 보여주는 전형적인 자료이다. 특히 유향소를 복립하자는 헌납 김대의 제안 논변에 이어지는 영돈녕 이상의 유향소 복립 논쟁은 언관-임금-재신이 상호작용하는 조선 전기 공론 논변의 전형을 보여준다. 또 이 자료는 당대인의 공감의 체계인 가치 기반이 논변의 전개에 어떤 영향을 미치는가를 극적으로 보여주는 흥미로운 자료이다(엄훈, 2000 : 297).

미시적 분석의 대상이 되는 두 번째 자료인 임사홍 탄핵 논변은 전개 양상의 전형성, 풍부한 해석의 실마리, 흥미로운 문제 상황의 면에서 좋은 조건을 갖추고 있다. 또한 임사홍 탄핵 논변은 대간을 중심으로 전개되던 공론 논변에 홍문관이 적극적으로 개입하여 언론 삼사 체제가 확립되는 중요한 계기가 된다. 홍문관은 세조 9년 11월(辛未)에 양성지의 건의에 의해 설치된 이래 장서각(藏書閣) 기능, 문한(文翰) 기능, 고문(顧問) 기능을 담당하였으나 성종 19년을 전후하여 본격적인 언관화의 길이 열렸다. 홍문관의 언관화로 언론 삼사 체제가 완성됨으로써 조선시대의 공론 논변은 체계적이고 독창적인 전통을 확립할 수 있게 되었다. 임사홍 탄핵 논변은 대간과 홍문관의 상호보완적인 언론 시스템이 처음으로 본격적으로 작동되는 사례였다.[31]

---

30) 領敦寧은 종친과 외척을 대우하기 위해 태종 14년에 설치된 관청인 敦寧府의 가장 높은 직제인 領敦寧府事(정1품)를 가리킨다. 영돈녕 이상은 영돈녕부사 이상의 재신들을 일컫는 말이다.

31) 최이돈(1986 : 33~34) 참조. 임사홍 탄핵 논변에서 두드러지는 것은 홍문관 부제학 신종호 등의 활동이다. 홍문관의 언관들은 대간의 활동을 지원하는 형태로 끈질긴 탄핵과 간쟁을 벌인다. 대간과 홍문관은 습司 상소를 하지 않았을 뿐 사직 상소를 올리는 데에까지 보조를 맞춘다. 임사홍 탄핵 논변에서 언론 삼사 체제의 진정한

임사홍 탄핵 논변은 51회에 달하는 소통 행위 연쇄를 지니고 있다. 또 소통 과정에서 공론 논변의 다양한 소통 양식이 나타나며 내계(來啓)―연명 상소―합사 상소―복합 상소―사직 상소에 이르기까지 언관이 행동의 수위를 높여가는 양상이 확인된다. 임사홍 탄핵 논변은 공론 논변에서 나타나는 행위 요소들을 두루 갖추고 있다는 점에서 전형성을 지니고 있다.

임사홍 탄핵 논변은 당대인의 가치관을 뚜렷이 드러내는 자료이기도 하다. 임사홍은 당시 언관들에게 소인배의 전형으로 지목된 인물로 공론(公論)의 규탄의 대상이었다. 그러나 임사홍이 당시 언관들로부터 규탄 받은 이유를 따져 보면 그의 자유분방한 언행에 기인한 측면이 강했다. 게다가 임사홍은 왕실의 사위였으며 공신의 아들이었다. 공론에 반하는 인물이었다는 점에서는 당대의 소수자였으나 그의 정치적 영향력은 만만치가 않았다. 임사홍은 후에 연산군의 총애를 받으며 성종조에 형성된 신진 사류들을 탄압하는 데 앞장섰으니32) 성종조의 언관을 중심으로 한 문화적 다수자와 임사홍의 대결은 오래도록 지속되었던 것이다.33)

면모가 처음으로 확인되는 대목은 홍문관의 대간 탄핵이다. 홍문관은 봉원효가 간관으로서 말을 하지 않았다는 이유로 국문하기를 청하는데 이에 대하여 봉원효가 대간의 일에 홍문관이 시비를 논하면 장차 대간이 천해지고 권한이 홍문관에 있게 될 것이라고 주장하였다. 그러나 봉원효는 다시 홍문관의 탄핵을 받고 문책을 당하게 되어 홍문관이 대간에 대한 탄핵권을 행사하게 되는 계기가 되었다. 대간의 언론 활동에 대한 홍문관의 지원 활동과 탄핵권 행사는 대간의 언론 활동을 지원하고 추동함으로써 인사이동이 잦았던 대간의 언론 활동을 보완하고 질적으로 고양시키는 계기가 되었다.

32) 연산군 12년 9월 2일(己卯) 연산군 폐위 기사 참조.
  (전략) 임술·계해년 무렵에 이르러서는 장녹수에게 빠져 날로 방탕이 심해지고 또한 광포한 짓이 많으니… 이때 임사홍이 음험하고 간사한 자로 先朝 때부터 내쫓긴 지 거의 30년이나 되므로 항상 이를 갈다가, 그 아들 임숭재가 옹주에게 장가듦으로 인하여 금중을 출입할 수 있게 되자 왕의 뜻을 짐작하고 마침내 조정을 위협하는 술책으로써 가만히 뜻을 갖추니, 왕이 크게 기뻐하여 급히 崇品에 발탁, 아무 때나 불러 보았으며, 무릇 하고 싶은 일이 있으면 묻지 않는 것이 없었는데, 사홍이 부름을 받으면 반드시 미복으로 어둠을 타 편문으로 들어 갔고 왕은 항상 내 벗 豁齒翁이 왔다 하였으니, 아마 사홍이 이가 부러져 사이가 넓었기 때문이리라.(하략)
33) 임사홍은 조선왕조실록 전체를 통하여 개인으로서는 가장 많이 언급된 인물 중의 하나였다. 조선왕조실록 **CD ROM** 검색 결과 세조조로부터 정조조에 이르기까지 임

문화적 다수자와 부정적인 개인의 갈등은 당대의 문화를 해석하는 훌륭한 소재가 된다. 이런 대결 양상은 종종 현재의 가치관으로는 이해하기 어려운 문제 상황을 제공한다. 이러한 문제 상황이 당대인의 공감의 체계에 이르는 통로가 될 수 있음은 물론이다. 이런 점에서 임사홍 탄핵 논변은 문제 상황의 흥미로움과 풍부한 해석의 실마리를 갖추고 있다고 할 수 있다.[34]

언관의 임사홍 탄핵 관련 기사는 성종 19년 11월 15일(甲戌)에 시작되어 성종 19년 12월 27일(丙辰)에 이르기까지 총 51건에 이른다. 임사홍 탄핵 논변의 날짜별 참여자와 소통 방식은 [표 1]과 같다.[35]

[표 1] 임사홍 탄핵 논변의 날짜별 참여자와 소통 방식

소통 행위	날 짜	참 여 자	소통 방식
(1)	11/15 甲戌	장령 황사효, 정언 김봉/上	來啓 / 不聽
(2)	11/16 乙亥	장령 황사효, 정언 김봉/上	來啓 / 傳旨
(3)	11/16 乙亥	대사헌 이칙 등/上	上箚子 / 批答
(4)	11/17 丙子	대사간 안호 등/上	上箚子 / 不允
(5)	11/18 丁丑	대사헌 이칙 등/上	上箚子 / 不允

사홍 관련 기사가 875건에 달하였다. 비록 부정적인 인물의 전형으로서였지만 그만큼 그는 당대인들에게 강렬한 문화적인 의미를 지닌 인물이었던 것이다.

34) 이들 두 사례 외에도 전형성, 실마리의 풍부성, 문제 상황의 흥미로움을 갖춘 공론 논변의 사례는 많다. 공론 논변의 다양한 사례들에 대한 비교 연구는 선행 연구 결과(이 연구를 포함하여)의 타당성을 검증하기 위해서뿐만 아니라 공론 논변의 총체적인 상을 재구성하기 위해서도 필수적인 과정이다. 여러 사례들에 대한 비교 연구는 후속 연구의 과제로 남겨둔다.

35) 이 표에 정리되어 있는 참여자의 소통 방식은 실제 기사의 해설 부분의 내용을 따른 것이다. 이 소통의 방식들은 구체적인 장르의 명칭으로 사용되기도 하며 경우에 따라서는 다른 하위 장르들의 범주명이 되기도 한다. 장르 명칭의 분류에 대해서는 뒤에 재론한다. 또한 소통 방식의 명칭으로 일반적인 문체의 이름인 '소'나 '차자' 등을 사용하지 않고 '상소', '상차자' 등을 사용한 것은 텍스트의 규칙성보다는 참여자의 사회적 행위의 규칙성에 따라 소통 행위를 분류하는 관점을 따랐기 때문이다.

소통 행위	날짜	참여자	소통 방식
(6)	11/19 戊寅	대사헌 이칙 등/上	上疏 / 不允
(7)	11/19 戊寅	대사간 안호 등/上	上疏 / 不允
(8)	11/20 己卯	지평 김호, 정언 김봉/上	經筵 / 諭示
(9)	11/21 庚辰	대사헌 이칙, 사간 봉원효/上	經筵 / 不聽
(10)	11/22 辛巳	대사헌 이칙 등, 대사간, 안호 등/上	上疏 / 批答
(11)	11/23 壬午	대사헌 이칙 등, 대사간 안호 등/上	上疏 / 批答
(12)	11/23 壬午	부제학 신종호 등/上	上箚子 / 不聽
(13)	11/24 癸未	장령 황사효, 정언 김봉/上	來啓 / 批答
(14)	11/24 癸未	부제학 신종호 등/上	上疏 / 不聽
(15)	11/25 甲申	지평 이의무, 정언 김봉/上	來啓 / 諭示
(16)	11/26 乙酉	대사헌 이칙 등, 대사간 안호 등/上	來啓 / 傳敎
(17)	11/26 乙酉	부제학 신종호 등/上	上疏 / 不聽
(18)	11/27 丙戌	대사헌 이칙 등, 대사간 안호 등/上	來啓 / 傳敎
(19)	11/28 丁亥	부제학 신종호 등/上	上疏 / 批答
(20)	11/29 戊子	시강관 이승건, 검토관 민상안, 대사간 안호/上	經筵 / 左右顧問
(21)	11/30 己丑	대사헌 이칙 등, 정언 이자건 등/上	書啓 / 不允
(22)	11/30 己丑	上/영돈녕 이상, 의정부	命召 / 啓
(23)	11/30 己丑	부제학 신종호 등/上	上疏 / 不聽
(24)	11/30 己丑	대사헌 이칙 등, 대사간 안호 등/上	來啓 / 傳敎
(25)	12/01 庚寅	대사헌 이칙 등, 대사간 안호 등/上	來啓 / 傳敎
(26)	12/01 庚寅	부제학 신종호 등/上	來啓 / 傳敎
(27)	12/02 辛卯	장령 황사효, 정언 김봉/上	書啓 / 傳敎
(28)	12/02 辛卯	上/영돈녕 이상, 의정부·육조	命召 / 收議
(29)	12/02 辛卯	영의정, 윤필상 등/上	啓 / 傳敎
(30)	12/03 壬辰	대사간 안호 장령 황사효/上	來啓 / 傳敎
(31)	12/03 壬辰	영의정 윤필상 등/上	辭職狀 / 傳敎
(32)	12/04 癸巳	승정원/上/대간	議啓 / 傳敎 / 啓
(33)	12/04 癸巳	부제학 신종호 등/上	上狀 / 傳敎
(34)	12/05 甲午	영의정, 윤필상 등/上	辭職狀 / 批答
(35)	12/07 丙申	시강관 민사건, 전경 성희안, 장령 황사효 등/上	經筵 / 諭示

소통 행위	날짜	참여자	소통 방식
(36)	12/08 丁酉	부응교 이승건 박사 박증영, 대사헌 이칙/上	視事 / 諭示
(37)	12/11 庚子	봉교 하윤 등/上	上疏 / 傳敎
(38)	12/14 癸卯	대사간 안호, 장령 권경희/上	視事 / 允許
(39)	12/15 甲辰	사간 봉원효/上	上書 / 傳敎
(40)	12/16 乙巳	사간 봉원효/上	上書 / 傳敎
(41)	12/17 丙午	上/영돈녕 이상 의정부 육조	(命召) / 傳敎
(42)	12/18 丁未	대사헌 이칙 등/上	來啓 / 傳敎
(43)	12/18 丁未	대사헌 이칙/上	上狀 / 傳敎
(44)	12/19 戊申	부제학, 신종호 등/上	上疏 / 不聽
(45)	12/19 戊申	대사헌, 이칙 등/上	辭職狀 / 不聽
(46)	12/24 癸丑	봉원효/上	上疏 / 御書
(47)	12/25 甲寅	부제학 신종호 등/上	書啓 / 傳敎
(48)	12/26 乙卯	봉원효, 권경희	供述
(49)	12/26 乙卯	부제학, 신종호 등/上	書啓 / 傳敎
(50)	12/26 乙卯	봉원효, 권경희/上	供述 / 傳敎
(51)	12/27 丙辰	부제학, 신종호 등/上	啓 / 傳敎

임사홍 탄핵 논변의 소통 행위 연쇄는 크게 두 부분으로 나뉘어질 수 있다. 소통 행위 (1)부터 소통 행위 (37)까지는 언론 삼사의 임사홍 탄핵과 그에 따른 임금과 재신들의 논의가 일정한 절차에 따라 전개된다. 소통 행위 (38)부터 소통 행위 (51)까지는 임사홍 탄핵 논변의 과정에서 불거진 언관 사이의 갈등이 논의의 대상이 되고 있다. 따라서 후자는 전자에 대한 메타적 논의를 하고 있는 셈이다. 소통 행위 연쇄의 뒷부분은 공론 논변의 새로운 소통 질서가 수립되는 결과를 낳는다. 이들 두 부분을 편의상 임사홍 탄핵 논변 본편과 임사홍 탄핵 논변 속편으로 칭하기로 한다.

이들 소통 행위들 중 대화 분석과 논증 분석의 주요 대상이 되는 것은 소통 행위 연쇄의 중요한 전환점이 되는 소통 행위 (6), (11), (17), (20), (21), (22), (23), (24), (25), (28), (29), (30), (32), (33)이다. 이것들은 모두 본편에 속하는 소통 행위들이다. 속편을 비롯하여 미시적 분석 대상이 되지 않는 자료들은 실록에서 직접 인용하여 논의한다. 미시적 분석의 대상 자료는 대화 분석이 이루어진 상태로 부록에 실려 있다.

제 2 장 연구의 관점과 방법

1. 연구의 관점

연구의 관점과 방법을 논할 때 우선되어야 하는 질문은 '연구 대상의 성격이 무엇인가?'이다. 연구 대상의 성격에 따라 연구의 관점과 방법이 달라지기 때문이다. 그렇다면 이 연구의 대상인 조선 전기 공론 논변의 성격은 무엇인가? 이 질문에 답하기 위하여 성종실록에 실려 있는 언관 활동 관련 기사들 중 하나를 예로 제시한다.

경연에 납시었다. 강하기를 마치자 (중략) 헌납 김대가 아뢰었다. "백성을 侵漁함은 鄕吏보다 더한 자가 없으며 수령도 반드시 어질 수는 없습니다. 그래서 백성이 편안하게 살 수가 없습니다. 비록 京在所의 耳目이 있다 하나 미치지 못하여 또한 규명하여 단속할 수가 없습니다. 옛사람이 이르기를, '猾吏가 지나가면 닭과 개라 하더라도 편안하지 못하다.'고 하였습니다. 닭과 개도 편안하지 못한데 더구나 사람이겠습니까? 유향소의 법은 매우 훌륭했습니다. 그러나 중간에 폐지함으로 인하여 이러한 큰 폐단이 생겼습니다. 다시 세우는 것이 어떠합니까?" 상께서 左右에 물으셨다. 이극배가 대답하였다. "신도 그 점에 대해서 생각한 지가 오래였으나 상달하지를 못했습니다." 상께서 말씀하셨다. "영돈녕 이상에게 의론하게 하라."

― 성종 13년 1월 21일 庚寅

이 기사에는 기록자의 말(해설)과 기록된 사건이 나온다. 기록된 사건에는 정황과 참여자와 참여자의 행동이 있다. 참여자들은 경연에서 다음과 같은 행동을 하였다. ① 헌납 김대가 여러 가지 근거를 들어 유향소를 다시 세우자고 청한다. ② 임금이 이에 대하여 좌우에 자문을 구한다. ③ 이 자문에 응하여 이극배가 공감을 표시한다. ④ 임금이 이 문제를 영돈녕 이상에게 의론하라고 지시한다. 여기서 우리는 참여자들의 행동(화행)의 연쇄를 확인할 수 있다. 그리고 이러한 행동의 연쇄가 논증적인 성격을 띤 참여자들간의 대화였음을 확인할 수 있다. 또 이 자료를 주의 깊게 읽어보면 참여자들에게 어떤 역할이 부여되어 있으며 (문제를 제기하는 사람, 자문에 응하는 사람, 판정을 하는 사람 등) 참여자들의 행동에 어떤 절차가 있음을 감지할 수 있다. (요청 → 자문 → 의론) 만약 다른 자료들에서도 참여자의 역할이나 행동의 절차에 일정한 규칙성이 확인된다면 우리는 이것을 일종의 관습으로 볼 수 있을 것이다.

이러한 예시 자료의 고찰에서 이 연구의 자료가 지닌 몇 가지 성격이 나타난다. 첫째, 역사적 사실에 대한 기록이라는 점이다. 둘째, 기록의 대상은 논증적 대화 행위라는 점이다. 셋째, 이러한 대화 행위는 관습화된 문화로 볼 수 있다는 점이다.

여기서 연구의 자료로부터 연구 대상이 되는 참여자의 논증적 대화 행위를 재구성하고 그 문화적 의미를 해석할 가능성을 찾을 수 있다.[1] 그러나 논증적 대화 행위의 기록에서부터 논증적 대화 행위를 바로 재구성해 낼 수 있는 것은 아니며 더구나 그 문화적 의미를 바로 드러낼 수 있는 것은 아니다. 여기에는 두 가지 심각한 장애가 존재한다.

먼저 이 기록 자료에는 대화 행위의 정황이 대부분 사라지고 없다는 점이다. 기록이 대화 행위 그 자체가 아닌 이상 아무리 치밀하게 작성된

---

[1] 연구의 자료와 연구의 대상은 동일한 것이 아니다. 연구 자료는 연구의 대상에 대한 정보를 담고 있는 매체일 뿐이다. 따라서 연구 자료의 성격과 연구 대상의 성격을 혼동해서는 안 된다.

기록에서도 대화 행위의 정황이 어느 정도 사상되어 버리는 것은 피할 수 없는 일이다. 조선왕조실록의 기사는 사관들의 현장 참여 기록인 사초에 근거하여 편찬된 것인 만큼 참여자, 시간과 공간, 사건의 전개 과정 등 가장 기본적인 정보를 확인하는 것은 가능하나 이것만으로 대화의 생생한 정황을 재구성해 내기는 어렵다.

　이보다 더욱 심각한 장애는 시간적인 거리로부터 발생한다. 과거의 논변 문화는 지금 여기 살아있는 문화가 아니라 그 때 그 곳에 존재했던 문화이며 역사의 흐름에 따라 전개된 사회 변동의 결과 지금은 논증 장르의 문화적 기억으로 그 흔적이 남아 있을 뿐이다. 장르 변천의 오랜 역사적 과정을 사상하고 오륙백 년 전의 논변 문화를 현재의 논변 문화와 대비하면 두 문화는 이질적인 문화임에 틀림없다. 따라서 현재의 관념과 잣대로 과거의 논변 문화를 바라보는 것은 매우 위험한 일이다.

　이 연구는 이러한 장애를 인식하는 데서 출발한다. 이 연구의 인식적 출발점은 연구 자료인 조선왕조실록 소재의 언관 활동 관련 기사를 정황 언어(situational dialect)의 기록으로 보는 것이다. 정황 언어란 개념은 말이 정황에 종속되어 있으며, 특정한 정황에는 그에 합치되는 특수한 방언(dialect)이 사용된다는 의미를 함축하고 있다. 정황 언어는 참여자의 성격, 행동의 패턴, 시간과 공간, 물질적 부속물 등과 더불어 정황적 프레임을 구성한다.2)

---

2) 인간의 문화에는 수많은 정황적 프레임이 존재하는데, 평상적인 배경과 정황에는 인사, 일, 식사, 매매, 다툼, 지배, 연애, 통학, 요리, 접대, 여가 따위의 행위가 있다. 정황적 프레임은 문화적이고 심리적인 실체로서 분석하고, 가르치고, 전파하고, 후대에 물려줄 수 있는 실행가능한 문화의 최소 단위이다. 이 프레임은 언어적, 동작적, 근접공간적, 시간적, 사회적, 물질적, 인격적 요소를 비롯하여 여러 요소를 내포하고 있다. Hall(1976).
　프레임이란 용어는 Bateson이 의사소통의 상호작용 양상을 설명하기 위해 사용하기 시작했다. 프레임을 설명하는 Bateson의 고전전인 예를 들면 원숭이들은 다른 원숭이가 지신을 무는 것이 놀이와 싸움의 프레임 중 어떤 것인지를 이해하려고 노력한다는 것이다. 즉, 특정 상황에서 농담으로 의도된 발화가 상대에 의해 모욕으로 해석되는 경우 싸움을 유발할 수 있는 것처럼 프레임은 담화 상황에서 맥락적인 표지로서

연구 자료를 정황 언어의 기록으로 본다는 것은 정황적 프레임 해석의
필요성을 함축한다. 정황 언어는 다른 정황적 요소들과 분리되어 존재할
수 없으며 그 자체가 정황적 프레임을 구성하기 때문이다. 즉 정황 언어
의 재구성은 정황적 프레임의 재구성과 동일한 의미를 지닌다. 또한 정황
적 프레임은 다시 이보다 큰 의사소통 문화 속에 짜여들어가 있다. 한 사
회의 의사소통 문화 속에는 수많은 정황적 프레임이 복잡하게 작동한다
고 볼 수 있다. 이러한 관점을 그림으로 나타내면 다음과 같다.

[그림 1] 정황 언어, 정황적 프레임, 의사소통 문화

요컨대 연구의 자료인 조선왕조실록의 언관-임금-재신 간의 논변 관련
기사는 논변 참여자의 논증적 대화 행위를 기록한 것이며 이 기록은 맥
락이 결여된 정황 언어의 기록이라는 성격을 지닌다. 이 연구의 대상이
되는 것은 연구 자료에 기록되어 있는 공론 논변 참여자의 논증적 대화

참여자들 간에 암묵적으로 공유된다. Tannan(1993)에 의하면 프레임은 스크립트, 스
키마, 프로토타입, 모듈 등과 관련이 있는 용어로 이들 개념은 모두 '기대의 구조
(structure of expectation)'를 반영한다. 현재 프레임은 상호작용 사회언어학에서 참여
자들 간의 상호작용 양상을 설명하기 위한 핵심 용어로 사용되고 있다(이동은, 2000).
프레임 이론은 참여자들이 역동적으로 프레임을 구성하고 조율하는 과정(framing)에
관심을 집중한다(Goffman, 1974, 1981 ; Tannan, 1993 등, 이동은, 2000 참조). 프레임
은 구체적인 정황 언어와 관련된 관습적인 틀, 참여자의 해석, 참여자들 간의 갈등
등을 설명하는 데 유용한 개념이다. 정황적 프레임은 참여자의 선택과 조율 과정보
다는 그 결과에 대한 이해에 초점을 둔 개념이다. 문화 해석과 관련하여 언급할 '해
석의 프레임(frames of interpretation)'도 같은 맥락에서 이해될 수 있다.

행위이다.

연구 대상을 특정한 논변의 장에서 이루어지는 논변 참여자의 논증적 대화 행위로 보고 그것을 정황 언어로 규정하는 것은 연구의 대상을 '행위'로, '대화'로, 그리고 '문화'로 본다는 의미를 함축한다. 이러한 관점을 취하게 되면 논증적 대화 행위의 '산물'뿐만 아니라 논증적 대화 행위의 '과정' 그 자체에도 관심을 기울이게 된다. 이런 까닭으로 이 연구는 논증적 대화 행위의 '산물'을 기록한 연구 자료로부터 출발하여 논증적 대화 행위의 맥락을 재구성하고 다시 그 대화 행위가 이루어지는 과정을 분석하는 과정을 거치게 된다.

연구의 대상을 '행위', '대화', '문화'로 보는 이러한 관점은 조선 전기 공론 논변을 장르론적 관점에서 재구성하려는 이 연구의 목적에 부합한다. 공론 논변의 장르론적 재구성은 구체적인 논증적 대화를 그 대화가 이루어지는 장(field)과 논증적 대화의 맥락 속에서 되살려 내는 과정을 통해 이루어진다. 이러한 재구성의 과정을 통하여 우리는 그 논증적 대화가 지니고 있는 규칙성, 즉 장르 관습을 발견하고 그것이 지닌 문화적 의미를 해석해 낼 수 있게 된다.

따라서 위의 [그림 1]은 논증적 대화의 경우 다음과 같이 구체화될 수 있다.

[그림 2] 논증적 대화, 논증적 대화 맥락, 논증적 대화의 장

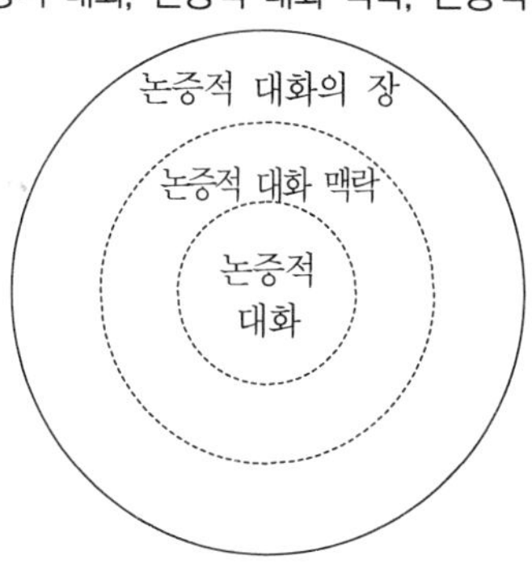

2. 연구의 방법

위에서 이 연구의 자료는 '맥락이 결여된 정황 언어의 기록'이며 연구의 대상은 '언관-임금-재신 간의 논증적 대화 행위'라고 규정하였다. 연구 자료와 연구 대상의 이러한 성격으로부터 이 연구의 핵심적인 과제가 도출된다. 이 연구의 핵심적인 과제는 맥락이 결여된 논증적 대화의 기록으로부터 그 정황 언어를 가능한 한 정확하게 재구성해 내고 이를 비판적으로 분석하는 것이다.

이 연구 과제는 성격이 서로 다른 세 가지 하위 과제를 포함한다. 첫째, 과거의 논증적 대화의 문화적 맥락을 밝히는 것이다. 둘째, 이를 토대로 정황 언어로서의 논증적 대화와 그 정황적 프레임을 재구성하는 것이다. 셋째, 논증적 대화의 합리성을 평가하는 것이다. 이 세 가지 하위 과제를 해결하기 위하여 문화 해석, 논증적 대화 분석, 논변 평가라는 세 가지 접근법을 취한다. 이 세 가지 접근법은 순차적으로 맞물려 있다. 즉 문화 해석은 논증적 대화 분석의 기반이 되며 논증적 대화 분석은 논변 평가의 근거가 된다.

문화 해석은 현재와는 다른 과거의 이질적인 문화적 맥락을 재구성하기 위한 문화 현상 분석 방법이다. 문화 해석은 논증적 대화의 토대를 이루는 당대인의 관념 세계를 밝혀주어 논변 분석의 해석적 기반을 제공할 것이다. 논증적 대화 분석은 논변을 화행의 교환이라는 관점에서 입체적으로 분석하고 재구성하는 것이다. 논증적 대화 분석에서는 대화 분석과 논증 분석의 두 가지 방법이 통합적으로 적용된다. 논변 평가는 논변의 규준적인 모델에 비추어 논변을 평가하는 것이다. 논변의 규준적 모델은 논증적 대화의 이상적 조건으로부터 도출되어 나오는 논변 평가의 준거이다.

문화 해석과 논증적 대화 분석이 기술적 접근법이라면 논변 평가는 규준적 접근법이다. 기술적 접근법과 규준적 접근법의 통합은 논증적 대화의 본질적 특성에 기인한 것이다. 논증적 대화를 총체적으로 이해한다는 것은 '사람들이 실제로 어떻게 논증하고 어떻게 논증하지 않는가'를 아는 데서 그치는 것이 아니라 '사람들이 어떻게 논증해야 하고 어떻게 논증하지 말아야 하는가'를 아는 데까지 이르러야 한다.[3]

아래에서 연구의 방법을 1) 문화 해석, 2) 논증적 대화 분석, 3) 논변 평가로 나누어 제시한다.

1) 문화 해석

문화 해석은 문화를 의미의 그물과 같은 것으로 보는 데서 출발한다.[4]

---

3) van Eemeren et al.(1993)은 화행 이론의 관점에서 논증에 접근하면서 연구의 기본 전제로 논증 연구의 네 가지 핵심 노선(four core commitments)를 내세운다. 외현화(externalization), 사회화(socialization), 기능화(functionalization), 대화화(dialectification)이 그것이다. 외현화란 참여자들의 견해가 객관적으로 표현되고 표현된 견해는 공적으로 확인되어야 한다는 것이다. 사회화란 논증을 개인이 사적으로 결론을 도출하는 과정으로 보지 않고 둘 이상의 사람들이 합의에 도달하기 위해 공동으로 노력하는 과정으로 보아야 한다는 것이다. 기능화란 논증적 대화의 밑바탕에 깔려 있는 기능적 동기와 기능적 요구에 관심을 기울이고 이를 중심으로 논증을 보아야 한다는 것이다. 대화화란 논증이 합리적인 논증적 대화의 테두리 안에서 이루어져야 한다고 보는 것이다. 이에 따르면 논증은 이성적 비판자의 반작용에 대하여 자신의 견해를 방어하기 위해 조직화된 절차로 간주된다. 이들 네 가지 노선 중 외현화, 사회화, 기능화는 논증적 대화를 있는 그대로 분석하는 것을 지향한다. 따라서 이 세 노선에 따르면 논증적 대화 분석은 기술적 접근의 성격을 띠게 된다. 반면 대화화는 이러한 기술적 경향에 대한 반작용이다. 기술적 방향으로만 나아가게 되면 논증적 대화가 어떻게 이루어져야 하는가의 문제를 소홀히 하게 되기 때문이다. 따라서 대화화는 이러한 반작용을 통해 기술적 경향과 규준적 경향의 균형을 맞추려는 시도라 할 수 있다. 반 에머렌과 그의 동료들은 '대화화' 노선의 산물이라 할 수 있는 논증적 대화의 규준적 모델로 비판적 토의 모델을 발전시켰다.

4) 막스 베버는 인간을 자신이 뿜어낸 의미의 그물 가운데 고정되어 있는 거미와 같은 존재로 보았다. 클리퍼드 기어츠는 이러한 생각을 받아들여 문화를 의미의 그물, 곧 상징으로 보았다. 문화에 대한 이러한 관점이 해석적 문화 이론의 출발점이다. Geertz (1973/1988 : 13~20) 참조.

문화를 의미의 그물로 보게 되면 문화를 분석하는 일은 어떤 문화 현상
이 지닌 의미를 추구하는 해석의 과정이 될 수 있다. 해석적 문화 이론에
따르면 문화 해석은 어떤 문화에 대하여 외부자적 위치에 있는 관찰자가
내부자적 관점에 따라 수행하는 일련의 의미 해석 작업이다. 기어츠
(Geertz, 1973/1998)는 이러한 의미 해석 과정을 '중층 기술(thick description)'
이라 정의한다.[5]

　만약 인간의 어떤 행위를 카메라가 피사체를 담아내듯이 객관적으로만
기술한다면 이를 '현상 기술(thin description)'이라고 부를 수 있을 것이다.
그러나 인간이 인간의 행위를 기술할 때 순수한 의미의 현상 기술을 한
다는 것은 있을 수 없는 일이다. 그러므로 어떤 종족의 문화에 대한 인류
학자의 기술은 어떤 행위에 대한 현상 기술과 그 행위에 대한 중층 기술
사이에 존재한다고 설명될 수 있다.[6]

　만약 누군가가 낯선 문화권의 문화적 행위나 그러한 행위에 대한 기록
을 접하고서 그 행위가 지닌 의미를 추론해 들어간다면 이러한 작업은
모두 문화 해석의 범주에 속한다고 할 수 있다. 그런 의미에서 이 연구에
서 수행하고자 하는 조선 전기의 공론 논변에 대한 연구 작업은 모두 문
화 해석의 영역 안에 들어온다고 할 수도 있다. 그러나 문화 해석을 이렇
게 광범위하게 정의하는 것은 유용하지 못하므로 이 연구에서 적용할 문
화 해석의 기법과 문화 해석을 통하여 이 연구에서 찾아내고자 하는 바

---

5) '중층 기술'은 길버드 라일이 인간의 사고 작용을 설명하기 위해 사용한 개념이다.
　그는 '오른쪽 눈의 눈꺼풀을 황급히 수축시키는 행동'을 예로 들어 이 행동이 윙크,
　거짓 윙크, 거짓 윙크의 흉내내기, 거짓 윙크의 흉내를 연습하는 것 등의 다양한 층
　위의 코드로 해석될 수 있음을 설명하였다. 클리퍼드 기어츠는 라일의 개념을 받아
　들여 인간의 행위에는 문화적인 의미가 담겨 있으며 이러한 인간의 행위가 그것의
　특정한 문화적 맥락 속에서 해석되지 않을 때 심각한 오해에 도달하게 됨을 설명하
　였다. Geertz(1973/1998), 제1장 "중층 기술 : 해석적 문화이론을 위하여" 참조.
6) 현상 기술과 중층 기술 사이에는 위계적으로 연결된 여러 층위의 의미 구조가 존재
　한다. 인간은 자신이 속해 있는 문화 공동체 안에서 공유되는 중층적인 의미 구조에
　따라서 일정한 행위를 하고 그러한 행위는 다시 그 의미 구조에 따라서 다른 사람에
　게 해석된다는 것이다.

를 설명함으로써 문화 연구의 범위와 성격을 한정하고자 한다.

조선 전기 공론 영역의 논변 문화를 밝히기 위해서는 당대인들이 공론 영역을 어떻게 생각했으며 공론 논변의 참여자들이 어떤 것을 논변의 준거로 생각했는지를 파악하는 것이 중요하다. 이것은 공론 영역에 대한 당대인의 관념 세계를 탐구하는 일에 다름 아니다. 공론 영역에 대한 당대인의 관념 세계에 접근하는 것은 공론 논변의 미시적인 전개 양상이 지닌 문화적 의미를 밝혀내는 기초가 될 것이다.

물론 이러한 작업은 뚜렷한 한계를 지닌다. 그 한계란 첫째, 당대인의 대화를 통해 표현된 내용이 당대인의 관념 세계를 그대로 대변하지는 않는다는 점이다. 대화를 통해 표현된 관념은 표현 주체의 관념 세계의 표층일 뿐 그 사람의 심층 심리를 보여주지는 않는다.[7] 둘째, 당대인의 관념 세계와 그로부터 추론되는 합리성만으로 공론 논변의 작동 과정을 모두 설명할 수는 없다는 점이다. 공론 논변은 복잡한 정치 권력의 역관계 속에 있었으며 이러한 정치 권력의 작용에 따라 공론 논변의 향방이 결정되는 경우가 많았다. 따라서 이러한 권력의 실제적인 작용 양상을 배제한 상태에서 당대인의 관념 세계와 당대인의 합리성을 공론 논변의 문화적·심리적 토대로 논하는 것은 분명한 한계가 있다.

그러나 공론 영역에 작용하는 당대인의 관념 세계와 당대의 합리성은 공론 논변의 관습과 더불어 순수한 상태에서 공론 논변이 기능하는 방식을 보여주는 기본 모델이 될 수 있다. 공론 논변에 작용하는 더욱 복잡한 변인들은 필요한 경우 이러한 기본 모델 위에서 부가적으로 고려될 수 있을 것이다.

그러면 언관-임금-재신 간의 논증적 대화 자료를 대상으로 한 문화 해

---

7) 이러한 한계는 연구 자료의 확대와 자료에 대한 심층적인 접근으로 효과적으로 극복되기도 한다. Hunt의 경우 비정통적인 사료를 통하여 혁명기의 프랑스인의 관념 세계에 깊이 파고 들어가서 당대 사람들의 집단적 무의식을 밝혀내고 있다. Hunt(1992/1999) 참조. 그러나 무의식을 포함한 당대인의 관념 세계의 전모를 밝혀내는 일이 이 연구의 주안점은 아니다.

석의 방법은 어떠해야 할 것인가? 이 점에 대해서는 과거의 사료들에 대하여 문화 해석을 시도해온 역사가들의 선행 연구를 살펴보는 것이 도움이 될 것이다.

한 사회의 특정한 역사적 시기에 살았던 사람들의 관념 세계(mentalité)에 접근하고자 하는 노력은 신문화사(新文化史)를 표방하는 역사가들에 의해 이루어져 왔다. 단턴(Darnton, 1984/1996)은 인류학자인 기어츠의 문화 해석 방법을 역사학 연구에 도입하여 18세기 프랑스에 생존했던 각계각층의 사람들의 관념 세계에 접근하였다. 단턴은 농민들의 민담, 인쇄공들에게 전승되던 이야기, 도시의 안내서, 경찰의 보고서, 『백과전서』의 서문, 서적 주문서 등을 통하여 그 속에 숨어 있는 의미를 캐내었다. 그는 '의미를 찾기 위하여' 자료를 읽는 방식을 다음과 같이 설명한다. 즉 "낯선 정신 세계로의 통로를 닦을 때까지 텍스트로부터 컨텍스트로 그리고 그 역으로 왕래하면서 사고의 사회적 차원을 발견하고 문서를 주위 세계의 중요성에 관련시킴으로써 그것으로부터 의미를 조르다시피 이끌어내는 것이 가능하다"는 것이다(Darnton, 1984/1996 : 19). 그리고 이러한 해석이 가능한 것은 아무리 개별적이고 특이한 글이라 할지라도 그것은 사람들이 공유하고 있는 상징의 체계 속에서 표출된 것이기 때문이라는 것이다.

이와 비슷한 맥락에서 헌트(Hunt, 1992/1999)는 프랑스 혁명기의 소설, 그림, 포르노그라피, 멜로드라마 등을 분석하여 혁명기 정치의 밑바닥에 깔려 있던 가족적 질서에 대한 집단적이고 무의식적인 상(像)을 추적한다.8) 그녀는 혁명 전야와 혁명기의 다양한 기록 속에 나타나는 아버지 상

---

8) Hunt(1992/1999)는 프로이트가 사용한 '가족 로망스'라는 말을 책의 제목으로 사용하고 있다. 프로이트의 가족 로망스는 "이제 자신이 낮게 평가하게 된 부모로부터 자유로워지고, 대체적으로 더 높은 사회적 지위를 지닌 다른 사람들로 부모를 대체하고자 하는" 신경증 환자들의 환상을 가리키는 말이다. 린 헌트는 혁명기 정치의 밑바닥에 깔려 있던 가족적 질서에 대한 집단적이고 무의식적인 상을 '가족 로망스'라는 말로 지시하고 있다.

(像)의 변화를 추적하여 새로운 사회적 질서를 모색하는 투쟁 속에서의 프랑스 인들의 의식 세계를 묘사한다. 헌트의 작업은 이른바 정치 담론의 표면 아래에서 진행된 집단 무의식의 변화를 드러내어 가부장적인 권위로부터 벗어난 새로운 정체를 상상해 보는 당대인들의 창조적인 노력을 부각시킨 것이었다.9) 헌트는 형제애(fraternity), 아버지의 상, 어머니의 상 등과 같은 당대의 두드러진 관념 및 이미지를 추적하는 방법을 취한다. 이러한 관념이나 이미지의 실체는 명시적으로 표현되는 경우가 드물기 때문에 분석은 간접적인 추론에 의해 진행된다. 간접적인 추론은 그러한 관념이나 이미지의 심리적 의미를 짐작케 해주는 무수한 실마리들에 근거하여 이루어지기 때문에 선택적이라는 한계는 있지만 자의적인 것은 아니라고 할 수 있다.

　요컨대 신문화사가들은 해석적 인류학의 방법을 역사 연구에 받아들여 특정한 시기, 특정한 국면(또는 계층이나 장)에서의 당대인의 관념 세계를 당대인의 자료로부터 해석해 내고 있다. 그러한 해석의 결과가 사회의 작동 방식이나 복잡한 권력 관계의 작용 양상을 해명하는 데는 유용하지 못하나 현대적 관점으로는 이해하기 힘든 당대인의 사고방식을 생생하게 해명하는 데는 많은 도움이 된다.

　해석적 인류학이나 신문화사의 접근법에 따르면 당대인의 말과 개념이 당대인의 해석의 프레임(frame of interpretation)을 드러내는 의미의 망으로 기능할 수 있다.10) 당대인의 말과 개념은 당대인의 관념 세계로 들어가는 관문과 같은 것이다. 이 낯선 세계로의 관문을 통과하기 위해서는 '두껍

---

9) 이런 점에서 Hunt의 연구는 전통적인 정치사를 대체할 수 있는 것이라고 할 수는 없다. Hunt는 가부장적 권위에 대한 감정이 공공연한 정치적 갈등의 성격을 미리 결정한다고 주장할 생각은 전혀 없다고 밝히고 있다. 하지만 가족 로망스는 의식적이건 무의식적이건 새로운 정치 질서를 모색하던 혁명기의 프랑스 인들이 직면했던 핵심적인 문제였음은 분명하다.

10) 해석의 프레임(frame of interpretation)은 어떤 종족이 세계를 바라보고 해석하는 눈을 가리키는 개념이다. Geertz(1973/1998 : 19) 참조. 문화 해석은 해당 사회의 해석의 프레임을 확인하는 데서 출발한다.

게 읽기'라고 설명되는 자료 읽기의 과정이 필요하다. 단턴이 '텍스트로부터 컨텍스트로 또 그 역으로' 왕래하는 과정으로 묘사한 자료 읽기 방법이나 헌트가 '간접적 추론'이라고 명명한 방법이 모두 이에 속한다.

우리가 읽어내야 하는 연구 자료는 중층적으로 기술된 것이다. '두껍게 읽기'는 이렇게 중층적으로 기술된 자료의 두꺼운 의미 층위를 하나하나 벗겨내는 과정이다. 두껍게 읽기에서는 특정한 표현에 결부되어 있는 특정한 맥락에 주목하는 것이 특히 중요하다. 즉 당대인의 말과 개념을 통해 당대인의 관념 세계로 들어가기 위해서는 그 말이나 개념이 특정한 맥락 속에서 작용하는 방식에 주목해야 하는 것이다.

이 연구에서는 공론 영역의 논변 자료로부터 두 부류의 두드러진 관념들을 추적한다. 공론 영역에 대한 당대인의 관념과, 당대인이 공유하는 권위 또는 합리성의 준거를 표상하는 관념이 그것이다. 이러한 관념들을 분석함으로써 당대인의 관념 세계에서 공론 영역이 어떤 위상을 차지하고 있었는가를 확인하고, 공론 논변에 작용하는 당대인의 합리성이 무엇인가를 추적하게 될 것이다.[11]

당대인의 관념 세계를 추적하는 작업은 공론 영역이 논변의 장으로 기능하였음을 확인하는 데로 수렴된다. 논변의 장으로서의 공론 영역은 아직까지 그 문화적·심리적 실체가 확인되지 않았다는 점에서 이 연구의 가설이라고 할 수 있다. 그러나 논변의 장으로서의 공론 영역은 논증 이론가들 사이에서 그 타당성이 널리 인정되는 '논증의 장'이라는 개념을 그 설정의 근거로 삼고 있다(Benoit, and Lindsey, 1987 : 215).

논증의 장에 대한 철학적 탐구는 툴민(Toulmin, 1958)에서부터 시작된다. 툴민은 실제적인 논증이 장 의존적(field-dependant)이라는 통찰을 하였다. "어떤 결론을 정당화하기 위해 요구되는 기준이나 논거들은 장마다 다르다."(Toulmin, 1958 : 36) 툴민의 주장에 따르면 인간의 실제적인 논증 행위

---

11) 이러한 일은 당대인의 해석의 틀(frame of interpretation)을 거시적인 관점에서 확인하는 일이라는 점에서 문화 해석의 가장 초보적인 작업이라 할 수 있다.

는 언제나 특정한 장에서 이루어지며 어떤 논증을 이해하기 위해서는 그 논증이 나타나는 장을 이해하지 않으면 안 된다.[12] ‘철학적 인류학자로서 우리는 어떤 사람의 주장을 “그 주장이 자연스러워지는 특정한 맥락”에 연결시키려고 하며… 어떤 주장을 이해하기 위해 우리는 그 주장의 언어를 이해해야 할 뿐만 아니라 “대응하는 삶의 측면에 대한 그 주장의 관련성”을 이해해야 한다.’[13]

툴민의 장은 매우 포괄적인 개념이어서 다양한 특성들을 지니고 있다.[14] 장은 사회학적 실체이며 심리학적 현상이기도 하다. 또한 장은 인간 행동을 해석하고 예측하는 추정의 틀이 된다(Willard, 1983). 장의 이러한 특성들은 장의 개념이 인간 행동에 대한 인식론적 틀로, 그리고 발견적 절차로 기능할 수 있음을 보여준다.

‘장’은 말하기의 민족지학에서 사용하는 용어인 ‘언어 공동체(speech community)’나 ‘장면(scene)’과 비교해 보면 그 유용성이 드러난다. ‘장’은 한 언어 공동체 안에서 심리적·문화적으로 형성되고 공고하게 발전하는 특수한 의사소통의 공간을 가리킨다. 반면 언어 공동체는 동일한 언어 문

---

12) Toulmin의 장 이론은 논증 현상에 대한 철학적 반성으로부터 탄생하였다. Toulmin의 설명에 따르면 장 이론은 철학의 세 얼굴－형식주의, 비판주의, 상대주의－중 인류학적 접근(상대주의)을 반영하는 것이다. 이 세 측면은 신중하게 결합되면 현상을 이해하는 데 상호보완적인 역할을 할 수 있다. 논증의 경우 그 현상을 명제들의 연쇄로 볼 수도 있으며 인간의 행동으로 볼 수도 있고 행위의 절차로 볼 수도 있다. 이들 각각은 논증의 형식적 측면, 인류학적 측면, 비판적 측면에 해당한다.

13) Toulmin(1976), *Knowing and Acting*, p.169, Willard(1983 : 151)에서 재인용.

14) Willard(1983 : 148~149)는 장의 개념이 지니고 있는 특성을 다음과 같이 정리하였다.
   1. 장은 사회학적 실체이다.
   2. 장 이론은 “객관성”보다는 “객관화”를 연구한다.
   3. 장은 심리학적 조망이다.
   4. 장은 객관성의 영역들이다.
   5. 장은 본질적으로 수사적이다.
   6. 장은 추정의 틀이다.
   7. 장은 그것의 기록과 동일시될 수 없다.
   Willard(1983)가 드러내는 장의 여러 특성들을 고찰하면 장이 인간의 행동에 대한 인식론적 틀로, 그리고 발견적 절차로 기능할 수 있음을 감지할 수 있다.

화를 공유한 배타적이고 완결적인 사람들의 집단이다.15) 우리가 공론 논변에 접근하면서 전제로 삼는 공간은 그것이 전개되는 문화적·심리적 공간이다. 이러한 공간은 언어 공동체의 범주라고 하기 어렵다. 한편 '장면'은 의사소통이 이루어지는 일시적인 시간과 장소를 가리키는 개념으로 시공(loci)의 포괄성과 공고성 면에서 장과는 변별된다. 공론 논변의 장은 수많은 개별적인 장면들이 그 속에서 역동적으로 전개되는 뚜렷한 내적 질서를 지닌 문화적·심리적 공간이다.

[표 2] 언어 공동체, 논변의 장, 소통 행위

층 위		예	비 고
언어 공동체의 층위	상위 언어 공동체	15세기말 조선의 언어공동체	동일한 언어 문화를 공유하는 가장 큰 범주의 공동체. 언어공동체는 기본적으로 공시적 개념이나 역사적인 실체이므로 시대별 구분을 할 수 있다.
	하위 언어 공동체	15세기말 사대부 계층의 언어공동체	상위 언어공동체의 하위 범주로 계층적으로 형성된 배타적인 언어 문화 공동체. 하위 언어공동체는 다시 그 하위 층위들로 세분될 수 있다.
장(場)의 층위		사대부 계층의 정치적 공론 영역	해당 언어공동체 안에서 문화·심리적으로 설정된 특수한 공간. 공론 영역에는 그 속에서 이루어지는 논증적 대화를 지배하는 특수한 문화가 존재한다. 해당 언어공동체의 언어 문화는 결국 여러 개의 장들의 문화가 중첩된 다층적 구조를 지니고 있다.
소통 행위의 층위		임사홍 탄핵 사건	구체적인 활동이 이루어지는 층위. 소통 행위는 참여자들이 대화의 목적을 달성하기 위해 상호작용하는 과정이다. 소통 행위가 연쇄적으로 이어지면 소통 행위 연쇄를 이룬다.

---

15) 언어 공동체는 동일한 언어 문화를 향유하는 모든 인간 집단을 포괄하는 상위의 공동체를 상정할 수도 있고 그 하위에서 계층적으로나 지역적으로 독특한 언어 문화를 형성하는 하위 언어 공동체를 상정할 수도 있다. 그러나 하위 언어 공동체라 할지라도 그 속에서 일상생활이 영위되는 비교적 완결된 사회를 전제로 한다.

공론 영역은 역동적으로 전개되는 언관-임금-재신 간의 논증 행위를 설명하는 공간이 된다. 논증적 대화 행위는 논변 참여자들의 만남을 통해 이루어지는데 참여자들이 한번 만나서 이루어지는 대화의 지속을 소통 행위라 한다. 소통 행위의 지속은 의사소통의 정황적 프레임에 따라서 결정된다. 하나의 정황적 프레임이 종결되지 않아 소통 행위가 연쇄적으로 일어날 경우 이를 소통 행위 연쇄라고 한다. 정황적 프레임은 논변의 장에서 형성되어온 관습에 기초하여 참여자들의 상호작용을 통해 구성되는데 이러한 정황적 프레임의 구성 양상이 논증 장르의 내용 요소임은 두말할 필요도 없다. 이상의 논의에 기초하여 논변의 장으로서의 공론 영역이 설정되는 층위를 도해한 것이 위의 표이다. 이 표에서 설명되고 있는 공론 영역(장)과 소통 행위의 층위는 앞의 [그림 1]에서 표상된 문화적 맥락과 정황적 프레임에 각각 대응한다.

2) 논증적 대화 분석

논증적 대화 분석은 대화 분석과 논증 분석에 의해 이루어진다. 대화 분석과 논증 분석은 대화 행위에 대한 분석이라는 점에서 공통점이 있지만 그 이론적 뿌리와 발전 과정은 상이하다. 대화 분석은 담화 분석(Schiffrin, 1987, 1994 ; Stubbs, 1983), 말하기의 민족지학(Hymes, 1972 ; Saville- Troike, 1989), 민족-방법론(Garfinkel, 1972 ; Schegloff, and Sacks, 1984), 상호작용사회언어학(Gumperz, 1982 ; Goffman, 1981) 등의 영역에서 활발하게 이루어져왔다. 대화 분석은 언어 사용에 대한 사회언어학적 접근이라는 공통점이 있다.

반면 논증 분석은 그 뿌리를 고대의 수사학과 대화론에 두고 있으며 비형식 논리학적 분석(Toulmin, 1958 ; Woods, and Walton, 1982, 1989), 화용-대화론적 분석(van Eemeren, and Grootendorst, 1992 ; van Eemeren, Grootendorst, Jackson, and Jacobs, 1993 ; van Eemeren, and Houtlosser, 1998), 기능적(機能的) 접

근(Walton, 1991) 등의 갈래로 전개되고 있다. 논증 분석은 인문학적 전통 위에서 이루어져 왔다.

대화 분석은 탈가치론적인 경향을 보인다. 대화 분석을 하는 학자들은 대체로 '사람들이 어떻게 말해야 하고 어떻게 말하지 말아야 하는가' 라는 질문을 회피하고 '사람들이 실제로 어떻게 말하며 어떻게 말하지 않는가'의 문제를 선호한다. 반면 논증 분석에서는 실제적인 논증 현상의 기술에 그치지 않고 감추어진 요소들을 드러내어 재구성하는 데 관심을 기울인다.

대화 분석과 논증 분석은 서로 다른 전통 위에서 발전해온 방법이지만 신중하게 결합될 경우 유용한 결과를 산출할 수 있다. 대화 분석은 있는 그대로의 현상이 지닌 의미를 드러내는 데 유용하며 논증 분석은 논증적 대화의 감추어진 요소를 드러내고 이들 요소간의 관계에 기반하여 논증 현상이 지닌 의미를 해석해 내는 데 유용하다. 특히 논증성이 강한 논증적 대화의 분석에는 이 두 가지 분석 방법을 적절히 결합시키는 것이 필요하다. 대화 분석과 논증 분석을 결합할 때 대화 분석을 근간으로 하여 논증 분석을 결합하는 것이 합리적이다. 대화 분석을 통하여 기능적으로 변별되는 대화의 여러 층위를 체계적으로 분석한 후 그 결과에 기초하여 논증 분석을 하는 것이 간명하고 경제적이기 때문이다.

아래에서는 논증적 대화 분석 방법을 (1) 대화 분석과 (2) 논증 분석으로 나누어 기술한다. 대화 분석에서는 공론 논변의 자료를 대화의 층위인 화행(speech act), 진행(move), 진행 연속체, 말차례(turn), 단위 논변, 소통 행위, 소통 행위 연쇄로 나누어 기술하는 방법을 설명한다. 논증 분석에서는 참여자 분석과 논증 유형(argumentation types) 분석으로 나누어 접근한다. 이렇게 대화 분석과 논증 분석을 나누어 기술하는 것은 이 두 분석 방법이 각각 다른 뿌리에서 나왔기 때문이다. 그러나 4장에서 이루어지는 실제 논증적 대화 분석에서는 대화 분석과 논증 분석이 동일한 대화의 층위에서 함께 이루어진다.

(1) 대화 분석

공론 영역의 논변을 대화 분석의 대상으로 삼는다는 것은 공론 영역의 논변을 대화로 보는 것을 전제로 한다. 이 장의 서두에 보인 예는 분명한 대화의 사례이나 소(疏)나 차자(箚子) 등을 이용한 논변의 경우를 대화로 볼 수 있는가 하는 문제가 생긴다.

여기서는 소와 차자 같은 문어 텍스트를 통한 소통을 독화적 대화(獨話 的 對話)라고 규정한다. 소나 차자의 논증자는 임금을 상대로 말을 거는 것이며 결국 임금으로부터 어떤 답변을 듣거나 읽게 된다. 문어 텍스트 속의 논증자의 논증 행위는 표면적으로는 일방적으로 진행되나 각 단계 마다 청자의 반응을 예상하고 전개된다. 즉 문어 텍스트의 논변은 표층적 으로는 독화이나 심층적으로는 대화이다. 명백한 대화와 독화적 대화 사 이에는 중간적인 형태가 나타난다. 승정원을 매개로 하여 진행되는 언관 과 임금의 간접 대화는 지연된 대화의 형태를 취함으로써 면대면 대화와 문서를 통한 대화의 중간적인 양상을 보인다. 이러한 중간적인 대화 양상 은 면대면 논변이나 문서를 통한 논변이 대화라는 본질에서는 동일함을 실증한다.

대화 분석의 자료는 조선왕조실록에 실려 있는 원문 자료를 우리말로 번역한 것으로 한다. 한문 원문은 문장의 접속과 종결이 명확하지 않기 때문에 번역자의 직관에 따라 화행 단위로 잘라서 번역하는 것을 원칙으 로 한다. 화행 단위는 논증적 대화의 전체 맥락 속에서 발현되는 최소의 대화 기능 또는 논증 기능을 기준으로 한다. 따라서 분석 자료에서는 하 나의 문장이 하나의 화행이 된다.

대화는 기능적으로 변별되는 위계적인 여러 층위에서 동시에 이루어진 다. 따라서 대화 분석은 위계적 층위를 어떻게 설정하고 각 위계적 층위 의 기본 단위를 무엇으로 삼을 것인가를 결정하는 데서 시작된다.

구어 대화를 기반으로 발전해온 대화 분석은 일반적으로 대화의 층위 를 말차례(turn), 진행(move), 화행(act), 교환(exchange), 단위 화제(transaction)의 다섯으로 구분한다(Stenström, 1994). 그러나 문어적 소통이 큰 비중을 차지하고 격식성이 강한 조선시대 공론 논변에는 구어적 대화 분석의 층위가 그대로 적용되지 않는다. 특히 발화자들 사이의 역동적인 상호작용을 분석하는 데 적합한 교환(exchange)은 문어적 소통의 분석에는 적용되지 않는다. 오히려 하나의 말차례 안에서 동일한 하위 화제(용건)를 다루는 진행이 연이어 나오는 것이 일반적이다. 따라서 하나의 용건을 중심으로 결합되는 진행들의 집합에 해당하는 층위가 필요하다. 또 참여자들이 한번 만나서 나누는 대화에서 둘 이상의 논제가 다루어지는 경우도 있으며, 하나의 논제가 여러 차례의 대화에서 연쇄적으로 다루어지는 경우도 있다. 논증적 대화는 논제를 중심으로 통합되므로 특정한 논제를 둘러싼 대화의 연쇄 현상을 분석해 볼 필요가 있다.

여기서는 공론 논변의 실제 전개 양상을 고려하여 논증적 대화의 층위를 화행(speech act), 진행(move), 진행 연속체(move succession), 말차례(turn), 단위 논변(thematic unit), 소통 행위(communicative interaction ; CI), 소통 행위 연쇄(communicative interaction chain ; CIC)의 일곱으로 나누고 논증적 대화의 외적 요소로 해설(explanation)을 설정하였다. 이들 각각에 대하여 설명하면 다음과 같다.

① 화행

화행(speech act)은 대화의 기능적 최소 단위이다. 화행은 대화 참여자들의 의도를 표현한다. 따라서 화행의 기능은 대화의 목적에 따라 나누어지는 일반적인 대화 유형의 특성을 반영한다. 대체로 화행은 일반적인 대화 유형 안에서 실현되는 일반적인 대화의 기능에 따라 명명된다. 화행의 표시 기호는 < >이다.

여기서 사용하는 화행의 개념은 오스틴과 설 등의 정통 화행론에서 설명하는 화행과는 차이가 있다. 대화 분석의 관점에서 볼 때 정통 화행론은 지나치게 화자 측면만을 고려해서 청자는 겨우 함축적으로만 다루어지고, 화행 분석에서 그것이 사용되는 특정한 상황이나 맥락이 소홀히 다루어졌다. 정통 화용론의 화자 편중성은 의사소통의 참 모습을 밝혀내기에 적당하지 않다는 약점이 있다(박용익, 1997 : 39).

이 문제를 극복하기 위해 대화 분석가들은 화행이 화행 연속체 안에서 수행하는 특정한 의사소통의 기능에 따라 화행을 재정의하였다(박용익, 1997 : 55~62). 화행을 이렇게 재정의할 경우 정통 화행론의 분류 목록에서는 발견되지 않지만 대화에서는 필수적으로 나타나는 <되묻기>, <동의하기>, <대답하기> 등의 화행을 설정하는 것이 가능해진다.16) 여기서는 대화 분석의 관점에서 정의된 화행 개념을 받아들여 최소의 발화 단위를 화행으로 보되 그것이 대화에서 수행하는 기능에 따라 분류하는 관점을 취한다.

화행의 목록은 열린 집합이기 때문에 한 언어 공동체에서 나타나는 화행의 목록을 모두 제시하는 것은 불가능하다. 한국어 대화 분석에서 일반적으로 나타나는 화행의 목록을 예시하면 <제의하기>, <거절하기>, <이의 표시하기>, <감사 표시하기>, <권고하기>, <대답하기>, <동의하기>, <약속하기>, <묻기>, <명령하기> 등이 있다.

논증적 대화에서는 논증 기능이 중심적인 역할을 하는데 논증 기능은 '논거 제시하기'와 '주장하기'로 대별된다. 따라서 논증의 기능을 하는 화

---

16) 한편 대화 분석의 방법에 관한 여러 연구 성과들을 종합하여 대화 분석 방법의 전형을 제시하고 있는 것으로 평가되는 Stenström(1994)은 대화 분석의 최소 단위로 행동(act)을 설정하였다. 행동은 최소의 대화 기능 단위라는 점에서 재개념화된 화행과 비슷하나 그 외연이 동일하지 않다. 화행은 발화의 형태에 기반을 두고 있는 반면 행동은 대화에서 발화간의 관계에 기반을 두고 있다. 따라서 하나의 행동이 하나의 문장으로 구성될 수도 있고, 문장 속의 한 부분이 될 수도 있으며, 여러 개의 문장이 하나의 행동을 구성할 수도 있다. 행동은 일상적인 대화의 교환 현상을 설명하는 데 유용한 개념이다. 그러나 이 연구에서는 말차례의 크기가 비교적 크고 순서 교대가 분명하며 명확한 발화 단위가 확인되는 연구 자료의 속성상 길이가 짧고 대화 교환이 복잡한 일상적 대화를 분석하는 데 유용한 '행동'의 개념이 꼭 들어맞지 않는다. 오히려 발화 단위에 초점을 두는 '화행'의 개념이 분석에 더 적절하다. Stenström(1994 : 38~48) 및 유동엽(1997 : 2장) 참조.

행으로 <논거 제시하기>와 <주장하기>를 설정할 수 있다. 이 두 가지 화행을 특별히 논증 화행이라 부르기로 한다.

화행의 목록들은 행위의 목록이므로 '-하기'로 이름 붙이는 것이 마땅하나 이하에서는 편의상 <논거>, <주장>, <제의>, <거절>, <이의 표시> 등과 같이 표시한다. 또 분석 자료의 문장 단위는 화행의 단위와 일치하므로 특별한 경우를 제외하고는 화행 표시 부호인 < >를 생략한다.

- **화행 표시의 예** : <논거 : 이전에 유향소 사람들이 鄕中에서 그 권위를 남용하여 불의한 짓을 행하여 폐단이 많았습니다.> <주장 : 그래서 先王朝에 폐지하였습니다.> <논거 : 猾吏를 견제하고 풍속을 바로잡는 것은 수령이 해야 할 일입니다.>…

- **화행 표시 생략의 예** : 이전에 유향소 사람들이 鄕中에서 그 권위를 남용하여 불의한 짓을 행하여 폐단이 많았습니다. 그래서 先王朝에 폐지하였습니다. 猾吏를 견제하고 풍속을 바로잡는 것은 수령이 해야 할 일입니다.…

② 진행

화행은 독립성이 결여되어 있다.[17] 대체로 화행은 여러 개가 연속되어 독립적인 대화의 기능을 발휘하게 된다. 또 일상적인 대화의 경우 하나의 화행으로 실제적인 대화가 이루어지지는 않는다. 그러므로 대화분석론에서는 말걸기와 응답이 서로 합쳐진 것, 즉 발화 교환이 의사소통의 최소 단위라는 견해가 지배적이다. 그렇다고 언관의 논변처럼 하나의 말차례가 길게 이어지는 논증적 대화에서 발화 교환을 분석의 기본 단위로 고려하는 것도 문제가 있다. 짧은 말차례가 교환되는 일상적인 대화와는 달리 긴 말차례가 이어지는 대화의 경우 발화 교환은 적절한 분석의 단위가 될 수 없다.

---

17) 이 말이 모든 화행에 독립성이 없다는 것으로 해석되어서는 안 된다. 경우에 따라서는 하나의 화행이 진행의 기능을 수행하여 독립적인 대화 기능을 지닐 수도 있다.

　격식성이 강한 대화나 독화적 대화의 경우 대화를 진행시키는 실질적인 기능을 하는 진행(move)을 의사소통의 기본 단위로 설정하는 것이 타당하다. 진행은 서로 의존적인 하나 이상의 화행이 결합되어 상위 단위인 단위 논변 안에서 독립적인 기능을 수행한다. 대화 분석에서 진행은 [ ]로 표시하며 새로운 진행이 시작될 때마다 행바꾸기를 해 준다.

　논증적 대화에서 진행은 대화를 진행시키는 일반적인 기능 외에 논증을 진행시키는 기능을 한다. 따라서 진행 목록의 명칭은 대화 기능 및 논증 기능을 중심으로 부여한다. 어떤 진행이 대화의 기능과 논증의 기능을 동시에 수행하는 경우 논증의 기능을 중심으로 명칭을 부여하되 필요한 경우 대화의 기능을 (　　) 안에 부기한다. 진행의 논증 기능은 크게 자신의 견해를 논증하는 변론과 상대방의 주장에 반론을 펼치는 논박으로 나뉜다.[18)]

> [**변론**(설명) : 이전에 유향소 사람들이 鄕中에서 그 권위를 남용하여 불의한 짓을 행하여 폐단이 많았습니다. 그래서 先王朝에 폐지하였습니다.]
> [**논박** : 猾吏를 견제하고 풍속을 바로잡는 것은 수령이 해야 할 일입니다. 만약 이를 모두 유향소에다 위임한다면 수령은 할 것이 없지 않습니까?]
> [**논박** : 또 국가에서 수령을 선택함에 있어서도 바른 인재를 얻지 못하는 경우가 있는데 한 고을의 유향소 인원을 선택하면서 어찌 다 올바른 사람을 얻을 수 있겠습니까?]

　분석의 층위면에서 화행이 대화/논증 기능의 최소 단위라면 진행은 대화/논증 기능의 실질 단위이다. 또 부가되는 특성의 면에서 화행에는 일반적인 논증적 대화의 특성이 부가된다면 진행에는 특정한 논변의 장의 문화적 특성이 부가된다. 따라서 진행의 목록은 장 의존적이라고 할 수 있다.

　진행은 논변의 장의 문화적 특성이 드러나는 단위이며 기능상 독립적

---

18) 기타 자세한 진행 기능의 목록은 4장 2절 참조.

인 단위이므로 논증적 대화 분석의 중심적인 단위가 된다.

③ 진행 연속체

일반적으로 진행 연속체는 하나의 용건이나 관계를 중심으로 여러 개의 진행이 결합된 것으로 정의된다.[19] 면대면 대화에서는 하나의 말차례 안에 하나의 용건이 나타나며 이러한 용건에 대해 상대자의 반응이 이어지는 것이 보통이다. 이렇게 용건과 반응 및 그에 대한 재반응이 이어진 것을 진행 연속체라 한다.

그러나 문어로 이루어진 독화적 대화에서는 하나의 발화 안에 여러 가지의 용건이 연속적으로 나타난다. 또 독화적 대화에서의 용건 진술에는 상대방의 실제 반응이 이어지지 않는다. 그런 점에서 독화적 대화에서 나타나는 용건 진술의 단위에는 진행 연속체의 일반적인 조건이 결여되어 있다고 할 수 있다.

그러나 문어 텍스트를 통한 의사소통을 독화적 대화로 보는 입장에 서면 용건 진술의 단위를 진행 연속체로 볼 수 있다. 독화적 대화에서 하나의 용건 진술은 그것에 대한 상대방의 반응을 심층적으로 고려하고 있다. 그리고 각각의 용건 진술에 대한 상대방의 반응은 시간적으로 지연되는 방식으로 진술자에게 되돌아온다.[20]

진행 연속체는 문어로 이루어진 독화적 대화 자료를 분석하는 데 유용한 단위이다. 여러 개의 용건 진술이 연속되는 독화적 대화를 진행의 단

---

19) 박용익(1997)은 진행 연속체를 용건중심적 진행 연속체와 관계중심적 진행 연속체로 나누어 설명하고 있다. 용건중심적 진행 연속체는 의사소통 참가자들이 구체적인 용무를 해결하기 위해서 의사소통을 수행하는 것이다. 관계중심적 진행 연속체는 구체적이고 특수한 과제를 해결하기 위해서라기보다는 의사소통 참가자들 사이에 사회적 관계를 유지하고 개선하거나 회복하기 위해서 수행하는 의사소통이다.

20) 각각의 용건에 대한 지연된 반응의 전형적인 예는 승정원을 통한 언관과 임금 간의 대화에서 전형적으로 나타난다. 부록에 실린 분석 대상 텍스트 2의 소통 행위 (24)의 경우 임금과 언관 간의 일대다 대화에서 지연된 반응으로 인한 말차례의 뒤섞임 현상이 나타난다.

위로만 분석하게 되면 그 속에 포함되어 있는 복잡한 대화 기능을 체계적으로 기술하기가 곤란해진다.

독화적 대화의 진행 연속체는 전통적인 텍스트의 단위인 단락을 대화의 관점에서 설명한 것이다.[21] 대화의 관점에서 볼 때 단락은 긴 문어 텍스트 안에서 새로운 하위 주제를 가지고 상대방에게 말을 거는 것과 같으므로 면대면 대화에서 이루어지는 발화 교환과 비슷한 기능을 한다. 단락과 단락 사이에는 대화 상대자의 반응이나 논박이 가상적으로 고려되는 것이 보통이다.

진행 연속체는 독화적 대화의 긴 말차례 안에서 구분된다. 따라서 대화분석에서 진행 연속체는 하나의 말차례 안에서 행 바꾸기를 하고 들여쓰기를 한 다음 서두에 '(진행 연속체 1)'처럼 표시해 준다.

> 1 이칙 등 :
> **(진행 연속체 1)** {[신등이 요즈음 임사홍의 일을 가지고 天聽을 여러 차례 더럽혔으나 윤허를 얻지 못하였습니다.]
>
> [그런데 御書에 이르시기를 "諭示하기를 자세히 하였다. 어찌하여 말을 번거롭게 하느냐?"고 하셨습니다. 신등은 '유시하기를 자세히 하였다'는 것이 무엇을 이르는 것인지 아직 깨닫지 못하였습니다.]
> **(진행 연속체 2)** [만약 임원준의 공이 중하다 하여 그 아들에게 상을 미루어 준다고 하면, 임원준의 공을 갚는 것이 지나치다는 것은 신등이 이미 말하였습니다. 만약 임사홍의 일이 실정에 지나치다고 말한다면, 임사홍의 마음과 행실의 악함은 신등이 말하였을 뿐만 아니라 전하께서도 이미 알고 계시는 것입니다. 인사는 10년이면 반드시 변하므로 임사홍도 반드시 허물을 고쳤을 것이라고 하면, 임사홍이 옛 악함을 고치지 아니하고 방자하여 꺼림이 없는 것은 신 등이 또한 자세히 말한 바 있습니다.]
>
> — 성종 19년 11월 19일(戊寅), 대사헌 이칙 등의 상소

---

[21] 단락은 예로부터 일관성(coherence), 통일성(unity), 강조성(emphasis)을 그 속성으로 지니고 있다고 설명된다. 이는 단락 단위가 전체적으로 주제에 연결되어 통일성이 있고, 생각이나 관점에 중단과 변이가 없이 긴밀한 관련성을 유지하며, 필요한 곳에 강조를 나타내기 때문이다. 최홍규(1990 : 854) 참조.

④ 말차례

말차례는 논증적 대화 참여자들이 발언하는 순서를 가리킨다. 보통 하나의 말차례는 하나나 그 이상의 진행으로 구성된다. 대화 분석에서 말차례는 '말차례 번호 참여자 : '와 같이 표시된다.

07 김대 : {[변론 : 백성을 侵漁함은 鄕吏보다 더한 자가 없습니다. 수령도 반드시 어질 수는 없습니다. 그래서 백성이 편안하게 살 수가 없습니다. 비록 京在所의 耳目이 있다 하나 미치지 못하여 또한 규명하여 단속할 수가 없습니다. 옛사람이 이르기를, '猾吏가 지나가면 닭과 개라 하더라도 편안하지 못하다.'고 하였습니다. 닭과 개도 편안하지 못한데 더구나 사람이겠습니까? 유향소의 법은 매우 훌륭했습니다. 그러나 중간에 폐지함으로 인하여 이러한 큰 폐단이 생겼습니다.]
　　[요청 : 다시 세우는 것이 어떠합니까?]

말차례는 소통 양식이라는 문화적 맥락 정보가 드러나는 단위이다. 말차례에는 화자에 의해 선택된 소통의 양식이 드러난다. 계(啓), 상소(上疏), 상차자(上箚子)나 전교(傳敎), 비답(批答), 하어서(下御書) 등이 공론 논변에서 화자에 의해 사용되는 소통의 양식들이다. 말차례에서 확인되는 소통 양식의 민족지학적 특성은 논변의 소통 양식을 확인하는 기초가 된다.

⑤ 단위 논변

단위 논변은 하나의 화제 또는 논제를 중심으로 전개되는 독립적인 논변의 최소 단위이며 참여자들의 말차례 연쇄의 독립적인 단위이다. 단위 논변의 표시 기호는 { }이다.

단위 논변의 내용적 특성과 전개 양상에는 독특한 문화적 특성이 부여될 수 있다. 다음 예는 언관이 임금에게 어떤 문제를 검토해 볼 것을 청하는 단위 논변으로 언관 논청(論請)의 전형적인 전개 양상을 보여준다.

07 김대 : {[변론 : 백성을 侵漁함은 鄕吏보다 더한 자가 없습니다. 수령도

반드시 어질 수는 없습니다. 그래서 백성이 편안하게 살 수가 없습니다. 비록 京在所의 耳目이 있다 하나 미치지 못하여 또한 규명하여 단속할 수가 없습니다. 옛사람이 이르기를, '猾吏가 지나가면 닭과 개라 하더라도 편안하지 못하다.'고 하였습니다. 닭과 개도 편안하지 못한데 더구나 사람이겠습니까? 유향소의 법은 매우 훌륭했습니다. 그러나 중간에 폐지함으로 인하여 이러한 큰 폐단이 생겼습니다.]

　　[요청 : 다시 세우는 것이 어떠합니까?]

08　상 : [질문 : 어떠한가?]

09　이극배 : [응답 : 신도 그 점에 대해서 생각한 지가 오래였습니다. 그러나 상달하지를 못했습니다.]

10　상 : [판결 : 영돈녕 이상에게 의론하게 하라.]}

⑥ 소통 행위

소통 행위는 참여자들이 한 번 만나서 이루어지는 논변의 지속을 가리킨다. 소통 행위 층위에는 논증 행위 층위 이외에 참여자의 관계 층위가 부가된다. 참여자의 관계 층위에는 만남, 관계 설정, 헤어짐 등의 관계 양상이 나타난다. 따라서 소통 행위 단위별로 참여자 관계를 분석하는 것이 적절하다.

하나의 소통 행위에는 하나의 단위 논변이 전개되는 것이 보통이나 둘 이상의 단위 논변이 전개될 수도 있다.

01　유문통 : {[보고 : 본부(사헌부)에서 이조에서 제수할 때의 망단자를 참고하려고 하였습니다. 전례가 없다고 대답하고 보내지 아니하였습니다.]
　　[주장 : 신 등의 생각으로는 擬望한 가운데 만약 합당하지 못한 자가 있으면 알지 않을 수 없습니다.]

02　상 : [질문 : 어떠한가?]
　　(중간 생략)} ·· 단위 논변1
　　{(중간 생략)} ·· 단위 논변2

07　김대 : {[변론 : 백성을 侵漁함은 鄕吏보다 더한 자가 없습니다. 수령도 반드시 어질 수는 없습니다.…] […]

08　상 : [질문 : 어떠한가?]

09　이극배 : [응답 : 신도 그 점에 대해서 생각한 지가 오래였습니다. 그러

　　나 상달하지를 못했습니다.]
　10 상 : [판결 : 영돈녕 이상에게 의론하게 하라.]}
　　　……………………………………………………………………… 단위 논변3

⑦ 소통 행위 연쇄

둘 이상의 소통 행위가 동일한 정황적 프레임(situational frame) 안에서 연속될 때 이를 소통 행위 연쇄라 한다. 보통 소통 행위의 원인이 된 문제 상황이 한 번의 소통 행위로 해결되지 않을 때 소통 행위 연쇄가 일어난다. 소통 행위의 연쇄의 특성을 분석함으로써 정황적 프레임 구성의 문화적 특성을 분석할 수 있다.

⑧ 해설

해설은 공론 영역에서의 논증적 대화에 대한 사관의 설명이다. 해설은 논증적 대화 분석의 층위 바깥에 있으며 논증적 대화 분석의 다양한 실마리를 제공한다. 해설이 없으면 대화 참여자와 대화의 정황을 확인할 수 없는 경우가 많다. 해설의 표시 기호는 ＃ ＃ 이다.

　　＃ 헌납 김대가 아뢰었다. ＃
　07 김대 : {[변론 : 백성을 侵漁함은 鄕吏보다 더한 자가 없습니다. 수령도 반드시 어질 수는 없습니다. 그래서 백성이 편안하게 살 수가 없습니다. 비록 京在所의 耳目이 있다 하나 미치지 못하여 또한 규명하여 단속할 수가 없습니다. 옛사람이 이르기를, '猾吏가 지나가면 닭과 개라 하더라도 편안하지 못하다.'고 하였습니다. 닭과 개도 편안하지 못한데 더구나 사람이겠습니까? 유향소의 법은 매우 훌륭했습니다. 그러나 중간에 폐지함으로 인하여 이러한 큰 폐단이 생겼습니다.]
　　[요청 : 다시 세우는 것이 어떠합니까?]
　　＃ 임금이 左右에 물으셨다. ＃
　(08 상 : [질문 : 어떠한가?])
　　＃ 이극배가 대답하였다. ＃
　09 이극배 : [응답 : 신도 그 점에 대해서 생각한 지가 오래였습니다. 그러나 상달하지를 못했습니다.]

＃임금이 말하였다.＃
10 상 : [판결 : 영돈녕 이상에게 의론하게 하라.]}

위의 말차례 08과 같이 대화 내용이 기사에 직접 드러나지 않고 해설 속에 묻혀 있는 경우 말차례를 재구성하여 (   ) 안에 집어넣는다.

(2) 논증 분석

논증 분석은 논증적 대화를 구성하는 제 요소들의 유형과 관계를 분석하여 논증의 심층 구조와 상위 구조를 밝혀내는 것이다. 논증적 대화를 구성하는 요소들은 명시적으로 드러나 있는 경우도 있지만 표현되지 않은 채로 감추어져 있는 경우도 많다. 따라서 논증 분석의 과정에는 반성적 추론이 이루어지게 마련이다. 반성적 추론에는 명시적으로든 암묵적으로든 논증의 표준 모델이 활용된다. 반성적 추론의 전형적인 예는 일상 논증22)의 삼단논법적 재구성에서 찾을 수 있다.

> 유향소는 풍속을 바로잡는 데 일조합니다. 비록 이에 인연하여 작폐하는 자가 있다 하더라도 국가에서 마땅히 법으로 다스리면 됩니다. 어찌 이로써 혐의하여 혁파해야 하겠습니까?
>
> — 성종 19년 5월 12일(乙亥), 윤필상 등의 변론 중에서

---

22) 일상 논증은 일반적으로 생략 삼단논법이라 번역되는 enthymema(영어로는 enthymeme)에 대응하는 개념이다. 일상 논증은 일상적이고 자연스러운 논증이라는 점에서 삼단논법(sullogismos)과 대비된다. 삼단논법은 대전제, 소전제, 결론에 이르는 확실하고 엄밀한 추론을 가리킨다. 이것은 형식적이고 인위적인 논법(증명법)으로 인간의 일상적인 논증 방식에서 도출되어 나온 이상적인 추론 형식이다. 그런 점에서 enthymema를 생략 삼단 논법이라 번역하는 것은 어폐가 있다. enthymema는 실질적으로나 논리적으로나 삼단논법보다 앞서는 현상이며 어원이 동일하지도 않다. '생략 삼단논법'이란 논리학의 관점에서 역으로 추론한 번역어인 것이다. '생략 삼단논법'이란 번역어는 수사학이 지닌 풍부한 설명력을 반영하지 못한다는 점에서 부적절하며 수사학이 부활하고 있는 시대에 맞지 않는 용어이다.

이 일상 논증을 삼단논법적으로 재구성하면 다음과 같다.

> 대전제 : (풍속을 바로잡는 일은 모두 바람직한 일이다.)
> 소전제 : 유향소는 풍속을 바로잡는 데 일조한다.
> 조 건 : 비록 이에 인연하여 작폐하는 자가 있다 하더라도 국가에서 마
>   땅히 법으로 엄히 다스리면 된다.
> 결 론 : 어찌 이로써 혐의하여 혁파하여야 하겠는가?

일상 논증의 삼단논법적 재구성은 형식 논리학의 PPC 논증을 표준 모델로 삼아서 반성적으로 추론된 것이다. 일상 논증의 삼단논법적 재구성은 일상 논증의 특성을 밝히는 데 도움을 준다.[23) 즉 어떤 일상 논증이 '왜' 그렇게 이루어졌는가를 설명해 주는 것이다.

'왜' 그렇게 되었는가를 추적하는 논증 분석은 명시적으로든 암묵적으로든 분석 대상이 된 논증이 '얼마나 건전한가'에 대한 평가를 함축한다. 분석의 거울이 되는 표준 모델은 본질적으로 평가 준거의 성격을 지니기 때문이다. 일상 논증에 대한 삼단논법적 재구성을 통하여 우리는 어떤 일상 논증이 부당한 전제를 사용하고 있지는 않은지(예 : 은밀한 재정의의 오류), 필수적인 논증을 생략하고 있지는 않은지(예 : 선결문제 요구의 오류) 등을 평가할 수 있게 된다.

논증 분석의 준거가 되는 표준 모델과 논증 분석의 목적은 다양하다. 그러나 논증 분석은 기본적으로 반성적 추론이라는 과정을 통해 이루어지며 명시적으로든 암묵적으로든 분석 대상이 된 논증 현상의 건전성에 대한 평가를 함축하게 된다.

아래에서는 논증적 진행의 층위에서 나타나는 논증적 대화 참여자들의 역할을 분석하는 ① 참여자 분석과, 논증의 유형을 확인하고 그 건전성을 분석하는 ② 논증 유형 분석을 다룬다.

---

23) 일반적으로 지적되는 일상 논증의 특성은 다음의 두 가지이다. ① 전제 중 하나나 결론이 생략된다. ② 필연적 추론이 아닌 개연적 추론이 전개된다. 개연적 추론은 참여자의 합의와 동참에 기반하여 이루어진다.

① 참여자 분석

참여자의 역할을 분석하는 것은 논증적 대화의 기본 틀을 이해하는 데 필수적인 과정이다. 논증적 대화는 상반되는 견해를 가진 둘 이상의 사람이나 집단 간에 이루어진다. (앞으로 개인이나 집단을 구분하지 않고 참여자라 칭한다) 논증적 대화에 참여하는 참여자들은 하나 이상의 쟁점을 두고 상반된 입장에 서게 된다. 논증적 대화에서 각 참여자가 어떤 입장에 서 있는가를 확인하는 것은 참여자의 역할(role)을 결정하는 토대가 된다.

여기서는 어떤 견해에 대하여 참여자가 지니는 입장에 따라 참여자의 역할을 주도자(protagonist)와 반대자(antagonist)로 나누는 관점을 받아들인다.[24] 한 참여자가 어떤 쟁점에 대해 자신의 견해를 내세우게 되면 그는 그 견해에 대해 주도자의 역할을 하게 된다. 이 때 상대방이 그 견해를 받아들일 수 없는 한 상대방은 반대자의 역할을 하게 된다.[25]

한편 실제적인 논증적 대화에서는 참여자들의 역할이 쟁점에 대한 대립된 견해에 의해서만 구분되지는 않는 경우가 많다. 즉 논증적 대화가 이루어지는 논변의 장에서 어떤 참여자에게 특수한 지위(status)가 부여되어 있는 경우 참여자의 역할은 더욱 복잡한 양상을 띠게 된다. TV 토론에서의 사회자, 재판정에서의 판사나 배심원, 학교 토론에서의 배심원단이나 청중, 조정 재판소의 중재자 등이 그 전형적인 예이다. 논증적 대화의 장에서 이러한 특수한 지위를 부여받은 참여자는 논증 능력만으로 대

---

24) 주도자와 반대자의 역할을 어떤 쟁점에 대한 입장에 따라 구분하는 관점은 van Eemeren et al.(1993 : 60~61)에서 선례를 찾을 수 있다. 이 연구에서는 주도자와 반대자 개념이 지닌 역동성에 착안하여 이 두 개념을 참여자의 역동적인 역할 교대와 참여자들 간의 관계를 밝히는 도구로 삼았다.

25) 주도자와 반대자의 개념은 교육 토론에서 사용되는 긍정측(affirmative)과 부정측(negative)이라는 역할 개념과 대비된다. 교육 토론에서는 논제(proposition)에 대한 찬반에 따라 토론의 양 진영을 긍정측(affirmative)과 부정측(negative)으로 나누는 전통이 있는데 이러한 형식적인 역할 개념은 실제적인 논증적 대화에서의 역동적인 논증 전개를 분석하는 데는 적당하지 않다.

립되는 견해의 경쟁을 벌이는 주도자-반대자의 역할에 머무르지 않고 논증적 대화 그 자체의 시작과 과정과 종결에 관여한다. 이러한 제3의 역할에는 논쟁이 합리적인 절차에 따라 진행되도록 유도하는 사회자로서의 역할, 대립되는 두 입장을 조정하여 화해와 일치에 이르게 하는 조정자의 역할, 그리고 논쟁을 합리적으로 판정하는 판정자로서의 역할이 있다.

조선시대 공론 논변에는 주도자와 반대자 이외에 판정자로서의 임금의 역할이 나타난다. 그러므로 조선시대 공론 논변은 주도자―반대자―판정자의 세 역할에 의해 전개되었다고 할 수 있다. 주도자―반대자―판정자의 역할이 상호작용하는 양상은 공론 논변의 소통 구조를 밝히는 열쇠가 된다. 또 공론 영역의 논증적 대화에서 임금에게 부여된 특수한 문화·심리적 지위와 실제적인 대화의 과정에서 보이는 역동적인 역할의 변화는 공론 영역의 논증 공간과 그 속에서 이루어지는 논변의 합리성의 메커니즘을 해명하는 실마리가 될 것이다.

② 논증의 유형 분석

논증은 일련의 논거(전제)들을 제시하여 어떤 견해(결론)를 정당화하는 과정이라고 할 수 있다. 그런데 이 간명한 설명에는 실상 다양한 변화의 실마리가 내포되어 있다. 논거의 유형이 단순하지 않으며 견해와 그 견해를 정당화하는 논거의 관계 또한 매우 다양하기 때문이다. 따라서 어떤 논증적 대화에 사용되는 논증의 유형과 성격을 분석하기 위해서는 그 논증에 사용되는 논거(전제)들의 유형[26] 및 논거(전제)로 진술된 것과 견해(결

---

26) Perelman, and Olbrechts-Tyteca(1958/1969)는 논증의 출발점이 되는 전제를 다음과 같이 분류한 바 있다. van Eemeren et al.(1996 : 102) 참조.

<table>
<tr><td rowspan="3">실제(the real)</td><td>사실(facts)</td></tr>
<tr><td>진리(truths)</td></tr>
<tr><td>가정(presumptions)</td></tr>
<tr><td rowspan="3">선호(the preferable)</td><td>가치(values)</td></tr>
<tr><td>가치 층위(value hierarchies)</td></tr>
<tr><td>말터(loci)</td></tr>
</table>

론)으로 진술된 것 사이의 관계에 따라 나누어지는 논증 도식(argumentation scheme)의 유형을 살펴볼 필요가 있다.

우선 어떤 논증적 대화에서 어떤 유형의 논거들이 주로 제시되는가는 그 논증적 대화가 이루어지는 장(field)의 문화적 특성을 밝히는 실마리가 된다. 예를 들어 공론 영역의 논증적 대화의 한 사례(유향소 복립 논쟁) 분석에서 주로 제시되는 논거로는,

- 선왕의 판례 또는 선행 판결
- 상고의 일
- 고인의 말이나 고전 문구
- 실제 사례
- 일반적인 경험으로부터 내린 판단
- 당대인의 말

등이 확인된 바 있다(엄훈, 2000 : 292~293). 이들 논거의 유형들은 논증적 대화의 장에 따라, 그리고 논증적 대화의 정황적 프레임에 따라 나타나는 양상이 달라질 수 있으며 논거의 영향력도 달라질 수 있다.[27) 논거가 지니는 영향력, 즉 설득력은 논거의 건전성과 함께 중요한 분석의 대상이 된다. 논거의 유형은 대화 분석의 층위 중 주로 화행 층위에서 확인된다.

논거로 진술된 것과 견해로 진술된 것 사이의 관계에 따라 나누어지는 논증 도식 또한 논증적 대화의 장과 정황적 프레임에 따라 다양한 양상으로 나타난다. 어떤 논증적 대화에서 어떤 논증 도식이 얼마나 나타나는

이러한 분류는 일상적인 논증적 대화에서부터 귀납적으로 도출된 것이라고 천명되었지만 전제의 성격에 대한 선험적인 고찰의 결과이기도 하다. Perelman의 분류 체계는 전제의 유형에 대한 훌륭한 통찰력을 제공하지만 특정한 논변의 장에서 선호되는 논거의 문화적 특성을 드러내는 데는 부적절할 수도 있다.

27) 유향소 복립 논쟁의 경우 '선왕의 판례나 선행 판결'이 가장 권위 있는 논거로 작용하고 있음이 확인된다. 유향소 복립 논쟁은 제도의 시행 여부에 관한 정책 결정을 내리는 정황적 프레임으로 한 나라의 정책 결정과 관련된 정황적 프레임에서 '선왕의 판례나 선행 판결'이 가장 중요한 판정의 근거가 됨은 당연하다.

가는 그 논증적 대화의 문화적 특성을 밝히는 실마리가 된다. 또 논증의 절차 속에서 어떤 논증 도식이 어떻게 사용되느냐 하는 것은 논증의 합리성을 판단하는 근거가 되기도 한다.

논증 도식의 유형 분류는 여러 학자들에 의해 시도된 바 있다. 페렐만과 올브레히츠-티테카(1958/1969)는 논증을 크게 연합에 의한 논증과 분리에 의한 논증으로 대별한다. 연합은 분리되어 있다고 생각되는 요소들 간에 가교를 놓음으로써 요소들을 하나의 전체로 통일시키는 것이다. 분리는 전체로 존재하는 것을 해체하여 하나의 전체로 간주되었던 요소들을 분리하는 것이다.

한편 반 에머렌과 그루텐도르스트(1992 : 94~102)에서는 논증 도식을 징후 논증, 유추 논증, 인과 논증의 세 가지 범주로 구별하였다. 징후 논증은 무언가를 다른 무언가의 징후라고 보는 논증이다. 유추 논증은 무언가가 다른 무언가와 유사하다고 보는 논증이다. 인과 논증은 무언가가 다른 무언가의 도구가 된다고 보는 논증이다.

페렐만과 올브레히츠-티테카(1958/1969)의 논증 도식 유형 분류는 논증 방식에 대한 비분석적 사고의 틀을 제안하였다는 점에서 큰 의미를 지닌 것이었다. 반 에머렌과 그루텐도르스트(1992)의 논증 도식 분류는 매우 간명하고 체계적이라는 장점이 있다.

논증 도식이 사용되는 양상에는 보편성과 특수성이 동시에 존재한다. 즉 특정한 담화 공동체의 일상 논증에서 어떤 논증 도식이 다른 논증 도식보다 선호될 수는 있으나 한 문화권에서 나타나는 논증 도식이 다른 문화권에서는 전혀 나타나지 않는다는 것은 상상하기 힘들다. 그런 점에서 논증 이론가들에 의해 이루어진 논증 도식의 일반적인 유형 분류는 특정한 담화 공동체의 논증 도식의 사용 양상을 고찰하는 유용한 준거가 될 수 있다.

논거의 유형과 논증 도식의 유형을 분석하기 위해서는 논증 구조의 분석이 선행되어야 한다. 이 연구에서는 툴민(1958)과 반 에머렌 외(1992)의 논증 구조 도식을 기초로 하여 논증 구조 분석의 틀을 구안하였다.

　툴민(1958 : 104)은 논증의 구성 요소를 도해하여 비형식 논리학적 논증 절차 모델을 제시하였다.

[그림 3] 툴민의 논증 구조 도식

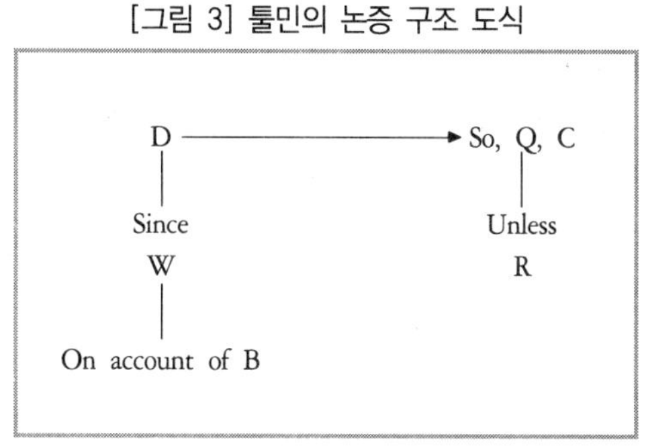

(D : data, Q : modal qualifier, C : claim, W : warrant, R : rebuttal, B : backing)

　툴민은 근거로부터 주장에 이르는 과정이 논증의 과정이라고 보고 이러한 논증의 과정을 보장해 주고 도와주는 요소(W : 보증, B : 지원)와 제한하는 요소(R : 반증)가 있으며 이에 따라 추론의 결과를 한정하게 된다(Q : 양상 한정)고 설명하였다. 툴민의 모델의 장점은 보증(추론규칙)의 유연성에 있다. 즉 특정한 논증의 장에서 사람들이 널리 받아들이는 추론의 규칙으로 보증의 성격을 규정함으로써 논리학적 모델로는 통합할 수 없었던 다양한 논증의 유형을 통합할 수 있게 되었다.[28] 툴민의 모델의 문제점은 그것이 지나치게 형식적이어서 역동적으로 진행되는 비교적 긴 논증의 분석에는 적합하지 못하다는 것이다.

---

28) '보증'은 툴민의 논증 구조 도식의 단점으로 지적되기도 한다. 반 에머렌과 그루텐도르스트는 근거와 보증의 성격이 명확하지 않아 실제의 논증 자료를 분석하기에 부적합하다고 논평하였다(van Eemeren, and Grootendorst, 1992 : 4). 그들은 근거와 보증을 구분하는 대신에 근거와 암묵적 전제를 구분하는 새로운 논증 구조 도식을 제안한다.

툴민의 모델을 비판하면서 반 에머렌과 그루텐도르스트(1992)는 새로운 논증 구조 분석 모델을 제안하였다.29) 이들의 논증 구조 도식은 논거와 주장이 구조적으로 결합되는 방식에 대한 명쾌한 통찰에 기반하고 있어서 이 논증 구조 도식을 이용하여 거미줄처럼 얽혀 있는 논거들과 주장들의 물고 물리는 관계를 명료하게 도해하는 것이 가능하다. 또한 이들의 논증 구조 도식은 논거들과 주장들 간의 위계적인 관계를 명료하게 드러내어 최상위의 주장과 하위 주장들 간의 관계, 각 주장들을 뒷받침하는 논거들 간의 위계적인 관계를 명료하게 드러낸다.

반 에머렌과 그루텐도르스트(1992)는 다음과 같은 간명한 논증 구조 도식을 제안하였다.

[그림 4] 단순 논증 구조

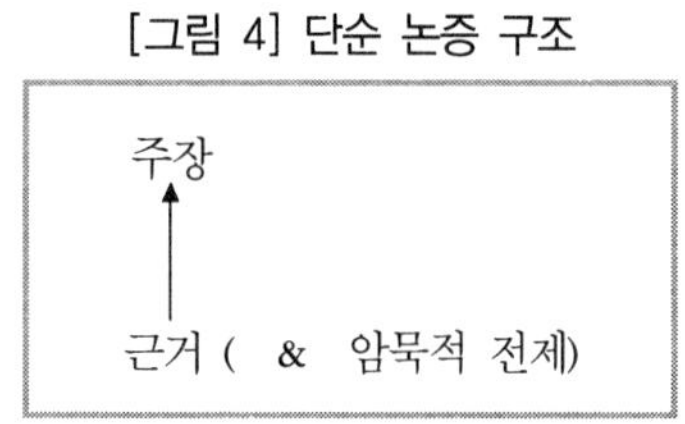

이 논증 구조는 단일한 근거와 단일한 주장으로 이루어지는 단순 논증을 표상한다. 반 에머렌과 그루텐도르스트(1992)는 이 단순 논증을 기본 구조로 삼아 이것의 결합 방식에 따라 복합 논증의 제 유형을 도해하였다. 복합 논증은 다중 논증과 합성 논증으로 나뉘어지며 합성 논증은 다시 대등적 논증과 종속적 논증으로 나뉘어진다.

---

29) van Eemeren, F. H., Grootendorst, R.(1992), *Argumentation, Communication, and Fallacies*, Hillsdale, N.J. : Lawrence Erlbaum Associates, Inc., Publishers.

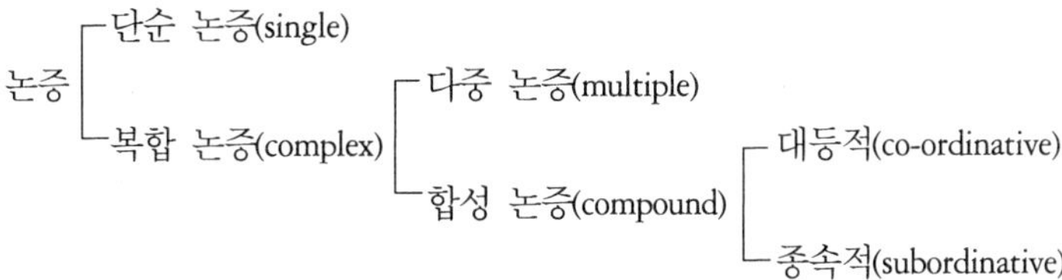

이들의 논증 구조에 대한 논의는 툴민(1958)에서 모호하게 제시된 논증의 내부 구조를 명쾌하게 해부했다는 의의가 있다. 이들의 논증 구조 도식은 반 에머렌 외(1993)에서 훨씬 간명하게 정리된다.[30) 네 가지 논증 구조를 논거와 주장이 맺는 관계에 따라 도식화하면 다음과 같다.

[그림 5] 네 가지 논증 구조 도식

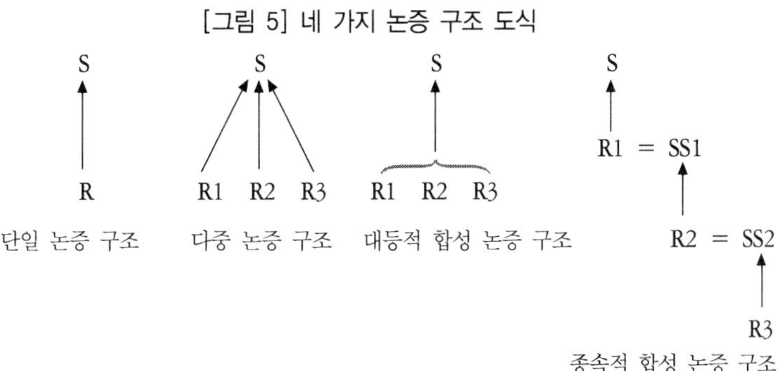

※ S : standpoint, R : reason, SS : sub-standpoint

반 에머렌과 그루텐도르스트의 논증 구조 도식에서 반드시 해명되어야 하는 것이 암묵적 전제의 성격이다. 반 에머렌은 툴민에서 보는 바와 같이 논거의 유형을 분류하지 않았지만 '&'로 연결되는 암묵적 전제의 성격은 바로 생략된 보증이라 할 수 있다. 반 에머렌의 논증 구조에서 암묵적 전제의 성격은 일상 논증에서 일반적으로 생략되는 추론 규칙에 해당한다.

그러나 일상 논증에서 추론 규칙(보증)이 언제나 생략되기만 하는 것은

---

30) 이 네 가지 구조 도식은 van Eemeren, and Grootendorst(1984, 1992, 1993)의 논의를 기초로 하여 도식화한 것이다. 또한 민병곤(2001b)을 참조할 것.

아니다. 추론 규칙은 명시적으로 드러나기도 한다. 이 점에 착안하여 여기서는 실제로 진술된 추론 규칙(보증)도 암묵적 전제의 위치에다 기술하는 방법을 취하기로 한다. 암묵적 전제의 위치에 추론 규칙의 성격을 지닌 논거(보증)를 기술하게 되면 보증을 뒷받침하는 논거는 지원(backing)의 성격을 지니게 된다. 다만 명시적으로 진술된 보증인지 암묵적으로 공유된 보증인지를 구별하기 위해 암묵적 보증인 경우 ( ) 안에 넣어 기술한다. 이렇게 되면 반 에머렌과 그루텐도르스트(1992)의 간명한 논증 구조 도식을 그대로 유지하면서도 그 도식 안에서 성격이 다른 논거들(근거, 보증, 지원)을 고려할 수 있게 된다. 이렇게 논증 구조 안의 위치에 따라 논거의 성격을 새롭게 규정한 논증 구조 도식을 변형된 화용-대화론적 논증 구조 도식이라 부르기로 한다.

[그림 6] 변형된 화용-대화론적 논증 구조 도식

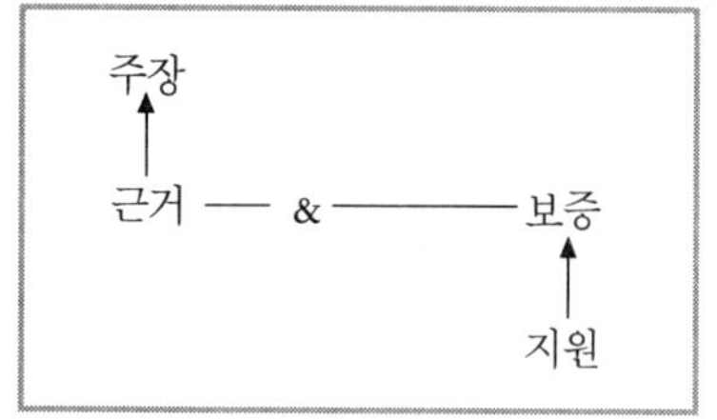

변형된 논증 구조 도식은 기본적으로 화용-대화론자들의 논증 구조 도식과 동일하다. 다만 논거의 유형을 명확히 분류하고 그 위치를 정하였다는 차이가 있다. 이 도식의 장점은 특정한 담화 공동체에서 일반적으로 통용되는 사고방식인 보증(추론 규칙)과 보증을 뒷받침하는 지원을 쉽게 분석할 수 있어서 그 담화 공동체의 논증 문화를 분석하는 데 유용하다는 점이다. 4장의 논증 유형 분석에서는 이 논증 구조 도식이 활용된다.

3) 논변 평가

논변 분석은 논변의 합리성에 대한 평가로 귀결된다. 대화 분석과 논증 분석은 논증적 대화 분석의 양대 축이며 이러한 분석을 기반으로 하여 논변에 대한 비판적 논의가 가능해진다.

어떤 문화를 총체적으로 이해한다는 것은 그 문화에 대한 내부자적 척도와 그 문화를 비추어 볼 규준적 척도를 모두 지니고 있음을 함의한다. 앞에서 논의된 문화 해석과 논변 분석이 공론 영역 논변에 대한 내부자적 이해에 다다르기 위한 방법이라면 특정한 논증적 대화의 이상적인 모델을 구성하고 그 모델을 논변의 평가 척도로 활용하는 것은 논변에 대한 비판적 이해에 다다르기 위한 방법이다. 그런데 논변에 대한 비판적 이해가 타당하기 위해서는 논변에 대한 내부자적 이해가 선행되지 않으면 안 된다.

논변에 대한 평가의 틀을 제공하는 이상적 모델이 논증적 대화의 규준적 모델이다. 논증적 대화의 규준적 모델이란 논증적 대화의 목적에 따라 대화의 유형을 분류하고 그 각각의 대화 유형에 따라 논증적 대화의 절차적 규칙들을 체계화한 것이다. 논증적 대화의 규준적 모델은 논증적 대화의 이상적 조건으로부터 연역적으로 도출된다.

논증적 대화의 규준적 모델에 대한 체계적인 논의는 반 에머렌 외(1993)와 왈튼(1998)에서 찾을 수 있다. 왈튼은 대화의 목적에 따라 논증적 대화를 다음과 같이 여섯 가지 기본 유형으로 분류하였다(Walton, 1998 : 31).

1. 설득 대화
   1.1 비판적 토의
2. 정보 탐색 대화
   2.1 인터뷰
   2.2 조언 요청 대화
      2.2.1 전문가 상담 대화

    3. 협상 대화
    4. 탐구 대화
        4.1 과학적 탐구
        4.2 공공 심리
    5. 논쟁적 대화
        5.1 말다툼
    6. 심의 대화

이들 논증적 대화의 기본 유형들은 각각 논변의 절차적 합리성을 비추어보는 규준적 모델 설정의 토대가 된다. 논변의 절차적 합리성은 그것이 추구하는 대화의 목적에 따라 달리 평가되기 때문이다. 따라서 논증적 대화에 대한 평가는 그 논증적 대화의 목적과 유형을 확인하는 데로부터 시작된다.

반 에머렌 외(1993)는 견해의 불일치를 대화를 통해 해결해 가는 이상적인 논증적 대화를 비판적 토의(critical discussion)라 명명하고 비판적 토의의 절차적 규칙들을 제시하였다. 비판적 토의는 조선 전기 공론 논변에서 가장 두드러지게 나타나는 설득 대화의 유형이다. 따라서 비판적 토의 모델은 공론 논변을 평가하는 규준적 모델로 기능할 수 있다.

그러나 실제적인 논증적 대화는 그것이 이루어지는 장에 따라 대화의 절차와 규칙이 상이하게 마련이며 이렇게 관습화된 절차와 규칙은 해당 논변의 장 나름의 합리성이 구현된 것이다. 그런데 이러한 장 의존적인 절차와 규칙은 종종 이상적인 절차적 규칙과 충돌한다. 그런 까닭으로 보편적인 규준적 모델은 논증적 대화의 장에 따라 변용될 필요가 있다. 규준적 모델의 이러한 변용은 모델의 문제해결적 타당성(problem-solving validity)과 관습적 타당성(conventional validity)을 확보하는 방향으로 이루어져야 한다. 문제해결적 타당성이란 특정한 규준적 모델의 규칙들이 그 모델이 적용될 특정한 논증적 대화 유형의 목적 달성을 가로막는 장애를 찾아내거나 제거하는 데 실제로 도움이 되어야 함을 함축한다. 관습적 타당성이란 해당 논증적 대화의 장에서 합리적으로 간주되는 관습에 상반

되는 규칙들이 적용될 수 없음을 함축한다.[31]

논변의 합리성 평가에서는 화용-대화론자들의 비판적 토의 모델을 기초로 하여 문제해결적 타당성과 관습적 타당성을 지닌 공론 논변의 규준적 모델을 도출하고 이를 논변 평가의 준거로 활용한다.

---

31) 문제해결적 타당성과 관습적 타당성은 van Eemeren et al.(1993)에서 원론적으로 논의되었다. 이 연구에서는 조선시대 공론 영역에서의 설득 대화 유형과 관련하여 문제해결적 타당성과 관습적 타당성의 문제가 구체적으로 다루어질 것이다.

제 3 장 조선 전기 공론 논변의 장

1. 공론 영역의 형성과 발전 과정

조선시대는 사대부가 주도하는 정치적 공론 영역을 중심으로 공론 정치(公論政治)가 꽃핀 시대였다. 비록 공론 영역의 소장(消長)과 언로(言路)의 광개폐색(廣開閉塞)은 시기의 전후에 따라 차이가 있었으나 공론 및 공론 소통의 중요성에 대한 강조는 여일하였다.

조선시대 공론 정치의 기반이 된 공론의 소통은 언론 삼사(言論三司)라 통칭되는 언관의 논변을 통하여 이루어졌다. 언관들은 계(啓), 소(疏), 차자(箚子) 등 전통적인 상행 논증 장르를 이용하여 임금을 상대로 논변을 펼쳤으며 임금은 이에 대하여 전지(傳旨), 유시(諭示), 비답(批答) 등의 하행 장르를 이용하여 언관의 논변에 대하여 논박을 하거나 판정을 하였다. 사안이 중대할 경우 임금은 원로 재신(宰臣)들로 하여금 의론하게 하였고 이러한 수의(收議) 과정을 토대로 임금의 최종 판정이 이루어졌다.

조선시대에 언관을 통한 공론의 소통은 지극히 중시되었다. 언관의 언론 내용은 사관에 의해 일일이 기록되었으며 조선왕조실록을 편찬할 때에도 언관의 언론 내용은 새로운 내용일 경우 반드시 수록하는 것을 원칙으로 하였다.[1] 이러한 연유로 조선시대의 언관의 논변은 그 소통의 맥락과 함께 비교적 상세하게 기록되어 있다.[2]

조선시대 언관들의 직무는 시정(時政)을 논집(論執)하고 풍속을 바로잡으며 임금의 잘잘못을 간(諫)하고 백관을 규찰하며 인사의 적부를 논박(論駁)하는 것이었던 만큼 이러한 활동의 기본 성격은 상대방을 설득하기 위한 논증적 대화였다.[3] 그렇다면 공론이 소통되는 공간과 그 속에서 전개되는 논증적 대화는 서로 표리의 관계를 이루며 변화·발전하고 있었다고 할 수 있다. 그러나 공론이 소통되는 공간의 성격에 대한 연구(최정호, 1986 ; 최이돈, 1986, 1989, 1992 ; 김돈, 1997 ; 김항, 1998)와 제도 언론의 내용 범주와 전개 양상에 대한 연구(최승희, 1976 ; 목정균, 1985 ; 정두희, 1994), 그리고 공론 영역에서 전개된 논증적 대화에 대한 텍스트 분석적 연구(장덕순, 1984 ; 염은열, 1996 ; 최인자, 2001a : 4장)는 상호 참조가 되지 않은 채 고립적이고 불균등한 모색의 과정을 거쳐 왔다.[4]

조선시대에 언관과 임금 그리고 재신 사이에서 이루어진 논증적 대화를 그것의 맥락 속에서 살려내기 위해서는 그 논증적 대화의 공간으로 기능하였던 공론 영역에 대한 본격적인 고찰을 요한다.[5] 여기서는 조선

---

1) 「인조대왕실록찬수의궤」의 실록찬수범례에 '(전략) 一. 대간의 계를 수록할 때 처음의 계사는 요긴한 내용이면 모두 기록한다. 연계는 '連啓'라고 쓰는데, 혹 긴요한 내용이 있으면 첨부하여 쓴다. 一. 대간의 계는 사헌부·사간원이라고 쓴다. 큰 시비가 있었던 경우 논의를 일으킨 사람은 반드시 쓴다. 一. 중요한 疏章은 자세히 수록하는데 문중에서 장황하게 주장하는 내용은 삭제해도 무방하다. 으레 올리는 사직 상소는 기록할 필요가 없으나 시비가 있거나 시정에 관한 것이면 쓴다.(하략)' 한 것을 보면 조선왕조실록에서 언관의 언론에 대한 기록이 차지하는 비중을 짐작할 수 있다. 김경수(2000 : 177~178) 참조. 실제로 실록에서 가장 많은 비중을 차지하는 것이 사헌부와 사간원의 언론 기사이다.

2) 물론 그 기록의 수준이 대화의 내용과 대화 맥락을 빠짐없이 기록하는 전사(description) 수준의 것은 아니었다. 특히 문제가 되는 것은 당대인들이 당연시하여 생략하거나 하찮은 것으로 여겨 기록의 대상에서 제외한 내용이 현재의 관점에서 볼 때 문화적 해석의 장애가 될 수 있다는 점이다. 조선왕조실록의 기록이 대화의 내용을 비교적 상세히 수록하고 있고 대화의 기본적인 맥락을 기록하고 있음에도 불구하고 앞에서 탈맥락화된 논증적 대화라고 규정한 까닭은 여기에 있다.

3) 그 한 양상이 엄훈(2000)에 분석되어 있다.

4) 이에 대한 구체적인 논의는 서론 2절 '관련 연구 검토'를 참조할 것.

5) 이와 마찬가지로 조선시대의 정치적 공론 영역에 대한 연구 또한 그 속에서 논증적 대화에 대한 세밀한 고찰 없이는 통합적인 이해에 도달하지 못한다. 공론 영역의 내포가

시대 공론 영역의 형성과 발전 과정에 대한 역사학계와 사회학계의 연구 성과를 토대로 조선시대 공론 영역의 형성과 발전 과정을 기술하고 공론 영역과 그 속에서 형성되고 발전한 논증 장르의 역동적인 변화 과정을 개략적으로 고찰한다.

우리 나라에서 공론 및 공론의 소통에 대한 인식은 고려시대로부터 비롯되었다. 『고려사(高麗史)』에는 공론 및 언로에 관한 기사가 산견된다. 그 대표적인 것으로 고려 인종(仁宗) 때 김부식의 일화와 고려 의종(毅宗) 때 문극겸의 일화가 있다. 김부식의 일화는 임금의 외조부인 이자겸이 김부식의 의론(議論)을 '천하의 공론'으로 여겨 따르도록 하였다는 것이며(高麗史 列傳 11 諸臣 金富軾), 문극겸의 일화는 의종 때 문극겸이 좌정언으로 직언을 하다가 좌천을 당하였는데 유사(有司)가 '문극겸은 직신(直臣)이라 외관(外官)에 연이어 좌천시켜 언로를 막는 것은 마땅치 않다'고 하여 결국 중앙으로 돌아왔다는 이야기이다(高麗史 列傳 12 諸臣 文克謙).

그러나 고려시대의 공론에 대한 인식은 추상적인 관념 수준의 것이었다. 공론은 '모든 사람들이 옳게 여기는 것', 즉 실제적인 여론이었다기보다는 '모든 사람들이 옳게 여겨야 할 것'이라는 추상적이고 당위적인 준거의 의미로 사용되었다. 위에서 든 김부식의 일화를 좀 더 구체적으로 살펴보자. 당시 인종이 14세의 어린 나이로 즉위하였는데 이자겸이 임금의 외조부로서 국사(國事)를 맡게 되었다. 이에 임금이 이자겸을 다른 신하와는 달리 신하로 칭하지 않는다는 이례적인 조서를 내리고 백관들에게 의론하게 하였다. 이 때 보문각 학사 정극영과 어사잡단 최유가 이자겸을 신하로 대우할 수 없다고 의론(議論)하자 "중의(衆議)가 이에 뇌동(雷同)하였다". 그러나 이 때 김부식이 홀로 이를 논박하니 이자겸이 임금에게 아뢰기를,

---

그 속에서 이루어진 논증적 대화였으매 공론 영역의 형성과 작용 방식에 대한 총체적인 이해는 공론 논변에 대한 분석적 접근을 거치지 않고서는 이루어질 수 없다.

> "신이 비록 무지하오나 이제 김부식의 의론을 보니 실로 천하의 公論이
> 라, 이 사람이 아니었다면 群公이 거의 老臣을 불의에 빠지게 할 뻔하였
> 으니 원컨대 그 의론을 좇아 의심하지 마옵소서."(밑줄은 필자가 강조를
> 위해 표시함. 이하 동일)

하였다는 것이다. 이 일화를 보면 당대의 공론이란 많은 사람이 옳게 여
기는 의론이 아니라 사리에 명철한 사람에게서 나오는 만세에 변함이 없
는 의로운 의론을 가리키는 것임을 알 수 있다. 이후 고려시대 대간의 언
사에 등장하는 공론의 개념은 대체로 이러한 범주에서 벗어나지 않는다.
그러던 것이 조선의 건국과 더불어 공론이 특정한 장에서 형성되고 소통
된다는 관념이 나타나기 시작한다. 조선 태조 3년 10월 정축조에 일본으
로 보내는 외교 문서에

> 근래에 본국의 수군 장수들이 여러 번 왜구를 사로잡고 舟師를 보내 잔
> 당을 쳐서 잡자고 하므로 조정의 공론이 장차 허락하려던 차에 마침 좌하
> 의 사연을 보고 중지했으니….

라는 대목이 나온다. 또 정종 2년 1월 기축조에 "대성(臺省)은 인주(人主)의
이목(耳目)과 같은 기관이요, 공론이 있는 곳이므로"라는 말이 나오며 태
종 4년 12월 을해조에도 "대간은 인주의 이목이요 공론이 있는 곳"이라
는 말이 나온다. 대간은 공론이 있는 곳(臺諫公論所在)이라는 말은 대간의
언사에 반복적으로 등장하여 대간 논변의 강력한 논거로 자리를 잡는다.
이로부터 공론은 특정한 장에서 형성되고 소통되는 의로운 의론이라는
관념이 보편화된다.

조선시대의 공론소재에 대한 관념을 추적해 보면 공론소재의 관념이
매우 역동적으로 확장되어 갔음을 확인할 수 있다. 태종조에는 공론 및
공론의 소재에 대한 경쟁하는 두 개의 관념이 공존하였다. 대간은 스스로
를 공론의 소재로 여겼다. 태종 4년 12월 을해에 사간원에서 올린 시무책
에,

> "대간은 인주의 이목이요, 공론이 있는 곳입니다. 그러므로 (중략) 이제
> 부터 양부 외에 가선대부 이하의 告身은 반드시 대간으로 하여금 署出하
> 도록 하여 백관들을 바르게 하고 선비의 기풍을 勸勵하소서."

라고 하였던 데서 이를 확인할 수 있다. 반면 임금과 의정부에서는 의정
부를 공론소재로 보았으며 대간의 간쟁은 공론으로 여기지 않았다. 태종
1년 7월 경술조에6)

> 도승지 박석명이 (궁실 영건에 대하여) 아뢰기를,
> "의정부에서 전일에 합좌하여 궁궐을 지을 일을 의론하였는데 주상의
> 노여움을 두려워하여 상달하지 못하였습니다."
> 하였다. (중략) 임금이 말씀하시기를,
> "營造하는 일은 공론대로 하라."

라는 기록이 있는데 이를 보면 임금과 의정부 대신들은 의정부에서 의론
한 것을 공론이라 여겼음이 명백하다. 이러한 관념은 곳곳에서 확인된
다.7)

그러던 것이 성종조에 이르면 임금과 대신들의 공론에 대한 관념이 변
화한다. 성종 1년 6월 을묘에 원상 한명회가 말하기를,

> "신이 듣건대 근일에 대간의 말에 따라서 탐오하거나 맡을 일을 감당하
> 지 못하는 수령을 파면한다고 하니 이는 공론입니다. 그러나 신의 생각으
> 로는 국가의 대체에 있어서는 미편할 것 같습니다.(하략)"

하였다. 또 성종 2년 1월 무술에는 전한 벼슬에 있던 시강관 임사홍이

---

6) 이 날 사간원에서 궁실 토목 공사를 반대하는 상소를 하였다가 간관이 갇히는 소동
   이 있었는데 공신들과 의정부에서 간곡히 아뢰어 용서를 받았다. 인용된 부분은 그
   소동이 있은 직후의 대화이다.
7) 즉 "政府는 공론이 나오는 곳이니"(태종 7년 11월 甲寅), "전하께서는 공론을 좇으시
   어 인신의 절개를 장려하소서."(같은 날 의정부의 상언), "내가… 의정부에 내리어 의
   론하게 한 것은 대개 공론을 듣고자 한 것인데"(태종 11년 8월 庚子) 등의 표현이 눈
   에 띈다.

"대간에서 말하는 것은 모두 공론이니 들어주지 아니할 수가 없습니다."
라고 아뢰었으니 이 때에 이르러 대간은 공론의 소재라는 관념은 대간만
이 아니라 조정에서 보편적으로 받아들였던 관념이 되었음을 알 수 있다.

공론소재에 대한 관념의 변화는 구체적인 공론 영역의 형성과 발전을
반영한 것이었다. 훈구 대신들의 협의 기구인 의정부 대신 대간이 공론의
소재로 인정된 것은 신진 사류들을 중심으로 아래에서부터 조정 공론이
형성되기 시작하였던 당대의 분위기를 반영한 것이었다. 이러한 변화에
중요한 전기가 되었던 것이 홍문관의 언관화였다. 홍문관은 세조조 9년
11월 신미에 양성지의 건의에 의해 설치된 이래 장서각(藏書閣) 기능, 문
한(文翰) 기능, 고문(顧問) 기능을 담당하였으나 성종 19년을 전후하여 본
격적인 언관화의 길이 열렸다. 홍문관의 언관화는 이전 양사 중심의 언론
활동의 한계성을 극복하였다는 데서 그 의미를 찾을 수 있다(최이돈, 1986).

대간은 왕권과 재상권의 간섭과 견제로 인사 이동이 잦았던 까닭에 지
속적인 언론 행사가 어려웠다. 대간 구성원의 잦은 변화에 따라 언론 활
동의 지속성이 보장되지 못함으로써 대간 언론은 뚜렷한 한계를 노정하
였던 것이다. 이러한 한계는 근본적으로는 대간이 대변하는 실질적인 공
론 형성층의 부재에 기인하고 있었다.

대간 언론의 이러한 한계는 성종 연간에 이루어진 홍문관의 변화와 더
불어 극복되었다. 성종 연간에 홍문관의 성격과 기능은 많은 변화를 겪게
된다. 먼저 홍문관은 엘리트 신진 사류의 진출 경로가 됨으로써 재상권에
대항하는 신진 사류의 대표 집단으로서의 권위를 획득한다. 더 나아가 홍
문관은 스스로 신진 사류의 진출 경로를 장악하게 된다. 신진 사류의 진
출 경로를 장악하는 데에 결정적인 역할을 한 것이 홍문록의 작성이다.
홍문록은 과거에 급제한 유생 중에서 홍문관원의 후보자들을 미리 선발
하여 기록한 것이었다. 홍문록의 작성에서 특기할 만한 사항은 그 대상자
들이 제배(儕輩)에 의해 선택되어 자천제적 성격을 지녔다는 점이다. 홍문
록의 작성에 주도적인 역할을 하는 제배는 홍문관 관원들 특히 홍문관의

참하관들이었다. 홍문록의 인원은 그 심술(心術), 즉 성품을 보고 선발하는데 사람의 심술은 동료만이 알므로 그 인선은 그들과 같이 공부하고 먼저 급제한 홍문관 참하관들에 의해 이루어져야 한다는 것이 제배에 의한 선발의 논거였다. 홍문록의 작성과 홍문관에 대한 성종의 우대 정책에 따라 광범위한 유생 집단으로부터 홍문관에 이르는 신진 사류의 진출 경로가 형성되었을 뿐만 아니라 당하관의 공론이 형성되고 소통될 수 있는 토대가 마련되었다. 홍문관은 재상권에 버금가는 권위와 독립성을 획득하였으며 홍문관의 의론은 청의(清議)라 하여 존중되었다.

또 다른 특기할 만한 변화는 홍문관의 언관화이다. 홍문관은 성종 19년을 전후하여 언관으로서의 기능을 명백히 인정받게 된다. 홍문관의 언관화의 기본 성격은 양사를 지원하고 조정하는 것이었다. 홍문관의 언관화 과정에서 홍문관은 대간 탄핵권을 획득함으로써 대간이 언책을 소홀히 할 경우 이를 탄핵할 수 있었으며 대간 상호간에 갈등이 발생할 경우 이를 조정하는 역할을 수행하게 되었던 것이다.

한편 홍문관과 대간의 접근은 홍문관이 대간 진출의 원천이 됨으로써 가속화되었다. 원래 홍문관원의 대간 진출은 가로막혀 있었다. 그러던 것이 성종 22년에 홍문관원의 대간 진출이 허용된 이래 홍문관의 대간 진출은 정례화되기에 이르렀다. 홍문관원의 대간 진출이 정례화함에 따라 '성균관 유생−홍문관−대간'에 이르는 신진 사류의 공론 형성과 소통의 경로가 완비되었던 것이다.

이러한 변화 과정에서 홍문관은 공론의 소재로 널리 인식되었다. 성종 21년 대간이 홍문관의 탄핵으로 사직을 하자 성종이 이를 막았으나 대간들은 "홍문관은 공론이 있는 곳이라 그 나무라는 의론이 이와 같은데 신이 어찌 감히 직사에 나아가겠습니까?"(弘文館公論所在之地 其譏議如此 臣安敢就職)라고 하여 홍문관의 공론을 따르지 않을 수 없음을 표명하고 있다. 홍문관이 공론의 소재로 인정됨에 따라 재신이나 언관 이외의 일반 관료의 의론이라는 의미를 지닌 '외의(外議)'가 형성되어 삼사의 활동에 반영되기 시작하였다.[8] 외의는 조정 안에서 형성된 당하관들의 공론이라는 의미와 조정 밖의 유생들의 의견이라는 이중적인 의미를 지니고 있었다. 당하관들 사이에서 형성된 외의는 일반적으로 공론 수용기구인 대간에 의해 반영되었다.[9] 유생들의 공론은 성종 말기에 이르러 성균관을 중심으로 형성되기 시작하여 중종조에 이르면 성균관이 공론 소재라는 의식이 보편화되었다. 그러던 것이 선조조에 이르면 공론 영역이 더욱 확장되어 지방 유생들 사이에서 형성되는 산림 공론(山林公論)이 큰 힘을 발휘하기에 이른다.

선조 초부터 권신이 배제된 사림 주도의 정치 구조가 정착하면서 공론에 의한 정치가 정립된다. 선조 8년에 이르면 조정의 공론이 나누어져 붕당 정치가 전개되면서 공론 정치는 새로운 국면을 맞이하게 되었다. 결국 공론 정치의 정립은 바로 붕당 정치의 확립으로 연결되었다. 이러한 상황에서 공론은 대신이나 왕조차도 따라야 할 것이라는 대전제가 완전히 수용되기에 이른다(선조 7년 6월 己未).[10]

이상으로 조선시대에 공론 영역이 형성되고 확장되는 과정을 개략적으로 살펴보았다. 이를 통해 조선시대 공론 영역의 형성과 공론의 소통에서 대간(성종 19년 이후는 삼사)이 공론 수용 기구로서 중심적인 역할을 하였음

---

8) 外議가 형성되어 반영되는 양상은 중종 3년 11월 庚申에 경연에서의 박원종의 말에서 엿볼 수 있다. "…지금 문신들이 사사로이 모여서 조정의 득실을 의론하고 대간이 이러한 의견을 받아들여 부중에서 발설합니다…"

9) 당하관은 조참에 참석할 자격의 유무에 따라 參上官과 參下官으로 나누어진다. 참상관은 종6품 宣務郎에서부터 정3품 당하관인 通訓大夫의 품계까지의 벼슬을 가리킨다. 참상관의 핵심구성원은 의정부와 육조의 낭관들이었는데 이들은 作會를 통하여 중요한 사안에 대한 공론을 형성하였다. 참상관의 공론은 공론 수용 기구인 대간에 의해 대변되었다. 참하관의 핵심은 홍문관, 예문관, 승문원, 성균관, 교서관 등의 참하관들이었다. 이들 참하관들은 관료군의 모집단인 유생과 관료들 간의 연결 고리로서 자신들의 위상과 책무를 중요시하였다. 언관으로서의 기능을 수행하는 홍문관을 제외한 기관을 四館이라 칭하였는데 사관 중에서도 예문관이 대표적인 위치에 있었다. 예문관 참하관의 공론은 상소를 통하여 표출되었다. 최이돈(1992) 참조.

10) 공론에 기반한 붕당 정치는 우여곡절을 거치면서 영·정조 시대까지 지속된다. 그러나 순조조 이후 세도 정치 시대가 개막되면서 공론 정치는 붕괴된다.

을 확인할 수 있었다.

조선시대 공론 영역은 언관들의 논증 활동이 전개되는 맥락으로 작용하였다. 즉 공론 영역은 언관에 의해 주도되었던 조정에서의 공식적인 논증 행위의 문화적, 심리적인 정황을 형성하였고 논증 행위의 동기를 제공하였다. 공론 영역은 구체적인 공론 형성층의 등장과 더불어 출현하여 공론 논변 소통의 공간으로 기능하였다. 공론 영역은 언관 논변의 장(field)이었던 것이다.

2. 공론 논변의 장르적 전통

공론 논변이란 공의(公義)를 상징하는 국왕과 공론을 대변하는 언관이 주축이 되어 공식적인 공간에서 합리적인 정책 결정을 목적으로 이루어진 논증 행위를 가리키는 개념이다. 조선시대 공론 논변은 언관이 주도하고 국왕이 최종 결정을 내리지만 중대 사안의 경우 재신들의 자문을 받는 것이 관행이었으므로 공론 논변의 참여자는 일반적으로 '언관-임금-재신'의 삼자로 구성되었다. 공론 논변은 공론의 막힘 없는 소통을 통한 합리적인 정책 결정을 궁극적인 목적으로 하였으나 구체적인 논증 행위는 제기되는 사안, 참여자들의 입장, 공론 영역에 작용하는 권력 관계 등 정황적 요구에 따라 복잡하게 전개되었다. 공론 논변의 참여자들은 합리적인 의사 결정에 도달하기 위해 관행화된 절차에 따르면서도 자신의 목적을 성취하기 위해 다양한 행동 패턴을 전략적으로 구사하였다. 그 과정에서 다양한 매체와 논증 양식이 복합적으로 동원되었다. 그 결과 참여자들의 논증 행위는 발단에서 결말에 이르기까지 복합적으로 연쇄되는 것이 보통이었다.

공론 논변은 대립되는 견해들 사이의 경쟁을 통하여 가장 공변되고 의로운 의론(議論)이 정책으로 결정되는 것을 지향하는 문제 해결 지향적인 논증 행위의 통합체였다. 그러나 조선시대 공론 논변은 논변의 장에 작용하는 복잡한 현실적인 권력 관계에 의하여 견해의 대립이 해소되는 진정한 문제 해결에 도달하지 못한 채 종결되는 경우도 많았다. 그런 점에서 공론 논변은 권력과 이데올로기와 견해들이 경쟁하는, 결과를 예측하기 어려운 사건의 연속체였다고 할 수 있다.

이런 까닭으로 공론 논변은 구체적이고 현실적인 맥락을 중심으로 다양한 매체와 소통 양식이 통합되는 특성을 지니게 되었다. 즉 공론 논변은 공식적이며, 맥락 중심적이고, 문제 해결 지향적이고, 매체 통합적이라는 특성을 지녔던 것이다. 이러한 본질적인 특성들로 하여 공론 논변은 '사회적 행위로서의 장르'(Miller, 1984)를 구성하였던 것이다.

그러나 공론 논변의 장르적 특성은 문체의 관습성(텍스트적 규칙성)을 중심으로 분류된 기존의 장르 이론으로는 그 실체가 제대로 포착되지 않는다. 공론 논변을 하나의 '사회적 행위로서의 장르'로 규정하기 위해서는 장르의 재개념화가 필수적으로 요청된다. 이 절에서는 공론 논변을 다루는 기존의 장르 분류 방식을 고찰하여 그것이 지니는 문제점을 밝혀내고 공론 논변에 대한 맥락 중심의 장르 통합적 접근의 의의를 논하기로 한다.11)

한자 문화권에서 논증 및 설득 장르에 대한 논의는 상당히 이른 시기부터 이루어졌다. 논증 및 설득의 문체는 일찍이 춘추전국시대 제자백가의 활동을 통해 형성되고 꽃피었으며 이들 문체의 명칭 또한 춘추전국시대에 그 연원을 두고 있다. 현존하는 한문 산문 문체에 대한 전문적인 연구서로는 양(梁)의 임방(任昉)이 지었다고 전하는 『문장연기(文章緣起)』, 유협(劉勰)의 『문심조룡(文心雕龍)』, 소통(蕭統)의 『문선(文選)』이 있다. 이 중 유협의 『문심조룡』은 대표적인 중국 고대의 문체 연구서로 34류의 문체

---

11) 이하 한문학의 전통적 분류 방식에 대해서는 『文心雕龍』, 『墨子』 등의 자료와 심경호(1998)의 설명을 참고하여 정리하였다.

를 표제항으로 삼고 있다. 그 중 논(論)·설(說)·장(章)·표(表)·주(奏)·계(啓)·의(議) 등이 논증과 관련되는 장르라고 할 수 있다.

한문 산문 문체의 분류에서 가장 높은 수준을 이룬 것으로 일컬어지는 것은 청(淸)의 고문가인 요내(姚鼐)의 『고문사류찬(古文辭類纂)』이다. 요내는 종래 시와 문을 함께 수합해오던 방식을 탈피하여 산문만을 대상으로 문체를 분류하였다. 『고문사류찬』의 13류의 문체 중 논증 및 설득의 장르에 해당하는 것이 논변(論辨), 주의(奏議), 조령(詔令)이다.

논변(論辨)은 사리를 분석하고 시비를 변별하는 것을 위주로 한다. 『상서』의 「반경(盤庚)」과 「무일(無逸)」은 이미 논변의 요소를 갖추고 있으며 『논어』는 '논(論)'이란 서명을 붙인 가장 이른 책이다. 춘추전국시대 제자백가에 의해 본격적인 논변체 산문이 형성되었는데 특히 춘추 전국의 교체기에 나온 『묵자』는 논증 방법과 기교를 상당히 강구하였다. 『묵자』의 「경(經) 상·하」 및 「경설(經說) 상·하」에서는 여러 학문 분야에서 등장하는 어휘의 개념과 내포적 의미에 대하여 정의를 내리고 그 원리를 설명하였으며 개념의 사용에 따르는 여러 문제들에 대해 명확히 시비를 가리고자 하였다. 또 「소취(小取)」에서는 변론의 목적과 기술, 형식과 적용 등을 체계적으로 설명하여 고대 중국의 논증 이론의 정수를 보여주고 있다.

논변은 의론 방식과 중점 배치의 방법에 따라 세분된다. 논(論)은 정면 논술의 문장이다. 유협은 『문심조룡』에서 의(議)·설(說)·전(傳)·주(注)·찬(贊)·평(評)·서(序)·인(引)의 8종을 모두 논에 귀속시켰다. 논은 내용이 고도로 개괄적이고 논리성이 강하며 조리가 뚜렷하다는 공통점이 있다. 변(辨)은 언행의 시비진위를 판별한다는 뜻이니 논박(論駁) 문체다. 원(原)은 사리의 본원을 추론한다는 뜻이다. 해(解)는 의혹을 변석하고 논란을 해부하는 문체이다. 설(說)은 설괘(說卦)에서 기원하고 한유의 「사설(師說)」과 「잡설(雜說)」, 유종원의 「포사자설(捕蛇者說)」 등으로부터 뚜렷한 문체로 성립하였다. 의(議)는 조정에 일이 있을 때 신하들이 모여 상의(廷議)해서

주의(奏議)를 올린 일에서 기원하는데 이후 사의(私議)가 논변 문체로 성립하였다.

주의(奏議)는 조정에서 신하가 정무를 아뢰는 공용 문체이다. 『문심조룡』에 따르면 춘추시대에는 제후가 조배(朝拜)할 때 엄격한 격식에 따라 천자에게 의견을 진술하거나 제왕의 미덕을 예찬하거나 제왕으로부터 위임을 받거나 하였으되 문자로 나타낼 필요는 없었다고 한다. 전국시대에 이르러 공경이 제왕에게 정사를 진술하면서 문자를 사용하였는데 이를 상서(上書)라고 하였다. 한대에 이르러 장(章)·주(奏)·표(表)·의(議)의 네 부류로 나뉘어지고 한대 이후 이 네 부류 외에 소(疏)·서(書)·봉사(封事)·찰자(札子)·탄사(彈事)·전(牋)·대책(對策) 등이 나왔다. 모두 상행의 문체로 엄격한 요건이 있었다.

조선시대 공론 논변에서 자주 이용되었던 소(疏)와 차자(箚子)의 형식도 그 유래가 오래 되었다. 소는 조목을 나누어 진술한다는 뜻으로 『한서(漢書)』에 그 유래가 전한다. 차자는 찰자(札子)라고도 쓰는데 찰은 글자를 적는 데 이용한 작은 목편으로 이로부터 서신과 공문을 찰이라 하였다.

조령(詔令)은 제왕의 통고 문건이다. 주의가 상행(上行) 장르인데 비하여 조령은 하행(下行) 장르이다. 『상서(尙書)』에 고(誥)·명(命)·서(誓) 등의 명칭이 나온다. 조령문은 주(周)·진(秦)으로부터 명(明)·청(淸)에 이르기까지 그 명칭이 다양하다. 고(誥)는 고(告)와 같은 것으로 아래로 발하는 것이다. 조(詔)는 신하와 인민에게 밝혀 보여준다는 뜻이다. 명(命)과 영(令)은 조(詔)와 비슷하되 관리를 명하거나 작위를 봉할 때, 상벌을 내릴 때 사용한다. 영은 구두 명령, 명은 성문화된 법령이지만 엄격한 구분은 없다. 유(諭)는 고(告)란 뜻으로 임금이 신하와 백성에게 내리는 말이다. 교(敎)는 백성들이 참조하여 따르도록 위에서 훈시한다는 뜻이다. 비답(批答)이란 신하가 바친 글에 제왕이 논평하여 답하는 글이다.

이상의 세 가지 대표적인 거시적 논증 장르는 서로 밀접하게 연관되어 있으며 서로 교차되는 일이 흔하다. 특히 주의체는 임금을 상대로 한 논변체라고 할 수 있을 만큼 서로 밀접한 관련을 지니고 있다. 이는 문체 분류의 기준에 기인하는바 논변체가 소통의 방향보다는 주로 논증의 방식에 따라 분류된 것이라면 주의체와 조령체는 각각 상행과 하행의 소통 방향과 소통의 목적을 위주로 하여 분류된 것이라는 변별점이 있다.

그런데 현대의 한문학자들도 거의 그대로 따르는 이상의 논증(설득) 장르 분류는 강한 문학 편향성을 지니고 있다. 한문학에서의 논증 장르 분류는 실제적인 소통의 맥락보다는 텍스트의 문학성을 중심으로 이루어진 것이다. 즉 공용성보다는 문학성을, 실용성보다는 미학적 특성을 중시하다보니 논증 장르의 원류가 망각되었던 것이다. 원래 한자 문화권의 전통에서 문(文)·사(史)·철(哲)은 분화되어 있지 않았으며 특히 문체의 공용성이 강조되었다. 그리하여 후대의 장르 구분의 원류가 되는 고대의 전적들과 고문들은 공용성과 실용성이 특히 두드러져 보인다. 산문의 원천이라고 할『상서』에는 전(典)·모(謨)·훈(訓)·고(誥)·서(誓)·명(命)의 여섯 가지 공문 문체가 분류되어 있다.『주례(周禮)』에도 사(祠)·명(命)·고(誥)·회(會)·도(禱)·뇌(誄)의 여섯 가지 문체를 지어서 상하·친소·원근을 통하게 한다는 말이 있다. 동한의 채옹(蔡邕)은『독단(獨斷)』에서 제왕이 신하에게 내리는 훈령을 책서(策書)·조서(詔書)·제서(制書)·계서(戒書)로 나누고 신하가 제왕에게 올리는 글을 장(章)·주(奏)·표(表)·박(駁)·의(議)로 나누었다(심경호, 1998 : 127). 고대 한자 문화권의 장르 구분의 시작은 공공의 장에서 소통되는 담화 양식을 분류한 것이었음이 명백하다.

여기서 한자 문화권의 장르 분류에서 공용성이 강조되었다는 것은 매우 주목할 만한 점이다. 한문 장르는 기원적으로 조정에서 임금과 더불어 공사를 논할 때 사용된 소통의 양식들이었다. 즉 조정이라는 공공의 장에서 올바른 의사 결정을 내리기 위해 상하간에 소통된 담화 양식들이었다. 따라서 고대의 한문 장르는 텍스트보다는 맥락을 중심으로 구분되었다. 즉 문어 텍스트의 규칙성보다는 '소통의 대상이 누구인가', '소통의 목적이 무엇인가'와 같은 맥락이 장르 구분의 준거가 되었던 것이다. 또한 고대의 소통 장르는 기원적으로 구어 장르였으며 문어가 중시된 후대에도 오랫동안 구어 매체와 문어 매체가 통합적으로 사용되었다.[12] 고대 한자 문화권의 논증(설득) 장르는 기본적으로 공공성이 강한 담화였으며 실용적인 동기를 지닌 사회적 행위였던 것이다.

고대 논증(설득) 장르의 이러한 특성은 1970년대 이래 미국과 호주의 작문 이론가들을 중심으로 전개되고 있는 장르 연구(genre studies)에서 재개념화된 장르의 특성과 거의 동일하다. 서구의 장르 연구가들은 맥락 의존적이고 실용적인 장르 관습성에 주목하여 기존의 문학 중심, 텍스트 중심의 전통적 장르를 비판하고 장르를 재개념화하였다. 즉 전통적 장르는 (a) 기본적으로 문학적이며, (b) 전체적으로 형식과 내용상의 텍스트적 규칙성에 의해 정의되며, (c) 고정불변적이며, (d) 깔끔하고 경계가 뚜렷한 상위 범주들과 하위 범주들로 분류될 수 있다는 특성을 지니고 있다. 반면 재개념화된 장르는 반복적으로 재현되는 사회적 정황에서의 유형화된 수사적 행위로 정의된다. 또한 새로운 장르 개념은 그 역사성이 강조된다. 장르는 유동적이며 역동적으로 변화한다. 따라서 장르는 진화하고 발달하며 소멸한다(Miller, 1984). 새로운 장르 개념은 그것의 사회적 맥락에 응하여 사회적 동기(social motives)를 강조한다. 장르는 추상화된 규칙성이 아니라 특정한 맥락에서 참여자들 사이에 주고받는 소통 행위이며, 텍스트 유형이 아니라 반복되는 정황에서 나타나는 수사학적 참여의 유형으로 재정의된다(Freedman, and Medway, 1994).[13]

---

12) 위의 奏議 및 詔令에 대한 설명 참조. 주의와 조령보다 후대에 발생하는 論辯의 경우에도 기원적으로 구어 양식과 문어 양식이 통합되어 있었다. 유협의 『문심조룡』에 따르면 논변의 주요 양식의 하나인 辨은 辨說 즉, 설득하는 말을 가리키는데, 변설은 전국시대에 구름처럼 일어난 辨士들의 遊說에서 그 전형을 찾을 수 있다고 한다. 『문심조룡』 論說 第十八 참조.

13) 흥미로운 것은 실용성이 강조된 맥락 중심적인 장르 관념은 고대 서양에서도 그 연원을 찾을 수 있다는 점이다. 일찍이 아리스토텔레스는 수사학에서 세 가지 논증 장르를 구분한 바 있다. 토론적 장르(의회), 재판적 장르(법정), 첨언적 장르(의례)가 그것이다. 우리는 이러한 장르 구분에서 정황을 기반으로하여 형식과 내용이 통합되어 있었음을 간파할 수 있다. 그러나 한자 문화권에서 보이는 편향과 유사하게도

공문(공공 담화)의 범위를 벗어나 문체 분류를 처음으로 시도한 것은 조비(曹丕)의 『전론논문(典論論文)』이다. 조비는 "주(奏)와 의(議)는 전아하여야 하고 서(書)와 논(論)은 이치를 갖추어야 하며 명(銘)과 간(諫)은 실정에 맞아야 하고 시(詩)와 부(賦)는 고와야 한다"고 하여 한문 산문이 갖추어야 할 문학성을 논하였다(심경호, 1998 : 127~128). 이후로 한문 산문의 문체 분류에서 문학적 편향성은 더욱 두드러지게 되어 실제 맥락 속에서의 설득과 사리분별이라는 논증 장르의 본래적 기능보다는 텍스트가 지니는 미학적 속성이 강조되었다. 이에 따라 논증 장르에서 실제적인 맥락이 사라지고 문학적 향유의 대상으로서의 텍스트만 남게 되었다.

한문학 문체 분류의 문학적 편향성으로 인하여 한문 산문은 문학 장르의 틀 안에서 연구되어왔으며 구체적인 맥락 속에서 이루어지는 공공 담화에 대한 논증 기능 중심의 연구는 이루어지지 않았다. 결국 공공 담화의 분류에서 출발한 장르 분류는 문학 장르의 분류로 성격이 변화하면서 실제적인 공론 소통의 기능을 고려의 대상에서 제외하였고 이러한 편향은 아직까지도 그대로 유지되고 있다.

위진 시대 이후 한자 문화권에서의 장르 논의가 문학적 편향성을 띠게 되었음에도 불구하고 춘추전국시대에 그 기원이 보이는 조정에서의 논증 장르가 사라진 것은 아니었다. 오히려 당송 시대에 이르러 언론을 직책으로 삼는 전문적인 언관이 출현함으로써 더욱 발전하는 양상을 보였다.[14] 우리 나라의 경우 고려시대에 대간 제도가 성립함으로써 조정에서의 공

논증 행위에 대한 고대 그리스의 맥락 중심적인 장르론적 고찰은 그 원형이 이어지지 못하고 문학적 장르 구분에 그 자리를 내어주게 된다.

14) 중국의 대간 제도는 그 기원이 멀리 周代로까지 거슬러 올라가나 시정의 득실이나 군왕에 대한 간쟁을 실질적인 직무로 하는 언관으로서의 대간이 출현한 것은 당송 시대에 이르러서이다. 대관이 언관으로서의 기능을 명시적으로 지니게 되는 것은 송 眞宗 天禧元年(1017)이며 간관이 간쟁을 뚜렷한 직무로 삼게 된 것은 隋代에 이르러서이다. 박용운(1980 : 1장) 참조. 대체적으로 당송 시대에 대간의 언론 활동이 활발하게 전개되었으며 이에 따라 이 시기의 대간의 일화가 정전처럼 자주 인용되곤 한다.

식적인 논증 행위가 활발히 전개되었다. 고려와 조선의 언관 제도는 중국 당송의 언관 제도보다 질적으로 한층 발달된 것이었다. 고려와 조선의 대간 제도에서 볼 수 있는 '논집시정(論執時政)'과 '교정풍속(矯正風俗)'은 중국 당송의 제도에서는 보이지 않는 언론 영역이었다. 특히 논집시정은 우리 나라 대간 제도만의 특성이었다(김경수, 2000 : 103). 조선의 경우 전술한 바와 같이 성종 이후 홍문관이 언관화함에 따라 삼사 제도가 확립됨으로써 언관의 언론이 양과 질의 면에서 획기적으로 발전하였던 것이다.15)

공공의 논증 장르가 조선시대에 이르러 비약적으로 발전하였음에도 불구하고 논증 장르에 대한 한문학의 논의는 점점 더 논증 장르의 본령을 대상에서 배제하는 방향으로 전개되었다. 이러한 경향을 보여주는 것으로 성종조에 서거정에 의해 편찬된 『동문선(東文選)』에 대한 후대의 평가를 들 수 있다. 성현과 홍만종은 『동문선』이 선(選)이 아니라 유취(類聚)라고 비판하였고 김종직은 별도로 『동문수(東文粹)』를 편찬하였다고 한다(심경호, 1998 : 142~143). 『동문선』에는 500명 가까운 작가의 54종에 이르는 문체가 망라되었는데 이 중 시(詩)보다는 문(文)에, 문(文)에서도 정교와 의례성 문장에 비중이 두어졌다. 문 중에서도 조칙(詔勅)·교서(敎書)·제고(制誥)·비답(批答)·주의(奏議)·차자(箚子)·첩(牒)·책제(策題) 등 공용성이 강한 문장과 책(冊)·표전(表箋)·장(狀)·송(頌)·치어(致語)·축문(祝文)·소(疏)·도량문(道場文)·재사(齋詞)·청사(請詞) 등 의례성이 강한 문장이 많다. 이렇게 조선 전기에는 공용문의 제작을 중시하였으므로 순수한 문학을 전문으로 삼는 일은 드물었던 것이다. 그러나 후대로 갈수록 문학성을 강조하는 경향이 두드러졌다.

이상의 고찰을 통하여 우리는 조선시대 공론 논변이 공식적이며, 맥락 중심적이고, 문제 해결 지향적이며, 매체 통합적이라는 특성을 지녔으며 이러한 공공 담화의 특성은 고대 한자 문화권의 장르 구분의 관점에 따

---

15) 필자가 조사한 바에 의하면 성종실록에 보이는 대간 언론 관련 기사는 성종 25년간 연평균 224회에 이른다.

라 접근할 때 가장 명료하게 부각된다는 결론에 이르게 된다. 이러한 맥락 중심적인 사회적 행위로서의 장르 관념은 1970년대 이래 서구의 장르 개념과도 일맥상통한다. 조선시대 공론 영역의 논변은 공론의 소통과 반영이라는 사회적 동기를 중심으로 형성되었으며 구체적인 사회적, 역사적 맥락 안에서 소통되었다. 조선시대 공론 논변은 다양한 맥락 요소들이 상호작용하여 유동적이고 역동적으로 전개되었으며 공론 영역의 소장과 더불어 발생하고 발전하고 소멸하였다.

3. 공론 주도층의 관념 세계

이상의 논의에서 조선시대의 전통적 공론 영역은 언관-임금-재신 사이의 논증적 대화의 장으로 기능하였으며 공론 영역에서 이루어진 논증적 대화는 고대 한자 문화권의 공공 담화에 근거를 두고 공고하게 발달해온 논증 장르의 하나였음을 확인하였다. 이 절에서는 조선 전기 공론 논변의 문화적 맥락을 재구성하는 데 논의의 초점을 둔다.

언어적 의사소통의 문화적 맥락은 중층적으로 구조화되어 있다. 언어적 의사소통의 맥락은 물질적 조건을 이루는 사회적 조직체 층위에서부터 사회기호적 자원(social signal resources)을 형성하는 표현의 사회적 관습층위, 그리고 의사소통의 직접적인 조건이 되는 상황적 맥락에 이르기까지 다층적으로 구성된다. 언어적 의사소통의 중층적 맥락은 다음과 같이 요약될 수 있다(최인자, 2001a : 28).

　① 장르 관습성 층위
　② 관념 세계의 층위
　③ 사회적 제도 및 권력 관계의 층위

④ 경제적 하부 구조의 층위

①은 언어의 사회·문화적 관습이다. 한 담화 공동체의 특정한 의사소통 상황에서 문화적으로 패턴화된 반복적 행위들이 존재할 때 그 패턴들을 가리키는 층위이다. 장르 관습이 이에 해당한다. ② 관념 세계의 층위는 ①의 의사소통의 관습을 규정하는 의식의 층위이다. 이것은 해당 의사소통의 장을 지배하는 이데올로기를 가리킨다고 할 수 있다. 이 층위에는 사회·문화적으로 특징적인 사유·행위·상호작용·말하기·가치들의 통합체가 포함되며 사회적 정체성이나 역할 모델에 대한 세트화된 기술들을 담고 있다. ③은 ①과 ②의 층위를 규정하는 법적, 제도적 층위이다. ④는 ①, ②, ③의 물질적 하부 구조를 말한다.[16]

조선 전기 공론 영역에서의 논증적 대화는 성리학을 삶의 원리로 받아들였던 조선시대 사대부들의 담화 공동체 안에서 그 맥락이 형성되었다. 따라서 조선 전기 공론 논변의 중층적 맥락을 총체적으로 드러내기 위해서는 조선 전기 사대부 계층의 경제적 조건과 법적·사회적 지위, 공론 영역을 유지시키던 법적·제도적 장치, 공론 영역에 참여하던 사대부들의 관념 세계가 체계적으로 밝혀져야 한다. 그러나 이 연구에서는 조선 전기 사대부들의 경제적 조건 및 공론 영역을 유지시키던 제도적 장치의 층위는 논외로 한다.[17] 이 연구의 초점은 조선 전기 공론 영역에서의 논증적 대화의 장르 관습과 그러한 관습의 밑바탕을 이루는 공론 영역 참여 계층의 관념 세계이다. 공론 영역에서 형성된 논증 장르의 역동적인 소통 양상은 이 두 층위에서 드러날 것이기 때문이다.

---

16) 여기에 제시된 맥락의 중층적 구조는 최인자(2001a : 28~29)에 제안된 것이다. 여기서는 맥락적 층위에 대한 명칭을 약간 수정하여 제시하였다. 맥락의 중층적 층위들에 대한 원래의 명칭은 '① 언어문화 자원들의 층위, ② 담론의 층위, ③ 사회적 제도, 권력 관계의 층위, ④ 경제적 물질적 구조의 층위'이다.

17) 조선시대 양반 사대부 계층의 경제적 조건에 대한 연구나 조선시대 제도 언론에 대한 제도사적 고찰은 그 연구 성과가 상당히 축적되어 있으므로 그러한 연구 성과를 참조하는 것으로 충분하다.

　조선 전기 공론 논변의 장르 관습은 4장에서 본격적으로 분석될 것이다. 이 절에서는 조선 전기 공론 영역을 지배하던 사대부들의 사고방식(mentalité)을 세계와 인간에 대한 인식과 공론에 대한 인식으로 나누어 고찰함으로써 공론 논변의 맥락을 이루는 사대부의 관념 세계를 재구성하는 데 논의의 초점을 둔다.

1) 세계와 인간에 대한 사대부의 인식

(1) 정치 주도 세력으로서의 신진사류의 형성

　같은 시대 같은 담화 공동체를 이루고 살아가는 사람들의 공통된 사고방식은 세상사에 대한 공감의 체계로 기능한다. 조선 전기 공론 영역은 당대의 정치 주도 계층이었던 사대부의 공식적인 의사소통의 장이었던 만큼 사대부들의 관념 세계는 공론 영역을 지배하는 공감의 체계로 기능하였다고 할 수 있다.

　조선 전기 공론 영역의 형성은 새로운 정치 주도 계층으로서의 사대부의 대두와 불가분의 관계가 있다. 공론 영역의 형성은 권문세족이라 일컬어지는 귀족들에 의해 형성되었던 지배 질서를 뒤엎고 신진사류라 불리는 엘리트 지식인들이 새로운 지배 계층으로 등장한 여말선초의 사회적 상황과 관련이 깊다. 이러한 사회적 변동은 고려 중기 무신 집권기로부터 시작되었다.

　원래 고려는 골품 체제의 모순을 시정하려던 신라말의 신흥 호족들에 의해서 건설된 것이고 호족 상호간의 균형 위에서 중앙집권의 통치 질서가 안정될 수 있었으나 고려 중기에 이르면서 계급 분화가 촉진되어 사회적 균형을 상실하였다. 학벌을 배경으로 하여 성장한 문신들은 문반직을 차지하고 기득권을 강화·세습하면서 배타적 문벌을 구축하게 되니 지방 호족이 출세하는 길은 무반 진출이 유일한 것이었다. 문반과 무반은 처음부터 신분적 차별 위에서 운영되었던 것은 아니었지만 고려 중기의 양반제는 이미 그 밑바탕에 신분적 차별을 깔고 있었다. 그런 점에서 13세기 후반의 무신란은 단순한 문·무의 갈등으로 빚어진 것이 아니라 중앙 문벌 세력과 지방 호족의 갈등이라는 사회사적 의미를 가진 것이었다. 무신란의 성공은 중앙 문벌 세력에 대한 지방 호족의 승리라고 보아야 하는 까닭이 여기에 있다.[18]

무신집권 시대에는 종전의 통치 질서와 신분 질서가 전반적으로 붕괴되었다. 기존의 중앙집권적 관료 기구의 유명무실화와 무신들의 사적 권력 기구의 등장, 전시과(田柴科)의 붕괴와 비합법적 토지 겸병에 의한 농장(農莊)의 발달은 자연히 그와 관련된 신분구조의 변동을 초래하였다. 고려의 신분제는 기본적으로 양천제(良賤制)를 바탕으로 한 것으로 양인의 기간층은 지방세력가인 호족으로 구성되었고, 천인은 부곡민(部曲民)과 노비(奴婢)가 중핵을 이루고 있었다. 그러나 고려 중기에 이르러 문벌문신이 지배적인 정치 집단으로 성장함에 따라 양인내에 새로운 신분 분화가 촉진되어 몰락 양인층이 급증하고 이러한 추세에 맞추어 양·천의 구분이 점차 모호해질 수밖에 없었다. 이러한 상황에서 발생한 무신란은 하층민의 신분 향상을 촉진하는 중요한 계기가 되었다. 하층민들은 반란이라는 수단을 통하여 자신의 지위를 개선해 가고 있었다(한영우, 1983 : 2).

무신집권기에 이어지는 몽고간섭기는 비록 불완전한 것이긴 하였지만 국왕을 수반으로 하여 문·무가 균형을 이루면서 관료 정치를 재정비함으로써 어느 정도 공권적 지배를 회복하였다. 몽고간섭기에도 탐학스런 귀족 세력은 여전히 존재하였다. 이 시기의 소위 권문세족은 고려 중기의 문벌 귀족도 포함되지만 무신집권기 이후로 하층 사회에서 성장해 올라온 신흥 계급이 더욱 많았다. 역관(譯官)·향리(鄕吏)·평민(平民)·부곡민(部曲民)·노비(奴婢)·환관(宦官)들 중에서 전공을 세우거나 몽고 귀족 혹

---

[18] 이하 여말선초의 역사적 상황에 대한 설명은 주로 한영우(1983)를 참조하여 정리하였다.

은 고려 귀족과 혼인을 하거나, 혹은 몽고어에 능숙하거나 학력(學力)이 뛰어나거나 하여 출세하는 축들이 많았다. 이른바 잡로출사(雜路出仕)로 알려진 하층민의 중앙진출이 활발했던 것이다.

특히 몽고간섭기 이후의 계급 구조에서 특이한 현상은 양인 남자와 천인 여자 사이의 혼인관계가 활발하여 비첩 소생 중에 유능한 인재들이 다수 나타났다는 사실이다. 또한 몽고인이나 여진인과의 혼혈 현상도 급증하고 몽고의 중원 지배의 파동으로 중국에서 전란을 피하여 귀화해 온 중국 관인들도 적지 않았다.

이와 같은 양천간의 혼혈과 국제적 통혼의 성행으로 피의 존엄성을 강조하면서 유지되어온 귀족 지배 방식은 큰 타격을 입게 되었고 바야흐로 피보다는 개인의 능력이 출세를 좌우하는 시대가 열려가고 있었던 것이다(한영우, 1983 : 5~6).

한편 몽고간섭기에는 무신집권기 이후의 권력형 농장의 발달과 더불어 향촌에서 자력으로 토지를 개간하거나 농업 기술의 진보로 휴한법(休閑法)을 극복하는 등의 생산력 향상을 통해 중소지주로 성장한 계층이 등장하였다.

몽고간섭기의 사상적 조류는 이성적이고 논리적이며 경세적인 성격이 강하였다. 이 시기의 선진적인 지식인은 지방 향리의 수석(首席)인 호장(戶長)의 후예 중에서 많이 배출되었다. 이 시기 지식 계급은 무신집권기의 무인의 횡포에 대한 반성으로 이루어진 문인 우대 정책과 원나라와의 문화 교류 촉진으로 도입된 원대 성리학의 자극을 받아 새로운 정치 세력으로 성장하였다. 성리학은 불교와 도교를 대치할 만한 철학 체계를 갖추고 있었을 뿐 아니라 종전의 한당 유학(漢唐儒學)에 비하여 한층 민본적(民本的)이고 자율적인 정치 사상을 담고 있었던 까닭에 귀족 정치의 잔재를 청산하여 보다 합리적인 사회 질서를 수립하려고 노력하였던 당대 지식인들의 관심을 끌기에 충분하였다.

몽고간섭기를 통하여 새롭게 등장한 지식인 계층은 원·명(元·明)이 교체되던 공민왕 이후의 정치를 주도하게 된다. 그러나 성리학을 신봉하던 신진사류들은 이 시기에 온건개혁파와 역성혁명파의 두 노선으로 첨예하게 대립하게 된다. 온건한 개혁을 지지하는 온건개혁파는 고려 왕조의 유지를 선호하였고 적극적 개혁을 지지하는 역성혁명파는 새 왕조의 개창을 선택하였다. 결국 변방의 군사력과 평민의 지지를 기반으로 한 혁명파의 성공으로 성립된 조선왕조는 상당한 경제 개혁과 신분 제도의 변화를 수반하게 되었다. 자작농 창출과 양인 확대를 지향하는 여말선초의 개혁으로 조선왕조는 전대보다 더욱 경제적·사회적 지위가 향상된 양인 자작농을 기간으로 하면서 중소지주 사대부들을 포섭하는 국가로 출범하게 되었던 것이다(한영우, 1983 : 9~13).

조선시대의 신분 제도는 고려시대와 마찬가지로 자유민인 양인과 부자유민인 천인으로 구분되었다. 그러나 조선시대의 신분제도는 고려시대와는 질적으로 다른 면이 있었다. 즉 여말선초에 상당수의 천민들이 해방되어 양인이 되었고[19] 혈통 중심의 귀족 지배 체제가 붕괴됨에 따라 양인 내부의 신분의 차이가 상당히 완화되었다. 조선시대 사대부의 성격을 제대로 이해하기 위해서는 이러한 신분 질서의 변화를 눈여겨보지 않으면 안 된다.

조선시대의 양인은 다시 유교적 교양을 갖추고 후학을 교육하며 수기(修己)와 치인(治人)을 업으로 삼는 상층부의 사(士)와 육체 노동을 통해 생업에 종사하는 일반 양인으로 대별된다. 사(士)가 관계에 진출하여 일정한 품계 이상이 되면 대부(大夫)라 불리었다.[20] 그런데 조선시대의 선비(士)와

---

19) 部曲民의 해방이 그 대표적인 것이다. 이외에도 천민들의 개별적인 신분 상승이 다양한 경로로 이루어졌다.

20) 사대부는 원래 문관 관료를 가리키는 말이었다. 조선시대에 문관 4품 이상을 대부(大夫)라 하고 문관 5품 이하를 사(士)라 하였다. 詳定所啓 (中略) 請以四品以上 稱爲大夫 五品以下 稱爲士 從之 (世宗實錄 卷52 世宗 13년 5월 戊辰). 士는 품계 명칭으로는 郎에 해당한다. 품계 명칭의 예를 들면 종1품 崇祿大夫, 정3품 通政大夫, 정5품 通德郎, 정8품 通仕郎과 같은 것이 있다.

일반 양인은 엄밀한 의미에서 세습 신분이나 귀속 신분이 아니었다. 일반 양인이라도 유교적 교양과 능력을 갖추면 사대부 계층으로 진출할 수 있는 길이 열려 있었다. 소위 양반이라 불리는 상층부 양인과 생업에 종사하는 일반 양인 사이에는 능력에 따른 이동이 가능하였던 것이다.[21]

조선시대의 사대부는 농업 기술의 발달로 새로이 일어난 지주층과 자영농을 경제적 기반으로 하고 있었다. 이들은 혈통을 중시하는 고려 사회의 귀족과 사원 등 대지주들과 첨예한 대립을 통하여 성장하였다. 여말선초의 신흥 사대부가 고려의 구귀족 및 사원 세력과 투쟁함에 있어 이념적인 무기가 된 것이 바로 성리학이었다. 고려말의 신흥 사대부는 고려시대 대토지 소유자인 귀족 중심 사회의 통합 이념이었던 불교에 대하여 첨예한 사상 투쟁을 전개하였다.[22] 신흥 사대부들은 신 왕조 개창 후에도 엘리트 지식인 관료 집단이 주도하는 성리학적 이상 국가 건설을 추구하는 한편 뿌리 깊이 잠재해 있는 구질서를 혁파하는 방편으로 불교에 대

---

21) 조선왕조는 광범한 양인 이상의 신분에까지 교육과 과거의 기회를 제공함으로써 새로운 인재를 찾아내고자 하였다. 태조 7년에는 신도 한양에 성균관을 세우고 사부학당을 차례로 설치하였으며 각 군현마다 향교를 하나씩 두도록 하였다. 수령이 해야 할 7가지 일 중에 '修明學校'가 들어 있어서 그 성과에 따라 근무 고과를 매겼던 것만 보아도 조선왕조가 유교 교육에 얼마나 힘썼는가를 짐작할 수 있다. 조선 건국 초기에는 향교 교육이 활성화되어 새로운 인재들이 과거 시험을 통하여 지배층에 합류할 수 있었다. 조선시대의 과거에는 문과, 무과, 잡과가 설치되었는데 과거 시험 응시 자격은 범죄자·천인·서얼 등 결격 사유가 있는 사람 이외에는 양인 이상에게 널리 개방되어 있었다. 1413년(태종 13년)부터는 귀족적인 유제인 座主門生制가 혁파되고 과거 제도도 정비되어 많은 양인층 인재들이 양반 사대부층에 편입될 수 있었다. 그러나 교육과 과거를 통한 사대부 계층과 일반 양인 계층 사이의 이동은 조선왕조의 집권 사대부층이 귀족화하면서 점점 가로막히게 된다. 15세기 후반에 이르면 양반 사대부 자제들이 향교에서 일반 양인 자제들과 어깨를 나란히 하고 공평하게 경쟁하기를 싫어하여 관학이 쇠퇴하고 서당·서원 등의 사학이 발달하게 된다. 또한 양반 자제들이 향교에 가는 것을 달가와하지 않게 되자 문과의 예비 시험인 생원·진사시도 관학과 유리되어 별도로 실시하게 되었다. 또 양반 사대부의 수가 늘어나자 이들의 욕구를 의식하여 과거 시험을 자주 실시하고 많은 합격자를 배출하게 되었다. 정규 과거 시험인 식년시보다 특별 시험인 별시가 더 자주 실시되었던 것도 이러한 정황에서 나타난 현상이었다. 이성무(1995 : 15~17) 참조.
22) 여말선초의 배불론의 가장 전형적인 예를 정도전이 저술한 「佛氏雜辨」에서 볼 수 있다.

한 사상 투쟁을 계속하였다.[23] 조선 전기 공론 논변에 불교 배척 논의가 주요한 테마의 하나로 등장하는 것은 배불론이 사상 투쟁의 일환이었음과 공론 영역이 사상 투쟁의 장으로 기능하였음을 잘 보여준다.[24]

조선시대 사대부들은 스스로를 국가 경영의 주체로 인식하였다. 신 왕조 개창의 기본 이데올로기였던 민본주의 사상이나 수기치인(修己治人)이라는 성리학의 실천 원리가 치국의 주체로서의 사대부의 의식의 밑바탕을 이루었고 이러한 정치적 주체 의식이 현상화되어 나타난 것이 다름 아닌 공론(公論)이었다. 왕조 개창의 초창기부터 공론 정치는 사대부들이 추구하던 이상 정치의 모형으로 이해되었다. 공론은 일국(一國)의 사람들이 당연하다고 생각하는 것으로 인심이 결집된 것으로 이해되었다. 또한 인심은 천심이 반영된 것이었으므로 무엇보다 우선하는 것이었고 바로 국시(國是)였다. 그러므로 공론에 따라서 국시가 정해졌고 이에 입각한 정치가 이루어질 때 국가가 바르게 다스려지는 것으로 이해되었다. 당시 사대부들이 공론이 국체를 유지한다고 본 것이나 공론을 국가의 원기(元氣)로 이해한 것은 이러한 인식에 기인한 것이었다(최이돈, 1994 : 214~215).

여기서 명확히 짚고 넘어가야 할 것은 민본 사상에서 말하는 민(民)이나 공론 형성의 주체인 일국지인(一國之人)이 구체적으로 누구를 가리키느냐이다. 신왕조 개창의 혁명 사상을 완성시킨 정도전은 민(民)을 구체적으로 사농공상으로 설명하였는바 이 때의 민은 앞서 언급한 양인을 말함이다. 정도전은 사농공상의 직업을 가진 사람은 천리(天理)와 의리(義理)에 부

---

23) 불교를 배척하는 조선 전기 신흥 사대부의 사상 투쟁은 성종조에 이르면 거의 완전한 승리를 거두고 이후에는 도교를 배척하는 사상 투쟁이 불붙는다. 중종조의 소격서 혁파 투쟁이 그 대표적인 것이다.

24) 신흥 사대부의 배불 사상 투쟁이 불교를 신봉하는 대지주에 대한 자작농 및 중소지주 계층의 이념적 대립이었다는 점을 드러내는 전형적인 사례는 앞에서 언급한 조선 전기의 교육 제도에서 찾을 수 있다. 향교 건립에는 옛 절터가 많이 이용되었고 혁파된 사원의 토지와 노비는 향교를 운영하는 재원으로 지급되었다. 이는 불교를 억누르고 유교를 부양하는 일거양득의 조처였다. 조선시대 성균관에는 일거양득의 의미를 딴 一兩齋가 있을 정도였다. 이성무(1995 : 15~16) 참조.

합되게 떳떳하게 먹고 사는 정당한 직업인, 즉 천민(天民)으로 보고 여기에 소속되지 않는 다른 직업을 가진 사람들이나 그것도 저것도 아니 하고 놀고 먹는 사람을 간민(姦民)이라고 불렀다.25) 예컨대 승려(僧侶)·재인(才人)·화척(禾尺)·한산자제(閑散子弟)·무격(巫覡) 등이 그러한 부류로서 이들은 좀과 같이 구차스럽게 남에게 기생하여 먹고 사는 사람들이라고 통박한다. 이들은 국가나 민(民)에게 조금도 기여하는 점이 없으며 따라서 의리를 해치고 있기 때문이라는 것이다(한영우, 1983 : 119~20).

이런 관점에서 민이나 일국지인이 가리키는 바는 자유민에 속하는 양인이었다고 보아 무방하다. 그러나 조선 전기에 공론의 관념이 공론 형성층의 대두와 함께 구체화되면서 공론의 주체로서의 일국지인은 유교 교양을 갖춘 상층 양인인 독서인층, 즉 사대부임이 점점 분명해진다. 지방의 사림이 공론 형성의 주체로 등장하는 중종조 이후에는 중앙과 지방을 막론하고 선비(士)가 공론 형성층으로 간주되는 관행이 성립하였다.26) 그런데 공론 정치가 활짝 개화하는 선조조에 이르면 여항 공론(閭巷公論)에 대한 언급이 나타나기 시작한다. "공론이란 나라의 원기입니다. 공론이 조정에 있으면 그 나라가 다스려지고 공론이 여항(閭巷)에 있으면 그 나라가 어지러워지며 만약 위아래에 모두 공론이 없으면 그 나라가 망합니다. 왜냐하면 위에 있는 이가 공론을 주장하지 못하고서 공론이 아래에 있는 것을 미워하여 그 입을 막아서 그 죄를 다스리면 그 나라가 망하지 않은 일이 없기 때문입니다.27)"

율곡의 여항 공론에 대한 언급은 여항 공론이 발생하는 원인을 지적하

---

25) 「佛氏雜辨」 佛氏乞食之辨 '食之於人大矣哉 不可一日而無食 亦不可一日而苟食 無食則害性命 苟食則害義理…上而天子公卿大夫 治民而食 下而農工商賈…中爲士者…各有其職 以受天養…不居此列者 姦民也 王法所必誅而不赦者也'

26) 지방 유생의 중앙 정치 참여에 대하여 조광조는 "초야의 賤士도 分內의 일에 대하여는 조정의 문제를 논할 수 있다"는 의견을 피력하였고 그의 이러한 입장이 수용되어 '政歸外議'의 논란은 마무리된다. 중종 12년 11월 壬辰 …雖草莽賤士 堯舜君民之志 莫非分內之事 則豈不議朝廷之事乎 (하략)

27) 『栗谷全書』 卷七 代白參贊疏

고 있을 뿐 여항 공론에 대한 부정적인 시각을 직접적으로 피력하고 있
지는 않다. 그러나 여항 공론이 발생하는 것은 조정에 공론이 없기 때문
이다. 그리고 공론이 조정에 없으면 나라가 어지러워지게 마련이라는 것
이다. 이 점에서 여항에서 논의되는 공론은 그리 바람직한 것으로 간주되
지 않았다.

율곡이 언급한 여항 공론은 재야 사림의 공론과는 그 실체가 달랐던
것으로 보인다. 조선시대 공론은 그 참여 계층에 따라 세 범주로 분류될
수 있는데 그 첫째가 조정 공론이요, 그 둘째가 산림 공론이요, 그 셋째
가 여항 공론이다.28) 앞의 둘이 중앙과 지방의 사대부의 공론이라면 여항
공론은 사대부 계층 외부에서 일어나는 공론이라고 할 수 있다. 여기서
우리는 사대부 계층이 주도하지 않는 공론의 존재와 그에 대한 부정적인
시각을 확인할 수 있다. 조선시대 사대부들은 국가 경영의 주체로서의 자
의식을 바탕으로 공론 영역을 창출해 가는 과정에서 사대부 이외의 계층
에 대해서는 배타적인 의식을 형성하고 있었다. 여말선초의 신흥사대부는
양인의 상층부를 형성하고 있던 유교적 교양을 갖춘 지식인 계층으로, 사
대부와 일반 양인의 이동이 비교적 자유로웠으나 국가 경영의 주체로서
의 자의식을 지니고 구체적인 공론 형성층으로서 성장하는 과정에서 일
반 양인과는 구별되는 배타적인 계층으로 자신의 위상을 정립하여 갔던
것이다.

(2) 사대부의 역사 의식

조선 전기 사대부들의 세계관은 그 독특한 역사 의식으로 귀결된다. 당

---

28) 조정 공론은 중앙 관직에 진출한 선비들의 공론이다. 산림 공론은 벼슬을 하지 않
고 山中林下에 은일해 사는 지방 儒林의 공론이다. 이 두 범주는 중종조 이래 그 실
체와 정당성이 인정되었다. 반면 여항 공론은 사대부 계층이 아닌 사회 저변의 서
민들의 공론으로 여항 공론이 발생하는 것은 나라에 도가 없음을 시위하는 것이라
고 여겨졌다. 최정호(1986 : 98~99) 참조.

대의 사대부들은 하늘로부터 부여받은 명(天命)을 흔들리거나 떨어뜨림이 없이 면면히 이어나가는 것이 역사라고 인식하였다. 통치자인 국왕은 천명(天命)을 부여받아 이어나가는 존재이고 천명을 흔들림 없이 이어나가기 위해서는 임금을 바로 세워야 하는데 임금을 바로 세우는 역할을 하는 것이 사대부의 공론이라고 여겼던 것이다.

천명 관념은 덕 있는 자에게 하늘이 명을 내린다는 생각으로 만약 그 덕이 펼쳐지지 않고 막히게 되면 하늘은 다른 사람에게 그 명을 옮긴다는 '혁명(革命 : 명을 바꾼다는 뜻)'의 관념을 정당화한다. 중세 이전의 한자문화권에서 하늘은 인간과 더불어 이 세계를 구성하는 두 축으로 간주되었다. 하늘은 만물을 주재하는 최고신 또는 만물이 생성하고 변화하는 원리라고 생각되었다. 그런데 하늘로 대표되는 자연의 질서와 사람으로 대표되는 인간의 질서는 밀접한 연관을 가지고 서로 감응한다고 생각되었다. 천명 사상은 세계(하늘과 인간)의 질서에 관한 한자문화권에서의 독특한 관념이 정치 사상으로 화한 것에 다름 아니다.

천명 사상의 뿌리는 『서경(書經)』에서 찾을 수 있다. 요순(堯舜) 우탕(禹湯) 문무(文武)라는 고대 성인 군주들의 언행을 기록한 『서경』에 일관되게 강조되는 것이 천명 사상인 것이다. 하늘의 명을 받은 사람이 임금의 자리에 올라 백성을 다스리지만 아무리 천명을 받은 임금이라도 하늘의 뜻에 따라 백성을 다스리지 않으면 천명이 다른 사람에게 옮겨간다는 것이다. 하늘은 백성의 눈을 통하여 보고 백성의 귀를 통하여 듣는다. 그래서 민심은 곧 천심인 것이다. 민심이 떠나간 임금은 이미 천명을 잃은 것이며 그러한 임금은 내쫓거나 죽여도 된다. 그것은 시(弑)가 아니라 천벌을 대신 시행하는 것이 된다.

『서경』에 천명된 천명과 혁명에 관한 생각은 맹자에 이르러 더욱 정교한 형태로 정리된다. 맹자는 하늘이 덕 있는 자를 뽑아 왕으로 삼는데 이때 왕이 될 만한 덕을 지녔는지 지니지 않았는지는 백성들이 그 사람을 따르는지 안 따르는지를 보면 알 수 있다고 하여 덕 있는 사람만이 왕이 된다고 하는 '유덕작왕설(有德作王說)'과 그 징험이 백성에게 나타나므로 백성이 정치의 근본이라고 하는 '민본 사상(民本思想)'을 두 축으로 한 '천명 정치 사상'을 확립하였다(『맹자』 「진심(盡心)」편).

조선 전기의 사대부들의 천명에 대한 이해는 민본주의를 기반으로 더욱 심화된 양상을 보인다. 『서경』의 경우 혁명은 임금과 임금 간에 이루어지는 선양(禪讓)과 방벌(放伐)의 두 가지 양상으로 나타난다. 민본 사상이 개진된 『맹자』에서도 백성은 유덕자를 징험하는 수동적인 존재로 그려질 뿐이다. 맹자의 민(民)은 아직 혁명의 적극적인 주체로 등장하지 않는다. 그런데 조선왕조 개창 과정에서 보여지는 혁명은 매우 특이한 양상을 보인다. 태조실록에는 태조의 즉위 장면이 사·민(士民)의 집단이 주체가 되어 국민적인 추대의 절차를 통해 이루어지는 것으로 그려진다. 여기서 태조실록에 실려 전하는 신왕조 개창의 첫날에 관한 기사를 검토해 보자.

원년(홍무 25년) 가을 7월 17일 丙申. 태조께서 수창궁에서 즉위하시었다. 이보다 먼저 이 달 12일 辛卯에 공양왕이 태조의 사제로 거둥하여 술자리를 베풀고 태조와 더불어 동맹하려 하여 儀仗이 이미 늘어서 있었다. 시중 배극렴 등이 왕대비에게 아뢰었다.

"지금 왕이 혼암하여 임금의 도리를 이미 잃고 인심도 이미 떠나갔습니다. 사직과 백성의 주재자가 될 수 없으니 이를 폐하기를 청합니다."

마침내 왕대비의 교지를 받들어 공양왕을 폐하기로 일이 결정되었다. 남은이 문하 평리 정희계와 함께 교지를 가지고 북천동 시좌궁에 이르러 교지를 선포하였다. 공양왕이 부복하여 命을 듣고 말하기를,

"내가 본디 임금이 되고 싶지 않았는데 여러 신하들이 억지로 나를 왕으로 세웠습니다. 내가 성품이 불민하여 事機를 알지 못하니 어찌 신하의 심정을 거스린 일이 없겠습니까?"

하고는 이내 울어 몇 줄기 눈물이 흘러내렸다. 마침내 왕위를 물려주고 원주로 갔다. 백관이 國璽를 받들어 전하여 왕대비전에 두고 모든 정무를 나아가 품명하여 재결하였다. 壬辰(13일)에 대비가 태조를 감록국사로 삼는다는 교지를 내렸다. 乙未(16일)에 배극렴과 조준이 정도전·김사형·이제·이화·정희계·이지란·남은·장사길·정총·김인찬·조인옥·

남재·조박·오몽을·정탁·윤호·이민도·조견·박포·조영규·조반
·조온·조기·홍길민·유경·정용수·정담·안경공·김균·유원정·
이직·이근·오사충·이서·조영무·이백유·이부·김노·손홍종·심
효생·고여·장지화·함부림·한상경·황거정·임언충·장사정·민여
익 등의 대소신료 및 한량·기로 등과 더불어 국새를 받들고 태조의 저택
에 이르렀다. 마을의 골목이 사람들로 꽉 메어 있었다. 대사헌 민개가 홀
로 기뻐하지 않으면서 얼굴빛에 나타내고 머리를 기울이고 말하지 않았
다. 남은이 그를 쳐서 죽이고자 하니, 전하께서

　"의리상 죽일 수 없다."

하시면서 힘써 이를 말리셨다. 이날 마침 족친의 여러 부인들이 태조와
강비를 알현하고 막 물에 만 밥을 먹으려던 중이었다. 여러 부인들이 모
두 놀라 두려워하여 북문으로 해서 흩어져 가버렸다. 태조는 문을 닫고
받아들이지 않았다. 해 질 무렵에 극렴 등이 문을 밀치고 바로 내정으로
들어와서 국새를 廳事 위에 놓았다. 태조가 두려워하여 거조를 잃었다. 이
천우를 붙잡고 겨우 寢門 밖으로 나오니 백관이 늘어서서 절하고 북을 치
면서 만세를 불렀다. 태조가 매우 두려워하면서 스스로 용납할 곳이 없는
듯하니 극렴 등이 합사하여 왕위에 오르기를 권고하였다.

　"나라에 임금이 있음은 위로는 사직을 받들고 아래로는 백성의 삶을 편
안하게 하는 것일 따름입니다. 고려는 시조가 나라를 연 이래 지금까지
거의 5백 년이 되었는데 공민왕에 이르러 (왕이) 아들이 없이 갑자기 세상
을 떠나셨습니다. 그 때에 권신이 권세를 마음대로 부려 자기의 寵幸을
견고히 하고자 하여, 거짓으로 요망스런 중 신돈의 아들 禑를 공민왕의
후사라 일컬어 왕위를 15년 동안 도둑질하였으니 왕씨의 제사는 이미 폐
해졌던 것입니다. 禑가 곧 포학한 짓을 자행하고 죄 없는 사람을 살육하
며, 군대를 일으켜 요동을 공격하는 지경에 이르렀습니다. 생각건대 公께
서 맨 먼저 대의를 주창하여 천자의 국경을 범할 수 없다 하고 군사를 돌
이키셨습니다. 이에 禑는 스스로 그 죄를 알고 두려워하여 왕위를 사양하
고 물러났습니다. 이에 이색·조민수 등이 신우의 처부인 이임에게 가담
하여 그 아들 昌을 도와 왕으로 세웠으니, 왕씨의 후사가 두 번이나 폐해
졌습니다. 이는 하늘이 왕위로써 공에게 명한 때였는데도 공은 겸양하여
왕위에 오르지 아니하고 정창부원군을 추대하였으며 국사의 모든 기미를
맡아 사직을 받들고 백성을 편안하게 하셨습니다. 지난날 신우의 악은 여
러 사람이 다 같이 아는 바인데 그 무리 이색·우현보 등은 미혹함에 얽

매여 깨닫지 못하고 신우를 맞아 그 왕위를 회복할 것을 모의하였습니다. 간사한 죄상이 드러나매 그 죄를 모면하려고 몰래 그 무리 윤이·이초 등을 중국 조정에 도망해 들어가게 하여 '本國이 이미 배반했다'고 망령되이 호소하고는, 親王에게 청하여 천하의 군사를 움직여 장차 본국을 소탕하고자 하였습니다. 그 계책이 과연 행해졌다면 사직은 장차 폐허에 이르고 백성 또한 자취도 없이 사라질 지경에 이르렀을 것입니다. 이런 짓을 할 수 있다면 차마 무슨 짓을 하지 못하겠습니까? 간관과 헌사가 소를 번갈아 올려 이색·우현보 등이 사직에 죄를 얻고 백성에게 화를 끼쳤으니 마땅히 그 죄를 다스려야 한다는 말로 계청하였습니다. 글이 수십 번 올라갔는데 정창군은 姻婭의 관계라는 이유로써 법을 굽혀 두호하여 언관을 곤장을 쳐서 쫓으니 이로 말미암아 간사한 무리들이 중앙과 지방에 흩어져 있으면서 더욱 법을 두려워하지 않았습니다.

김종연은 도피 중에 있으면서 당을 결성하여 난리를 꾀하고 김조부 등은 안에 있으면서 그 변에 응하기를 도모하여 화란이 날마다 발생하여 그치지 않았습니다. 정창군은 사직과 백성을 위하는 큰 계책을 돌보지 아니하고 사사의 은혜를 베풀어 인망을 수습하고자 하여, 오히려 법을 범한 사람이 있으면 반드시 모두 용서해 주고 빠짐없이 탁용하였으니, 『서경』의 이른바, '달아난 죄수를 수용하는 괴수가 되어 물고기가 연못에 모이듯 짐승이 숲에 모이듯 한다'는 것입니다. 도와서 왕을 세울 계책을 결정한 것으로써 말한다면 공로가 사직에 있으며, 대의를 주창하여 군사를 돌이킨 것으로써 말한다면 덕택이 백성에게 가해졌는데도 좌우에 있는 부인과 환관의 참소를 지나치게 듣고서 (공을) 죽을 곳에 두려 하였습니다. 사람들이 강직하여 아첨하지 않는 사람이 있으면 또한 모두 죄를 주었습니다. 참소하고 아첨하는 무리들이 뜻을 얻고 충성스럽고 선량한 사람들은 기가 꺾이니 정치와 형벌이 문란하여 백성들이 그 수족을 둘 데가 없었습니다. 하늘이 견책하는 뜻을 알려서 星象이 여러 번 변하고 妖孽이 번갈아 일어나니, 정창군이 君道를 이미 잃고 民心이 이미 떠나가서 사직과 백성의 주재자가 될 수 없음을 스스로 알고 물러나 사제로 갔습니다. 생각건대 軍國의 일은 지극히 번거롭고 지극히 중대하여 하루라도 통솔이 없어서는 안 될 것이니 마땅히 왕위에 올라서 神人의 기대에 부응하소서."

태조께서 굳이 거절하면서 말씀하시기를,

"예로부터 제왕의 일어남은 천명이 있지 않으면 되지 않는다. 나는 실로 덕이 없는 사람인데 어찌 감히 이를 감당하겠는가?"

하고는 마침내 응하지 아니하시었다. 대소신료와 한량·기로 등이 부축하여 호위하고 물러가지 않으면서 왕위에 오르기를 더욱 간절히 권고하였다. 이날에 이르러 태조께서 마지못하여 수창궁으로 거둥하시었다. 백관들이 궁문 서쪽에서 줄을 지어 영접하였다. 태조께서는 말에서 내려 걸어서 殿으로 들어가 즉위하시었다. 御座를 피하고 기둥 안에 서서 여러 신하들의 朝賀를 받으시었다. 육조의 판서 이상의 관원에게 명하여 殿에 오르게 하고는 이르시었다.

"내가 수상이 되어서도 오히려 두려워하는 생각을 가지고 항상 직책을 다하지 못할까 두려워하였는데 어찌 오늘날 이런 일을 볼 것이라 생각하였겠는가? 내가 만약 平康하였으면 한 필 말을 타고 피하였을 것이다. 지금 마침 병에 걸려 손발을 제대로 쓸 수 없어 이 지경에 이르렀다. 경등은 마땅히 각자 마음과 힘을 합쳐 덕이 적은 사람을 보좌하라."

이에 명하여 고려 왕조의 중앙과 지방의 대소신료들에게 예전대로 정무를 보게 하였다. 그리고는 사저로 돌아오셨다.[29]

---

29) 元年秋七月十七日丙申　　太祖卽位于壽昌宮　先是是月十二日辛卯　恭讓將幸　　太祖第 置酒與之同盟　儀仗已列　侍中裵克廉等白王大妃曰　今王昏暗　君道已失　人心已去　不可爲 社稷生靈主　請廢之　遂奉妃教　廢恭讓　事旣定　南誾遂與門下評理鄭熙啓賫教至北泉洞　時 座宮宣教　恭讓俯伏聽命曰　余本不欲爲君　羣臣强余立之　余性不敏　未諳事機　豈無忤臣下 之情乎　因泣數行下　遂遜于原州　百官奉傳國璽　置于王大妃殿　庶務就稟裁決　壬辰大妃宣 教以　　太祖監錄國事　乙未裵克廉趙浚與鄭道傳金士衡李濟李和鄭熙啓李之蘭南誾張思吉 鄭摠金仁贊趙仁沃南在趙璞吳蒙乙鄭擢尹虎李敏道趙狷朴苞趙英珪趙胖趙溫趙琦洪吉旼劉 敬鄭龍壽鄭湛安景恭金稇柳爰廷李稷李懃吳思忠李舒趙英茂李伯由李敷金輅孫興宗沈孝生 高呂張至和咸傅霖韓尙敬黃居正任彦忠張思靖閔汝翼等大小臣僚及閑良耆老等　　奉國璽詣 太祖邸　塡咽閭巷　大司憲閔開獨不悅　形於容色　欲首不言　誾欲擊殺之　　殿下曰　義不可 殺　力止之　是日適族親諸婦謁見　　太祖與　　康妃　方餉水洗飯　諸婦皆驚恐從北門散去 太祖閉門不納　至晚克廉等排門直入內庭　置寶廳事上　　太祖惶遽失措　扶李天祐纔出寢 門　百官羅拜　擊鼓呼萬世　　太祖甚恐無地自容　克廉等合辭勸進曰　國之有君　上以奉社稷 下以安民生而已　高麗自始祖開國　將五百年于茲　至恭愍王無子暴薨　其時權臣用事　欲固已 寵　詐以妖僧辛旽子禑稱恭愍王後　竊居王位十有五年　王氏之祀已廢矣　禍乃恣行暴虐　殺戮 無辜　至興軍旅攻打遼東　惟　　公首倡大義　以爲不可犯　　天子之境　回軍　禍乃自知其罪 惶懼辭退　乃有李穡曹敏修等　黨於辛禑妻父李琳　扶立子昌　王氏之嗣再廢矣　此天以王位命 公之時　以　　公謙讓不居　推戴定昌府院君權署國事　庶幾祗奉社稷　底安生靈也　昨前辛 禑之惡　衆所共知　其黨李穡禹玄寶等　執迷不悟　謀迎以復其位　姦狀發露　規免其罪　潛遣其 黨尹彛李初等　逃入中朝　妄訴本國已叛　請親王動天下兵　將欲掃蕩本國　果行其計　則社稷 將至於丘墟　生民亦濱於泯滅矣　是可忍也　孰不可忍也　諫官憲司　交章啓請　以穡玄寶等得 罪社稷　貽禍生靈　宜正其罪　書數十上　定昌君乃以姻婭之故　曲法周護　杖逐言官　由是姦黨 布列中外　益不畏法　金宗衍在逃　結黨謀亂　金兆府等　在內圖應　其變禍亂之興　日生不已　定 昌君不顧社稷生靈之大計　欲市私恩　以收人望　苟有犯法者　必皆原免　曲加擢用　書所謂通

공양왕의 폐위와 태조의 즉위 과정을 그리고 있는 이 기사는 다음과 같은 점에서 흥미를 끈다. 첫째, 신왕조 개창에 적극적인 역할을 하는 사민(士民)들의 모습과 함께 이에 반대하는 인물이 드러나 있다. 둘째, 대소신료의 문면(극렴 등의 합사)에 대통 계승에 대한 당대인의 관념이 엿보인다.

태조실록의 기록에는 태조를 임금으로 추대하는 사민(士民)의 적극성과 이를 수락하지 않으려는 태조의 겸양이 극적으로 대비된다. 기록의 사실성 여부를 떠나서 우리는 여기서 태조실록을 기록한 사람들의 관점을 엿보게 된다. 즉 혁명은 사민(士民)의 주도로 이루어졌다는 것이다. 그렇다면 태조실록의 기록자는 과연 누구인가? 다름 아닌 당대의 사대부였다. 태조실록은 태종 10년(1410년) 5월에 편찬이 시작되어 태종 13년에 완성되었다. 태종 8년에 태조가 승하하자 태종은 왕의 사후에 곧바로 실록을 편찬한다는 원칙에 따라 이듬해 영춘추관사 하륜에게 태조실록 편찬을 명하

逃主 萃淵藪也 以定扶立之策言之 則功在於社稷 擧義回軍言之 則澤加於生民 而乃過聽左右婦寺之譖 必欲置之死地 人有讜直不阿者 亦皆罪之 讒詔得志 忠良喪氣 政刑紊亂 民無所措其手足 上天譴告 星文屢變 妖孽迭作 定昌君自知君道已失 民心已去 不可以爲社稷生靈 主退就私第 惟軍國之務至煩至重 不可一日而無統 宜卽王位 以副神人之望　太祖固拒之曰 自古王者之興 非有天命不可 余實否德 何敢當之 遂不應 大小臣僚閑良耆老等 擁衛不退 勸進益切 至是日　太祖不獲已幸壽昌宮 百官班迎於宮門西　太祖下馬步行入殿 卽位 避御座立楹內 受群臣朝賀　命六曹判書以上升殿 謂曰余爲首相 猶懷惕慮 常懼不克盡職 豈意今日乃見此事 予若平康 匹馬可避適 今罹疾手足不能自用 乃至於此 卿等宜各一乃心力 以輔凉德 乃敎前朝中外大小臣僚仍舊視事 遂還于邸 (영인본 조선왕조실록 1집 19면)
이 기사에서 태조는 이성계를 지칭하는 말이고 전하는 이방원 즉 태종을 가리키는 말이다. 태조실록은 태종조에 편찬되었기 때문에 편찬자들은 이방원을 전하라 칭하였다. 조선왕조실록의 기사를 번역함에 있어서 특히 주의할 점은 높임법의 사용이다. 실록의 원문을 보면 극존의 대상이 되는 인물을 지시하는 말 앞에서 반드시 여백을 두고 있음을 발견할 수 있다. 한문 표현법에 높임법이 발달하지 않았음을 염두에 둘 때 이 여백은 높임법을 표현하는 방편이었음을 짐작할 수 있다. 실제로 여백 주기는 상당히 예민하게 해석될 대상이다. 위에 인용한 기사의 경우 太祖나 康妃, 殿下는 여백주기의 대상이 되고 있으나 恭讓王이나 王大妃는 여백주기의 대상이 되지 않는다. 따라서 이들에 대하여는 높임법을 사용하지 않는 것이 편찬자의 의도를 살리는 길이라고 할 수 있다.

였다. 실록은 사관이 작성한 사초로부터 여러 단계의 공정을 거쳐 완성된다.[30] 사관이 작성하는 사초는 두 종류였다. 하나는 정사가 이루어지는 자리에 직접 참석하여 작성하는 것이고 다른 하나는 퇴궐한 뒤 집에 돌아와 기억을 더듬어 다시 작성했다가 실록 편찬시 실록청에 제출하는 것이다. 전자를 입시사초(入侍史草)라 하고 후자를 가장사초(家藏史草)라 한다.[31]

조선왕조의 실록 편찬 과정을 상고해 보면 실록 편찬의 주체는 다름 아닌 공론을 대표하는 사대부 집단이었음을 확인할 수 있다. 실록은 조선

---

30) 실록의 편찬 과정을 명종실록 편찬에 참여했던 유희춘의 『미암집』과 「인조대왕실록찬수의궤」에 실려 있는 '실록찬수범례'에 의거하여 개략적으로 묘사하면 다음과 같다. 우선 실록은 여러 사람이 여러 단계를 거쳐 편찬했기 때문에 통일된 편찬 원칙, 즉 편찬 범례가 필요했다. 자료가 수집되면 총재관과 당상관들이 논의하여 범례를 만들었다. 범례가 만들어지면 각 방에 나누어주고 각 방에서는 범례에 따라 사초를 취사선택하여 실록 편찬에 착수하였다. 실록 편찬의 명이 내려지면 전 왕대에 봉교·대교·검열 및 주서 등 사관직을 역임했던 사람들은 재임시 작성하여 가장하고 있던 가장사초를 정해진 기일 내에 실록청에 납입해야 했다. 전 왕대 사관을 역임한 인사들이 내는 가장사초를 비롯하여 「시정기」 「승정원일기」 각사 등록·개인 문집·야사·조보 등 각종의 자료들이 실록청에 모이면 각방의 낭청이 중심이 되어 처음으로 전왕대의 사실을 연대순으로 정리하여 초초를 만들었다. 각방에서 작성한 초초를 도청에 넘기면 도청에서는 이를 검토하여 추가·삭제·정정하여 2차 원고인 중초를 작성했다. 도청의 낭청이 정리한 중초를 도청의 당상들과 총재관이 검토한 뒤 문장과 체제를 통일하고 필삭을 가하여 정초를 작성한다. 정초는 인쇄를 위하여 깨끗하게 베껴썼다. 정초가 작성되면 실록의 편찬은 일단 완성된다. 초초·중초·정초의 세 단계 공정을 거쳐 실록 편찬이 끝나면 곧 인쇄하여 사고에 보관하고 사초와 「시정기」 등의 편찬 자료 및 초초와 중초 정초는 세검정에서 세초되어 재생 종이로 사용되었다. 김경수(2000 : 175~79) 참조.

31) 입시사초란 예문관 전임관 중 기사관이 정사가 이루어지는 장소에 입시하여 기록한 것을 말한다. 작성된 사초는 춘추관에 납입되어 「승정원일기」와 겸임 사관들이 보고한 각 관청의 시행사와 함께 「시정기」로 작성되었다. 즉 입시사초는 상번검열(右史)이 군주의 언동을 기록하여 초서로 쓴 원본을 하번검열(左史)에게 넘기면 하번이 정서하여 상번에게 바친 뒤 춘추관에 보관했다가 각 관청의 시행사와 함께 「시정기」로 정리되는 것이었다. 가장사초란 보고 들은 시행사는 물론 인물의 현부득실도 기록했다. 여기에는 인물에 대한 작성자의 논평 및 기밀사 등도 기록된다. 가장사초는 개인적으로 집에 보관하고 있다가 실록청에 납입했기 때문에 입시사초와는 다소 성격이 달랐다. 가장사초는 퇴궐한 뒤 집에 돌아와 작성했기 때문에 입시사초에는 쓰지 못했던 신랄한 비평이 담겨 있기도 하였다. 김경수(2000 : 167~68) 참조.

조 사대부의 엄정하고 치밀한 합작품이었다. 실록의 가장 중요한 기초 작업은 유교 사관으로 무장되어 직필 의식에 투철한 사관에 의해 이루어졌으며 전반적인 편찬의 책임과 구성, 문장과 체제의 통일은 영의정을 비롯한 고위 관료들의 몫이었다. 실록 편찬의 권한은 사대부를 대표하는 조정 신료들의 손에 있었으며 실록의 편찬 과정에서 왕권의 개입은 원칙적으로 배제된다. 이러한 사실은 실록 편찬의 과정에서 지켜진 철저한 비밀주의에서 확인할 수 있다. 실록의 편찬에는 다양한 관청의 인사들이 참여했으나 누구도 실록청에 참여한 사람에게 기사 내용을 물을 수 없었으며 편찬관들 역시 실록청 밖으로 편찬과 관련된 어떠한 내용도 유출시키면 안 되었다. 사관이 작성한 사초를 누설시키거나 실록의 기사 내용을 누설할 경우 당사자의 처벌은 물론이고 아들과 손자까지 관료로 진출할 수 없었다. 실록 편찬의 비밀주의의 핵심은 편찬된 실록을 후계한 왕이 보지 못한다는 것이었다.[32] 이것은 실록의 편찬에서 왕권이 원칙적으로 배제되었음을 의미하는 것이다.

우리는 여기서 정사 기록의 주체는 태조 즉위 기사에 언급된 사민(士民)과 크게 다르지 않음을 확인할 수 있다. 태조실록의 기록자들은 신왕조의 첫날을 묘사하면서 사민(士民)들의 행동은 적극적이고 능동적으로, 태조의 행동을 소극적이고 피동적으로 그림으로써 사민(士民)이 역성 혁명

---

32) 朝鮮王朝實錄은 임금이 실록을 보지 못한다는 원칙을 엄격하게 지켰다. 일본·중국·베트남 등 유교문화권에는 모두 실록이 있으나 조선왕조실록만이 왕의 열람을 엄격히 금한다는 원칙에 충실했다. 과거의 사실에 대한 상고가 꼭 필요할 경우에도 임금은 춘추관에 명하여 관련 사실을 간접적으로 확인하는 데 그쳤다. 물론 아무런 갈등 없이 이러한 원칙이 수립된 것은 아니었다. 태조 2년 1월 12일(戊午) 기사에 태조가 戊辰年 이후의 고려조의 사초를 열람하였다는 내용이 나오며 태조 4년 6월 9일(辛未)에는 태조가 당태종의 고사를 예로 들어 당대의 史草를 보고자 하다가 대신과 대간의 반대로 그만두었다는 내용이 있다. 한편 선왕대의 역사적 사실을 상고할 필요가 점점 커지자 세종조 이후 임금과 신하가 열람할 수 있는 실록체 역사를 따로 편찬하였는데 그것이 바로 國朝寶鑑이다. 國朝寶鑑의 편찬은 세종이 宋史의 예를 따라 예문관과 집현전에 명하여 강독과 시정에 참고할 수 있도록 편집을 명한 데서 시작되었다. 國朝寶鑑은 국왕이 읽을 수 있는 유일한 정사였다.

의 방관자가 아닌 주도자였음을 은연중에 드러내고 있다. 조선 전기 사대부들은 하늘과 인간이라는 상관적인 두 질서를 통해 세상을 바라보았으며 한 나라의 통치권은 하늘이 유덕자에게 명을 부여함으로써 성립한다는 전통적인 관념을 지니고 있었다. 그러나 그들은 천명이 옮겨지는 과정에서 사민의 적극적인 역할을 부각시킴으로써 이전과는 다른 천명에 대한 새로운 인식을 드러내고 있다. 이 장면에서 백성의 뜻은 하늘에 의해 대변되는 데서 그치지 않는다. 백성의 뜻은 천명의 옮겨짐(革命)에 직접 개입한다.

이것이 우리가 태조실록에 실린 왕조 개창의 첫날에 관한 기록에서 읽어낼 수 있는 조선 전기 사대부의 독특한 관념 세계의 편린이다. 당대 사대부들의 관념 세계의 요체는 민본주의에 기반한 천명 사상이었다. 조선 건국의 과정을 주도하고 혁명의 이념을 체계적으로 정리한 정도전은 이러한 민본주의적 천명 사상을 다음과 같이 간명하게 설명하였다.

> 대저 군주는 국가에 의존하고 국가는 民에 의존한다. 그러므로 민은 국가의 근본인 동시에 군주의 하늘이다. 그래서 『周禮』에서는 민의 호적을 군주에게 바칠 때 군주는 절을 하면서 받았으니 이것은 자기의 하늘을 중히 여기는 까닭이다. 인군된 사람이 이러한 뜻을 안다면 민을 사랑하는 것도 불가불 지극해야 할 것이다.[33]

즉 군주보다는 국가가, 국가보다는 민이 우위에 있으므로 민은 국가의 근본인 동시에 군주의 하늘이라는 것이다. 따라서 군주는 자기보다 우위에 있는 민을 지극히 존중하고 사랑해야 할 의무가 있다는 것이다.

천명의 옮겨짐(革命)에 사민이 결정적인 역할을 한다는 관념은 천명의 이어짐(治國)에 바른 말을 하는 신하들이 결정적인 역할을 한다는 관념으로 발전한다. 태조가 즉위한 직후인 7월 20일 사헌부 대사헌 민개 등이

---

33) 『朝鮮徑國典・上』賦典 版籍 '蓋君依於國 國依於民 民者國之本 而君之天 故周禮獻民數 於王 王拜而受之 所以重其天也 爲人君者知此義 則其所以愛民者不可不至矣'

상소하여 나라를 다스리는 강령을 아뢰었다. 때는 바야흐로 왕조가 교체된 어수선한 시기라 나라의 이름이나 의장, 법제는 고려의 것을 그대로 따르고 있었고 구체적인 제도의 개혁은 도평의사사 기무를 맡은 정도전을 중심으로 막 추진되려는 시점이었다. 민개 등의 상소의 대강은 다음과 같다.

> 전하께서 천명을 받아 혁명을 일으켰으니 한없이 경사로운 일입니다. 그러나 천명을 받으심은 또한 한없는 근심이니 모든 일에 敬으로 임하지 않을 수 없습니다. 역대의 치란과 홍망을 상고해 보아도 그 근원은 임금이 敬을 버리느냐 버리지 않느냐에 있습니다. 이에 삼가 당연히 행할 事宜를 조목별로 열거하오니 이를 만세의 준칙으로 삼으소서.
> 첫째, 紀綱을 세우소서.(一日 立紀綱)
> 둘째, 상벌을 분명하게 하소서.(二日 明賞罰)
> 셋째, 군자를 가까이 하고 소인을 멀리하소서.(三日 親君子遠小人)
> 넷째, 諫諍하는 말을 받아들이소서.(四日 納諫諍)
> 다섯째, 讒言을 근절하소서.(五日 杜讒言)
> 여섯째, 안일과 욕심을 경계하소서.(六日 戒逸欲)
> 일곱째, 절약과 검소를 숭상하소서.(七日 崇節儉)
> 여덟째, 환관을 멀리 하소서.(八日 斥宦官)
> 아홉째, 승니를 추려내소서.(九日 汰僧尼)
> 열째, 宮衛를 엄격하게 하소서.(十日 嚴宮衛)
> 신등이 가만히 생각하옵건대 信이란 것은 인군의 大寶이니, 나라는 백성에게 보전되고 백성은 信에 보전되는 것입니다. 기강을 세우고 상벌을 분명히 하며, 군자를 친하고 소인을 멀리하며, 간쟁을 받아들이고 참언을 근절시키며, 逸欲을 경계하고 節儉을 숭상하며, 환관을 멀리하고 僧尼를 추려내며, 궁궐을 엄중히 하는 이 모든 일을 信으로써 하지 아니하면 나라와 백성이 보전되기 어려울 것입니다. 전하께서는 이 信을 지키기를 금석과 같이 하고 이 令을 시행하기를 사시와 같이 꼭 맞게 하여, 억만년 무궁한 경사를 여소서.

대사헌 민개 등의 상소에 제시된 강령은 조선 전기에 전개되는 공론 논변의 범주를 그대로 대변하고 있다. 조선 전기 언관의 논변을 개관해 보면 그 범주가 대체로 위의 10개 조목의 테두리 안에서 펼쳐진다는 것을 알 수 있다.[34] 여기서 우리의 눈길을 끄는 것은 이 상소의 논조이다. 민개 등의 상소에는 천명 사상이 두드러지게 드러난다. 민개 등은 '전하께서 천명을 받으심'을 경하하면서 천명을 보존하기 위해서는 백성에 대한 신의를 지켜야 한다는 것과 백성에 대한 신의를 지키는 일은 위에 열거한 열 가지 조목을 따르는 일이라고 주장한다. 백성에 대한 신의를 지키라는 논조에서 우리는 조선 전기 사대부의 민본주의를 다시 확인할 수 있다.

민개 등은 간쟁하는 말을 받아들이라는 네 번째 조목에서 "경서에 '천자가 쟁신(諍臣) 7인만 있으면 비록 무도(無道)하더라도 그 천하를 잃지 않을 것이며, 제후가 쟁신 5인만 있으면 비록 무도하더라도 그 국가를 잃지 않을 것이다' 하였으니 이것은 만세의 격언입니다."라는 말을 한다. 이 주장에는 천명을 이어나가기 위해서는 임금을 바로 세워야 하는데 임금을 바로 세우는 역할을 하는 것이 언관의 바른 말이라는 생각이 담겨 있다. 우리는 여기서 천명이 흔들림 없이 이어지기 위해서는 언관의 바른 말, 곧 사대부의 공론에 의거하지 않으면 안 된다는 관념을 읽을 수 있다. 이상의 고찰을 통해 조선 전기 사대부들은 사민(士民)이 천명이 옮겨지는 과정에서나 천명이 이어지는 과정에서 적극적이고 능동적인 역할을 한다는 관념을 지니고 있었음이 분명해진다.

태조의 즉위 기사에서 또 하나 우리의 눈길을 끄는 것은 고려 왕조의 마지막 대사헌 민개의 행동이다. 민개는 이성계의 즉위를 심정적으로 반대하였던 듯하다. 그는 홀로 반대하는 기색을 나타내었다가 하마터면 남은에게 맞아죽을 위기에 처하기까지 한다. 그런 그가 태조 즉위 후에도

---

34) 조선 초기 언관 언론의 내용을 분류한 것으로는 최승희(1976)를 참조할 수 있다. 최승희(1976) 부록 참조. 성종조 대간 언론의 경우 그 기본 줄기가 되는 주제는 사회 기강의 확립, 상벌의 시행에 관한 시비, 소인의 임용에 대한 반대, 언로를 넓힐 것, 임금이 행동을 삼갈 것, 환관과 불교의 배척으로 분류할 수 있다.

한동안 대사헌의 직임을 유지하며 조선왕조의 개혁 작업에 적극적으로
동참한다. 앞서 살펴본 상소와 같이 발빠르게 언론 활동의 포문을 연 것
도 그랬다. 같은 날 그는 상소를 하기에 앞서 고려 왕조의 왕씨를 밖에
두기를 청하기도 하였으며 이후로도 활발한 탄핵 활동을 전개한다.

민개는 고려조에 좌사간대부(左司諫大夫)[35]와 밀직대언(密直代言)[36]을 역
임한 여흥군(驪興君) 민변(閔抃)의 아들이며 원경왕후 민비(閔妃, 태종비)의
아버지인 여흥부원군 민제(閔霽)의 동생이다. 그는 고려 공양왕 때에 참찬
관(參贊官, 공양왕 2년 1월 丙子), 지신사(知申事, 공양왕 2년 윤4월 辛未), 밀직부
사(密直副使, 공양왕 2년 12월 丙子)를 거쳐 공양왕 4년 4월 丁巳에 겸대사헌
으로 임명되었다. 민개가 겸대사헌으로 임명된 때는 수시중 정몽주가 이
성계의 측근들을 제거하려고 도모하다가 방원에 의해 격살된 직후였다.
정몽주의 죽음으로 고려 왕조의 유지를 선호하던 신흥 사대부 내의 온건
개혁파의 세력은 힘을 잃게 되었고 정몽주에게 동조하여 이성계의 측근
들을 탄핵하였던 대간이 교체되었음은 물론이다.[37] 민개는 이성계 일파
에 의해 선택된 고려왕조의 마지막 대사헌이었던 것이다.

민개의 집안은 당시 대표적인 신진사류로서 대간 언론과 깊은 연관이
있었다. 그의 아버지 민변이 좌사간대부와 밀직대언을 역임한 사실이나
그의 형 민제가 경사(經史)로 이름이 높았던 것이 이를 대변한다. 그런 그
가 충신불사이군(忠臣不事二君)을 내세우는 신진사류 내부의 온건한 절의파

---

35) 中書門下省 소속의 벼슬로 조선시대 사간원의 수장에 해당함.
36) 조선시대 承旨에 해당하는 벼슬.
37) 정몽주는 기본적으로 이성계와 정치적 노선을 같이하였다. 新進士類의 대표자격이
　　 었던 정몽주는 창왕을 폐위시키고 공양왕을 옹립하는 데 결정적인 역할을 하였던
　　 興國寺 모임에도 참여하였다. 고려사 세가 공양왕 총서에 "우리 太祖(李成桂)가 判三
　　 司事 沈德符, 贊成事 池湧奇·鄭夢周, 政堂文學 偰長壽, 評理 成石璘, 知門下府事 趙浚,
　　 判慈惠府事 朴葳, 密直副使 鄭道傳과 함께 興國寺에 모여 크게 兵衛를 벌이고" 소위
　　 가짜를 폐하고 진짜를 세운다는 廢假立眞 논의를 하였다는 내용이 나온다. 그러나
　　 정몽주는 이성계 일파의 역성 혁명 노선에는 동조하지 않았으며 이에 이성계가 落
　　 馬하여 臥病 중인 때를 틈타 이성계의 심복들인 趙浚, 鄭道傳 등을 제거하려다가 도
　　 리어 이방원에게 죽임을 당하였다.

에 심정적으로 동조하였을 것은 충분히 짐작할 수 있는 일이다. 그렇다면 역성 혁명에 부정적이었던 민개가 왕조 개창 직후 신왕조의 개혁 작업에 적극적으로 동참한 것은 어떤 의미를 지니는 것일까? 민개의 결단은 고려 말 신진사류의 주도로 그 절정기에 달했던 대간 언론의 전통을 신왕조에 유지·계승하려는 의도로 이루어진 선택이었을 가능성이 높다. 그리고 이러한 선택은 역성 혁명에 부정적이었던 신진사류들이 신왕조 개창 후 신왕조의 개혁 작업에 동참하는 분위기를 반영한 것이기도 하다. 그런 의미에서 민개라는 개인의 갈등과 선택은 고려말의 개혁 작업을 주도하던 신진사류 내부의 분열과 통합 과정을 이해하는 중요한 실마리를 제공한다. 민개의 선택은 개국에 부정적이었던 일부 신흥사대부들이 혁명의 명분을 받아들이고 성리학적 이상 국가 건설에 능동적으로 동참하는 과정을 반영한 것이라고 할 수 있다.38)

민본주의적 천명 사상으로 대변될 수 있는 조선 전기 사대부들의 관념 세계는 '통 의식(統意識)'이라는 독특한 역사 의식으로 귀결된다. 조선 전기 사대부들에게 역사란 정통을 이어나가는 대통의 계승에 다름이 아니었다. 조선왕조가 고려왕조를 폐하고 역성 혁명을 일으키는 정당한 근거로 내세웠던 것도 바로 고려말의 후사의 끊어짐이었다. 태조실록의 기사에 실려 전하는 시중 배극렴 등의 합사 상소에는 공민왕 사후 고려의 후사가 끊어져 두 번이나 가짜 왕이 왕위를 도둑질하였다는 사실이 천명의 옮김을 정당화하는 근거로 제시되고 있다.39) 우리는 여기서 대통(大統)의 계승이 곧 역사의 이어짐이라는 의식을 확인할 수 있다. 조선왕조의 사관들이 왕의 일거수일투족을 하나도 놓치지 않고 기록하였던 것도 왕의 일

---

38) 민개의 갈등과 선택은 당시 사림들의 광범한 호응을 얻었던 것으로 보인다. 그의 졸기(태조 5년 12월 3일 丁亥)에는 그가 천성이 총명하고 뜻이 慷慨하였으며 직무에도 능하였다고 기록되어 있다. 또한 37세에 졸하니 士林들이 아깝게 여겼다는 사관의 논평이 보인다.

39) 여기서는 廢假立眞 논의의 진위보다는 자료의 문면에 드러나는 당대인의 역사 의식이 관심의 대상이 된다.

거수일투족이 바로 역사라는 인식을 지니고 있었기 때문이다.[40)]

대통의 정당성은 천명에 의해 부여되는 것이기에 대통의 이어짐은 바로 천명의 이어짐이었다. 일국의 역사를 왕통의 계승과 동일시하는 이러한 역사 의식에 따라 당대인은 왕을 중심으로 국정이 논의되는 장소를 지극히 신성한 공공의 공간으로 인식하였다. 조선 전기 사대부들은 공론을 토대로 이 신성한 역사의 현장에 참여하여 역사의 정통이 흔들림 없이 이어지는 일을 주도하였던 것이다. 그리고 대통이 이어지는 이 역사의 현장은 철저한 공개성의 원칙에 따라 사관들에 의해 일일이 기록되었던 것이다.

(3) 사대부의 인간관

조선 전기 사대부의 인간관은 나라의 근본으로서의 민(民)에 대한 관념과 수기치인의 주체로서의 개인에 대한 관념으로 나누어 볼 수 있다. 천명의 관념에서 살펴본 바와 같이 조선 전기 사대부들은 백성이 곧 나라의 근본이라는 생각을 지니고 있었으며 안민(安民)을 치국의 궁극적인 목적으로 삼았다. 조선 전기 사대부의 민본주의적 관념은 백성을 군주의 하

---

40) 정통의 계승을 중요시하는 역사 의식은 일국의 차원에서뿐만 아니라 집안과 학맥에서도 그대로 나타났다. 이것이 바로 家統과 道統이다. 최봉영(1997)은 이러한 한국인의 역사 의식을 三統 意識이라고 설명하였다. 正統을 중시하는 역사 의식은 바로 '조상 대대로 이어져 나를 거쳐 자손만대로 이어지는 생명과 문화의 전승'을 역사 그 자체로 보는 의식이다. 최봉영은 조선시대의 선비들의 삶이 실로 이 三統을 중심으로 영위되었음을 논구하였다. 즉 조선시대 선비들은 아버지와 임금과 스승을 동일시하는 군사부일체의 관념을 기초로 하여 일생을 영위하였다는 것이다. 조선시대 선비들은 가정과 학교와 왕궁이라는 세 개의 생활 무대에서 일생을 영위하였던 바 이 세 공간의 주인들이 바로 君師父였던 것이다. 그들에게 가정과 학교와 왕궁이 집(家)으로서 갖고 있던 중심은 종교적 의례가 거행되는 묘에 있었다. 그것이 바로 家廟, 文廟, 宗廟이다. 이들 廟에서 가장 신성시되는 것이 신주였는데 신주의 내용은 가묘는 父子의 인륜으로, 문묘는 師弟의 인륜으로, 종묘는 父子의 인륜과 군신의 인륜이었다. 이렇게 廟가 중요시 되었던 것은 그것이 '조상 대대로 이어져 나를 거쳐 자손만대로 이어지는 '統'을 상징하기 때문이었다(최봉영(1997), 2장 참조). 당대인의 의식 세계에서 宗廟社稷이 곧 나라였으며 종묘사직의 보존과 계승이 곧 역사였음은 두말할 나위도 없다.

늘로 여기는 데서 그 지극함이 표현된다.

　그러나 나라의 근본을 이루는 민(民)은 앞서 고찰한 사민(士民)과는 달리 역사의 주체로 인식되지는 않았다. 그러함에도 민(民)의 마음 곧 민심은 군왕의 치국에 적극적으로 영향을 미치는 것으로 인식되었으니 적극적인 민심의 작용을 설명하는 관념이 바로 천인감응(天人感應) 사상이다.

　천심과 인심이 서로 감응한다는 천인감응 현상에 따라 크게는 천명이 결정되고 작게는 하늘의 꾸짖음(天譴)이 내린다고 생각되었다. 천지와 인간은 동원(同源)·동류(同類)의 음양의 기(氣)를 가지고 있어서 인간의 음양의 기가 부조화하면 그에 감응되어 천지의 음양의 기도 부조화하여 홍수·한발 등 각종 재이가 발생한다는 것이다. 그러나 인간의 기가 조화를 이루면 그 반대 현상이 나타난다. 따라서 인간 세상의 길흉재상(吉凶災祥)은 모두가 음양의 기의 조화 여부에 달려 있는 것이다. 그런데 인심에 감응하는 천심은 수동적으로 작용하지만은 않는다. 즉 하늘에도 의지가 있어 천심이 길흉화복을 주재하게 되며 통치자를 제재하기 위해 재난을 일으키기도 한다는 것이다. 이것이 바로 하늘의 꾸짖음 즉, 천견(天譴)이다.

　천인감응 사상에 기반한 천견설은 사대부의 민본 정치 구현의 중요한 관념적 토대로 작용하였다. 자연의 재난으로부터 실정의 실마리를 찾고 군주의 선정을 촉구하였으며 더 나아가서는 폭군을 추방하는 근거가 되기도 하였다.

　이러한 관념에 따라 조선시대의 왕들은 천재지변이 일어나면 나라가 다스려지지 않아 인간의 재앙에 하늘이 감응한 것이라 생각하여 반드시 재난의 원인을 백관과 여항의 소민에게까지 널리 물었다. 하늘의 일과 인간의 일이 둘이 아니라 하나라고 생각한 것이다. 다음은 임금이 재변을 당하여 널리 구언(求言)하는 사례이다. 성종 9년 4월(壬辰朔)에 흙비가 내렸는데 임금이 이를 하늘의 꾸짖음(天譴)이라 생각하여 의정부에 전지하기를,

　　하늘과 사람의 이치가 같아 顯微無間[41]하니, 상서로움과 재이의 응함은

오직 사람으로부터 감응되는 것이다. 寡昧한 내가 한 나라에 임하여 밤낮으로 공경하고 부지런히하여 지워진 임무를 다하지 못할까 두려워하였는데, 지난 달에는 지진이 있었고 이 달에는 흙비가 내리니, 재변이 오는 것이 어찌 불러일으키게 하는 바가 없겠는가? 내가 알지 못하는 사이에 賦斂이 과중하였는가? 工役이 번거로왔는가? 형벌이 적중하지 못하였는가? 사람을 쓰고 버리는 데에 잘못되었는가? 賢俊한 이가 혹 등용되지 아니하였는가? 혼인이 혹 때를 잃었는가? 수령의 탐혹함이 심한데도 감사의 출척이 혹시 잘못되었는가? 백성들이 그 고통을 견딜 수 없는데도 下情이 위에 통하게 아니하였는가? 허물을 얻은 이유를 깊이 생각하건대, 허물은 실로 내게 있는 것이므로 직언을 들어서 天譴에 답하고자 하니, 中外의 대소 신료에서 閭巷의 小民에 이르기까지 나의 지극한 마음을 본받아 재이를 일으킨 이유와 재이를 그치게 할 방법을 숨김없이 모두 진술하라.42)

하였다. 천재지변이 일어나면 임금은 자신이 실덕한 것이라고 보아 깊이 반성하고 재변의 연유를 널리 물었던 것이다. 이러한 사례는 매우 많아 일일이 열거하기 힘들 정도이다. 재변이 일어나면 신료들 또한 상언하기를 꺼리지 않았다. 특히 대간은 가뭄이나 혹한, 혹서, 이상난동 등의 징후가 나타날 때마다 임금에게 먼저 삼갈 것을 청하였으니 영선(營繕)이나 강무(講武) 등의 행사를 정지하거나 금주령(禁酒令)을 내리고 더 나아가 임금이 스스로 근신하여 감선(減膳), 피전(避殿) 등의 조치를 취하였다.

하늘과 사람의 감응에 대한 관념을 당대인의 말을 통해 좀더 자세히 살펴보자. 지진과 흙비의 재난에 대하여 구언의 전지를 내린 이틀 후에 성종은 문묘에 나아가 작헌례(酌獻禮)를 행하고 명륜당에서 양로연을 베풀고 지혜로운 말을 들었다(성종 9년 4월 3일 甲午).43) 이 자리에서 임금과 대

---

41) 현상과 본체는 서로 떨어질 수 없음을 가리키는 말.
42) 성종실록 9年 4月 壬辰. ○ 傳旨議政府曰 天人一理 顯微無間 休咎之應 惟人所感 予以 寡昧 臨莅一國 夙夜柢勤 恐不克負荷 前月地震 今月雨土 災變之來 豈無所召 予未知賦斂 重歟 工役煩歟 刑罰不中歟 用舍失當歟 賢俊或遺逸歟 婚嫁或失時歟 守令之貪酷 甚而監 司之黜陟 或謬歟 民不堪其苦而下情 不得上通歟 深惟獲戾之由 咎實在予 欲聞直言 以答 天譴 其中外大小臣僚 以至閭巷小民 體予至懷 致災之由 弭災之方 悉陳無隱
43) '乞言'을 하였다는 것으로 양로연을 베풀고 노인으로부터 좋은 말을 듣는다는 뜻이다.

신들이 주고받은 대화에서 당대인의 천변에 대한 관념의 편린들을 엿볼 수 있다.

"내가 일찍이 하늘의 위엄을 두려워하여 조심하고 근신하였는데 지금 흙비의 변이 있으니 천심에 부응하지 못함이 있지 아니한가?"(임금),44) "재이(災異)가 어느 시대인들 없었겠습니까마는 오직 임금이 덕을 닦는 데 달려 있습니다.45)"(韓明澮), "…신종도 말하기를 재이(災異)는 천수(天數)이며 인사(人事)의 잘잘못에 관계되는 것이 아니라 하니 부필(富弼)이 듣고 탄식하기를 '인주(人主)가 두려워하는 바는 오로지 하늘인데 만약 하늘을 두려워하지 아니한다면 무슨 일인들 하지 못하겠는가?…46)"(李芮), "예전 상(商)나라 중종(中宗) 때에는 상곡(桑穀)이 조정에 났고 고종(高宗) 때에는 꿩이 솥귀(鼎耳)에서 울었으나 모두 두려워하여 덕을 닦았으므로 재이(災異)가 해는 되지 아니하여… 이는 모두 하늘을 공경하고 재이(災異)를 삼간 효험입니다.47)"(李芮), "임금이 나라를 다스리는 근본은 성(誠)일 뿐입니다. 그러므로 중용에 이르기를 '오직 천하의 지성(至誠)이라야 능히 그 성(誠)을 다할 것이며, 그 성(誠)을 다할 수 있으면 가히 천지에 참여하여 화육(化育)을 도울 것이다'라고 하였으니 지극한 정성의 극진한 공(功)입니다.… 원하건대 전하는 지성(至誠)의 도(道)를 본받아 시종여일하면 재이(災異)가 변하여 상서로움이 될 것입니다."48)(姜希孟), "천심이 임금을 인애하므로 재이를 보여서 경계한 것이오니 오직 몸을 조심하고 덕을 닦으면 천심에 답할 수 있을 것입니다."49)(許琮), "…마음은 임금이 다스리는 근

---

44) 予嘗畏天之威 小心謹愼 然 今有雨土之變 無乃未副天心歟
45) 災異何代無之 唯在人主修德耳
46) (전략) 神宗亦言災異 天數 非關人事得失 富弼 聞而歎曰 人主所畏惟天 若不畏天 何事不可爲者 此必奸人 欲進邪說 以撓上心 使輔弼諫諍之臣 無所施其力 (하략).
47) (전략) 昔商中宗時 桑穀生於朝 高宗時 有雉鳴於鼎耳 皆恐懼而修德 災不爲害 (중략) 此皆敬天謹災之效也
48) 人主爲治之本 誠而已矣 故 中庸曰 惟天下 至誠爲 能盡其誠 能盡其誠 則可以參天地 贊化育 至誠之極功也 (중략) 願殿下 體至誠之道 終始如一則災變爲祥矣
49) 天心仁愛人君故 示災異以戒之 惟側身修德 可以答天心

본입니다. 요순우탕문무가 서로 전한 심법은 중(中)에 지나지 아니할 뿐입니다.… 중(中)이란 마음입니다."50)(徐居正), "천(天)과 인(人)의 관계는 쉽게 말할 수 없습니다. 득실의 기틀과 감응의 묘리는 도를 아는 자가 아니면 누가 이를 능히 알겠습니까? 인사(人事)가 아래에서 감(感)하면 천변(天變)이 위에서 응하므로 만약 재이를 막으려고 하면 마땅히 몸을 조심하고 덕을 닦아서 천견(天譴)에 답하는 것뿐입니다."51)(李克培) 등이다.

이상의 언급으로부터 당대인들의 관념을 정리하면 다음과 같다. 우선 하늘에도 마음이 있어(天心) 사람의 마음(人心)과 서로 응하는데 만약 인심이 아래에서 변하면 천심도 이에 감응하여 어떤 조짐을 보인다는 것이다. 또한 천심의 변화는 수동적인 것이기만 한 것이 아니라 임금을 인애(仁愛)하여 재이(災異)를 보여서 임금에게 경계하기도 한다. 만약 임금이 천심의 경계(天譴)에 답하여 측신수덕(側身修德)하면 재이가 변하여 상서로움이 된다는 것이다. 그러나 만약 임금이 천견을 두려워하지 않으면 어떠한 화가 닥칠지 모른다는 것이다. 또 임금이 나라를 다스리는 것은 오직 지성으로 해야 하며 지성을 다하면 가히 천지에 참여하여 화육이 이루어진다는 것이다.

천인감응 사상과 이에 기반한 천견설은 공론 논변의 중요한 논거로 사용되었다. 즉 천인감응 사상에 기반한 천견설은 공론 영역을 지배하던 관념 체계의 하나였다. 따라서 천견설에 대한 부정은 그것의 합리성 여부를 떠나서 공론에 위배되는 위험한 사고방식으로 간주되었다.52)

조선 전기 사대부들에게 인간(개인)은 수기치인(修己治人)의 주체였다. 수기치인은 성리학적 인간관의 핵심을 이루는 개념이다. 성리학에서는 천인

---

50) (전략) 心者　人君出治之本也　堯舜禹湯文武　相傳之心法　不過日中而已 (중략) 中者　心也
51) 天人之際　未易言也　得失之機　感應之妙　非知道者　孰能知之　人事　感於下則天變　應於上　若欲弭災　當側身修德　以答天譴耳 (하략)
52) 천견설에 위배되는 주장에 대한 공론의 심판의 전형적인 사례는 성종 9년 4월에 있었던 재변과 이에 대한 임사홍의 견해 피력, 그리고 이에 대한 홍문관과 예문관의 논박에서 찾아볼 수 있다. 이 사례에 대해서는 4장에서 후술할 것임.

합일(天人合一)이라는 이상을 추구한다. 성리학설은 천(天)과 인(人), 그리고 합일(合一)의 세 부분으로 나누어 설명할 수 있다. '천(天)'에 대한 논의는 이기론(理氣論)을 중심으로 전개되는데 이것은 인간을 위시하여 존재하는 모든 사물을 대상으로 한다. '인(人)'에 대한 논의는 심성론(心性論)을 중심으로 전개되는데 이것은 우주만물 중에서도 특히 인간의 위치와 본성 등을 대상으로 한다. '합일(合一)'에 대한 논의는 공부론(工夫論)을 중심으로 전개되는데 이것은 사람이 구체적으로 어떠한 과정을 거쳐 완성된 경지에 이르게 되는가를 대상으로 한다. 특히 세 번째의 공부론에서는 '어떻게 완성된 인간이 되는가'의 문제를 다룬다(김교빈·이효걸·홍원식, 1998 : 170).

조선시대에는 유교적인 수양 교양을 갖춘 사람만이 선비(士)로서 인정받았다. 선비는 공부를 업으로 삼아 천리에 합치되는 인간인 성인(聖人)이 되는 것을 삶의 목적으로 삼았다. 인간이 본연지성을 깨달아 천리에 합치하도록 지각하고 행동하는 것이 바로 천인합일의 경지이며 천인합일의 경지에 이른 인간을 성인이라고 보았다. 천인합일의 경지에 이르기 위해서는 수양의 과정, 즉 공부의 과정이 필요하였다.[53]

성리학적 인간관은 본연지성의 동일성과 기질지성의 차별성에 의해 그 특징이 설명된다. 인간은 누구나 천명을 통해 받은 본연지성을 지니고 있는데 그 본연지성이 기질의 영향을 받아 나타나는 것이 기질지성이다. 기질지성은 사람마다 차이가 있다. 기질지성에도 좋고 나쁨이 있을 수 있으

---

53) 성리학설에서는 마음을 닦는 일과 사물의 이치를 궁구하는 일을 공부의 두 가지 필수적인 과정으로 본다. 마음 공부(敬工夫)와 사물 공부(致知工夫)라는 두 가지 공부는 표리를 이루어 새의 두 날개처럼 서로 영향을 주면서 함께 나아간다고 설명된다. 마음 공부는 마음이 항상 '정돈되고 엄숙하며' '한 곳에 집중하여 흐트러지지 않아서' 늘 깨어 있고 도덕적 긴장감을 유지한 채 사사로운 욕심에 사로잡히거나 사사로운 견해에 얽매이지 않는 상태를 지향한다. 사물 공부는 일(事)과 사물(物) 속에 기(氣)와 결합되어 있는 리(理)를 궁구하여 앎을 이루는 것이다. 앎에 이르는 과정은 사물에 나아가(卽物) 그 사물의 리를 궁구한 뒤(窮理) 하나도 빠뜨리거나 미진함이 없이(窮盡) 그 지극함에 이르는 것(至極)이라고 설명된다. 김교빈·이효걸·홍원식 (1998 : 173~74) 참조.

나 사람이라면 누구나 수양을 통해 천인합일의 경지에 이른 성인이 될 수 있다. 사람이 천인합일의 경지에 이르기 위해서는 기질지성에 따라서 살아서는 안 되고 기질지성을 본연지성과 합치하도록 노력해야 한다. 그런데 기질지성을 본연지성과 합치하도록 하는 것이 도심(道心)이다. 도심(道心)이란 천리에 따라 지각하고 행동하도록 인심(人心)을 주재하는 마음의 상태이다.

성리학적 인간관은 인간의 원론적인 평등성에 기초하고 있으면서도 후천적인 차별성을 강조한다. 인간은 누구나 하늘로부터 동일한 본연지성을 부여받았다는 점에서 동등하다. 그러나 인간은 각자 다른 기질지성을 지니게 되며 기질지성을 본연지성과 합치시키려는 후천적인 노력 여하에 따라 성인이 되기도 하고 금수와 같은 존재가 되기도 한다.

인간의 후천적인 차별성에 대한 강조는 조선 전기 사대부들의 인간관의 핵심을 이룬다. 조선 전기 사대부들에게 인간은 도덕적으로 완성된 인간인 군자와 도덕적으로 미비하고 사리분별을 모르는 소인으로 대별된다. 어떤 사람이 소인이냐 군자냐 하는 것은 인간에 대한 판단의 근본이 된다. 앞서 언급한 대사헌 민개의 상소의 세 번째 조목을 살펴보자(태조 원년 7월 20일 己亥).

> 셋째, 군자를 가까이하고 소인을 멀리하소서. 군자와 소인은 진실로 분변하지 않아서는 아니 되옵니다. 바른 말(正言)과 사리에 맞는 의론(格論)이 여럿 가운데 우뚝하여 치우치지 아니하며, 벼슬에 나아가서는 충성을 다할 것을 생각하고, 벼슬에서 물러나서는 잘못을 보완할 것을 생각하며, 磊磊落落하여[54] 사직이 있는 것만 알고 자신이 있는 것을 알지 못하는 이가 군자입니다. 약삭빠르고 간사하며 의심하고 아첨하며, 남에게 아부하여 용납되기를 취하며, 권세를 도적질하여 부리며, 아름다운 것을 탈취하고 은혜를 팔며, 예! 예! 하고 유순하게 대답하며(唯唯喏喏), 구차히 자신의 이익을 도모하고 사람의 말을 근심하지 않는 사람은 소인입니다. 군자

---

54) 마음이 크고 활달하여 작은 일에 거리끼지 아니함.

는 모이기는 어려워도 疏遠하기는 쉬우며, 소인은 친하기는 쉬워도 물리
치기는 어렵습니다. 당나라 현종은 한 몸으로 요승과 송경을 써서 개원의
다스림(開元之治)을 일으켰고, 이임보와 양국충을 임용하여 천보의 난(天
寶之亂)을 초래하였습니다. 이것으로써 군자와 소인을 쓰고 버림이 국가
의 치란과 흥망에 관계됨을 알 수 있으니 경계하지 않을 수 있겠습니까?
『서경』에 이르기를 '어진 사람을 씀에 두 마음을 가지지 말며, 간사한 자
를 물리침에 머뭇거리지 마소서(任賢勿貳 去邪勿疑)'55) 하였습니다. 원하
옵건대 전하께서는 진실로 그 현명함을 안다면 비록 과실이 있더라도 나
아가게 하여 이를 임용하고, 진실로 그 아첨함을 안다면 비록 공로가 있
더라도 물리쳐서 이를 멀리 하소서.56)

군자와 소인을 구별하는 것은 당대인에게 지극히 중대한 일이었다. 민
개의 상소에 군자와 소인을 판별하는 일반적인 준거가 제시되는 것도 이
런 까닭이다. 군자와 소인의 판별에는 역사적인 전형이 이용되는 경우가
많았다. 민개의 상소에 언급된 당나라 현종조의 이임보, 양국충이나 송나
라 신종조의 왕안석 등은 소인의 전형으로 자주 예거되었다. 특히 왕안석
의 경우 조선 전기 언관의 논변에서 부정적인 인물의 전형으로 인식되어
탄핵의 논거로 자주 이용되었다.57)

---

55) 『書經』「大禹謨」에 나오는 말로 益이 舜임금에게 한 말.

56) ○ 司憲府又上疏曰 (中略) 三曰 親君子遠小人 君子小人 固不可不辨 正言格論 特立不倚
進思盡忠 退思補過 磊磊落落 知有社稷而不知有其身者 君子也 憸邪諂佞 阿附取容 竊權
弄勢 掠美市恩 唯唯喏喏 苟利於己 不恤人言者 小人也 君子難合而易疏 小人易親而難退
且以玄宗一身 用姚崇宋璟 以興開元之治 任林甫國忠 以致天寶之亂 是知君子小人之用捨
國家之治亂興亡係焉 可不戒歟 書曰 任賢勿貳 去邪勿疑 願   殿下 苟知其賢 雖有過進
而用之 苟知其佞 雖有功斥而遠之

57) 왕안석은 송나라 신종 때의 개혁 정치가였다. 그는 신종의 신임을 업고 신법을 과
감하게 시행하였는데 그의 정책은 보수 세력의 완강한 저항에 부딪쳤다. 여기에 한
재가 겹쳐 민심이 동요되자 결국 그는 실각하고 말았다. 왕안석이 參政으로 발탁되
어 장차 신법을 추진하려 하는데 어사중승 여회가 홀로 왕안석을 탄핵하였다. 그
탄핵문에 이르기를 "크게 간사한 것은 충성스러움과 같아 보입니다. 크게 속이는
것은 미더워 보입니다. 왕안석은 겉보기는 검소해 보이지마는 마음 속에 흉악한 계
교를 품고 있습니다. 교만하고 불손하며 음험하고 표독하여 세상에 해를 끼칠 것입
니다." 하였다. 왕안석이 신법을 과감하게 추진하고 있을 때 어느 날 신종이 왕안석
에게 이르기를, "경은 삼부족이라는 것을 아오?" 하고 물었다. 왕안석이 모른다고

왕안석은 소인의 전형으로, 그의 신법은 나라를 망치는 제도의 전형으로, 그리고 그의 언행은 임금을 망치는 전형으로 인식되었다.

- 왕안석이 祖宗의 법을 가볍게 변경하여 송나라의 南渡의 禍를 가져왔으니….(태종 3년 4월 경술, 사간원의 시무 상소)
- 금후로는 크게 나라에 이익이 있고 百世라도 변치 않을 일이 아니면 새 법을 세우지 말라. 왕안석의 일을 거울삼을 것이다.(태종 3년 9월 을유, 임금의 말)
- 너희들은 어찌하여 고하지 않았느냐? 옛날 王安石이 말하기를, '災祥에 관한 일은 반드시 論奏할 필요가 없다' 고 하였다 하니, 너희들도 그것을 본받은 것이냐?(태종 11년 6월 계묘, 임금이 대신을 책한 말)
- 왕안석은 소인의 재주 있는 사람이다.(세종 즉위년 11월 계축, 경연에서의 임금의 말)
- 간휼한 마음과 이단의 논설은 왕안석이 송나라를 그르친 까닭이었습니다.(성종 2년 3월 임진, 대사간 김수녕 등의 탄핵 상소)

왕안석이 당대인에게 부정적인 인물의 전형으로 인식되는 것은 소위 삼부족설(三不足說) 때문이었다. 삼부족(三不足)이란 왕안석이 집권하고 있을 때 왕안석을 빗대어 떠돌던 말이었다. 즉 "천변(天變)은 족히 두려울 것이 없고, 조종(祖宗)은 족히 본받을 것이 없으며, 남의 말은 족히 근심할 것이 없다."(天變 不足畏 祖宗 不足法 人言 不足恤)는 말이었다.

왕안석의 삼부족은 부정적인 논거로 공론 논변에 자주 오르내렸다. 천변은 두려워할 일이 못된다는 것은 공론 영역을 지배하던 당대인의 중요한 관념 중의 하나인 천인감응설에 정면으로 위배되는 발상이요, 사람의

대답하니 신종은, "세상 사람들은 天變地異는 두려워할 것이 없다. 남의 비난은 개의할 것이 없다. 朝宗의 법은 지킬 필요가 없다고 하여 새 법의 실시를 욕한다고 하오. 어제도 학사원에서 채용 시험의 문제를 가지고 왔는데 거기에도 삼부족이 들어 있었소." 하고 왕안석에게 주의를 주었다. 왕안석의 신법은 대개 백성의 이익을 위한 것이었으나 당시의 지배 세력의 완강한 저항으로 제대로 실시되지 못하고 부작용만 더했던 것이다. 왕안석의 신법 시행은 실패로 돌아가고 또한 그가 대간을 배척하였으므로 후세에 그는 小人의 전형으로 인식되었으며 조선시대 대간들은 걸핏하면 그를 끌어다 탄핵의 논거로 삼았다. 『十八史略』6권 北宋編 참조.

말은 근심할 것이 못된다는 말은 공론을 근거로 논변을 펼치는 언관의 입장에서 볼 때 매우 위험한 사상이었다. 그리고 조종은 본받을 바가 못된다는 사고방식 또한 조종을 절대적인 권위로 인식하였던 당대인의 관념에 비추어 볼 때 위험한 발상이 아닐 수 없었다.

왕안석이 조선 전기에 군자와 소인을 판별하는 시금석처럼 자주 언급된 것은 그가 재주있는 사람이어서 당대인들, 즉 송나라 신종조의 정치가들이 그가 소인임을 알아보기가 쉽지 않았다는 역사적 판단 때문이었다. (여기서 그가 진실로 소인인가 아닌가 하는 것은 논외로 한다.) 어떤 사람이 군자인가 소인인가를 판단하는 것은 조선 전기의 사대부들에게 지극히 중요한 일이었고 그러한 판단이 쉽게 내려지지 않을 때 왕안석의 일화는 재주 있으면서 소인인 사람의 표준으로 인식되어 비교의 잣대가 되었던 것이다.[58]

당대인들이 인간을 유교적 수양의 결과에 따라 군자와 소인의 두 부류로 나누었던 것은 학문적인 교양과 바른 심성을 갖춘 군자만이 국정 운영의 주체가 될 수 있다는 판단에 기초한 이분법적 사고방식이었다. 군자가 국정의 운영을 담당하면 나라가 다스려지고 소인이 국정의 권병을 쥐면 나라는 어지러워진다고 보았다. 군자 대 소인의 이분법적 사고방식은 국정 담당자의 자질을 엄격하게 평가하고 통제함으로써 국정이 어지러워지는 것을 방지하는 데 일정한 기여를 하였다고 할 수 있다.

군자 대 소인이라는 이분법적 인간관을 지니고 있었던 조선 전기 사대부들에게 중요한 문화적 의미를 지닌 존재가 있었으니 그것은 바로 성인군주였다. 성인군주는 인간의 후천적인 위계의 최정점에 자리하고 있는 지고지성의 존재였다. 수신제가치국평천하라는 유교적 자기 실현의 과정

---

58) 왕안석에 대한 평가는 시대에 따라 동일하지 않았다. 왕안석은 조선 전기 사대부들에게 소인의 전형으로 인식되었다는 점에서 흥미롭다. 소인의 전형은 시대마다 달리 인식되었던 것이다. 조선후기에 이르면 왕안석에 대한 평가가 긍정적으로 바뀌기 시작한다. 개혁의 시기에는 왕안석이 본받아야 할 인물로 그려지기도 했다. 박현모(2001 : 243~251) 참조.

을 생각할 때 임금은 수신으로부터 치국평천하의 단계까지를 완벽하게 실현할 수 있는 유일한 존재였다.

당대의 사대부들에게 성인군주는 이상적인 통치자의 모델로 작용하였다. 성인군주의 전형적인 모델은 하은주 삼대의 군주들인 요순우탕문무였다. 성인군주는 천인합일의 경지에 이른 성인이면서 천명에 의해 통치권을 부여받은 통치자이기에 수기와 치인을 삶의 궁극적인 목적으로 하는 성리학적 인간관의 정점에 자리잡고 있었다.

당대에 성인군주의 관념은 임금과 신하 모두에게 따라야 할 표준으로 작용하였다. 조선시대의 왕들은 경연을 통해 성인으로의 수양을 계속하였고 신하들은 때로는 국왕의 성인군주의 면모를 찬양하고 때로는 성인군주의 역사적인 모델에 비추어 그 모자람을 비판하기도 하였다.

> 19 이칙 : (중략)
> ['방지로 들어와서 대통을 잇는다'는 말은, 신의 뜻을 말씀드리건대, 제왕이 서로 계승함에 만약 아버지가 아들에게 전하는 것이라면 비록 聖明하지 못할지라도 오히려 대통을 이을 수 있으나 만약 종사와 생령을 위하여 어진이를 골라서 준다면 大聖이 아니면 감히 감당할 수 없습니다. 이는 멀리 옛일을 끌어다 말할 것도 없습니다. 우리 세종께서 大業을 이어받은 것은 전하와 서로 같습니다. 세종께서는 우리 나라의 요순이십니다. 신은 전하께서 반드시 세종을 앞지르고 요순과 가지런하게 되기를 기대하였는데, 뜻밖에 전하께서 감히 소인을 써서 나라를 그르치는 계제가 되게 하시니, 신이 참으로 마음이 아파서 감히 아뢰었습니다.]
>
> ― 성종 19년 12월 1일, 임사홍 탄핵 논변 소통행위 (25) 중에서

조선 전기 사대부들에게 성인군주의 모델은 더욱 구체화되기 시작하였다. 성종조에 이르면 성인군주의 모델로 하은주 삼대의 전설적인 임금들뿐 아니라 더욱 가깝고 구체적인 선왕(先王)이 제시되기 시작하였다. 성인군주의 모델이 조종열성조로 구체화됨에 따라 조종열성조의 행적은 현실적인 국왕의 언행을 비판하는 준거가 되기도 하였다.

조선 전기 사대부에게 성인군주의 관념은 현실적인 통치자를 신성화하고 이상화하는 상징적인 의미 외에 현실적인 통치자를 비추어보고 비판하는 표준으로서의 의미도 아울러 지니고 있었다.

2) 공론에 대한 사대부의 인식

(1) 공론(公論)과 공론소재(公論所在)

태조 7년 9월 5일 정축에는 태조가 세자에게 친히 양위 교서를 내리는데 그 내용 중에 이르기를,

> "(전략) 홍무 31년 9월 초5일에 종묘에 고하고 왕위에 오르기를 명하니, 너는 典章을 따라 행하여 군자를 친근히 하고 소인을 멀리 하며, 보고 듣는 것은 자기 한 사람의 偏私를 없게 하고, 좋아하고 미워하는 것은 나라 사람들의 公論에 따라 감히 혹 廢棄하지도 말며, 감히 혹 태만하지도 말아서 그 지위를 영구히 편안하게 하여 後嗣를 繁盛하게 하라. (하략)."

하였다. 이 같이 조선 왕조의 창업자 태조는 양위 교서에서 후대의 왕이 전장(典章)과 공론에 따를 것을 엄숙히 유시하였던 것이다. 법과 공론에 따른다는 것은 조선왕조의 기본적인 통치 강령이었던 것이다.

임금이 공론을 두려워하고 따라야 한다는 생각과 대간의 간쟁을 중히 여겨야 한다는 생각은 밀접하게 관련되어 있다. 일찍이 태조 1년 11월 9일(丙戌)에 간관이 상소하기를,

> "신 등이 가만히 생각하건대 公論이란 것은 천하 국가의 元氣입니다. 諫諍은 공론의 根柢가 되고 佞諛[59]는 공론의 蟊賊이 되니, 국가를 다스리는 사람이 항상 그 근저를 배양하고 그 모적을 제거한다면 바른 의론이 날로 앞에 나아오고 甘言과 卑辭가 귀에 들리지 않게 될 것입니다."

---

59) 영유. 아첨.

하였다. 공론이란 나라의 원기인데 그 원기가 원활히 피어나서 소통되게 하려면 그 근저가 되는 간언을 구하고 간쟁을 들어주어야 한다는 것이다. 공론이란 사람의 생기와 같은 것이어서 무성하고 소통이 잘 되어야 한다고 보았던 것이다.

공론이란 조정에 가득한 공변된 의론(議論)이며[60] 나아가 천하가 만세토록 옳게 여기는 의론(議論)이다.[61] 공론은 조정 백사의 옳고 그름을 판정하는 기준이 되며[62] 당대뿐 아니라 후세에도 의연히 일어난다고 보았으니[63] 공론에 대한 당대인들의 관념은 면면한 역사 의식으로까지 이어졌던 것이다.

공론[64] 및 공론소재에 대한 관념은 역동적으로 변화하였다. 태종 4년 12월 8일(乙亥)에 사간원의 시무책에 이르기를,

> "대간은 人主의 이목이요, 공론이 있는 곳입니다. 그러므로 … 이제부터 兩府 외에 嘉善大夫 이하의 고신은 반드시 대간으로 하여금 署出하도록 하여, 백관들을 바르게 하고 선비의 기풍을 勸勵하소서."

하였다. 또 태종 5년 10월 2일 갑자에는 장령 서선(徐選)이 청평군(淸平君)

---

60) 태조 3년 10월 11일 정축. 일본 구주 절도사에게 보내는 글 참조.
61) 태조 7년 6월 12일 丙辰. 사관 신개 등의 상소.
62) 조정의 백사에 대하여 공론이 어떠하다는 내용은 실록에 자주 등장한다. 태종 1년 10월 27일(壬午)의 사간원의 상소 중 여차저차하여 "憲司에서 이미 좌윤 정절을 申請하여 파직시켰는데 공론이 옳게 여겼습니다."라든지 태종 3년 10월 19일(癸亥)에 실린 이저의 조부 이정에게 시호를 추증하는 기사에서는 "이저가 다시 임금께 청하여 文簡으로 시호를 얻으니 사람들이 그르게 여기었다." 등의 표현이 옳고 그름을 분변하는 기준으로서의 공론의 역할을 보여준다.
63) 後人들의 공론에 대한 당대인들의 생각을 보여주는 좋은 사례가 있다. 태종 2년 1월 17일 경자. 여흥부원군 민제가 하윤에 대해 말하기를 '온 나라 사람들이 하윤을 정도전에게 비유한다. 사람들이 하윤을 꺼려함이 이와 같은즉, 머지 않아 환난을 당할 것이다.' 하였다 하니 하윤이 말하기를 "죽고 사는 것은 하늘에 달려 있는 것이오. 옛사람들도 바른 도리를 가지고 억울하게 죽은 사람이 있는가 하면, 요행히 죽음을 면한 사람도 있소. 후인들이 스스로 공론이 있을 것이니 내 무엇을 두려워하겠소?" 하였다 한다.
64) 公議라는 개념도 같은 용법으로 쓰인다.

이백강(李伯剛)[65]의 직첩을 돌려주는 것은 국론이 모두 가하다고 하기를
기다려서 주라고 아뢰니 임금이,

> "공론이 합하지 않으면 반드시 줄 필요는 없다."

하였다. 이에 우정승 조영무 등이 의정부에서 이미 의론한 일이라고 하자
임금이 서선을 불러서 주라고 명하였다는 기사가 실려 있다.

위의 사간원의 상소에는 대간은 공론의 소재라는 관념이 뚜렷이 나타
나며 이백강의 직첩을 돌려주는 일에 관한 기사는 의정부가 공론의 또
다른 구체적인 소재로 인정되었음을 보여준다.

태종실록의 기사들에서 확인되는 공론에 대한 관념을 살펴보면 완전히
일치하지 않는 두 가지 관념이 공존했음을 알 수 있다. 대간에서는 대간
논변이 공론의 뿌리요 소재라고 생각하였지만 임금과 의정부에서는 의정
부가 공론의 소재라 여겼던 것이다. 태종 1년 7월 23일(庚戌)에[66]

> 도승지 박석명이 (궁실 영건에 대하여) 아뢰기를,
> "의정부에서 전일에 습좌(習坐)하여 궁궐을 지을 일을 의론하였었는데, 주상
> 의 노여움을 두려워하여 상달하지 못하였습니다."
> 하였다. 임금의 노여움이 조금 풀리어 말하기를,
> "功臣들이 이처럼 간청하니, 내가 용서하겠다."
> 하고, 석명을 시켜 윤사수, 김첨 등을 불러 그 죄를 설유하고 모두 용서하
> 였다. 임금이 말하기를,
> "營造하는 일은 공론대로 하라."

---

65) 李居易의 아들이며 李佇의 동생이다. 태종의 사위이다. 그의 아비 이거이가 태종 즉
　　위 초에 반역의 뜻을 품었다가 뒤에 드러나자 대간과 의정부 등의 탄핵을 받아 이
　　들 부자가 모두 폐서인이 되었다. 그러나 이백강은 부마이고 차마 이혼하게 할 수
　　가 없어서 직첩을 다시 돌려주었다.
66) 이 날 사간원에서 궁실 토목 공사를 반대하는 상소를 하였다가 간관이 갇히는 소동
　　이 있었는데 공신들과 의정부에서 간곡히 아뢰어 용서를 받았다. 인용된 부분은 그
　　소동이 있은 직후의 대화이다.

라는 기록이 있다. 이를 보면 의정부에서 의론(議論)한 것을 공론이라 여겼음이 명백해진다. 이러한 관념은 곳곳에서 확인된다. 즉, "정부(政府)는 공론이 나오는 곳이니"(태종 7년 11월 甲寅), "전하께서는 공론을 굽어 좇으시어 인신의 절개를 장려하소서."(같은 날 의정부의 상언), "내가… 의정부에 내리어 의론하게 한 것은 대개 공론을 듣고자 한 것인데"(태종 11년 8월 庚子) 등의 표현이 눈에 띈다. 또 태종 12년 2월(甲戌)에는 사헌부에서 박만, 임순례 등의 죄를 청하니 임금이 말하기를,

"내가 즉위한 이래로 범법한 자가 있으면 반드시 가벼운 형벌에 따랐고 정말 그 율대로 따른 적은 있지 않았다. 간혹 죽은 자가 있었으나, 이것은 정상이 명백하여 법에 용서할 수 없는 것이었다. 박만 등의 일은 이미 10년이 넘었는데, 오늘에 와서 다시 법대로 처치하겠는가? 대간의 말을 따르지 않는 것이 많은데, 지금 또 내가 간하는 것을 듣지 않는다는 이름을 거듭 얻겠다. 만일 말한 것이 맞지 않는다고 책한다면, 이것은 대간이 항상 견책을 당하는 것이라 할 것이다. 정부로 하여금 의론하여 박만 등이 과연 죽어야 한다면 베이고, 살릴 만하다면 살리겠다. 반드시 공론을 기다린다면 나 혼자 간하는 것을 거절한다는 이름은 받지 않을 것이다."

하였으니 당시의 임금은 의정부의 의론을 공론으로 여기고 대간의 간쟁은 공론으로 여기지 않았음이 분명하다.

그러나 성종조에 이르면 임금과 대신들의 공론에 대한 관념이 다르게 나타난다. 성종 1년 6월 을묘에 원상 한명회가 아뢰기를,

"신이 듣건대, 근일에 대간의 말에 따라서 탐오하거나 맡은 일을 감당하지 못하는 수령을 파면한다고 하니 이는 공론입니다. 그러나 신의 생각으로는 국가의 大體에 있어서는 未便할 것 같습니다. 그 사실을 상세하게 핵문하더라도, 혹 그렇지 않은 자도 있을 것이요, 비록 따로 貶黜하지 아니한다고 하더라도 또한 감사의 포폄이 있습니다."

하였다. 원상 한명회는 대간의 논변을 공론으로 인정하되 그것이 국가의 대체에 있어서는 마땅하지 못한 면이 있다고 지적하고 있는 것이다. 또

성종 2년 1월(戊戌)에는 시강관 임사홍이 아뢰기를,

> "근일에 대간에서 불경을 사 오는 것에 대하여 간하기를 매우 간절하게
> 하였으나, 전하께서 따르지 않으셨는데, <u>대간에서 말하는 것은 모두 공론
> 이니 들어주지 아니할 수가 없습니다.</u> 전하께서 즉위하신 이래로 諫言을
> 따르시고 어기지 않으시니, 中外에서 눈을 비비고 다스림을 바라보는데,
> 오로지 이 한 가지 일만은 윤허를 받지 못하니 여러 신하들이 실망하고
> 있습니다."

하였다. 시강관 임사홍은 당시 전한(典翰)[67) 벼슬에 있었는데 '대간에서
말하는 것은 모두 공론이니 들어주지 아니할 수 없다'는 그의 말은 이러
한 관념이 대간의 생각만이 아닌 조정의 보편화된 관념이었음을 보여준
다. 태종조와 비교하면 실로 엄청난 차이가 아닐 수 없다.

　대간 논변은 곧 공론이라는 관념은 성종실록 여기저기서 확인된다. "전
하께서는 대신을 높이 우대하는 이유 때문에 대관을 좌천시켰으니, 무엇
때문에 대신들의 변명하는 말만 두둔하시고, 언관들의 공론은 옳지 않게
보십니까?"(성종 5년 4월 辛巳),[68) "이제 대간이 논란함은 바로 공론입니다.
전일에 간원(諫院)이 구속 당하는 것을 보았을 때에, 신은 눈물을 흘리며
간하기를, '간원의 말은 공론이니, 죄줄 수 없다.'고 하였습니다."(성종 8년
7월 壬午),[69) "공론이 이와 같은데도 전하께서 듣지 않으시니 어째서입니
까?"(성종 8년 8월 甲寅)[70) 등이 그 예이다. 대간 논변이 곧 공론이라고 보
는 이러한 관념과 더불어 더욱 추상적이고 확장된 공론의 관념도 엿보이
는데, 성종 5년 10월 임인에 대사헌 이서장(李恕長) 등이 부안의 간석지에
대한 일로 올린 차자의 내용을 예로 제시하면,

---

67) 弘文館의 종3품 벼슬.
68) 도감제조들이 친척들을 도감 낭청으로 삼았다고 탄핵하는 대사간 정괄 등의 상소 중.
69) 하관을 욕하였다는 사간원의 탄핵에 대한 도승지 현석규의 변명 중.
70) 현석규를 벌하지 않자 지평 김제신이 경연에서 한 말.

> "전일 경연에서 扶安의 海澤에 대한 일을 의론하여 아뢰었는데, 시강한
> 여러 신하들이 모두 말하기를, '채의형에게 주는 것은 옳지 않고, 居民에
> 게 나누어 주는 것이 마땅하다'고 하였습니다. 이는 다른 것이 아니라 公
> 論의 所在이니 약속 없이 같아진 것입니다."[71]

하였는바 여기서 공론은 모든 사람들이 자연히 옳게 여기는 것을 가리킨
다. 또 성종 6년 2월 계사에는 주강에서 경연 일기를 상고하는 문제를 논
의하다가 동부승지 현석규가,

> "누가 감히 사필을 잡고서 미워하고 사랑함으로써 헐뜯거나 기리거나
> 하겠습니까? 비록 혹시 無狀한 무리가 있어 사사로운 원한을 가지고 남의
> 허물과 악함을 함부로 쓸지라도, 후세에 저절로 공론이 있을 것입니다."[72]

하였다. 공론은 시대의 선후를 가릴 것 없이 저절로 일어나서 일의 옳고
그름을 분변해 주는 기준이 된다고 보았던 것이다. 성종 7년 3월(甲辰)에
는 대사헌 윤계겸 등이 한명회를 탄핵하여 말하기를,

> "(전략) 한명회의 말이 오로지 전하께만 죄를 지은 것이 아니라 조정에
> 도 죄를 짓고, 또 萬世의 公論에도 죄를 지었습니다. 유자광의 말은 유자
> 광 혼자의 말이 아니라, 곧 조정 만세의 공론입니다 (중략) 전하께서 비록
> 한명회를 아끼신다고 하더라도 공론은 어길 수가 없습니다. 엎드려 바라
> 건대, 그 죄를 다스리도록 명하여 臣民의 분을 풀어 주소서."[73]

하였다.[74] 여기서 공론은 '조정 만세의 공론'이며 조정 만세의 공론은 임

---

71) 前日經筵 論啓扶安海澤事 侍講諸臣 皆以爲蔡儀亨 不可給 宜分與居民 此無他 公論所在
　　不謀而同也 云云.
72) 誰敢秉史筆 以憎愛爲毀譽乎 誰或有無狀之輩 以私怨 濫書人過惡 後世自有公論也 云云.
73) …明澮之言 非獨得罪於殿下 得罪於朝廷 又得罪於萬世公論也 子光之言 非子光之獨言
　　乃朝廷萬世之公論也 臣等 以子光所論指鹿爲馬等語 爲但論明澮邪心耳 非論世代否泰也
　　子光之言 臣等 不知其不可也 殿下雖惜明澮 公論 不可違也 伏望命治其罪 以快臣民之憤
74) 성종이 성인이 되매 정희왕후가 정사의 청단을 중지한다는 전교를 내린다. 이에 한
　　명회가 정희왕후의 전교를 거둘 것을 청하였는데 대간의 한명회 탄핵은 이에서 비
　　롯되었다.

금이라 하더라도 어길 수 없는 것이다. 이상의 예로 보건대 성종조 초기까지는 공론에 대한 두 가지 관념이 형성된다. 공론은 첫째 대간의 논변을 가리키며 둘째 조정 만세의 의론(宜論)을 가리킨다. 이러한 공론 관념은 대간뿐만 아니라 조신(朝臣)들에게 보편적으로 통용되고 있었다.

공론 및 공론소재에 대한 관념은 성종조 후기에 이르면 다시 한 번 변화를 겪게 된다. 성종조 후기 공론 관념의 변화의 전기가 된 것이 홍문관의 언관화였다. 홍문관은 성종의 적극적인 육성 정책에 따라 언관의 기능을 획득하게 되는데 성종 19년경에는 대간과 더불어 언론 삼사의 하나로 자리를 굳히게 된다. 홍문관이 언관으로서의 기능을 확실히 인정받는 계기는 성종 19년에 있었던 임사홍 탄핵 논변을 통해서였다. 당시 홍문관 부제학 신종호를 비롯한 홍문관의 관원들은 임사홍 탄핵 논변에 적극 참여를 하는데, 소통 행위 연쇄의 막바지에 신종호 등이 사직장을 올리자 성종이 전교하기를

> "내가 그대들을 대우하기를 재상을 대우하는 것과 같이 하였는데, 그대들이 만약 간다면 조정에 어찌 다른 사람이 없겠는가? 그렇지만 그대들은 옛 사람도 있고 새 사람도 있는데 그 사이에 내 마음을 아는 이를 나도 헤아리겠다. 내가 그대들을 미리 양성한 것은 그대들과 대간으로 하여금 바깥 일을 듣고 말하게 한 것이다.(하략)"
>
> — 부록 : 임사홍 탄핵 논변 소통행위 (33) 참조

하였으니 성종의 이러한 언질은 이후에 나타나는 홍문관의 기능 변화를 이해하는 실마리가 된다.

홍문관의 언론 기능은 대간과 동일하지 않았다. 대간의 언론이 시정과 인사 등의 문제에 대한 직접적인 시비가 주를 이루었다면 홍문관의 언론은 대간의 언론에 비해 훨씬 원론적이었다. 이러한 차이는 홍문관이 원래 논사(論思)를 직책으로 삼았던 데서 기인한 듯하다.

언론 삼사 체제에서 홍문관이 특별한 지위를 차지하는 것은 홍문관이

지닌 대간 탄핵권 때문이었다. 홍문관은 대간 상호간에 시비가 일거나 대간이 언책을 제대로 수행하지 못할 경우 대간의 갈등을 조정하거나 대간을 탄핵하는 권한을 지니게 되었다. 홍문관의 대간 탄핵의 시발이 되는 사건은 성종 19년 12월 19일(戊申)의 신종호 등의 상소이다.(임사홍 탄핵 논변 소통 행위 (44)) 홍문관 부제학 신종호 등의 상소는 언관으로서 말하기를 기피하였다는 혐의로 권경희의 탄핵을 받은 봉원효를 국문하는 것이 마땅하다는 것이었다. 원래 대간은 상호간에 탄핵하는 일이 가능하였으나 타 기관이 대간을 탄핵하는 일은 일찍이 없었다. 이에 봉원효는 상소를 통해 홍문관을 다음과 같이 비난하기에 이른다(성종 19년 12월 24일(癸丑), 임사홍 탄핵 논변 소통 행위 (46)).

> "홍문관이 어찌 권경희의 마음 씀씀이와 일의 옳고 그름을 알겠습니까? 사간과 장령이 그 옳고 그름을 서로 송사하는 것은 사간원에서 알고 사헌부에서 알기에 장령이 옳으면 사헌부에서 반드시 권경희가 옳다고 아뢸 것이고 사간이 그르면 사간원에서 반드시 봉원효가 그르다고 아뢸 것이니 대간은 동료 사이에도 公議가 없지 아니하여 스스로 서로 용납할 수 없는 것입니다. 그런데 홍문관에서 어찌 그 사이에 말을 할 수 있겠습니까? 국가 종사의 큰 일에 관한 것이라면 누구나 말할 수 있으나 이같은 일은 홍문관에서 마땅히 말할 바가 아닙니다. 그렇다면 대간의 시비를 가리고 대간을 진퇴시키는 일이 모두 홍문관에 있게 되어 과연 이칙의 말처럼 '홍문관에서 말하면 우리도 말이 없을 수 없다'고 하는 것과 같이 될 것입니다. 신은 장차 대간은 천해지고 권력이 홍문관에 있게 될까 두렵습니다. 이것도 전하께서 살피지 아니할 수 없는 것입니다."

그런데 이러한 봉원효의 주장은 다시 홍문관의 반박을 받았고 봉원효는 결국 문책을 당하게 되었다. 이 일은 결국 홍문관의 대간 탄핵권을 인정하는 선례가 되었다.

이러한 변화 과정을 거쳐 성종 21년에 이르면 홍문관은 공론소재로서 공인된다. 대사헌 유순이 홍문관의 탄핵으로 사직장을 올리자 성종은 "그대가 어찌 홍문관의 말은 꺼리면서 나의 명은 받들지 아니하는가?"하면

서 사직을 막았으나 유순이 말하기를

> 홍문관은 공론이 있는 터전입니다. 그 비난하는 의론이 이와 같으니, 신
> 이 어찌 감히 직무에 나아가겠습니까? 반드시 청을 얻기를 기약합니다.[75]

하면서 굳이 사직하기를 희망하였다. 여기서 우리는 대간이 홍문관을 공
론소재로 인정하게 되었다는 점과 공론을 대변하는 홍문관의 탄핵은 대
간 사직의 피할 수 없는 근거가 됨을 확인할 수 있다.

　이상으로 조선 전기에 공론 및 공론소재의 관념이 어떠한 변화 과정을
거쳤는가를 사료를 중심으로 고찰하였다. 공론은 '천하국가의 원기'이며
'조정 만세의 공변된 의론(議論)'으로 인식되었다. 그러나 조선 전기의 사
대부들이 구체적으로 무엇을 공론으로 인식하였는가는 시대의 변천에 따
라 역동적인 변화를 보였다. 공론소재에 대한 관념의 변화가 그것이다.
태조조로부터 태종조에 이르기까지 임금과 의정부 대신들은 의정부에서
의 수의(收議)를 공론으로 여겼다. 그러나 이 시기에 대간은 대간의 공변
된 논의가 공론임을 적극적으로 주장한다. 성종조 초기에는 대간이 공론
소재로 두루 공인되기에 이른다. 그러다가 성종조 후기에 이르면 홍문관
이 공론소재로 널리 인정된다. 공론소재에 대한 이러한 관념의 변화는 조
정 공론을 형성하는 핵심적인 주체가 대신들로부터 언관으로, 언관으로부
터 당하관으로 변해가는 추세를 반영한 것이었다. 외의(外議)가 형성되고
인정되기에 이르는 중종조에 이르면 공론 형성의 도권은 조정 밖의 사림
으로 옮겨지기 시작한다.

(2) 공론(公論)과 공의(公義)

　당대에 '공론'라는 관념에 짝을 이루었던 관념은 '공의(公義)'라는 관념
이었다.[76] 공의(公義)는 지고지공(至高至公)한 지위에 있는 임금이 사정(私

---

75) 弘文館 公論所在之地　其譏議如此　臣安敢就職　必以得請爲期

情)을 끊어버리고 따르는 공변된 의리(義理)이니 공의(公義)는 사정(私情) 또
는 사은(私恩)에 상대되는 관념이요, 임금이 나라를 다스림에 마땅히 비추
어 결단을 내려야 할 준거였다.

　공의의 관념이 대간의 논변에 두드러지게 나타나기 시작하는 것은 태
종조이다. 태종조는 공신과 임금 사이에 크고 작은 갈등이 끊이지 않았으
니 태종에게는 피의 맹약을 나눈 여러 공신들을 억누르는 일이 중요한
과제였다. 이때 공신들을 강경하게 탄핵하여 왕권을 강화하는 데 결정적
인 역할을 한 것이 대간의 논변이었다. 대간은 공신들의 불충무도한 정상
이 드러날 때마다 사정을 버리고 공의로 결단하여 그들을 응징할 것을
촉구하였다. 그 대표적인 사건이 민무구·민무질 형제의 역모 사건이다.
민무구·민무질 형제는 원경왕후 민비의 동생으로 태종이 즉위하는 데
큰 공이 있었다. 그러나 그들은 금장지심(今將之心)[77]을 품었다 하여 대간
의 극렬한 탄핵을 받아 외방에 부처되었다가 얼마 후 자진하였다. 대간의
민씨 형제 탄핵의 논조를 살펴보자.

> "민무구·민무질·신극례 등의 불충한 죄는 이미 나타났으므로 신등이
> 상소하여 공신의 將申에 따라 大義로 결단하여 화란의 싹을 막고 誅意의
> 법을 밝히기를 청하였습니다. 이것은 신등의 한 몸의 私見이 아니라 만세
> 군신의 公義입니다. (중략) 인신의 죄는 금장보다 더 큰 것이 없으니 장인
> 데도 베지 않으면 반드시 난이 일어나게 됩니다. (중략) 엎드려 바라건대
> 전하께서는 大義로 결단하여 신하의 죄를 바로잡고 禍亂의 근원을 막으소
> 서."

— 태종 7년 7월 癸亥, 대간의 교장 상소

---

76) '大義'라는 개념도 '公義'와 동일한 의미로 사용되었다.
77) 春秋公羊傳에 말하기를, '임금의 친척에겐 장차(將)가 없고, 장차(將)가 있으면 반드
　　시 벤다.'고 하였는데, 漢書 叔孫通傳을 보면, '人臣에게는 將이 없어야 한다.' 하고,
　　그 注에 '將은 逆亂을 말한다.'고 하였다. 그러므로 今將之心은 곧 역란의 마음을 품
　　는 것을 말한다.

대간은 임금이 사정에 빠져서 공의로 결단하지 않게 되면 화란의 싹을 키우게 될 것이라고 경고한다. 사사로운 은혜를 버리고 공의로 결단하라는 대간 상소의 논조는 한결같이 이어진다. '전하께서 사사 은혜에 빠지고 공의에 어둡다'고 책망하는가 하면 '죄인들의 죄를 밝게 바로잡아 만세의 공의를' 펴라고 촉구하고, '불충한 죄는 사람마다 벨 수 있어 군상(君上)이 사사로이 할 수 있는 것이 아니'라고 하기도 한다. '지금 우리 전하께서 이미 지공(至公)한 것으로 자처하셨으니' 군신으로서 감격하지 않는 사람이 없는데 왜 '전하께서는 곧 베어서 천위(天威)를 베풀어 대소신민으로 하여금 상벌의 지공무사(至公無私)함을 효연(曉然)히 알게 하지 않으시는지' 묻기도 한다. 결국 임금은 대간의 말을 '옳게 여겨' '사사로운 정을 끊고' 이들 형제를 처벌하기에 이른다.[78)]

태종조에 두드러지게 나타나는 공의의 관념은 성종조에도 그대로 나타난다. 성종 즉위 직후 구성군 이준을 탄핵하는 대간의 상소는 태종조 대간의 탄핵 논조와 아무런 차이가 없다.

> "지금 종친, 공신, 의정부, 육조, 대간과 온 나라 신민까지도 준을 법에 처하여 그 분개함을 씻으려고 하지 않는 이가 없는데, 전하께서 어찌 홀로 私恩으로 公義를 폐하려 하십니까? 엎드려 바라건대, 준의 죄를 빨리 밝혀서 典刑을 바르게 하고 神明과 사람의 분개를 상쾌하게 하소서."[79)]

> ― 성종 1년 1월 丁酉, 대사헌 이극돈의 상소

조선 전기에 형성되어 보편적으로 받아들여진 공의에 대한 당대인의 관념은 대간 논변의 지향점이라고 할 수 있는 이상적인 군왕의 상(相), 즉 성인군주를 이해하는 중요한 열쇠이다. 군왕은 천명을 받아 지극히 공변

---

78) 이들 형제를 제거하는 것이 태종의 의도였다는 것은 의심할 여지가 없다. 그러나 여기서는 그러한 결정에 이르는 과정에서 어떤 관념이 작용하고 있었는가에 관심의 초점이 있다.

79) (전략) 今宗親功臣政府六曹臺諫 以至一國臣民 莫不欲置浚於法 以快其憤 殿下何獨以私恩 廢公義也 伏望 亟明浚罪 以正典刑 以快神人之憤

된 의리로 나라를 다스리게 되는 것이니 만약 군왕이 공의를 저버리게 되면 나라는 화란지경에 빠지게 되고 결국 망하게 된다는 것이다. 당대인은 임금을 하늘로부터 명을 받든 지공무사한 존재로 여겼으니 이것이 군왕에 대한 당대인의 이상적인 상이었다.

지고지공한 임금이 따르는 공변된 의리인 공의가 조정 만세(朝廷萬世)의 의론(宜論)인 공론과 합치되는 것은 당대인의 관념 세계에서는 당연한 귀결이다. 그러나 '공의'와 '공론'이라는 이상적인 관념이 그대로 현실적인 모습과 일치할 수는 없었다. 끊임없이 사사로운 은정에 이끌리는 현실적인 군왕과 언관이라는 제도화된 공론 수용 기관의 논의를 실질적인 공론이라고 여겼던 것이 현실의 모습이었다. 그러나 공의와 공론의 관념은 실제로 공론 논변이 합리적으로 소통되고 귀결되는 당대적인 관념의 토대로 충실히 기능하였다.

제 4 장 조선 전기 공론 논변의 분석
-임사홍 탄핵 논변을 중심으로-

1. 맥락 분석

1) 배경과 참여자

(1) 사건의 배경

임사홍 탄핵 논변은 성종이 인수대비의 쾌유를 경축하기 위하여 '공이 큰 정실 맏아들을 서용하라(功大嫡長敍用)'는 전교를 내리는 데서 발단된다 (성종 19년 11월 15일 甲戌). 이 전교로 임원준의 아들 임사홍은 절충장군 부호군으로 서용된다. 임사홍의 아비 임원준이 인수대비에게 시약(侍藥)한 공이 있어 임사홍이 서용된 것이었다. 그러나 임사홍은 오래 전부터 공론에 반하는 인물로 낙인찍혀 있었으며 같은 해 9월에는 대간을 욕하였다 하여 탄핵을 당하기까지 한 인물이었다.

이 해 9월 오래도록 한열증(寒熱症)에 시달리던 인수대비(仁粹大妃)[1]는

---

1) 세조의 장남인 덕종의 비이며 성종의 어머니이다. 서원부원군 韓確의 딸이다. 세조1 년 세자빈에 간택되어 粹嬪에 책봉되었으나 세자가 횡사하였다. 성종이 즉위하여 세 자로 죽은 아버지를 덕종으로 추존하니 昭惠王后로 책봉되고 이어 仁粹大妃에 책봉

병의 치유를 위해 종실 척신의 사제로 이어(移御)하였다. 대비는 처음에 학림군(鶴林君) 이이(李頤)[2]의 집으로 이어하였다가(9월 15일 乙亥) 후에 임사홍의 집으로 옮겼다(9월 25일 乙酉). 그 사이 효성이 지극한 임금이 국가의 중대한 연례 행사인 강무(講武)도 정지하고 자주 이어소에 나아가 대비의 병을 문안하였다. 한편 임사홍의 아비 임원준은 의술에 정통하여 시약하기를 지극히 하니 대비의 병이 차도가 있었다. 대비가 다시 월산대군 이정(李婷)의 집에 머무르다가 병이 완쾌되어 경복궁으로 환궁하니 이 때가 성종 19년 11월 13일(壬申)이었다. 임금이 나라의 큰 경사라 하여 11월 15일(甲戌)에 경복궁에 나아가 문안하고 백관의 하례를 받고 죄인들을 사면하였다. 또한 대비가 강녕한 까닭으로 논공하여 대소신료들을 포상하였다. '공이 큰 적장(嫡長)을 서용하라'는 전교는 이 때 내려진 것이다.

임사홍이 서용되자 이에 반대하는 대간의 탄핵과 간쟁이 끊이지 않았으며 홍문관의 탄핵도 잇따랐다. 언론 삼사의 탄핵이 빗발쳤던 까닭은 임사홍이 당시 공론에 반하는 인물로 낙인찍혀 있었기 때문이었다. 그러나 임사홍은 왕실의 외척으로 무시할 수 없는 배경을 지니고 있었다. 임사홍은 좌리공신 임원준의 적장자로 그 자신 효령대군의 아들 보성군(寶城君)의 사위였으며 그의 큰아들 광재(光載)는 예종의 딸 현숙공주(顯肅公主)[3]에게 장가들어 풍천위(豊川尉)의 작위를 받았고 둘째 아들 숭재(崇載)는 얼마 후 성종의 딸 휘숙옹주(徽淑翁主)에게 장가들어 풍원위(豊原尉)[4]의 작위를 받게 된다.

임사홍은 10년 전인 성종 9년 무술년 도승지로 있을 때 붕당을 결탁하

되었다. 뒤에 손자인 연산군이 생모인 폐비 윤씨가 사사되었음을 알고 박해를 가하려 하자 병상에 있던 대비가 이를 꾸짖으니 연산군이 머리로 대비를 받아 얼마 후 절명하였다.

2) 讓寧大君의 孫.

3) 睿宗의 繼妃인 安順王后 韓氏의 소생이다. 豊川尉 任光載에게 下嫁하였다. 처음에는 貞淑公主로 칭하다가 성종 14년 이후의 기록에는 顯肅公主라 칭하였다. 연산군 8년 5월에 졸하였다.

4) 임숭재는 성종 22년 徽淑翁主에게 장가들었다.

여 조정을 혼란시킨 죄로 의주로 귀양 갔었는데 성종 11년 11월(甲申)에 사유(赦宥)를 입어 돌아왔다. 그후 성종 17년 3월(辛亥)에 직첩을 돌려받았다. 그가 사유를 받고 직첩을 돌려받을 때에도 대간의 간쟁이 빗발쳤었다. 이런 점에서 성종 19년 11월의 임사홍 탄핵 논변은 그 유래가 10년 전으로 거슬러 올라간다고 할 수 있다.

한편 이 해 9월 초에는 임사홍의 셋째 아들 희재(熙載)가 향시에 부정하게 입격하였다 하여 대간으로부터 논박을 당하였다. 그 혐의가 그 아비인 임사홍과 조부인 임원준에게까지 이르자 임사홍이 상서하여 변명하였는데(성종 19년 10월 2일 壬辰) 그 소(疏)의 표현이 절절하고도 격하였다. 대간이 그 소를 보고 대간을 욕하였다하여 연일 탄핵하니 임금이 영돈녕 이상과 의정부의 수의를 거친 후 더 이상 논란하지 말도록 하였다. 그러나 임사홍의 장남 풍천위(豐川尉) 임광재가 또한 상소하여 그 아비의 죄를 변명하니 대간이 이를 보고 다시 임사홍 부자를 탄핵하였다. 일의 형세가 대간과 임사홍 일가의 다툼과 같은 양상을 띠게 되자 임금이 임사홍 부자를 대관을 저훼(詆毁)한 죄로 추국하게 하였다. 그러나 아비의 억울함을 호소한 것으로 임사홍에게 죄를 가함이 옳지 못하다 하여 용서하고 더 이상 논하지 말게 하였다.

이러한 정황에서 이루어진 임사홍 서용 조치는 대간과 홍문관의 격렬한 탄핵을 불러올 수밖에 없었다. 그러나 '대비를 위하여 특별히 은전을 베푼' 성종의 태도 또한 강경하여 대간이 사직을 청하고 홍문관 부제학 신종호 등이 여러 차례 상소를 하여도 듣지 아니하였다. 결국 11월 30일 (己丑)에는 임사홍의 일을 함구한다 하여 대간이 삼공육경과 승지를 아울러 탄핵하기에 이르고 대간의 언사가 임금의 지극한 권위를 손상시키기에 이른다.[5] 12월 1일(庚寅)에 대간이 다시 사직을 청하니 임금이 대간의

---

5) 이날 대간이 밤에까지 伏閣하여 계청하던 끝에 이칙이 아뢰기를 "전하께서는 방지로서 들어와 대통을 이어받으셨으니, 이는 사람이 한 것이 아닙니다. 바로 하늘에 계시는 조종의 영이 종사와 생령이 중하다는 것으로 성인을 골라서 부여한 것입니다. 그

말의 잘못을 일일이 논박하고 다음날 영돈녕 이상의 대신들로 하여금 대간의 말이 지나침을 의론하게 하였다. 이 때 대신들이 대간의 지나친 말을 너그럽게 용서하기를 청하니 임금이 대간의 말이 대체에서 벗어나고 지나침이 많음을 지적하면서도 용서하는 뜻을 전교함으로써 임사홍 탄핵 논란은 결말에 다다르게 된다.

그러나 대간의 임사홍 탄핵 사건은 여기서 종결되지 아니하였다. 사헌부 장령 권경희가 말을 하지 아니한 죄로 사간원 사간 봉원효를 탄핵하기에 이르니 임사홍 탄핵 사건은 새로운 국면으로 접어들었다(12월 4일 癸卯). 봉원효가 대사헌 이칙과 더불어 임사홍의 일을 아뢰기로 의논하였는데 아뢰는 자리에서 입을 다물고 말을 하지 않았다 하여 권경희로부터 논박을 당하였던 것이다. 그런데 봉원효와 권경희 간에 논박이 이루어지는 과정에서 홍문관 부제학 신종호 등이 개입하여 봉원효를 국문할 것을 청하게 되고 봉원효는 대간의 일에 홍문관이 개입할 수 없다 하여 홍문관을 비난하게 된다. 일이 이 지경에 이르자 임금은 의정부와 육조, 한성판윤으로 하여금 봉원효와 권경희를 심문하게 하여 마침내 이들을 파면하고 장령 황사효, 지평 이의무, 헌납 이세경, 정언 이자건도 아울러 환차하게 하였다(12월 30일 己未).

임사홍 탄핵 사건은 조선 전기 공론 논변의 전형적인 장르 관습이 형성되는 분수령을 이룬다. 임사홍 탄핵 논변은 이전 시기까지 공론 논변의 주변부에 머물렀던 홍문관이 당당한 주체로 등장하는 계기가 되며 특히

러니 전하께서는 마땅히 종사와 생령으로 큰 계책을 삼아야 할 것입니다. 여기 어떤 사람이 전하의 전곡을 지키는 창고의 관리가 되었는데 만약 전곡을 다 써 버리고 남은 것이 없게 되었으면 전하께서는 어떻다고 하겠습니까? 이제 전하께서는 중한 부탁을 받으셨는데 관작을 남용하여 소인에게 더하기를 이와 같이 하시면 하늘에 계시는 조종의 영혼이 전하를 보시기를 전하께서 이 사람을 보시는 것과 역시 같을 것입니다. 임사홍이 종사와 생령에 무슨 관계에 있어서 반드시 기용하려고 하십니까?"하였다.(則曰 殿下以旁支 入繼大統 此非人爲也 乃祖宗在天之靈 以宗社生靈之重 擇聖人而附界之也 殿下宜以宗社生靈爲大計矣 有人於此 守殿下錢穀 爲倉庫之吏 若使錢穀竭用無餘 則殿下以爲何如 今殿下受祖宗附托之重 而濫用官爵 以加小人如此 則祖宗在天之靈 其視殿下 亦如殿下之視此人矣 士洪有何關於宗社生靈 而必欲用之哉)

사건의 후반부에 전개되는 대간 상호간의 탄핵에 개입하여 홍문관이 대간에 대한 탄핵권을 인정받는 전례를 남기게 된다.

임사홍 탄핵 논변을 깊이 있게 이해하기 위해 임사홍이란 인물에 대하여 좀더 알아보자. 임사홍은 세종 31년(己巳, 1449년)에 태어난 것으로 추정된다.6) 본관은 풍천(豊川)이며 자(字)는 이의(而毅)이다. 좌찬성 원준(元濬)의 아들이며 효령대군의 아들 보성군(寶城君)의 사위이다. 세조 12년에 사재감사정(司宰監司正)으로 춘시문과에 3등으로 급제하였으며 예종 1년 윤2월 갑신에 사재시정(司宰寺正)이 되었다. 그 뒤 성종조에 예문관 전한(典翰) 겸 홍문관 전한(典翰)으로 세조실록(성종 2년)과 예종실록(성종 3년) 편찬에 참여하였으며 사헌부 집의(3년 6월 甲午), 예문관 부제학(5년 1월 辛卯) 동부승지(6년 6월 甲午), 우부승지(6년 7월 戊申), 좌부승지(7년 3월 丙辰), 우승지(7년 3월 辛酉), 좌승지(8년 8월 己酉), 사간원 대사간(8년 8월 辛亥), 예조 참의(8년 10월 丙申), 이조 참의(9년 1월 乙亥)를 거쳐 성종 9년 4월(己亥)에 도승지가 되었다. 이 때까지만 해도 그는 중앙의 요직을 두루 거치면서 출세가도를 달리고 있었다.

그러나 그의 운은 이 때에 이르러 곤두박질쳤다. 그가 붕당을 결탁하여 조정을 탁란하게 하였다 하여 홍문관, 예문관 및 대간이 집중적인 탄핵을 하였던 것이다. 이 때 임사홍은 간사하고 교만하며 음흉한 소인으로 지탄을 받았다. 이로 인해 삭탈관직되어 의주로 유배되었는데 너무 가벼운 처벌이라 하여 그를 율에 따라 참대시(斬待時)로 죄주어야 한다는 여론이 빗발쳤다. 당시 사건의 시말은 이러했다.

임사홍은 도승지가 된 직후 당대의 일반적인 관념에 반하는 몇 가지 일을 임금께 아뢰었다. 흙비가 내리거나 가뭄이 드는 등의 일은 때의 운

---

6) 그의 출생 연도는 불명이나 성종실록 9년 4월 30일 辛酉條에 실린 그의 아비 임원준의 상소 중에 "임사홍이 나이 겨우 서른에 특별히 발탁되어 승정원의 장이 되었고"(士洪年纔三十 特被拔擢 長於喉舌)라는 구절이 있음으로 보아 그의 생년이 세종 31년임을 짐작할 수 있다. 성종 9년 戊戌年은 서력 1478년이고 그 29년 전인 1449년은 세종 31년 己巳年이다.

수(運數)일 뿐 재이(災異)가 아니라는 것, 민가에 화재가 발생한 것은 인가가 연달아 접하였는데 조심하지 않아서 불이 나자 바람이 불어 연소되었으니 족히 괴이할 것이 없다는 것, 술이란 사람이 먹는 음식일 따름이니 술을 금할 필요가 없다는 것 등이었다(성종 9년 4월 21일 壬子). 임사홍이 이를 아뢴 것은 사헌부에서 재변과 가뭄의 징조가 있으니 술을 금해야 한다는 계청을 한 직후였다. 같은 날 임사홍이 또 임금에게 말하기를 대간들이 일을 말하기를 매우 가볍게 하니 대간의 말이 마땅치 못하면 이따금 마땅히 견책을 하여야 한다고 하였다. 여기서 잠깐 성종 9년 4월에 있었던 재변과 이에 대한 당대인들의 태도를 일별하여 보자.

- 4월 1일 임진에 흙비가 내렸다. 임금이 天譴을 두려워하여 災異를 일으킨 이유와 재이를 그치게 할 방법을 널리 求言하였다.
- 4월 4일 을미에 사헌부 대사헌 유지 등이 재이를 이유로 觀射에서의 풍악과 잔치를 금할 것을 아뢰었다.
- 4월 7일 무술에 대사간 김자정 등이 금주령을 내릴 것을 청하였다.
- 4월 8일 기해에 임사홍을 도승지로 삼았다.
- 4월 12일 계묘에 도승지 임사홍이 觀射에서 鼓吹를 거행할 것을 아뢰어 윤허를 받았다.
- 4월 17일 무신에 남부 태평방에 불이 나서 80여 호가 불탔다.
- 4월 21일 임자에 사헌부에서 재변이 심하고 가뭄의 징조가 있으므로 술마시는 것을 금할 것을 아뢰니 윤허하였다.
- 같은 날 도승지 임사홍이 술마시는 것과 활쏘기를 금하는 것에 대하여 반대하였다.

임사홍은 재변에 대하여 당대인의 일반적인 인식과는 상반된 견해를 지니고 있으며 그에 대한 대처도 전혀 다름을 알 수 있다. 임사홍의 이러한 태도는 당대인의 눈에 매우 위험하고 불경스러운 일로 비쳤다. 당대인에게 천재지변은 하늘의 꾸짖음으로 인식되었다. "하늘과 사람의 이치가 같아 현미무간(顯微無間)하니 상서로움과 재이의 응함은 오직 사람으로부터 감응되는 것"이라고 보았던 것이다. 그러나 임사홍의 생각은 전혀 달

랐다. 임사홍은 주장하기를,

"신이 듣건대, 경연에서 대간들의 말한 바로써 술을 쓰는 것을 금하였다고 하니, 술이란 것은 본시 사람이 먹는 물건으로, 대저 임금이 큰 재변을 만난 뒤에 몸을 닦고 마음을 반성하며 술을 금한 것은 이 또한 한갓 文具일 뿐입니다. 이제 만약 가뭄의 징조를 재이라고 한다면, 비의 혜택이 마르지 아니하여 밀보리가 무성하니, 그 수확이 있을 것은 이를 점쳐서 알 수 있으며, 만약 흙비를 재이라고 한다면, 예로부터 천지의 재변은 運數에 있으니, 隕星도 그 運數입니다. 이제 흙비도 때의 운수가 마침 그렇게 된 것인데, 어찌 재이가 있는 것이겠습니까? 만약 화재를 재변이라 한다면, 민가의 집이 붙어 있고 담이 연하였는데 삼가지 못해서 불이 나자 마침 바람이 불어 연달아 탄 것이니, 족히 괴이할 것이 없습니다. 무릇 이 몇 가지 일은 모두 밝게 드러난 재이가 아닌데 갑자기 술을 금하는 것은 온당하지 못합니다. 또 오늘 전지를 내려 술을 금하였다가 내일 비가 내리면 또 금하지 아니하겠습니까? 요즘 날마다 觀射가 있는데 술이 없으면 옳겠습니까? 또 단오에 의정부와 육조에서는 예로서 進宴함이 마땅하며, 비록 진연이 아닐지라도 文昭殿7)과 延恩殿8)에 친히 제사하고 慕華館에 거둥하며, 또 이날 세 大妃殿에 別膳을 올려야 하니, 단오 이전에는 술을 금하지 않는 것이 어떠하겠습니까? 비록 금할지라도 朝士는 적발당함이 없고 오직 小民만 죄를 받을 뿐입니다. 또 경회루에서 종친과 觀射한 일을 대간에서 또 말하였습니다. 예전에 侍射라는 글이 있으니, 임금이 비록 신하와 더불어 활을 쏠지라도 가한데, 하물며 그날은 따로 종친을 모아서 親親의 義를 편 것이므로, 친히 활과 화살을 잡으실지라도 정치에 방해됨이 없는 것이겠습니까? 이제 대간이 주상께서 詩를 짓는 것을 알면 '옳지 못하다' 고 하고, 활과 화살을 잡으시면 '옳지 못하다' 고 하니, 그렇다면 文武의 재주를 폐해야 옳겠습니까? 대간이 또 사대부의 집이 참람하고 지나치다고 말하여, 간살(間架)의 넓이를 정하기를 청하였습니다. 신 등은 생각하건대, 間數는 이미 법을 세웠으니, 다시 細瑣하게 할 필요가 없다고 여겨집니다. 대저 간사한 꾀는 측량하기 어려우니, 이러한 법을 비록 아무리 세울지라도 반드시 법 밖에서 교묘하게 짓는 것이 있을 것입니다."

— 성종 9년 4월 21일 壬子

---

7) 조선조 太祖와 神懿王后의 魂殿. 세종 15년에 太宗의 위패도 봉안하였으나, 뒤에 明宗 때 없앴다.
8) 成宗의 생부인 德宗의 사당으로 경복궁 안에 있었다.

하였다. 임사홍의 이러한 언사가 알려지자 홍문관 부제학 유진 등과 예문관 봉교 표연말 등 20여 인이 곧 상소하여 임사홍을 논박하였다(성종 9년 4월 27일 戊午).

> "전하께서 요즘 흙비 때문에 전교하여 구언하시었습니다⋯. 신 등이 삼가 예전 史記를 상고하건대⋯ 흙비는 작은 연고가 아닙니다⋯. 신 등이 엎드려 듣건대 이달 21일에 경연에서 대간이 두어 가지 일을 계청하여 모두 윤허를 얻었는데 도승지 임사홍이 밖에서 논박하고 또 公事를 칭탁하여 친히 들어가서 비밀히 아뢰었다고 합니다. 신 등이 삼가 임사홍의 말한 바를 듣건대 모두 옛 간신의 말이고 전하의 답하신 바는 모두 聖帝明王의 훈계이므로 신 등은 전하께 삼가 慶賀함을 이기지 못하겠으며 임사홍에게 痛憤함을 이기지 못하겠습니다."(하략)

이들은 임사홍의 말을 조목조목 비판하면서 결론을 내리기를 '임사홍은 음험하고 방자하여 그 술수를 쓰며 밖으로는 엄하고 굳센 듯하나 안으로는 참으로 간사하고 아첨하여 옛 소인의 태도를 모두 겸하여 가졌다'고 하였다. 더구나 전하의 신임을 중하게 입자 누가 감히 나를 말하겠느냐고 스스로 생각하고 '더욱 기탄함이 없어서 그 술책을 부리고자 하여 감히 성주(聖土)의 앞에서 하늘과 사람의 재이는 족히 두려울 것이 없고 대간의 말은 들을 것이 못된다고까지 말하였으니' 이는 '전하께서 고금의 득실을 알고 인심의 사정을 분변하시는 것'을 인정하지 않는 것이며 바로 전하를 업신여기며 속이는 것이라고 하였다.

소가 올라가자 대간이 와서 소를 보기를 청하니 임금이 선정전에 나아가서 대간과 홍문관, 예문관의 관원을 인견하였다. 이 자리에서 대간과 양관(兩館)[9]의 관원들이 이구동성으로 임사홍의 말이 소인의 말임을 진달하고 죄주기를 청하였다. 이날 임금이 판결하기를 '임사홍은 언로에 방해됨이 있었으니 그 고신을 거두고 홍문관·예문관의 관원들은 임사홍이

---

9) 홍문관과 예문관.

소인이며 임원준이 간사하고 탐탁하지 못한 것을 알면서 도승지와 좌참
찬을 제수할 때에 세력을 두려워하여 논계하지 아니한 죄로 그 벼슬을
파면하라' 하였다. 임사홍과 양관이 모두 임금의 견책을 당한 것이다.

그런데 일이 여기서 끝난 것이 아니었다. 성종 9년 4월 29일(庚申)에 주
계부정(朱溪副正) 이심원(李深源)이 임금에게 친대를 청하여 임원준의 소인
됨을 고하고 임사홍이 전일 대간을 사주하여 현석규를 탄핵하게 한 일을
세밀히 진계하니 임금이 낯빛을 고치고 들었다. 이날 임금이 여러 신하들
을 불러모아 일의 진상을 밝히니 이러하였다.

임사홍은 우승지로 있을 때인 성종 8년에 당시 사간이었던 박효원을
은밀히 사주하여 도승지 현석규[10]를 탄핵하게 하였다. 도승지 현석규가
동렬인 홍귀달(당시 동부승지)에게 팔을 걷어붙이고 '너'라고 욕하였다는
게 탄핵의 사유였다. 그 후 다시 지기인 지평 김언신을 은근히 사주하니
김언신이 도승지 현석규를 노기(盧杞)[11]·왕안석(王安石)과 같은 소인이라
고 탄핵하였다. 한편 김언신의 탄핵에 이어 유자광이 현석규를 공척하는

---

10) 효령대군의 손자인 瑞原君의 사위이다.
11) 당나라 德宗 때의 정승으로 전횡이 심하여 정사가 문란하였다. 덕종은 처음에는 선
   정을 펼쳤으나 盧杞가 정승이 되고서는 群臣을 이간시키고, 임금에게 권하여 아랫
   사람을 엄하고 각박하게 다스려서 中外에서 실망하였다. 당시 하남과 하북에서 전
   쟁이 일어나 재정이 궁핍해져서 나라의 비용을 마련할 길이 없자 富商의 돈[錢]을
   조사하여 만 꿰미[緡]를 제하고 그 나머지를 차용하여 軍用에 供給하기로 하고, 장
   안의 商人이 소유하고 있는 재산을 색출하여 사실대로 말하지 않는다고 생각이 되
   면 문득 매를 때리니, 사람들은 그 고통을 견딜 수가 없었다. 李希烈이 난을 일으켜
   쳐들어오자 군사를 일으켰는데 군사들이 조정의 냉대에 분개하여 난을 일으켰다.
   덕종이 奉天으로 피난하였다가 李晟의 도움으로 위급함을 면하고 장안으로 돌아올
   수 있었다.
   후에 李泌이 동평장사가 되었는데 어느날 德宗이 이필과 환담하는 가운데 즉위한
   때부터의 재상들의 인물에 대해 이야기했다. 덕종이 말하기를, '사람들이 盧杞가 간
   사하고 교활하다고 말하는데, 나는 그러한 것을 깨닫지 못하겠다.' 하니, 이필이 말
   하기를, '폐하께서 쉽사리 깨닫지 못하신 것이 바로 그가 간사하고 교활하기 때문
   입니다. 만약 폐하께서 그것을 깨달으셨더라면 建中의 난(병사들의 난이 일어나 황
   제가 봉천으로 달아난 사건) 같은 일이 일어났겠습니까?' 하였다. 덕종과 이필의 대
   화는 간사한 사람은 알아보기 힘들다는 전거로 대간의 논변에 종종 인용되었다.
   『十八史略』 5卷 唐編 참조.

상소를 올렸는데 그 내용이 유사하여 성종은 이를 붕비(朋比)로 보고 김언신을 하옥하였다. 그러나 사헌부와 사간원의 구해(求解) 상소가 잇따르고 김언신이 처음의 뜻을 굽히지 않으니 임금이 가상히 여기고 직사에 나아가게 하였었다. 그러나 이 때에 이르러 당시의 일이 임사홍과 유자광이 결탁하여 은밀히 사주한 것이었음이 드러난 것이다.

이 사건으로 임사홍은 의주로, 유자광은 동래로 각각 유배되었다. 그 후 그는 성종 11년에 사유를 받고 유배에서 풀려나서 성종 17년에 직첩을 돌려받고 19년에 절충장군 부호군에 제수되었으나 성종조에는 대간의 기세에 눌려 활약을 하지 못했다.

한 인간의 운명이 이렇게 급전직하하는 것은 매우 의미심장하다. 그는 대간과 양관으로 대표되는 당대의 청론(淸論)에 공적(公敵)처럼 간주되었던 것이다. 그가 대간에게 소인으로 간주되었던 것은 무엇보다도 그가 당대의 공론을 대표하던 신흥 사대부의 관념 세계와는 다른 이질적인 사고방식을 지녔기 때문이었다. 더구나 그는 대간을 배척하는 언행을 하였다. 그는 성품이 간사하고 교만하였지만 문재(文才)가 있고 한어에 능통하였으며 성격이 활달하고 족친에게는 자상한 어른이었다. 특히 그의 며느리인 현숙공주(顯肅公主)는 그를 아버지처럼 섬겼으므로 임금이 이를 가상하게 여겼으며 삼전(三殿)도 그를 애석하게 여겼다. 인수대비가 병으로 이어를 할 때 굳이 그의 사제(私第)를 택한 것도 이런 맥락에서 해석될 수 있다. 여러 가지 정황으로 보아 인수대비가 그의 사제(私第)에 이어하여 병을 치유함으로써 그의 복권을 꾀하였음을 짐작할 수 있다.

임사홍 집안과 대간의 대결은 연산군조에까지 이어졌다. 임사홍은 연산군이 즉위하자 극적으로 재기하였다. 임사홍은 갑자사화를 주도하여 성종조의 중신들과 당시의 대간들을 제거하였다. 그 후 그는 중임되어 연산군 10년 4월 공조참판에 제수되고 이어 자헌대부(資憲大夫) 풍성군(豊城君, 연산군 10년 5월 乙未)에 봉해지며 병조판서(연산군 10년 5월 戊戌), 겸예문관제학(兼藝文館提學, 연산군 10년 7월 己丑), 숭정대부 병조판서(연산군 10년 8월

癸酉), 이조판서(연산군 12년 4월 乙卯)를 거쳐 우참찬(연산군 12년 7월 辛丑)에 이르렀다. 임사홍은 중종 반정이 일어나던 날에 몽둥이에 맞아 죽었으며 그 뒤 다시 부관참시되었다(중종 1년 9월 26일 壬寅).[12]

(2) 논변 참여자

성종 19년의 임사홍 탄핵 논변 참여자들은 임금과 언관과 재신이라는 세 범주로 나눌 수 있다. 임금은 공론 논변의 중심이며 지향점이었다. 사헌부, 사간원, 홍문관의 관원들인 언관은 공론 영역의 발전과 함께 그 역할과 기능이 융합하고 분화하였다. 즉 사헌부와 사간원이 융합하여 일체처럼 움직이고 홍문관이 이에 견제 기능을 하게 됨으로써 대간과 홍문관이라는 상호보완적인 언론 기관이 완성되었다. 재신은 임금의 명을 받아 주요 사안에 대하여 의견을 개진하였다. 당시 임금의 명을 받아 수의(收議)에 참여한 재신은 영돈녕 이상 의정부 및 육조 당상관이었다. 영돈녕 이상 의정부 대신은 성종조에 일상적인 고문 기관으로 기능하고 있었다. 육조 당상관은 임금이 더욱 폭넓은 의견 수렴이 필요하다고 생각할 때 명소하여 의견을 물었다. 아래에서는 임금을 제외한 임사홍 탄핵 논변의 참여자들을 기관별로 나누어 정리하였다.

① 사헌부와 사간원

사헌부와 사간원을 함께 고찰하는 이유는 당대에 대간은 일체라는 관념이 보편화되어 있었으며 실제 논변 활동도 한 기관처럼 보조를 맞추어 전개하였기 때문이다.

대간은 일체라는 관념은 국초부터 형성되기 시작하였다. 태종 12년 9월 6

---

12) 그의 아비 임원준은 연산군 6년 11월 계유에 졸하였다. 임광재는 연산군 1년 4월 갑자에 졸하였다. 임숭재는 연산군 11년 11월 임오에 졸하였다. 임희재는 김종직의 문하가 되어 무오사화 때 화를 입어 외방 안치되었다가 무오년 李穆의 붕당에 연루되어 연산군 10년 10월 을유에 陵遲處死되었다.

일(戊子)에 대간이 교장(交章)하여 박만 등의 죄를 거듭 청하였다가[13] 사간원이 사헌부에 이끌려 이런 청을 한다고 힐난하자 사간 현맹인이 대답하기를,

> "대간은 일체이오며 또 이것은 헌사의 사삿일이 아니니 어찌 감히 억지로 따르겠습니까?"

하였다는 기사가 있다. 이어 세종조에도 사간원의 계청에 "사헌부와 사간원은 이미 일체가 되었는데도 본원의 관원은 관직이 서연을 겸임하게 되어 으레 상원(常員)과 같으니" 헌부의 예에 따라 1원(員)이 윤차로 참예하여 강론하게 하라는 말이 나온다(세종 10년 1월 23일 丙午). 단종조에도 "하물며 사헌부와 사간원은 일체인데"(단종 1년 11월 24일 丙子, 좌사간 성삼문의 상서), "사간원과 사헌부는 계달한 일도 같고, 일을 먼저 한 죄도 또한 같사온데… 사헌부와 더불어 일체로 재결하심이….."(단종 2년 2월 4일 乙酉, 左司諫 趙峿 등의 상소)와 같은 표현이 보인다.

성종조에 이르면 이러한 관념은 대간 이외의 직분에 있는 사람들에게도 당연한 것으로 인정된다. 성종 8년 5월 7일(癸酉)에 사헌부에서 대사간 이세좌 등이 의금부로부터 부름을 받고 예궐할 때 말을 탄 것을 논죄하여 좌천시켰다. 이 기사의 말미에 사신(史臣)이 논평하기를,

> 헌부와 간원은 일체로서 모두 간쟁을 맡은 곳인데, 지금 사간원에서 임

---

13) 朴蔓은 태종 2년 4월에 東北面 都巡問使로 임명되었다. 같은 해 11월에 安邊府使 趙思義가 난을 일으키자 조사의의 위세에 눌려 전전긍긍하다가 도망하여 오니 곤장 70대를 때려 합포로 귀양보냈다. 任純禮는 察理使로서 조사의가 군사를 일으키자 도망하였다. 이때 사간원에서 박만 등을 극형에 처하라는 상소를 하였으나 허락하지 아니하니 그 뒤 박만과 임순례를 처벌하라는 대간의 합사 상소가 끊이지 않았다. 태종 12년 2월에 이르러 사헌부에서 다시 박만과 임순례의 죄를 여러 차례 논하였다. 같은 해 3월에는 대간이 교장하여 박만 등의 죄를 청하다가 사직하기에 이르렀다. 이에 의정부에서 대간을 복직시킬 것을 청하니 박만 등을 논죄하지 않는 조건으로 다시 직사에 나오도록 명하였다. 그러나 사헌부에서는 이에 굴하지 않고 같은 해 8월에 다시 박만 등의 죄를 논하고 사간원에서도 이에 동조하니 임금이 사간원을 이와 같이 힐난한 것이다.

원준 부자를 국문하도록 청하였다가 임금의 뜻에 거슬려 옥에 갇히니, 헌부에서 힘써 구제하지는 않고, 도리어 작은 과실로 탄핵하므로, 그때의 사람들이 기롱하기를, '간원에서 대신을 탄핵하면 헌부에서 간원을 탄핵하고, 간원에서 대신을 거슬리면 헌부에서는 대신에게 아부한다' 하였다.

하였다. 사헌부와 사간원이 탄핵하고 간쟁을 함에 책임을 같이 하고 공조를 하는 관습이 당연한 것으로 받아들여졌던 것이다. 성종조에는 대신과 임금 또한 이 관념을 당연한 것으로 받아들인다. 대신들은 대간의 일을 논할 때 "사헌부와 사간원은 아문(衙門)은 비록 다르다고 하더라도 일은 한몸과 같은데….", "대간은 일체이므로 무릇 큰 일이 있으면 반드시 서로 같이 의론하니…."와 같은 표현을 흔히 사용한다(성종24년 8월 16일 戊寅). 성종 또한 이 관념을 당연한 것으로 받아들이는데 일례로,

> "민보익은 諫院에서 논박을 당하였으니, 대간은 일체이므로 형세가 서로 용납할 수 없어 이미 환차하도록 하였다."

> ─ 성종 25년 6월 15일 壬申

하였으니, 임금도 대간의 관념과 관습을 당연한 것으로 받아들이고 있음을 알 수 있다.

'대간은 일체'라는 관념은 대간의 주장을 관철시키는 수단임과 동시에 대간의 기강을 세우고 구성원을 철저하게 검증하여 가리는 강력한 수단으로 작용하였다.

사헌부와 사간원은 단독으로 올린 탄핵과 간쟁이 받아들여지지 않을 경우 합사하여 소차를 올리거나 계청을 하였는데 이 때 합사 상소나 합사 계청을 정당화해 주는 것이 바로 대간은 일체라는 관념이었다. 또한 대간은 조금이라도 흠결이 있는 사람은 대간의 자리에 용납하지 않는다는 까다로운 관습을 유지하였는데 이렇게 함으로써 대간의 기강과 도덕성을 유지할 수 있었다. 그리하여 대간에 임명된 자 중에 흠결이 있다고 판단되는 사람이 있으면 대간 내부에서 가차없이 탄핵하였다. 이 내부 탄

핵에 위력을 실어주는 관습이 대간의 특수한 상피 제도와 대간은 일체라는 관념이었다. 상피 제도란 한 기관 안이나 업무상 밀접히 관련된 기관 안에 일가친척이 근무하게 되면 업무를 공정하게 처리할 수 없다 하여 꺼리고 관직을 바꾸기를 청하는 것을 말한다. 그런데 대간의 상피는 특수한 양상을 띤다. 대간은 서로 간에 한 번이라도 논박을 하거나 받게 되면 상피를 하는 관습이 있었다. 혐의를 지니고 있는 사람과는 언책을 같이 할 수 없다는 것이 그 이유였다. 대간의 상피의 관습은 대간의 기강을 세우고 구성원을 철저하게 검증하는 중요한 수단이 되었는데 대간은 일체라는 관념은 대간의 상피 관습에 힘을 실어주는 기반이 되었다. 성종 12년 12월 15일(乙卯)에 보면 경연에서 사간 임수경이,

"박형문이 전에 장령으로 제수되었을 때 신 등이 사헌부와 습司하여 논박하였습니다. 지금 사헌부는 모두 遞職되었으나 신 등은 모두 대간에 있으니 (사헌부와 사간원은) 비록 官司는 둘이지만 실은 一體입니다. 박형문과 함께 일을 하기는 어려운 형편입니다."

라고 아뢴다. 이에 앞서 9월 4일 을해에 사헌부와 사간원에서 새로 장령으로 제수된 박형문을 논박한 적이 있었는데 이 날 박형문이 체대(遞代)되었다가 12월 13일(癸丑)에 이르러 사헌부가 모두 체직될 때 다시 장령으로 제수된 것이었다. 이에 당시에 박형문 논박에 참여하였던 사간원에서 상피를 청하였던 것이다. 임금이 좌우에 물으니 영사 이극배가 '대간에서 애당초 논박하지 아니하였다면 상관이 없겠으나 이미 논박하였으니 서로 용납되기 어려울 듯하다'고 아뢰어 박형문은 결국 체임되고 만다. 이를 볼 때 사헌부와 사간원은 '대간은 일체'라는 관념을 빌미로 양사의 구성원에게 조금이라도 흠결이 있으면 즉시 논박하여 뜻을 관철시켰던 것이다.

　임사홍 탄핵 논변의 진행 과정에서도 사헌부와 사간원이 일체처럼 움직이는 양상은 두드러지게 나타난다. 즉 임사홍 탄핵 논변의 시초부터 장령 황사효와 정언 김봉의 계청은 합동으로 이루어지며 소통 행위 (3), (4), (5),

(6), (7)을 제외하고는 사헌부와 사간원의 논변은 공동으로 전개된다. 임사홍 탄핵 사건의 후반부에 나타나는 사간 봉원효와 장령 권경희 사이의 상호 탄핵도 대간은 일체라는 당대인의 관념에 기초하여 이루어진 것이다.

대간의 언론 방식은 크게 승정원을 통한 구어적·문어적 소통 방식과 경연에서의 소통 방식으로 나누어 볼 수 있다. 구어적 소통 방식에는 계(啓)와 명소(命召)를 들 수 있고 문어적 소통 방식은 소차(疏箚)를 이용하는 것이다. 경연에서의 논변은 성종초에 대간의 경연 참여가 확고한 관행으로 정착되면서 이루어졌다. 경연에서의 대간의 논변 관행에 관해서는 '② 홍문관'에서 후술한다.

임사홍 탄핵 논변에 참여한 대간의 명단은 다음과 같다.

사 헌 부	사 간 원
종2품 대사헌 이칙(李則)	정3품 대사간 안호(安瑚)
종3품 집의 김미(金楣)	종3품 사간 봉원효(奉元孝)
정4품 장령 권경희(權景禧)	정5품 헌납 이세경(李世卿)
정4품 장령 황사효(黃事孝)	정6품 정언 김봉(金崶)
정5품 지평 김호(金浩)	정6품 정언 이자건(李自健)
정5품 지평 이의무(李宜茂)	

② 홍문관

홍문관의 언론은 두 가지 방식으로 이루어졌다. 첫째 경연에 참가하였을 때 경연관의 자격으로 의견을 진술하는 것이고 둘째 언관의 자격으로 소차를 올리거나 입계하는 것이다. 홍문관의 품계와 직함은 다음과 같다 (괄호 안의 숫자는 정원).

정1품 영사(1)[의정]	정2품 대제학(1)	종2품 제학(1)
정3품 부제학(1)	정3품 직제학(1)	종3품 전한(1)
정4품 응교(1)	종4품 부응교(1)	정5품 교리(2)
종5품 부교리(2)	정6품 수찬(2)	종6품 부수찬(2)
정7품 박사(1)	정8품 저작(1)	종9품 정자(2)

이 중 영사로부터 제학까지는 다른 직무의 관리가 겸임하게 되어 있었다. 따라서 홍문관의 고유한 업무는 부제학 이하가 주로 담당하였다. 특히 부제학부터 부수찬까지는 국왕의 지시문을 짓는 임무를 맡은 지제교(知製敎)의 직무를 겸임하게 되어 있었다. 또한 홍문관원은 모두 경연관을 겸임하도록 되어 있었다. 경연의 품계와 직함은 다음과 같다.

정1품 영사(3)   정2품 지사(3)   종2품 동지사(3)
정3품 당상관 참찬관(7)   정4품 시강관   정5품 시독관
정6품 검토관   정7품 사경   정8품 설경
정9품 전경

이 중 영사는 의정부의 삼정승이, 참찬관은 여섯 승지와 부제학이, 시강관은 전한과 응교가, 시독관은 교리가, 검토관은 수찬과 부수찬이 겸임하는 것이 원칙이었다. 이들은 경연에 돌아가면서 참석하게 되어 있었다. 경연에 번갈아 입시하는 경연관의 구성은 다음과 같다.[14]

- 영사 1인 / 지사·동지사 1인 / 참찬관 1인(이상 경연 당상관)
- 경연 낭청 2인(경연 당하관)
- 사헌부 1인 사간원 1인(대간)
- 사관 1인
- (특진관 1인)

이들 중 경연 진강을 담당했던 경연 실무진은 경연 낭청 2인으로 시강관에서 전경에 이르는 경연 당하관들이었다.[15] 경연 당상관들은 진강 내

---

14) 성종조의 경연관의 기본 구성은 성종 즉위년 12월 9일 戊午의 기사에서 보인다. 이날 고령군 신숙주가 올린 경연 사목에 경연에 입시하는 경연관으로 원상 2인, 경연 당상 1인, 경연 낭청 2인, 승지 1인, 대간 각 1인, 사관 1인이 제시되며 이러한 틀은 그 후에도 계속 유지되는 것으로 보인다. 다만 원상제도가 폐지되는 성종 7년 이후에는 의정부 대신이 겸임하는 영사와 경관 2품 중에서 학식이 뛰어난 사람으로 선임된 지사·동지사가 경연에 입시하는 것이 원칙으로 되었다.
15) 성종이 미성년이었던 성종 7년까지는 당상관인 지사·동지사가 경연 진강을 주로 담당하였다. 그러다 성종 8년에 경연 당상들이 경연 낭청이 진강을 전담하게 하자

용에 대해 토의하였고 경연 진강이 끝난 후 각종 현안 문제를 협의할 때 임금의 고문에 답하는 임무를 띠고 있었다. 경연은 성종 초부터 상설적인 국정 논의 기구로서 기능하였는데 그러한 성격 변화의 계기가 된 것이 대간의 경연 참여였다. 경연에 대간이 참여하는 것은 선왕대에 전례가 있었으나 우여곡절을 겪다가 성종조에 비로소 관례로 굳어지게 되었던 것이다.16) 대간이 경연에 상시적으로 참여하게 되면서 경연은 국정을 논하는 공론 소통의 장으로 변화하였는데 성종조 중반 이후 홍문관의 언관화가 이루어지면서 경연 실무진인 홍문관의 관원들도 경연에서의 국정 논의에 참여하게 되었던 것이다.

홍문관의 두 번째 언론 방식은 소차를 올리거나 입계를 하는 것이었다. 이는 대간의 소통 방식과 거의 동일하였다. 홍문관은 언관으로서의 책무를 지니게 되면서 대간의 소통 양식을 그대로 활용하였던 것이다. 특이한 것은 대간의 경우 관원 한명 한명이 상소나 상차자의 주체가 되는 경우가 많은 반면 홍문관의 경우 대부분 부제학 이하 모든 관원의 합사로 상소나 상차자가 이루어진다는 점이다. 또한 대간은 일체라는 관념에 따라 사헌부와 사간원의 합사(合司) 상소가 빈번했던 반면 홍문관의 언론은 대

고 성종에게 건의한 이후(성종 8년 윤2월 25일 계해) 경연 당하관이 경연 진강을 담당하게 되었다.

16) 諫官이 경연에 입시하는 것은 세종 즉위년 11월 7일 癸丑에 관련 기사가 보인다. 그러다가 문종 즉위년 8월 28일 己亥의 기사에 보면 경연의 참여자가 시강관 이하의 관원 2명, 참찬관 1명, 사관 1명이 날마다 侍講하고 同知經筵 이상의 관원 1명과 사간원 1명은 3일마다 한번씩 시강하는 것으로 나와 있다. 단종 즉위 초(단종 즉위년 6월 20일 辛巳)에 의정부에서 경연 진강 사목을 아뢰었는데 家禮의 喪制篇을 진강하고 대간과 사관은 졸곡 후에 들어오도록 한다는 내용이 나온다. 이에 같은 날 대간이 강력히 반발하는 기사가 보인다. 이로 볼 때 경연에는 사간원의 언관 1명이 3일에 한번씩 시강하다가 단종조에 이르러 대간이 같이 또는 번갈아 참여했던 것으로 보인다. 단종 1년 5월 7일 癸亥에 보면 사헌부 지평 유성원이 경연에서 시정을 논하는 장면이 나온다. 그러다가 세조조에 이르면 대간의 경연 참여를 금지한다(세조 1년 윤6월 17일 辛酉). 게다가 경연 진강 자체를 폐하다시피 하였으니 이러한 정황이 세조 3년 3월 15일 戊寅의 양성지의 上言과 그에 대한 세조의 비답에서 드러난다. 이러한 기사들로 미루어 볼 때 대간이 경연에 입시하는 것은 성종조에 이르러 비로소 확고한 관례로 화하였다는 것을 알 수 있다.

간과 일정한 거리를 두고 이루어진 것도 특이하다.[17] 임사홍 탄핵 논변에 참여하였던 홍문관의 관원들은 다음과 같다.[18]

이 름	홍문관 직함	경연 직함
신종호(申從濩)	정3품 부제학	참찬관
이창신(李昌臣)	종3품 전한	시강관
민사건(閔師騫)	정4품 응교	시강관
이승건(李承健)	종4품 부응교	시강관
박승약(朴承爗)	정6품 수찬	검토관
황계옥(黃啓沃)	정6품 수찬	검토관
민상안(閔祥安)	종6품 부수찬	검토관
박증영(朴增榮)	정7품 박사	미 상
성희안(成希顔)	정8품 저작	전 경
신용개(申用漑)	종9품 정자	미 상

③ 영돈녕 이상 의정부

영돈녕 이상(領敦寧 以上)은 성종조 중반 이후 최고의 의사결정 자문 기관으로 기능하였다. 성종은 영돈녕 이상의 대신들에게 중요한 정책의 편부(便否)를 물었다. 성종실록을 보면 성종은 성종 12년 1월 5일 장리(贓吏)의 직첩을 돌려줄 것인가 말 것인가를 영돈녕 이상에게 논의하라고 지시한 이래 시정의 중요한 사안이 있을 때마다 영돈녕 이상에게 의론하라고 지시하고 있다. 이러한 관행은 성종 25년까지 계속된다. 그러나 연산군 이후에는 그러한 관행이 보이지 않는다. 따라서 영돈녕 이상이 참여하는 논의의 장은 성종조만의 독특한 관행이었음을 확인할 수 있다.

---

17) 물론 이러한 특성은 성종조의 경우에만 국한된 것이다. 언론 삼사의 융합 현상이 두드러지는 중종조 이후에는 삼사의 합동 논계가 두드러지게 나타난다.

18) 부제학 이하 홍문관 관원들의 법정 인원수는 모두 17인이나 이들이 모두 채워져 있지는 않았다. 성종 19년 12월 19일 기사에 의하면 홍문관의 합사 상소에 참여한 인원은 10명이었던 것이 확인된다. 홍문관의 합사 상소에는 부제학 이하 모든 관원이 참여하는 것이 원칙이었음을 생각할 때 위에 확인된 10인이 당시 홍문관 관원 전원이었던 것으로 보인다.

원래 영돈녕 이상의 모체가 된 것은 원상 제도였다. 원상은 세조 말년에 병조와 도총부의 공사(公事)를 제외한 제반 정사를 맡기기 위해 처음 마련된 제도로 훈구대신의 공신들로 구성되어 있었다. 세조가 말년에 원상 제도를 마련한 것은 자신의 심복들로 나이 어린 후계자를 보필하게 하여 왕권을 안정시키려는 의도도 깔려 있었다. 한편 예종 또한 19살의 어린 나이로 즉위한 직후(예종 즉위년 9월 15일 辛未) 원상들을 임명하였고 그들로 하여금 중요한 정사를 논의하게 하였다. 이 때 임명된 원상들이 성종 7년까지 원상의 지위를 유지한다.[19]

성종초 원상들은 경연을 통하여 중요한 정책 결정에 참여하였다. 원상들은 2명씩 번갈아가며 경연에 참여하였고 이 자리에서 원상들은 성종의 자문에 응하여 자신들의 의견을 개진하였다. 성종은 원상들의 수의에 따라 국가의 중대사를 결정하였다. 원상들에게 국가의 중대사를 묻던 관행은 성종 7년 임금이 직접 정사를 청단하면서 중단되었다. 정희왕후가 수렴청정을 그만둔다는 전교가 있은 후 대간이 원상 한명회를 탄핵하였고 국가의 중대사를 임금이 직접 결정하라고 간하였던 것이다.[20]

영돈녕 이상의 수의(收議)는 원상의 자문 역할을 이어받은 것이기는 하나 원상 제도에 비하여 훨씬 역동적으로 운영되었다. 영돈녕 이상은 상시적으로 경연에 참여하지는 않았으나 상설기구와 같은 지위를 지니고 성종의 자문에 응하였다. 또한 성종은 필요한 경우 자문의 범위를 유동적으로 확대시켰다. 즉 '영돈녕 이상 → 영돈녕 이상 의정부 → 영돈녕 이상 의

---

19) 성종 즉위년부터 성종 7년까지의 원상은 高靈君 申叔舟, 上黨君 韓明澮, 綾城君 具致寬, 寧城君 崔恒, 仁山君 洪允成(영의정), 昌寧君 曹錫文, 上洛君 金礩, 茂松君 尹子雲(좌의정), 光山君 金國光(우의정)이었다. 이들은 예종 즉위년 9월 15일 辛未에 원상으로 임명되었다. 延城君 朴元亨 또한 원상으로 임명되었으나 그는 예종 1년 1월 22일 丁丑에 卒하였다.

20) 정사의 청단을 중지한다는 대왕대비의 懿旨는 성종 7년 1월 戊午에 내려졌다. 대간의 원상 한명회 탄핵은 원상들이 대왕대비의 정사 청단을 그만두지 말 것을 청하는 과정에서 한명회가 실언을 하였기 때문이었다. 그 뒤 성종 7년 4월 임인에 예빈시 부정 송극창이 원상 혁파를 제기하였고 제신들의 주장이 잇따르자 성종 7년 5월 신유에 결국 원상을 없앤다는 전지가 내렸다.

정부 육조'와 같이 수의의 범위가 확장되었다.

영돈녕 이상은 영돈녕부사 이상의 직위를 지닌 대신들을 가리킨다. 영돈녕부사는 돈녕부의 가장 높은 직함이며 정1품이다. 돈녕부는 종친과 외척을 대우하기 위해 태종 14년에 처음 설치된 관청으로 영돈녕부사에는 왕비의 아버지를 임명하는 것이 관례였다. 임사홍 탄핵 사건 당시 영돈녕부사는 정현왕후(貞顯王后) 윤씨의 아버지 윤호였다. 영돈녕 이상에는 의정부의 삼정승을 비롯한 정1품 벼슬이 망라되었다.

영돈녕 이상 의정부는 영돈녕 이상과 더불어 의정부 당상관을 포함하는 것이다. 의정 당상에는 종1품 좌찬성과 우찬성, 정2품 좌참찬과 우참찬이 있다. 의정부는 법제상의 최고 정책 의결 기구였기 때문에 영돈녕 이상과 의정부는 동일한 수의(收議)의 대상으로 여겨진 경우가 많았다.

다음은 임사홍 탄핵 논변시 성종의 자문에 응하여 실제로 수의에 참여하였던 영돈녕 이상 의정부 재신들의 명단이다.21)

영의정 윤필상	좌의정 홍응	우의정 노사신
우찬성 손순효	좌참찬 이숭원	우참찬 정난종
영중추부사 이극배	청송부원군 심회	

④ 육조 당상관

영돈녕 이상 의정부 육조는 영돈녕 이상 의정부에 육조의 당상이 포함된 것이다. 성종은 사안이 중대하여 영돈녕 이상 의정부의 수의만로는 부족하다고 여겨질 경우에 육조 당상관들의 의론을 청취하였다.

육조의 당상에는 정2품 판서, 종2품 참판, 정3품 참의가 포함된다. 경우에 따라서 한성부의 당상도 육조의 수의에 참여하였다.22) 한성부의 당

---

21) 여기서 정작 영돈녕부사인 윤호의 이름이 보이지 않는 것은 임사홍 탄핵 논변 과정에서 윤호가 대간의 논박을 받은 사실과 관련이 있는 것으로 보인다. 윤호는 성종 19년 11월 29일 경연에 허종과 함께 영사로 참여하였다가 임사홍을 두둔한 혐의로 대간의 논박을 받게 된다. 당대에 대간의 논박을 받게 되면 누구라도 피험을 하게 되어 있었다. 이것이 윤호가 수의 과정에 참여하지 않은 까닭인 듯하다.

상에는 정2품 한성부판윤, 종2품 한성부좌윤 및 한성부우윤이 있었다. 당시 육조의 당상관으로 수의에 참여한 재신들의 명단은 다음과 같다.[23]

<table>
<tr><td>호조판서 한치례</td><td>형조판서 정문형</td><td>예조판서 유지</td></tr>
<tr><td>이조판서 성준</td><td>병조판서 허종</td><td>예조참판 박건</td></tr>
<tr><td>병조참판 이경동</td><td>공조참판 한환</td><td>공조참판 김종직</td></tr>
<tr><td>형조참판 김세적</td><td>형조참의 이숙감</td><td>병조참의 임수창</td></tr>
<tr><td>예조참의 윤민</td><td>한성부 판윤 신승선</td><td>광천군 이극증</td></tr>
<tr><td>지중추부사 이숙기</td><td>함안군 윤말손</td><td>한성부좌윤 윤은로</td></tr>
<tr><td>부호군 심정원</td><td>참지 조극치</td><td>행호군 신이중</td></tr>
<tr><td>동지중추부사 조간</td><td>동지중추부사 유순</td><td></td></tr>
</table>

2) 정황적 프레임

이제 임사홍 탄핵 논변의 맥락과 참여자에 대한 배경 지식을 바탕으로 논변 참여자의 관습화된 지위와 역할, 소통 행위 연쇄에서 나타나는 관습성, 그리고 이러한 관습성에 비추어 구체적인 행위들이 지니는 문화적 의미 등을 고찰해 보도록 하겠다. 이러한 작업은 정황적 프레임(situational frame) 분석에 해당하는 것으로, 정황적 프레임 분석은 행동 연쇄(소통 행위 연쇄)의 분석과 소통 행위 연쇄 속에서 상호작용하는 대화 참여자들의 지위와 역할에 대한 분석으로 나뉠 수 있다.

의사소통의 정황적 프레임은 대화 참여자들의 행동의 연쇄를 통하여 구성된다. 즉, 인간의 행동이 이루어지는 정황적 프레임이란 관습화된 행

---

22) 한성부는 서울을 관할하는 관청이다. 한성부는 일정한 지역을 관장하는 점에서는 다른 도의 고을들과 다를 것이 없지만 수도라는 점에서 중앙관청으로 인정한 동시에 육조와 같은 격의 관청으로 인정되었다. 한성부는 어느 고을보다도 큰 권한을 지니고 있어서 형조·사헌부와 함께 삼법사(三法司)라 일컬어졌다.

23) 공조참판에 한환과 김종직이 중복되는 까닭은 이 시기에 김종직이 한성부좌윤으로 있다가 공조참판으로 옮겼기 때문이다.

동의 연쇄에 내재한 규칙성에 다름 아니다. 따라서 정황적 프레임을 분석하는 것은 대화의 참여자와 그들의 행동의 연쇄를 분석하는 것이라고 할 수 있다.[24]

논증적 대화의 행동 연쇄의 양상은 주로 대화 전개의 최상위 층위인 소통 행위의 연쇄에서 드러난다. 따라서 논증적 대화의 행동 연쇄 분석은 소통 행위 연쇄에서 나타나는 관습과 그 관습의 준수 여부에 따라 발생하는 문제 상황을 분석하는 것에 초점이 있다. 참여자의 지위와 역할에 대한 분석은 공론 논변에서 나타나는 참여자의 기본적인 지위와 역할이 무엇인지 분석하고 그러한 지위와 역할이 어떻게 규정되고 운용되는지를 고찰하는 것이다.

아래에서 임사홍 탄핵 논변의 정황적 프레임을 '소통 행위 연쇄 분석'과 '참여자 분석'으로 나누어 고찰한다.

(1) 소통 행위 연쇄 분석

논증적 대화에서 참여자의 관계가 형성되고 상호작용이 이루어지는 행동의 단위는 소통 행위이다. 소통 행위는 참여자들이 한 번 만나서 이루어지는 논변의 지속을 가리키는 용어이다. 소통 행위는 다른 소통 행위를 유발함이 없이 한 번에 끝나는 경우도 있지만 하나의 소통 행위가 또 다른 소통 행위를 유발함으로써 둘 이상의 소통 행위가 동일한 정황적 프레임 안에서 연속되는 경우도 허다하다. 이렇게 둘 이상의 소통 행위가 연속될 때 이를 소통 행위 연쇄라 한다.

소통 행위 연쇄는 보통 소통 행위의 원인이 된 문제 상황이 한 번의

---

24) 소통 행위 연쇄의 분석은 소통 행위 연쇄에서 나타나는 관습을 재구성하고 그 관습이 위반되는 문제 상황을 해석하는 일이기 때문에 문화 해석 작업의 범주에 속한다. 논증적 대화의 참여자 분석은 논증 분석과 관련이 깊다. 논증적 대화의 참여자의 지위와 역할은 논증 행위를 통하여 드러나기 때문이다. 물론 참여자의 지위와 역할이 구체적인 대화 속에서 선택되고 작용하는 양상은 문화 해석의 대상이 된다.

소통 행위로 해결되지 않을 때 발생한다. 소통 행위는 문제 상황이 어떠한 양상으로든 해결될 때까지 연쇄 반응을 일으킨다. 그러므로 소통 행위 연쇄를 분석해 보면 문제 해결을 위한 참여자들의 행동의 패턴을 확인할 수 있다.

일찍이 인류학자들은 인간의 행동에서 특정한 행동의 연쇄가 반복적으로 나타나는 현상에 주목하고 그러한 반복적인 행동의 연쇄를 정황적 프레임이라는 개념으로 설명하였다. 원래 행동 연쇄(action chains)라는 개념은 동물행동학에서 빌려온 것으로 대개 둘 또는 그 이상의 개체가 참여하는 연결된 행동들을 지칭한다. 정황적 프레임 안에서 이루어지는 모든 행동은 제각기 시작과 절정, 그리고 종결이 있으며 그밖에도 몇몇 중간 단계가 있다. 연쇄를 구성하는 기본적 행동이 하나라도 생략되거나 지나치게 왜곡되면 처음부터 다시 시작하지 않으면 안 된다. 조반을 짓거나 친구를 만나거나 약혼을 하거나 물건을 사거나 저술을 하는 일 등은 모두 다양한 복잡성을 수반하는 행동 연쇄의 사례이다(Hall, 1976/2000 : 209~224).

짧은 행동 연쇄의 예로 악수의 과정을 살펴보자. 한 사람이 손을 내민다. 상대방은 그 손을 잡고 적당한 세기로 쥔다. 그 세기의 정도는 상대방의 압력이 전달되는 순간에 반사적으로 조절된다. 어떤 경우에는 악수의 과정을 단순화시켜 일종의 힘겨루기로 만들어 버리는 사람들도 있다. 어느 정도 흔들고 손을 떼는가는 실제 악수 자체와는 상관없이 10초도 안 되는 짧은 순간에 일어나는 상호작용, 예컨대 눈맞춤의 정도라든지 서로의 반응이 따스한지 냉랭한지 따위의 정황적인 요인에 의해 좌우된다.

악수의 예에서 보듯이 인간의 행동 연쇄에는 복잡한 문화적인 요인들이 작용한다. 특정한 정황에서는 특정한 행동의 연쇄가 일어나는 것이 기대되며 만약 그러한 행동의 연쇄가 실현되지 않고 중단될 경우 심각한 결과를 초래할 수도 있다. 한 사람이 악수를 하려고 손을 내밀었다가 상대방이 손을 내미는 것을 보고 급히 손을 뒤로 뺐다고 하자. 상대방은 매우 당황하여 어찌할 바를 모를 것이다. 이러한 행동 연쇄의 파괴는 심각한 다툼을 유발할 수도 있다.

행동 연쇄의 분석은 특정한 문화의 작동 양상을 분석하는 데 유용하게 쓰일 수 있다. 특정한 문화권의 특정한 정황적 프레임에서 어떤 행동의 연쇄가 어떻게 진행되는가, 그 정황적 프레임에서 일반적으로 기대되는 행동 연쇄의 특성은 무엇인가, 실제로 그 행동에 참여하는 사람들 간에 행동 연쇄에 대한 기대에 갈등은 없는가, 기대되는 행동 연쇄가 파괴되었을 때 어떤 반응이 나타나는가 등이 행동 연쇄 분석을 통해 드러날 수 있다.

공론 논변의 행동 연쇄는 하나의 소통 행위로 하나의 정황적 프레임이 마무리되는 소규모의 행동 연쇄에서부터 수십 회의 소통 행위로 구성되는 거대 행동 연쇄의 정황적 프레임에 이르기까지 양상이 다양하다. 임사홍 탄핵 논변의 경우 총 51회에 달하는 거대한 행동 연쇄를 보여주고 있다. 그러면 임사홍 탄핵 논변의 행동 연쇄의 줄거리를 정리하여 보자.

> (1) 11월 15일 : 황사효, 김봉/임원준의 논공으로 임사홍을 서용함이 불가함을 아뢰다.(啓)/불청
>
> (2) 11월 16일 : 황사효, 김봉/임사홍이 전에 큰 죄를 지었으므로 서용이 불가함을 아뢰다.(啓)/전지
>
> (3) 11월 16일 : 이칙 등/임사홍이 전에 큰 죄를 지었고 서용하면 장차 큰 화가 닥칠 것이니 서용하지 말기를 청하다.(上箚子)/비답
>
> (4) 11월 17일 : 안호 등/임사홍 서용의 불가함을 아뢰다.(上箚子)/불윤
>
> (5) 11월 18일 : 이칙 등/임사홍 서용이 잘못됨을 논하다.(上箚子)/불윤
>
> (6) 11월 19일 : 이칙 등/임금의 비답을 논박하고 임사홍 서용을 철회할 것을 청하다.(上疏)/불청
>
> (7) 11월 19일 : 안호 등/임사홍의 일을 논하다.(上疏)/불윤
>
> (8) 11월 20일 : 김호, 김봉/임사홍이 소인이므로 후환이 있을 것을 아뢰다.(經筵)/諭示
>
> (9) 11월 21일 : 이칙, 봉원효/임사홍의 죄가 크니 임원준의 논공으로 서

용할 수 없음을 아뢰다.(經筵)/불청

(10) 11월 22일 : 이칙 등, 안호 등/公議에 따라 임사홍을 내칠 것을 아뢰
다.(合司上疏)/비답

(11) 11월 23일 : 이칙 등, 안호 등/역사의 준엄함과 임금의 큰 信義를 들
어 임사홍을 버릴 것을 간하다.(合司上疏)/비답

(12) 11월 23일 : 신종호 등/임사홍의 일을 논하다.(上箚子)/불청

(13) 11월 24일 : 황사효, 김봉/임사홍 서용 불가를 간하다.(啓)/비답

(14) 11월 24일 : 신종호 등/前代의 소인의 화를 논거로 임사홍을 서용하
지 말 것을 청하다.(上疏)/불청

(15) 11월 25일 : 이의무, 김봉/전일의 전교를 확인하기 위해 일기를 상고
하기를 청하고 신의를 지켜 임사홍을 서용하지 말라고
아뢰다.(啓)/諭示

(16) 11월 26일 : 이칙 등, 안호 등/임사홍의 서용을 거둘 것을 청하고 불
윤하자 사직을 청하다.(合啓)/전교

(17) 11월 26일 : 신종호 등/임사홍을 술에 비유하여 성명을 거둘 것을 청
하다.(上疏)/불청

(18) 11월 27일 : 이칙 등, 안호 등/언책을 다하지 못함을 들어 사피하기를
청하다.(合啓)/전교

(19) 11월 28일 : 신종호 등/임금의 효는 필부와 다름을 간하고 성명을 거
두기를 청하다.(上疏)/비답

(20) 11월 29일 : 이승건, 민상안/군자와 소인이 나아오고 물러가는 이치
를 들어 임사홍의 일을 논하다.(經筵)/左右 顧問

(21) 11월 30일 : 이칙 등, 이자건 등/삼공육경과 승지가 임사홍의 일을 함
구한다고 하여 탄핵하다.(書啓)-승정원의 피험/불윤

(22) 11월 30일 : 임금/영돈녕 이상과 의정부를 불러 대간의 탄핵을 말하
고 함구하는 이유를 묻다.(命召)/啓

(23) 11월 30일 : 신종호 등/아무리 밝고 지혜로운 임금이라도 소인을 기
용하면 나라를 그르치게 되니 임사홍 서용을 세 번 생각
하기를 청하다.(上疏)/불청

(24) 11월 30일 : 이칙 등, 안호 등/삼공육경과 승지를 재차 탄핵하며 성명
을 거두기를 청하다.(合啓)/전교

(25) 12월 1일 : 이칙 등, 안호 등/임금과 더불어 대간의 말의 옳고 그름
을 논란하다.(合啓)/전교

(26) 12월 1일 : 신종호 등/널리 의견을 물을 것을 청하고 말이 지나침에

논란하다.(啓)/전교

(27) 12월 2일 : 황사효, 김봉/임사홍의 집이 사치하고 화려하다는 말에 대해 변명하니 말에 관련된 사람을 불러 묻다.(書啓)/전교

(28) 12월 2일 : 임금/영돈녕 이상과 의정부·육조의 당상관으로 하여금 대간의 말이 지나침을 의론하게 하다.(命召)/전교

(29) 12월 2일 : 윤필상 등/영의정 윤필상 등이 대간의 탄핵으로 사피를 청하니 들어주지 않다.(啓)/전교

(30) 12월 3일 : 안호, 황사효/언관으로서의 정성이 부족하므로 사직하기를 청하니 허락하다.(啓)/전교

(31) 12월 3일 : 윤필상 등/영의정 윤필상 등이 대간의 말로 인하여 사직장을 올렸으나 임금이 허락하지 않고 대간의 사퇴를 허락하였음을 전하다.(上狀)/전교

(32) 12월 4일 : 임금/대간들을 불러 유시하고 직무에 나아가라 전교하다.(命召)/전교

(33) 12월 4일 : 신종호 등/사직장을 올리니 직무에 나아가라 전교하다.(上狀)/전교

(34) 12월 5일 : 윤필상 등/영의정 윤필상 등이 대간의 말로 인하여 사직장을 올렸으나 어찰로 유감의 뜻을 승정원에 내리고 비답하라 전교하다.(上狀)/전교

(35) 12월 7일 : 민사건, 성희안, 황사효, 이세경/임사홍의 일을 다시 거론하니 임금이 견해를 말하다.(경연)/諭示

(36) 12월 8일 : 이승건, 박증영, 이칙/삼부족의 말과 자위와 종사는 경중이 있다는 말로 임사홍의 일을 거론하다.(視事)/諭示

(37) 12월 11일 : 봉교 하윤 등/역사 기록의 엄중함을 들어 임사홍의 일을 거론하다.(上疏)/전교

(38) 12월 14일 : 안호, 권경희/봉원효가 임사홍의 일을 말하지 아니하였다 하여 권경희가 탄핵하니 국문하게 하다.(視事)/允許

(39) 12월 15일 : 봉원효/권경희의 탄핵을 옳게 분변하기를 청하니 영돈녕 이상과 의정부로 하여금 의론하게 하다.(上書)/전교

(40) 12월 16일 : 봉원효/권경희로부터 탄핵 받은 일의 首末을 아뢰니 대신에게 수의하여 계달하게 하다.(上書)/전교

(41) 12월 17일 : 영돈녕 이상, 의정부·육조/봉원효의 일을 의론하여 봉원효와 권경희를 환차하게 하다.(命召)/전교

(42) 12월 18일 : 이칙 등/봉원효의 일로 사직하기를 청하니 불허하다.(啓)/
　　　　　　　전교

(43) 12월 18일 : 이칙/사직장을 올리니 허락하지 않다.(上狀)/전교

(44) 12월 19일 : 신종호 등/간관으로서 말을 하지 아니한 봉원효를 국문
　　　　　　　하기를 청하나 들어주지 않다.(상소)/전교

(45) 12월 19일 : 이칙, 김미 등/이칙이 사직장을 올리고 김미 등이 피혐하
　　　　　　　기를 청하나 들어주지 않다.(上狀/계)/불청

(46) 12월 24일 : 봉원효/권경희의 탄핵을 분간하기를 청하니 의정부·육
　　　　　　　조·한성부를 불러 분변하게 하다.(上疏)/御書

(47) 12월 25일 : 신종호 등/봉원효의 상소를 탄핵하니 대신들에게 의론하
　　　　　　　여 곡직을 분간하라 이르다.(書啓)/전교

(48) 12월 26일 : 봉원효, 권경희/의정부·육조·한성부의 대신들이 심문
　　　　　　　하니 供辭하여 변명하다.(賓廳 審問)

(49) 12월 26일 : 신종호 등/신종호 등이 이칙에게 사정을 두었다 하여 추
　　　　　　　핵하기를 청한 홍응의 의론에 따라 추핵 받기를 청하다.
　　　　　　　(書啓) : 재상들에게 묻다 : 홍문관에 잘못이 있다고 의론
　　　　　　　하다 : 내일 다시　오라고 전교하다/전교

(50) 12월 27일 : 윤필상 등/빈청에 모여 봉원효와 권경희를 심문하여 아
　　　　　　　뢰니 파면하다.(賓廳審問)/전교

(51) 12월 27일 : 신종호 등/대죄의 가부를 묻자 물러가라 전교하다.(啓)/전
　　　　　　　교

　　이상의 소통 행위 연쇄를 고찰하면 성격이 다소 다른 두 가지 소통 행
위 연쇄가 앞뒤로 결합되어 있음이 확인된다. 즉, 소통 행위 (1)부터 소통
행위 (37)까지의 전반부는 언론 삼사의 임사홍 탄핵과 그에 이어지는 임
금과 재신들의 의론이 전개된다. 그리고 소통 행위 (38)부터 소통 행위
(51)까지의 후반부는 임사홍 탄핵 논변 자체가 발단이 되어 불거져 나온
언관 상호간의 시비와 그 시비를 판정하는 과정으로 구성되어 있다. 그런
데 후반부는 임사홍 탄핵 행위 자체가 시비의 대상이 되므로 임사홍 탄
핵 논변에 대한 메타적 논변이라고 할 수 있다.

　　• 전반부(소통 행위 연쇄 (1)~(37)) : 임사홍 탄핵 논변

> • 후반부(소통 행위 연쇄 (38)~(51)) : 임사홍 탄핵 논변에 대한 메타적
> 논변

여기서는 전반부를 임사홍 탄핵 논변의 본편, 후반부를 속편이라 칭하기로 한다. 임사홍 탄핵 논변의 본편은 다음과 같이 기승전결을 지닌 이야기의 구조와 겹쳐진다.

> • 기 : 인수대비께서 쾌유하시므로 논공하여 임원준의 아들 임사홍을
> 절충장군 부호군으로 서용하다.(논변의 배경에 해당)
> • 승 : 대간과 홍문관이 임사홍의 서용이 불가함을 논청하다.(소통 행위
> (1)~(20))
> • 전 : 대간이 임사홍의 일에 대하여 함구하는 대신들을 탄핵하고 대신
> 들이 사직을 청하다.(소통행위 (21)~(27))
> • 결 : 재신들로 하여금 대간의 말이 지나침을 議論하게 하니 너그럽게
> 용서하기를 청하다. 임금이 대간과 홍문관에게 직무에 나아가라
> 전교하다.(소통 행위 (28)~(34))

일반적으로 공론 논변이 격렬하게 전개되어 언관이 사직하기에 이르더라도 언관의 사직 사태가 마무리되는 것으로 그 논변은 일단락되는 것이 보통이다. 그런데 임사홍 탄핵 논변의 경우 대간과 홍문관, 대신들의 연쇄적인 사직 사태를 불러왔고 그 사직 사태가 마무리되었음에도 소통 행위 연쇄는 종결되지 않는다. 경연과 시사의 자리에서 경연 낭청들이 다시 임사홍의 일을 거론하고 예문관 봉교 하윤 또한 상소를 통해 임사홍의 일을 재론한다. 임사홍 탄핵 논변의 불씨는 여전히 남아 내연하고 있었던 것이다(소통 행위 (35), (36), (37)). 이렇게 행동 연쇄가 마무리되지 않고 길게 이어지는 것은 문제 해결이 원만하지 못하고 결과가 '공론(公論)에 부응하지 못하였던' 사실과 관련되어 있다.

그런데 장령 권경희가 사간 봉원효를 말을 하지 않았다 하여 탄핵함으로써 사태는 새로운 국면을 맞이하게 된다(소통 행위 (38)). 소통 행위 (38)부터 소통 행위 (51)에 이르는 임사홍 탄핵 논변의 속편은 대간의 언책 수

행 자체가 논의의 대상이 됨으로써 본편과는 전혀 다른 성격을 지니게
된다. 이 속편 또한 기승전결의 이야기 구조가 확인된다.

- 기 : 봉원효가 임사홍의 일을 말하지 아니하였다 하여 권경희가 봉원
  효를 탄핵하니 봉원효와 권경희 사이에 논란이 일어나다.(소통
  행위 (38)~(40))
- 승 : 영돈녕 이상 의정부 육조로 하여금 봉원효의 일을 의론하게 하
  여 봉원효와 권경희를 환차하게 하고 이칙 등의 사직을 불허하
  다.(소통 행위 (41)~(43))
- 전 : 신종호 등이 간관으로서 말을 하지 아니한 봉원효를 국문하기를
  청하니 봉원효가 이에 대해 논박하다. 신종호가 다시 봉원효의
  상소를 탄핵하니 대신들에게 의론하게 한다.(소통 행위 (44)~(47))
- 결 : 의정부·육조·한성부의 재신들이 봉원효와 권경희를 심문하니
  임금이 봉원효와 권경희를 파면하다.(소통 행위 (48)~(51))

임사홍 탄핵 논변의 행동 연쇄를 소통 구조의 측면에서 살펴보면 해당
정황적 프레임에서 일반적으로 기대되는 소통 구조가 결여되어 있음이
눈에 띈다. 이 점을 확인하기 위해서는 성종조에 관습화된 공론 논변의
소통 구조를 살펴보는 것이 순서일 것이다.

공론 논변은 성종조에 이르러 의사결정의 절차에 따른 소통 구조가 확
립되었다. 성종조의 언관 활동은 경연의 활성화와 함께 양적, 질적으로
변화 발전하는 모습을 보였는데 그 변화의 가장 두드러진 특징이 의사결
정의 절차에 따른 소통 구조가 확립되었다는 점이다.

성종조의 대간 논변의 소통 구조는 '대간의 논청(論請) - 대신의 의론(議
論) - 임금의 청단(聽斷)'의 삼각 구도로 이루어졌다. 이러한 의사결정의 구
도는 경연에서 비롯된 것이다. 성종초 경연에 원상 대신과 대간이 상시적
으로 참여하게 됨으로써 대간이 문제를 제기하면 임금이 좌우에 있는 원
상으로 하여금 의론케 하는 경우가 많았다(성종 1년 5월 27일 甲辰의 기사, 3
장 1절 참조). 대간의 논청(論請)을 받아 중대 사안인 경우 원상에게 의견을

물어 청단을 하던 소통 구조가 관례화되었던 것이다.

원상에게 국가의 중대사를 묻던 관례는 성종 7년에 임금이 직접 정사를 청단하면서 중단되었다. 정희왕후가 수렴청정을 그만둔다는 전교가 있은 후 대간이 원상 한명회를 탄핵하였고 국가의 중대사를 임금이 직접 결정하라고 간하였던 것이다.

그러던 것이 성종 12년부터는 영돈녕 이상(領敦寧 以上)이 상시적인 의사결정 자문 기구로 활용되기 시작하였다. 성종은 성종 12년 1월 5일(庚辰)에 장리(贓吏)의 직첩을 돌려줄 것인가 말 것인가를 영돈녕 이상에게 논의하라고 지시한 이후 시정의 중요한 사안이 있을 때마다 영돈녕 이상에게 논의하라고 지시하였다. 이러한 관행은 성종 25년까지 계속되었다. 이로 보아 한 때 대신들의 의사결정 자문 기능이 중단된 때도 있었으나 성종조 전반을 통하여 그 기능이 활발히 유지되었음을 알 수 있다.

대간의 논청(論請)은 임금을 상대로 이루어진다. 논청을 하는 언관은 자신의 견해를 충분히 개진하고 임금은 이를 듣고(또는 읽고) 난 후 가부간의 결정을 내리며 경우에 따라서는 궁금한 것을 묻거나 논평을 한다. 이때 인사나 행정 등의 비교적 가벼운 사안은 즉결로 처리하나 제도의 개폐나 대신의 탄핵 등과 같은 중대한 사안은 대신들의 의론(議論)에 회부하게 된다.

[그림 7] 대간과 임금 간의 논청-판결의 소통 구조

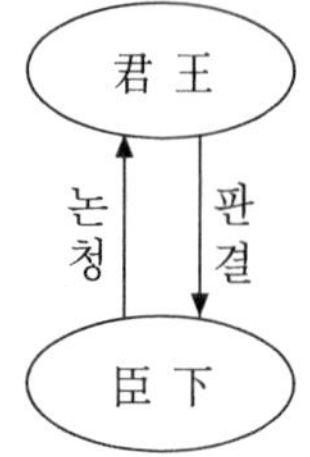

대신들의 의론(議論)에 회부할 논제가 성립하면 대신들은 각각 자신의

의견을 개진함으로써 의론(議論)에 임하게 된다. 그 간략한 사례를 보자. 성종 12년 3월(乙未)에 경연에서 지평 권임이 구숙손(丘夙孫)이 이조 좌랑으로서 달수가 차지 않았으면서 새로 헌납에 제수되었는데 이것은 인사를 맡고 있는 이조에서 취할 만한 조치가 아니라 하여 개차하기를 논청(論請)하였다. 임금이 하문하니 영사 정창손 또한 그 말을 옳게 여기므로 영돈녕 이상으로 하여금 의론하게 하였다. 이에,

> 심회·윤사흔·윤필상·홍응·노사신·윤호는 의론하기를,
> "人器가 상당하다면 천거하지 않을 수 없습니다. 근자에 이조의 낭청으로서 仕滿하기를 기다리지 않고 陞遷된 자도 많습니다마는, 祭執事에도 다 피혐하여 차출하지 않는데, 헌납을 삼을 만한 사람이 있다면 어찌 부득이 구숙손이어야 하겠습니까? 改差하는 것이 어떠하겠습니까?"
> 하고, 이극배는 의론하기를,
> "인기가 상당하다면 낭청이라 하여 혐의를 품을 수 없고, 공정한 도리로 전형하여 注擬해야 합니다. 또 전일에 이조의 낭청으로서 달수가 차지 않아서 승천된 자가 있으니, 성상께서 裁斷하시는 것이 어떠하겠습니까?"
> 하니, 전교하기를,
> "구숙손은 개차하라. 이제부터는 이조·병조의 郎官으로서 재주가 뛰어난 자가 아니면 반드시 달 수가 찬 뒤에 승천하라."

하였다. 의론(議論)에 참가한 사람들의 의견 개진 방식을 보면 의견이 동일할 경우 함께 의견을 개진하는 것이 눈에 띈다. 성종조의 유향소 복립 논쟁에 대한 필자의 분석(2000)에서 논의한 바와 같이 의론에 참여하는 대신들은 해당 논제에 대하여 미리 의견 교환과 조율 등의 준비 과정을 거쳤음을 짐작할 수 있다. 또한 참가자들은 자신의 의론(議論)을 한 번만 개진하게 되어 있었던 것으로 보인다.

영돈녕 이상의 대신들은 논제에 대한 의론(議論)을 하는 과정에서 자신의 의견을 임금을 상대로 하여 개진한다. 즉 직접적인 의사소통의 대상은 임금이다. 그러나 시비(是非)나 편부(便否)가 뚜렷한 논제의 경우 논쟁의 상대는 분명히 편론(便論)측과 부론(否論)측 상호간에 형성된다. 논쟁적인 논

제에 대한 영돈녕 이상의 의론(議論)을 분석해 본 결과 뚜렷한 논쟁의 접점이 형성되어 토론이 진행되었음을 알 수 있었다. 따라서 영돈녕 이상의 의론(議論)의 소통 구조는 다음 그림과 같이 제시될 수 있다.

[그림 8] 영돈녕 이상과 임금 간의 議論-判定의 소통 구조

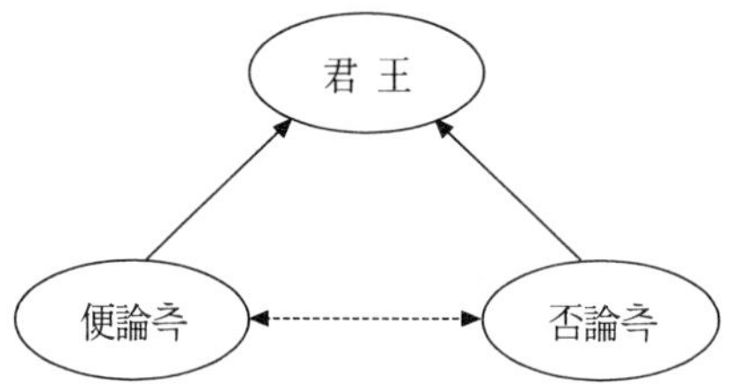

한편 이러한 소통 구조의 꼭지점에 있는 임금은 의론(議論)의 전 과정을 주재하게 되며 의론(議論)이 끝난 후 최종적인 판정을 내린다. 이 과정에서 임금은 자신의 의견을 개진하지 않고 엄정 중립을 지킨다. 영돈녕 이상이 의론을 하는 동안 임금은 그 과정에 전혀 개입하지 않으며 판정의 결과도 주로 '…의 의론을 따랐다.'라는 식으로 나타났던 것이다.

이상에서 살펴본 바와 같이 대간 논변의 소통 구조는 일정한 발전 단계를 거친다. 그 1단계는 대간이 문제 제기를 하는 논청(論請) 단계이다. 간단한 문제라면 이 단계에서 판결이 내려진다. 만약 중대한 사안이라면 임금은 논제를 원상이나 영돈녕 이상의 의론(議論)에 회부하게 된다. 이것이 2단계이다. 대신들의 의론(議論)을 들은 후 임금이 가장 합리적이라고 생각되는 방안을 따르게 된다. 이것이 3단계이다. 성종조의 대간 논변은 '대간의 논청―대신의 의론―임금의 청단'이라는 3단계의 소통 구조를 거쳤던 것이다.

그런데 임사홍 탄핵 논변의 전개 과정을 공론 논변의 일반적인 소통 구조에 비추어 보면 일반적으로 기대되는 의사결정의 절차를 정상적으로 밟지 않고 있음이 눈에 띈다. 임사홍 탄핵 문제는 공론 영역의 중대사였음에도 불구하고 당대의 공론 영역의 일반적인 소통 구조인 '대간의 논청

-대신의 의론-임금의 청단'이라는 의사결정의 과정을 매끄럽게 거치지 못하고 있다. 소통 행위 (22)에서 보이는 영돈녕 이상과 의정부의 논의는 대간의 논청에 따른 정상적인 논제가 아니라 대간의 대신 탄핵 문제를 논하였으며, 소통 행위 (28)에 보이는 영돈녕 이상과 의정부·육조의 논의 또한 대간의 말이 지나침을 논하였던 것이다. 마치 악수를 하던 당사자 중 한 사람이 중간에 손을 거둠으로써 악수의 행동 연쇄가 중단되는 것과 같은 행동 연쇄의 중단 현상이 나타났던 것이다. 위의 논변의 행동 연쇄를 대간의 소통 구조에 따라 분석해 보면,

- 소통 행위 (1)~(20), (23) : 대간과 홍문관의 임사홍 탄핵 論請
- 소통 행위 (21), (24) : 대간의 대신 탄핵 論請
- 소통 행위 (25)~(27) : 대간 및 홍문관과 임금의 論駁
- 소통 행위 (22), (28) : 대간의 말이 지나침에 대한 재신의 議論
- 소통 행위 (30)~(34) : 대간, 홍문관, 대신의 사직과 직무에 나아가라는 임금의 전교

와 같이 나타난다. 대간과 홍문관의 탄핵 논청이 끈질기게 이어지지만(21회에 달함) 영돈녕 이상의 의론이라는 정상적인 소통 구조로 이어지지 못한다. 이러한 행동 연쇄의 중단에 언관들이 불만을 느낀 것은 당연하다. 결국 대간은 함묵하고 있는 대신들을 탄핵하기에 이른다. 대간의 대신 탄핵은 실상 정상적인 행동 연쇄로 옮아가지 않는 임금에 대한 불만 표출이나 다름이 없었다. 또한 논변의 행동 연쇄는 대간과 임금 사이의 논박(論駁)이라는 전례가 드문 소통 행위로 이어지며 결국 대간과 홍문관이 사직 상소를 올리는 데 이르게 된다.

이러한 소통 구조의 어그러짐은 논변의 당사자인 대간과 임금 간의 갈등이 근본적인 해결에 이르지 못하고 평행선을 그리며 표류하였음을 반증한다. 그렇다면 대간과 임금 간의 근본적인 갈등이 무엇이었으며 그 갈등이 대화 과정에서 해결되지 못한 까닭은 무엇이었을까? 그 원인은 대화 참여자인 언관과 임금 사이에 의도적으로 감추어진 맥락에 있는 것으로

보인다. 이제 그 감추어진 맥락의 실마리를 추적하여 보자.

대간의 반복되는 논청에 대해 임금이 내리는 전교에서 특이하게 눈에 띄는 대목이 '경등이 나의 뜻을 알면서도 헤아리지 아니한다'는 말이다. 이 말은 여러 번 반복된다. 그것을 열거해 보면 다음과 같다.

- "너희들은 모두 사리를 아는 사람들인데 어찌 일을 헤아리지 아니하고서 말을 하는가?"(성종 19년 11월 15일 갑술)
- "경등은 한갓 임사홍만 미워하고 나의 뜻은 헤아리지 아니하니 내가 항상 경등을 믿는 뜻이 어디에 있는가?"(성종 19년 11월 16일 을해)
- "임사홍을 쓰는 뜻은 경등이 스스로 알 것이다."(성종 19년 11월 23일 임오)
- "너희들은 어찌하여 그 뜻을 알지 못한다고 하는가? 이는 너희들과 더불어 말로 서로 따질 일이 아니다."(성종 19년 11월 25일 갑신)
- "만약 말하려고 하면 어찌 여기에서 그치겠는가? 다만 경등이 이미 내 뜻을 살펴보았으니 내가 무엇을 말하겠는가?"(성종 19년 11월 27일 병술)
- "너희들은 經幄에 있으면서 어찌 내 마음을 알지 못하는가?…."(성종 19년 11월 28일 정해)

임금이 대간들에게 반복하여 호소하는 것은 '경등이 내 뜻을 알면서도 모르는 체한다'는 것이다. 대간들이 그 뜻을 헤아리면서도 모르는 체하는 것은 과연 무엇인가? 이에 대하여는 성종도 매번 명확히 밝히지는 아니하였지만 다음의 대화를 보면 그 뜻이 명백해진다. 성종 19년 25일(甲申)에 지평 이의무와 정언 김봉이 와서 아뢰기를,

어제 전교에 이르시기를 "임원준의 공으로 임사홍을 기용하는데 그대들이 실망한다고 하니 나도 민망스럽다." 고 하셨습니다. 신 등은 소인을 기용하지 말도록 청했는데 전하께서 민망하게 여기시는 것은 무슨 뜻인지 알지 못하겠습니다.[25]

---

25) ○ 甲申 司憲府持平李宜茂來啓曰 昨日敎曰 以元濬功而用士洪 爾等以爲缺望 予亦悶焉 臣等請勿用小人 而殿下之所以爲悶者 未審何意也

하였다. 여기서 임금이 민망스럽다고 한 이유는 무엇일까? 다시 임금의
답변을 들어보자.

> 내가 대비를 위하여 임사홍을 기용한다는 뜻을 여러 번 타일렀는데 너
> 희들이 감히 청하기를 그치지 아니하기 때문에 이와 같이 말하였을 뿐이
> 다. 그런데 너희들이 어찌하여 그 뜻을 알지 못한다고 하는가? 이는 너희
> 들과 더불어 말로 서로 따질 일이 아니다.[26]

임사홍의 기용이 대비의 뜻이니 더 이상 논청하지 말기를 바라는 임금
의 뜻이 확실히 드러난다. 인수대비가 미령하시어 임사홍의 사제로 피어
(避御)할 때부터 인수대비에게 임사홍을 서용하게 하려는 뜻이 이미 있었
을 것이라는 추론은 충분히 가능하다. 그런 만큼 임금으로서도 대비의 특
지(特旨)를 거부할 수는 없었을 것이다.

그런데 문제는 임금이 이러한 맥락을 충분히 드러내지 않을 뿐만 아니
라 대간도 이러한 정황을 의도적으로 회피하고 받아들이지 않는다는 데
있다. 임금이 '여러 차례 알아듣도록 타일렀는데도' 대간들은 그 까닭을
이해할 수 없다는 말을 반복한다. 임사홍 서용의 본질이 인수대비의 뜻에
있음에도 불구하고 논변 참여자들이 모두 문제의 핵심인 인수대비에 대
하여 직접적인 언급을 하지 않는다는 것은 매우 흥미로운 현상이 아닐
수 없다.

대간과 임금 양측의 공조된 문제의 핵심 회피는 인수대비라는 절대적
권위에 대한 의도적인 회피의 결과라 할 수 있다. 그런데 설득을 통한 문
제 해결을 지향하는 논변의 속성상 양측이 문제의 본질을 회피할 경우
문제의 합리적인 해결에 도달할 수 없다. 본질이 회피된 논변은 의견의
차이가 전혀 해소되지 못하거나 양측 중 한쪽이 위력(power)을 사용하여
상대방을 제압해 버리는 결과에 도달할 뿐인 것이다.

---

26) 傳曰 予屢論爲大妃用士洪之意 而爾等敢請不已 故如是言之耳 爾等何以曰 不知其意乎
此非與汝言語相詰之事

대간과 임금이 인수대비의 뜻이라는 의도적으로 감추어진 맥락을 회피하는 데는 모후(母后)는 정치에 관여하지 못한다는 당대의 관례와 관련이 있다. 그러나 모후(母后)는 인륜으로 볼 때는 임금보다 위에 있으며 따라서 그 권위에 도전하는 것은 위험천만한 일이 아닐 수 없었다.[27]

여기서 우리는 임사홍 탄핵 논변이 파국으로 치달아 간 까닭을 어느 정도 이해할 수 있다. 논변이 정상적인 행동 연쇄로 이어지지 못한 것도 이와 관련이 있으며 또한 실제 논변의 전개 과정에서 대간과 임금간의 논박 결과 세부적인 논증들의 많은 부분이 그 우열이 드러났음에도 불구하고 근본적인 해결에 도달하지 못한 까닭도 여기에 있었던 것이다. 이러한 문제의 핵심 회피의 결과 논쟁의 해결은 요원해지고 양측의 논변이 끝없이 대립되는 논변의 '평행선 달리기 현상'이 나타나게 되었다.

(2) 참여자 분석

논증적 대화에는 상반되는 견해를 가진 둘 이상의 참여자들이 하나 이상의 쟁점을 두고 상호작용하게 된다. 참여자 분석이란 논증적 대화에서 참여자들이 상호작용하는 양상을 분석하는 것이다.

참여자 분석을 하기 위해서는 참여자의 역할을 일정한 기준에 따라 나누어야 하는데 역할 나누기의 기준으로는 다음과 같은 것이 있다.

i) 논제에 대한 입장에 따라

논증적 대화에서 참여자들에게 대립되는 두 입장이 있는 논제(proposition)가 제시될 때 그 논제에 대하여 참여자들이 지니게 되는 입장에 따라 양 진영을 나누는 방법이다. 이 때 논제에 대하여 찬성의 입장을 지니는 진영을 긍정측(affirmative)이라 하고 반대의 입장을 지니는 진영을 부정측

---

27) 그런 점에서 인수대비의 정치적 영향력은 시인하기도 곤란하고 논박하기도 곤란한 일종의 '뜨거운 감자'였다.

(negative)이라 한다. 보통 학교 토론(academic debate)에서 활용되는 구분법으로 양 진영의 입장은 대화가 종결될 때까지 변하지 않는다.

ii) 장르 관습에서 부여되는 역할에 따라

언어공동체 안에서 변화 발전하는 논증적 대화 장르에는 그 장르 나름의 참여자 역할이 있게 마련이다. 조선 시대 공론 논변은 공론을 형성하고 문제를 제기하는 언관, 임금의 고문(顧問)에 응하여 의견을 제시하는 대신, 의사 결정을 하는 임금이라는 3자 구도로 이루어졌다. 앞서 논의한 것처럼 언관은 미묘한 역할 관계에 따라 대간과 홍문관으로 나누어지고 대신은 의견 수렴의 범위에 따라 영돈녕 이상 의정부와 육조 당상관으로 나누어진다.[28] 학교 토론의 토론자, 사회자, 청중, 법정 토론의 검사, 변호사, 배심원, 판사 등도 장르에 따른 참여자 역할들이다. 장르에 따른 참여자 역할은 장르마다 다른 특성을 지닌다.

iii) 논증 진행(argumentative move)에서 참여자가 수행하는 역할에 따라

논증적 대화에서 논증 진행의 중심적인 역할을 하는 참여자는 논증자(arguer)이다. 논증자는 어떤 견해를 주도적으로 내세우고 다른 사람이 제시된 견해에 대하여 의문을 제시하거나 반대되는 견해를 내세움으로써 논증을 진행시킨다. 이 때 어떤 견해를 주도적으로 내세우는 참여자를 주도자(protagonist)라 하고 그 견해에 대하여 의심하고 받아들이지 않는 참여자를 반대자(antagonist)라 한다.

논증적 대화의 진행에는 종종 논증자 이외에 제3의 역할이 나타난다. 조정자(mediator), 사회자(moderator), 판정자(decision maker) 등이 그것이다. 조정자는 대립되는 두 이해 당사자들의 견해가 충돌할 때 견해들을 합리적

---

28) 이들의 역할에 굳이 명칭을 붙이자면 대간은 제1논청자, 홍문관은 제2논청자, 영돈녕 이상 의정부는 제1수의자, 육조 당상관은 제2수의자, 임금은 의사결정자라 부를 수 있을 것이다.

으로 조정하고 결론에 도달할 수 있도록 도와주는 진술을 한다. 사회자는 대화의 주제를 제시하고 대화를 일정한 방향으로 이끌어나가는 진술을 한다. 판정자는 논증자의 변론과 논박에 근거하여 의사 결정을 내리는 진술을 한다. 조선시대 공론 논변의 경우 논증자 이외에 판정자라는 역할이 나타난다.

이 세 가지 역할 구분의 기준은 그 차원이 서로 다르다. ⅰ)은 학교 토론이라는 특정한 장르에서 논제를 기준으로 참여자의 역할을 나눈 것이며 ⅱ)는 논증적 대화의 장르 관습에 따라 굳어진 역할들이다. ⅲ)은 논증적 대화의 진행(move) 층위에서 참여자의 역할을 구분한 것이다. 참여자들을 제시된 논제(최상위 논제)에 따라 긍정측과 부정측으로 나누는 ⅰ)의 구분법은 토론에서 참여자들의 역할을 제시하고 토론의 전략을 수립하며 토론의 결과를 판정하는 데 도움이 되지만 논증적 대화가 실제로 어떻게 전개되는가를 분석하는 데는 도움이 되지 않는다. 장르 관습에 따라 참여자를 규정하는 ⅱ)의 구분법은 '소통 행위 연쇄 분석'에서 논의된 바 있다. 여기서는 구체적인 공론 논변의 진행 양상을 역동적으로 분석하기 위하여 대화의 진행에서 참여자가 하는 역할에 따라 참여자를 주도자-반대자-판정자로 나누는 ⅲ)의 구분법을 취한다.

① 주도자와 반대자

논증자를 주도자와 반대자로 나누는 관점은 반 에머렌 외(1993)에서 찾아볼 수 있다. 그들은 어떤 견해에 대하여 참여자가 지니는 입장에 따라 참여자의 역할을 주도자와 반대자로 나눈다.[29] 그들에 따르면 한 참여자

---

29) 주도자/반대자와 긍정측/부정측은 어떤 진술 혹은 주장에 대하여 참여자가 지니는 입장에 따라 나누어진다는 점에서 공통점을 지닌다. 그러나 이들은 다음과 같은 점에서 뚜렷한 차이를 보인다. 주도자와 반대자는 논증적 대화의 진행 중에 나타나는 역동적인 역할 개념으로 참여자가 어떤 쟁점에 대해 자신의 견해를 내세우거나 제시된 견해에 대하여 받아들이지 않을 때 성립된다. 따라서 주도자와 반대자의 역할

가 어떤 쟁점에 대해 자신의 견해를 내세우게 되면 그는 그 견해에 대해
주도자의 역할을 하게 된다. 이 때 상대방이 그 견해를 받아들일 수 없는
한 상대방은 반대자의 역할을 하게 된다.

P_1 : 이 문제는 쉽게 해결될 거야. $P_1 \rightarrow$ 주도자
P_2 : 그럴까? $P_2 \rightarrow$ 반대자
                                           (P : 참여자)

경우에 따라서는 한 쟁점(명제)에 대하여 주도자와 반대자의 역할이 겹
쳐지기도 한다. 주도자가 내세우는 견해에 대하여 어떤 사람이 의심을 할
뿐만 아니라 대립되는 견해를 내세울 때가 그러한 경우이다.

P_1 : 행동주의 심리학은 한물간 이론이야. $P_1 \rightarrow$ 주도자
P_2 : 글쎄. $P_2 \rightarrow$ 반대자
P_1 : 더 이상 행동주의 심리학을 공부하는 사람은 없어. $P_1 \rightarrow$ 주도자
P_2 : 행동주의 심리학은 한물간 이론이라는 말은 사실
       이 아니야. 행동주의 심리학은 아직도 심리학계에
       큰 영향을 미치고 있어. $P_2 \rightarrow$ 주도자

이 예에서 '행동주의 심리학은 한물간 이론이다.'라는 명제(p)에 대하여
찬성하는 견해(행동주의 심리학은 한물간 이론이야.)와 반대하는 견해(행동주의
심리학은 한물간 이론이라는 말은 사실이 아니야.)가 대립하고 있다. 이 대화에
서 P_2는 하나의 쟁점에 대해 반대자의 역할과 주도자의 역할을 동시에 수
행하고 있다.[30]

은 논증이 진행되는 과정에서 역동적으로 교체된다. 반면 긍정측과 부정측은 미리
정해진 토론 논제, 즉 최상위 논제에 대한 찬성과 반대에 따라 참여자들에게 할당
된 형식적인 역할 개념으로 토론이 끝날 때까지 변화하지 않는다.

30) van Eemeren & Grootendorst(1992)는 이런 현상과 관련하여 양립 논쟁(mixed disputes)
과 비양립 논쟁(nonmixed disputes)을 구분하였다. 양립 논쟁은 한 진영이 내세우는
견해에 대하여 다른 진영이 수용을 하지 않을 뿐만 아니라 반대되는 견해를 내세우
는 논증을 가리킨다. 비양립 논쟁은 한 진영이 내세우는 견해에 대해 의심을 하긴

반 에머렌 외(1993 : 27)의 주도자/반대자 정의는 제시된 어떤 견해를 중심으로 이루어진 결과 중심의 정의이다. 그들은 이미 제시된 어떤 견해에 대하여 참여자가 옹호를 하는 입장이면 주도자이고 비판적으로 반응하는 입장이면 반대자라는 식으로 정의를 내리고 있는 것이다. 그러나 논증적 대화의 실제 진행 양상은 이와 다르다. 어떤 견해가 먼저 있고 그에 대한 입장에 따라 주도자와 반대자가 결정되는 것이 아니라 어떤 견해를 주도적으로 내세우는 사람이 있고 이에 대하여 의문을 가지는 사람이 있을 따름이다. 따라서 주도자와 반대자의 개념은 과정 중심으로 재정의될 필요가 있다.

주도자와 반대자는 논증 진행(argumentative move)에서 참여자가 수행하는 역할에 따라 나누어지는 것으로 어떤 견해를 주도적으로 내세우는 참여자를 주도자(protagonist)라 하고 그 견해에 대하여 의심하고 받아들이지 않는 참여자를 반대자(antagonist)라 한다.

논증적 대화에서 주도자와 반대자의 역할은 균등하지 않다. 주도자는 새로운 견해를 내세우거나 반대 견해를 내세우는 과정에서 자신의 견해를 입증해야 하는 입증의 부담(burden of proof)을 지게 된다. 그런 까닭으로 주도자의 핵심적인 역할은 반대자가 제기하는 의문에 대하여 자신이 내세우는 견해를 옹호하는 논증을 하는 것이다. 반면 반대자의 역할은 주도자의 주장에 의문을 제기하는 것이고 자신의 문제 제기를 뒷받침하는 논증을 할 수는 있지만 문제의 견해에 대하여 어떠한 입증 책임도 지지 않는다. 이와 관련하여 불일치의 해결을 지향하는 비판적 토의에서는 주도자가 자신의 견해를 방어하지 못하게 되면 자신의 견해를 철회해야 하며 주도자가 자신의 견해를 종국적으로 방어하게 되면 반대자는 주도자의 견해에 대한 의심을 철회해야 한다.

논증적 대화에서 주도자는 반대자에 비해 훨씬 능동적이고 지배적인

____

하지만 반대 견해를 내세우지 않는 논증을 말한다.

역할이다. 모든 논쟁은 주도자가 잠재적 반대자인 청자를 상대로 새로운 견해를 내세움으로써 시작된다. 이때 청자가 주도자의 견해에 대해 의문을 제기하는 데서 그치지 않고 반대 견해를 내세울 경우 새로운 주도자의 역할을 하게 된다. 따라서 논증적 대화에서 참여자의 진영에 관계없이 논증을 능동적으로 이끄는 역할을 하는 참여자가 주도자가 된다.

우리는 여기서 새로운 견해의 주도자와 반대 견해의 주도자를 구분할 필요성을 느끼게 된다. 전자와 후자는 견해를 제시하고 그 견해를 방어한다는 면에서는 동일하지만 실제 논쟁에서는 대립하는 역할이기 때문이다. 대화 진행의 층위에서는 이 두 가지 역할의 기능이 [변론]과 [논박]으로 변별된다. 새로운 견해를 내세우고 옹호하는 주도자와 반대 견해를 내세우고 옹호하는 주도자를 구분하게 되면 어떤 쟁점에 대하여 대립하는 견해들이 상호작용하는 양상을 분석하는 일이 가능해진다. 따라서 전자를 변론적 주도자(defensive protagonist ; dP), 후자를 논박적 주도자(refutational protagonist ; rP)라 칭하기로 한다.

1 이칙 등 :

(**진행 연속체 2**) [**논박** : 만약 임원준의 공이 중하다 하여 그 아들에게 상을 미루어 준다고 하면, 임원준의 공을 갚는 것이 지나치다는 것은 臣等이 이미 말하였습니다.]

[**논박** : 만약 임사홍의 일이 실정에 지나치다고 말한다면, 임사홍의 마음과 행실의 악함은 신등이 말하였을 뿐만 아니라 전하께서도 이미 알고 계시는 것입니다.]

[**논박** : 人事는 10년이면 반드시 변하므로 임사홍도 반드시 허물을 고쳤을 것이라고 하면, 임사홍이 옛 악함을 고치지 아니하고 방자하여 꺼림이 없는 것은 신등이 또한 자세히 말한 바 있습니다.]

[**견해진술** : *전하께서 '유시하기를 자세히 하였다'고 말씀하신 바가 臣은 진실로 의혹스럽습니다.*]

[**변론** : 書經에 이르기를 '爵은 惡德에게 미치지 말고 오직 어진이에게만 주소서' 라고 하였으니, 爵命은 어진이를 대우하는 바라 악덕에게 미칠 수 없습니다. 또 이르기를, '공 세우기를 힘쓰는 자는 상

을 내려 힘쓰게 하셨다'고 하였으니, 賞典은 공이 있는 이를 기리는 것이므로 공이 없는 이에게 주는 것은 옳지 못합니다. 임사홍은 크게 악한 것만 있고 조그마한 공도 없으니 爵賞의 명을 함부로 더하는 것은 옳지 아니합니다.]

— 소통 행위 (6)

위의 이칙 등의 발화에서 주도자→반대자→주도자의 역할 교대가 나타난다. 이칙 등은 임금의 견해를 논박하는 앞부분(기본체)에서는 임금의 주장에 대립되는 견해를 내세워 주도자의 역할을 하고 있으며, 임금의 주장에 의문을 제기하는 [견해진술] 부분(기울임체)에서는 반대자의 역할을 한다. 그러다가 다시 작상의 원칙에 대한 자신들의 견해를 내세우는 뒷부분(기본체)에서 주도자의 역할을 하고 있다. 한편 처음 세 개의 진행에서 이칙 등이 임금의 견해에 대하여 반대 견해를 내세우는 역할을 하고 있으므로 논박적 주도자(rP)가 되며, 마지막 진행은 이칙 등이 자신의 견해를 내세우고 이를 논증하고 있으므로 변론적 주도자(dP)가 된다.

앞의 예에서 볼 수 있듯이 주도자와 반대자의 역할 교대는 말차례의 교대와 일치하지 않는다. 만약 어떤 논증자가 자신의 말차례에서 자신의 견해를 개진하거나 방어하는 논증을 하게 되면 그 논증자는 주도자의 역할을 하게 된다. 그러나 그 논증자가 대립되는 견해를 내세우지 않고 상대방의 견해를 반박하는 논증을 하게 되면 그 논증자는 반대자의 역할을 수행하게 된다. 주도자와 반대자의 역할은 논증적 대화의 진행 차원에서 발화자의 능동적인 선택에 따라 결정된다.

한편 논증적 대화의 한 진영이 발화자로서 주도자나 반대자의 역할을 할 때 발화를 하지 않는 상대방은 그 반대의 역할을 하는 것으로 간주된다. 여기서 발언권을 지닌 역할과 그 상대자가 되는 발언권이 없는 역할을 구분하여 전자를 지배적 주도자/지배적 반대자라 하고 후자를 함축적 반대자/함축적 주도자(implied antagonist/implied protagonist ; (A)/(P))라고 부르기로 한다. 다만 이를 특별히 구별할 필요가 없을 때에는 지배적 주도자/

지배적 반대자를 '주도자/반대자'로 칭한다. 위의 이칙 등의 논변에서 이칙 등이 주도자가 될 때 대화의 상대자인 임금은 함축적 반대자((A))가 되고 이칙 등이 반대자가 될 때 임금은 함축적 주도자((P))가 된다.

이와 같은 참여자의 역동적인 역할을 표현하기 위하여 다음과 같은 규약을 사용하기로 한다.

[이름 : 변론적 주도자/논박적 주도자 → 진행 ← 함축적 반대자 : 이름]

⇒ [이름 : dP/rP → move ← (A) : 이름]

이 규약을 사용하여 앞의 이칙 등의 예를 분석하면 다음과 같다.

[이칙 등 : rP → 만약 임원준의 공이 중하다 하여 그 아들에게 상을 미루어 준다고 하면, 임원준의 공을 갚는 것이 지나치다는 것은 臣等이 이미 말하였습니다. ← (A) : 임금]

[이칙 등 : rP → 만약 임사홍의 일이 실정에 지나치다고 말한다면, 임사홍의 마음과 행실의 악함은 신등이 말하였을 뿐만 아니라 전하께서도 이미 알고 계시는 것입니다. ← (A) : 임금]

[이칙 등 : rP → 人事는 10년이면 반드시 변하므로 임사홍도 반드시 허물을 고쳤을 것이라고 하면, 임사홍이 옛 악함을 고치지 아니하고 방자하여 꺼림이 없는 것은 신등이 또한 자세히 말한 바 있습니다. ← (A) : 임금]

[이칙 등 : A → 전하께서 '유시하기를 자세히 하였다'고 말씀하신 바가 臣은 진실로 의혹스럽습니다. ← (P) : 임금]

[이칙 등 : dP → 書經에 이르기를 '爵은 惡德에게 미치지 말고 오직 어진 이에게만 주소서' 라고 하였으니, 爵命은 어진이를 대우하는 바라 악덕에게 미칠 수 없습니다. 또 이르기를, '공 세우기를 힘쓰는 자는 상을 내려 힘쓰게 하셨다'고 하였으니, 賞典은 공이 있는 이를 기리는 것이므로 공이 없는 이에게 주는 것은 옳지 못합니다. 임사홍은 크게 악한 것만 있고 조그마한 공도 없으니 爵賞의 명을 함부로 더하는 것은 옳지 아니합니다. ← (A) : 임금]

주도자와 반대자의 역할은 논증적 진행(argumentative move)을 중심으로 실현된다. 논증 기능이 아닌 일반 대화 기능을 수행하는 진행에서는 주도자와 반대자의 역할이 드러나지 않는다.

#경연에 납시었다. 講하기를 마치자, 시강관 이승건이 아뢰었다.#

1 이승건 : {[문제진술 : *신등이 어제 임사홍의 일을 논하였던 바, 어서에 이르시기를, '반드시 임사홍을 미워하는 것이다'라고 하셨습니다.*]

[논박 : *신등은 임사홍과 본래 사원이 없는데 어찌 미워함이 있겠습니까?*]

[논박 : *연달아 상소하여 지극히 간하는 것은, 진실로 임사홍이 소인인 까닭으로 기용할 수 없다는 것입니다. 예로부터 한 사람의 소인이 조정에 진출하면 뭇소인이 무리로 진출하여 크게 해가 됩니다. 그렇기 때문에 신등이 그것을 말하였습니다.*]

[문제진술 : *그리고 전하께서는 '반드시 나에게 분하게 여기는 것이다'라고 하셨습니다.*]

[논박 : *신등이 經幄에 있으면서 여러 번 성상의 은혜를 입었으나 조그마한 보답도 없었습니다. 그러나 오직 군자를 진출시키고 소인을 물리치려는 마음이 항상 마음속에 분격하여 모르는 사이에 말한 것뿐입니다. 어찌 분해하고 원망하는 마음이 있어서 그러하겠습니까?*]

#검토관 민상안이 아뢰었다.#

2 민상안 : [변론 : 소인이 나아가면 군자가 물러가므로 군자와 소인의 나아가고 물러가는 기틀을 신중하게 아니할 수 없습니다.]

#상께서 좌우에 顧問하시었다.#

(3 상 : [하문 : 그대들의 뜻은 어떠한가?])

#영사 윤호가 아뢰었다.#

4 윤호 : [견해진술(응답) : 임사홍은 공신의 적장인데 기용하더라도 무엇이 방해되겠습니까?]

#지사 허종이 아뢰었다.#

5 허종 : [응답 : 임사홍이 승지가 되었을 때에 죄를 얻은 정상은 신이 자세히 알지 못합니다.]

[견해진술(응답) : 그러나 임사홍은 공신의 적장이 되니, 관례로 마땅히 녹용해야 한다면 단지 행직으로 權이 없는 곳에 서용하는 것이 무방할 듯합니다.]

— 소통 행위 (20)

위에서 [문제진술], [논박], [변론], [견해진술]의 경우 주도자(볼드체)와 반대자(기울임 볼드체)의 역할이 나타나지만 [하문], [응답]의 경우는 그 역할이 드러나지 않는다. 주도자와 반대자의 역할은 논증적 진행의 유형에 속하는 [변론], [논박], [말터진술], [문제진술], [견해진술]의 경우에 드러나며 비논증적인 대화 기능인 [개시], [종결], [거절], [허락], [수용], [요청], [하문], [응답], [하명], [힐난], [논평], [해명], [설명], [호소], [제안]의 경우에는 드러나지 않는 것이 보통이다.[31]

다음은 위의 사례를 역할 표시 규약에 따라 분석한 것이다.

#경연에 납시었다. 講하기를 마치자, 시강관 이승건이 아뢰었다.#
1 이승건 : {[이승건 : A → 신등이 어제 임사홍의 일을 논하였던 바, 어서에 이르 시기를, '반드시 임사홍을 미워하는 것이다'라고 하셨습니다. ← (P) : 임금]
  [이승건 : A → 신등은 임사홍과 본래 사원이 없는데 어찌 미워함이 있겠습니까? ← (P) : 임금]
  [이승건 : rP → 연달아 상소하여 지극히 간하는 것은, 진실로 임사홍이 소인인 까닭으로 기용할 수 없다는 것입니다. 예로부터 한 사람의 소인이 조정에 진출하면 뭇소인이 무리로 진출하여 크게 해가 됩니다. 그렇기 때문에 신등이 그것을 말하였습니다. ← (A) : 임금]
  [이승건 : A → 그리고 전하께서는 '반드시 나에게 분하게 여기는 것이다.'라고 하셨습니다. ← (P) : 임금]
  [이승건 : rP → 신등이 經幄에 있으면서 여러 번 성상의 은혜를 입었으나 조그마한 보답도 없었습니다. 그러나 오직 군자를 진출시키고 소인을 물리치려는 마음이 항상 마음속에 분격하여 모르는 사이에 말한 것뿐입니다. 어찌 분해하고 원망하는 마음이 있어서 그러하겠습니까? ← (A) : 임금]

---

31) 대화 기능 중심의 진행에서도 주도자 혹은 반대자의 역할이 나타날 수 있다. 예컨대 소통 행위 (24)의 말차례 12에서 안호 등에 대한 임금의 하문인 [만약 龜筮로 점을 치고 대신이 말을 한다면 이 두 가지 중 어느 것을 따르겠는가?]는 대화적 기능으로는 하문이지만 '대신의 말이 중하므로 따르지 않을 수 있겠는가?'는 주장을 함축하고 있어 주도자의 역할이 나타난다. 이와 같은 현상이 나타나는 것은 대화 기능과 논증 기능이 중첩되는 경우가 있기 때문이다.

#검토관 민상안이 아뢰었다.#

2 민상안 : [민상안 : dP → 소인이 나아가면 군자가 물러가므로 군자와
　소인의 나아가고 물러가는 기틀을 신중하게 아니할 수 없습니다. ←
　(A) : 임금]

#상께서 좌우에 顧問하시었다.#

(3 상 : [하문 : 그대들의 뜻은 어떠한가?])

#영사 윤호가 아뢰었다.#

4 윤호 : [윤호 : dP → 임사홍은 공신의 적장인데 기용하더라도 무엇이
　방해되겠습니까? ← (A) : 이승건 · 민상안]

#지사 허종이 아뢰었다.#

5 허종 : [응답 : 임사홍이 승지가 되었을 때에 죄를 얻은 정상은 신이
　자세히 알지 못합니다.]
　[허종 : dP → 그러나 임사홍은 공신의 적장이 되니, 관례로 마땅히 녹
　용해야 한다면 단지 행직으로 權이 없는 곳에 서용하는 것이 무방할
　듯합니다. ← (A) : 이승건 · 민상안]

― 소통 행위 (20)

　이제 참여자 역할 교대의 과정을 살펴보자. 과정을 단순화하기 위하
여 참여자들은 대립되는 입장을 가진 하나의 논제를 다루는 것으로 가
정한다.

　논증적 대화의 시작은 변론적 주도자(dP)로부터 시작된다. 변론적 주도
자(dP)의 상대자인 함축적 반대자((A))는 자신의 말차례에서 반대자(A)의 역
할을 하든가 논박적 주도자(rP)가 되는 것이 보통이다.

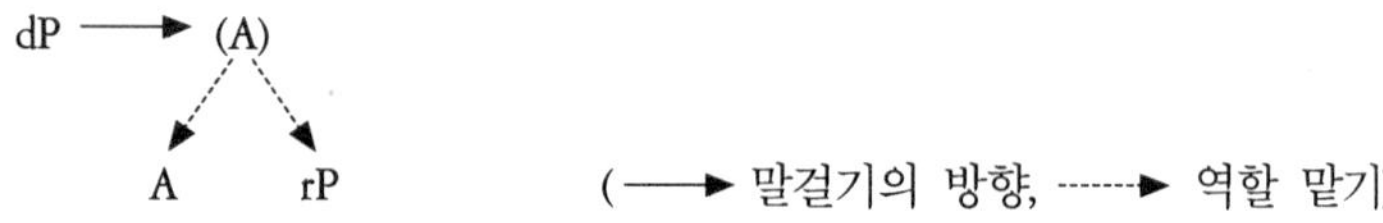

　반대자의 역할을 하게 된 참여자는 함축적 주도자((P))에게 말을 걸고
함축적 주도자((P))는 다시 변론적 주도자(dP)의 역할을 하게 된다.

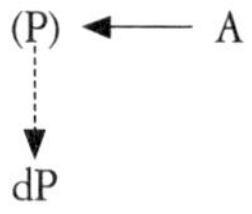

한편 논박적 주도자(rP)의 역할을 하게 된 참여자는 함축적 반대자((A))에게 말을 걸게 되고 함축적 반대자((A))는 반대자(A)가 되거나 변론적 주도자(dP)가 된다.

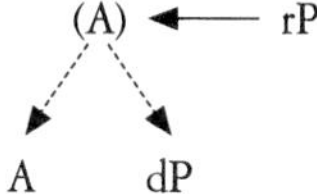

이를 첫번째 함축적 반대자((A))의 두 가지 역할 교대의 경우에 따라 나누고 각각 <규칙 1>과 <규칙 2>로 부르기로 한다.

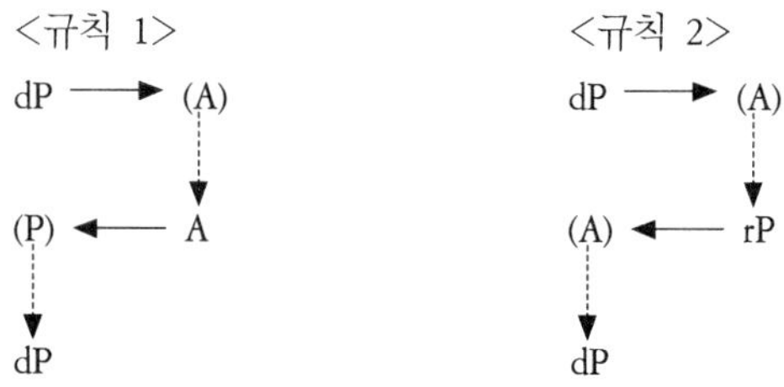

<규칙 1>은 하나의 논제에 대하여 논쟁의 양 진영이 각각 변론적 주도자(dP)와 반대자(A)가 되는 단일 비양립 논쟁(single nonmixed dispute)에 해당한다.[32] 이 경우 변론적 주도자(dP)가 논증의 주도권과 입증의 부담(burden of proof)을 지니게 된다. <규칙 2>는 하나의 논제에 대하여 논쟁의 한 진영이 변론적 주도자(dP)가 될 때 논쟁의 다른 진영이 논박적 주도

---

32) van Eemeren & Grootendorst(1992)는 논쟁의 네 가지 표준 유형으로 단일 비양립 논쟁(single nonmixed dispute), 다중 비양립 논쟁(multiple nonmixed dispute), 단일 양립 논쟁(single mixed dispute), 다중 양립 논쟁(multiple mixed dispute)을 설정하였다. 역할 교대 규칙은 논쟁의 네 가지 표준 유형에 따라 공식화되었다.

자(rP)가 되어 쌍방이 대립되는 견해를 내세우는 단일 양립 논쟁(simple mixed dispute)에 해당한다. 이 때 변론적 주도자(dP)와 논박적 주도자(rP)는 각각 자신의 견해에 대하여 입증의 부담을 지니게 된다.

<규칙 2>는 참여자가 상대방의 견해에 대하여 반대자의 역할을 함에 따라 변형될 수 있는데 그 예를 보이면 다음과 같다.

<규칙 2의 변형>

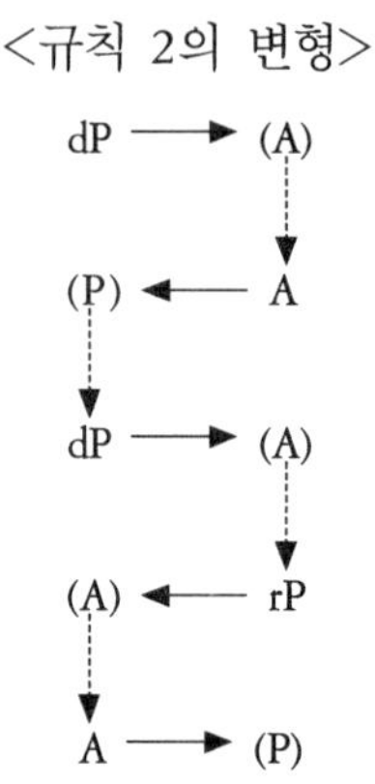

이상의 두 규칙은 하나의 논제를 중심으로 이루어지는 단일 논증의 경우이다. 실제 논증적 대화에서는 이처럼 하나의 논제만을 다루는 경우는 드물고 제2, 제3의 관련된 논제가 도입되거나 해당 논제의 하위 논제들이 다루어지는 경우가 많다. 우선 비양립 논쟁에 새로운 비양립 논쟁이 더해지는 다중 비양립 논쟁(multiple nonmixed dispute)의 경우를 생각해 보자.

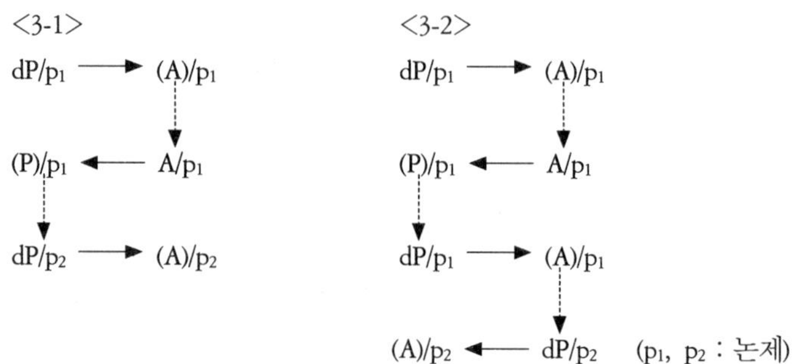

<3-1>은 첫번째 논제의 변론적 주도자가 또다시 새로운 논제(dP/p_2)를 끌어들인 경우이고, <3-2>는 첫번째 논제의 반대자가 새로운 논제(dP/p_2)를 끌어들인 경우이다. 이들을 각각 <규칙 3-1>과 <규칙 3-2>로 부르기로 한다. <규칙 3-1>과 <규칙 3-2>는 새로운 논제가 언제 도입되는가에 따라 변형될 수 있다.

다음으로 양립 논쟁에 새로운 양립 논쟁이 더해지는 다중 양립 논쟁 (multiple mixed dispute)의 경우를 생각해 보자.

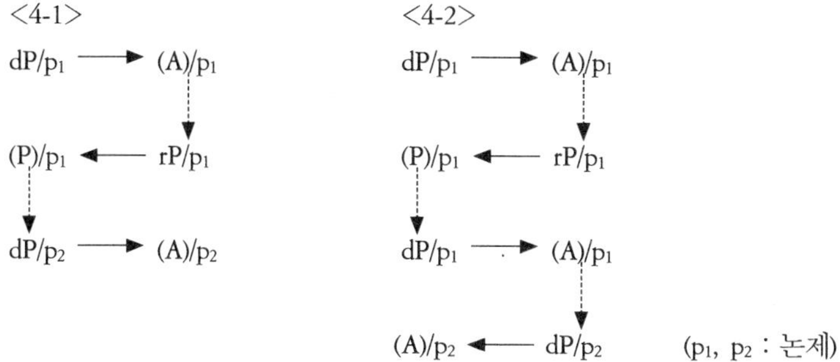

<4-1>은 첫번째 양립 논쟁이 이루어진 다음 변론적 주도자에 의해 새로운 논제에 관한 견해(dP/p_2)가 제시된 경우이고, <3-2>는 첫번째 양립 논쟁이 이루어진 다음 첫번째 논제의 논박적 주도자에 의해 새로운 논제에 관한 견해(dP/p_2)가 제시된 경우이다. 이들을 각각 <규칙 4-1>과 <규칙 4-2>로 부르기로 한다. <규칙 4-1>과 <규칙 4-2> 또한 새로운 논제가 언제 도입되는가에 따라 변형될 수 있다.

논증적 대화의 역할 교대는 참여자들 사이에 제시된 견해들에 대한 공격과 방어가 충실히 이루어지는 방향으로 이루어져야 한다. 어떤 참여자가 새로운 견해를 제시할 경우 상대방은 그 견해에 대하여 분명하게 의문을 제기해야 하며 견해를 제시한 참여자는 제기된 의문에 대해 방어할 의무가 있다.

한편 제시된 견해를 공격하는 수단으로 반대 견해를 제시하는 경우가 흔히 있다. 어떤 견해(+/p)에 대하여 반대 견해(−/p)를 제시하였을 때, 부정적 견해(−/p)의 입증은 긍정적 견해(+/p)의 실패를 의미한다고 할 수 있다. 그러나 부정적 견해가 입증되려면 부정적 견해가 최종적으로 방어되어야 한다. 부정적 견해가 최종적으로 방어된다는 것은 부정적 견해에 대한 상대방의 의심이 해소되고 최종적으로 철회되는 것을 뜻한다. 따라서 견해에 대한 방어가 없는 반대 견해의 제시는 불일치의 해결에 도움이 되지 않는다.

논증적 대화가 건전할수록 제시된 견해에 대한 의문 제기와 그에 대한 방어(변론)가 충실히 이루어진다고 할 수 있다. 주도자와 반대자 사이의 상호작용이 활발히 이루어지는 논증적 대화일수록 문제해결적이다. 반면 변론적 주도자와 논박적 주도자의 순환적 연쇄가 많이 나타나는 논증적 대화일수록 입증되지 않은 견해들만 축적되어 문제해결이 어려워진다. 이 경우 논증적 대화는 평행선을 달리게 되고 참여자들 사이에 갈등이 심화될 수 있다.

이칙 등이 또 아뢰었다.

01 이칙 등 : {[이칙 등 : dP → 전하께서 임사홍을 돌보고 사랑하시면서 종사와 생령을 돌아보지 아니하심이 이에 이르렀습니다. 오늘날 임사홍의 나아가고 물러감은 사직과 생령의 위태롭고 망하는 것에 관계됩니다. ← (A) : 임금]

[이칙 등 : dP → 생각하기를, 대신이 모여서 의론하였으니 반드시 바른 의론을 올리는 이가 있었을 것이라고 여겼습니다. ← (A) : 임금]

[이칙 등 : dP → 이제 모두 의론한 것이 이와 같으니, 전하께서 이런 公卿을 길러서 장차 어디에 쓰시겠습니까? ← (A) : 임금]

전교하시었다.

02 상 : [임금 : A → 한 사람의 임사홍을 기용하는데 사직과 생령이 망하는 데 이르는 까닭은 무엇인가? ← (P) : 이칙 등]

[임금 : rP → 너희들이 모두 임사홍을 미워하여 말하는 것일 뿐이다. ← (A) : 이칙 등]

이칙 등이 다시 아뢰었다.

03 이칙 등 : [이칙 등 : rP → 개벽 이래로 聖主는 요순과 같은 이가 없습니다. 그러나 益이 순임금께 경계하여 아뢰기를, '간사한 자를 버리기를 의심하지 마소서'라고 하였습니다. 전하께서는 비록 성스러우시나 요순에는 미치지 못하십니다. 이제 임사홍을 기용하시면서 이르시기를, '임사홍이 어찌 나라를 그르칠 수 있겠느냐'고 하시니, 이는 전하께서 聖明하심을 스스로 믿으시고 과감히 소인을 기용한 것입니다. 임금은 마땅히 조심하고 두려워하여 깊은 못에 다다른 것처럼 하셔야 합니다. 어찌 성명하심을 스스로 믿을 수 있겠습니까? ← (A) : 임금]

　[이칙 등 : dP → 임사홍의 진퇴를 결정하는 것이 오늘에 달렸는데 삼공육경과 승지로 있는 이가 바로 극진히 말할 때를 당하여 입을 다물고 침묵하기를 이와 같이 하니, 이는 전하께서 고립되어 원조가 없는 것입니다. ← (A) : 임금]

전교하시었다.

04 상 : [임금 : A → 오늘이 바로 국가가 장차 끝나는 날인가? ← (P) : 이칙 등]

　[임금 : dP → 너희들이 촛불을 밝히고 무리를 지어 이른 것은 무엇 때문인가? 너희들이 만약 다시 내 얼굴을 보려고 한다면 어찌하여 이와 같이 하는가? ← (A) : 이칙 등 · 안호 등]

　# 이칙 등이 아뢰었다. #

05 이칙 등 : [이칙 등 : rP → 신등은 진실로 오늘은 바로 국가가 장차 끝나는 날이라고 생각합니다. 전하께서 재상에게 물으셨으나 재상들도 감히 그 잘못을 말하지 아니하니, 신등이 종사가 위태롭고 망하는 결정이 오늘에 달렸다고 이르는 것입니다. ← (A) : 임금]

전교하시었다.

06 상 : [임금 : A → 오늘 만약 임사홍을 기용하면 내일 나라가 망하겠는가? ← (P) : 이칙 등]

대사간 안호 등이 아뢰었다.

07 안호 등 : [응답 : 오늘 재상을 불러서 의론하시기에 신등이 오늘 반드시 임사홍을 버릴 것이라고 생각하면서 우두커니 成命을 기다렸는데, 늦게 들으니 전교에 이르시기를, '물어 본 계책이 모두 같으므로 윤허하지 아니한다'고 하셨으므로, 신등은 놀라서 예궐하였습니다.]

전교하시었다.

08 상 : [임금 : dP → 『書經』에 龜從筮從이라는 말이 있다. 이제 삼공육경의 말이 이와 같은데 어찌하여 듣지 아니하겠는가? ← (A) : 안호 등]

이칙 등이 아뢰었다.

09 이칙 등 : [이칙 등 : rP → 만약 임사홍을 기용하면 종사가 위태롭고 망하는 것은 어찌 내일을 기다리겠습니까? 결정이 오늘에 있습니다. ← (A) : 임금]

[이칙 등 : dP → 신등은 용렬하여 天心을 돌이킬 수 없다면 삼공육경은 말할 만한데 말하지 아니하였습니다. 지금 의론에서도 그를 기용할 수 없다는 것을 또한 말하지 아니하니, 이는 전하께서 고립되어 원조가 없는 것입니다. 위태롭고 망하는 조짐이 이로부터 비롯될 것입니다. ← (A) : 임금]

안호 등이 아뢰었다.

10 안호 등 : [안호 등 : rP → 『서경』에 이른 바 귀종서종이란 말은 그 至公無私함을 말한 것입니다. 이제 삼공육경과 승지들이 모두 임원준·임사홍·임광재 등 삼부자와 사귀어 친하므로 임사홍을 비호하려고 하여 한 사람도 쓸 수 없음을 말하는 이가 없으니, 이들의 죄를 다스리지 아니할 수 없습니다. ← (A) : 임금]

이칙 등에게 전교하시었다.

11 상 : [임금 : rP → 임사홍은 소인이 아니다. 가령 참 소인을 기용한다 하더라도 어찌 나라를 그르칠 수 있겠는가? ← (A) : 이칙 등]

[임금 : dP → 백년 뒤의 일을 나도 어찌 알겠는가? ← (A) : 이칙 등]

[임금 : dP → 또 卿等이 밤을 새워서 말하는 것을 어찌 꺼리겠는가마는, 臺諫이 밤이 깊도록 문에 머물면서 출입하면 듣는 이가 반드시 놀랄 것이다. ← (A) : 이칙 등]

안호 등에게 전교하시었다.

12 상 : [임금 : dP → 龜從의 점도 오히려 반드시 썼는데 오늘날 대신의 말을 어찌 듣지 아니하겠는가? ← (A) : 안호 등]

[임금 : rP → 만약 龜筮로 점을 치고 대신이 말을 한다면 이 두 가지 중 어느 것을 따르겠는가? ← (A) : 안호 등]

이칙 등이 아뢰었다.

13 이칙 등 : [이칙 등 : rP → 대간이 문에 머물면서 출입하는 것은 과연 놀랄 일입니다. 임사홍을 기용하면 사직과 생령이 반드시 위태로울 것이니, 어찌 놀라지 않겠습니까? 만약 소동을 일으킨다 하여 말하지 아니하면 다른 날 나라를 그르칠 때에는 미처 구할 수 있겠습니까? ← (A) : 임금]

안호 등이 아뢰었다.

14 안호 등 : [안호 등 : rP → 크게 의심스러운 일은 귀서로 점을 쳐서 결
    정하는데, 귀서는 지극히 공정하고 사사로움이 없는 물건이기 때문입
    니다. 이제 재상 등은 모두 원준, 사홍, 광재와 사귀어 친한 까닭으로
    비호하려고 하는데, 어찌 귀서에 비하겠습니까? ← (A) : 임금]
전교하시었다.
15 상 : [임금 : dP → 만약 임사홍이 나에게 요구함이 있어서 기용하는 것
    이라면 그 조짐이 두려워할 만하므로 너희들이 말하는 것이 마땅하다.
    임원준의 공이 커서 단지 1자급만 가하는 것이 마음에 차지 아니하기
    때문에 그 아들에게 미친 것이다. ← (A) : 이칙 등 · 안호 등]
이칙이 아뢰었다.
16 이칙 등 : [이칙 등 : dP → 전하께서는 旁支로서 들어와 大統을 이어받
    으셨으니, 이는 사람이 한 것이 아닙니다. 바로 하늘에 계시는 祖宗의
    靈이 종사와 생령이 중하다는 것으로 聖人을 골라서 부여한 것입니다.
    그러니 전하께서는 마땅히 종사와 생령을 위해서 큰 계책을 삼아야 할
    것입니다. ← (A) : 임금]
    [이칙 등 : dP → 여기 어떤 사람이 전하의 錢穀을 지키는 창고의 관리
    가 되었는데 만약 전곡을 다 써 버리고 남은 것이 없게 되었으면, 전
    하께서는 어떻다고 하시겠습니까? 이제 전하께서는 조종의 중한 부탁
    을 받으셨는데 관작을 남용하여 소인에게 더하기를 이와 같이 하시
    면, 하늘에 계시는 祖宗의 靈이 전하를 보심이 전하께서 이 사람을
    보시는 것과 역시 같을 것입니다. ← (A) : 임금]
    [이칙 등 : dP → 임사홍이 종사와 생령에 무슨 관계가 있어서 반드시
    기용하려고 하십니까? ← (A) : 임금]
전교하시었다.
17 상 : [판정 : 오늘은 旁支와 正統을 분별할 때가 아니다.]
대간이 合辭하여 아뢰었다.
18 대간 : [종결 : 임사홍의 일은 오늘 마땅히 머리를 깨뜨리며 다툴 것입
    니다마는, 밤이 깊어서 성상의 옥체가 수고로우우실까 두려워 감히 다시
    아뢰지 못하고 물러가겠습니다.]
승정원에 전교하시었다.
19 상 : [종결 : 날씨가 추우니 대간들에게 술을 대접하여 보내라.]}
물러가자 밤이 이미 四鼓가 되었다.

― 소통 행위 (24)

앞에서 논의한 대로 소통 행위 (24)는 임사홍 탄핵 논변의 전환점에 해당하는 논변이다. 소통 행위 (24)의 참여자 역할 교대를 정리해 보면 다음과 같다(함축적 역할은 생략).

이칙 등 ↔ 임금	안호 등 ↔ 임금
dP →	← dP
dP →	← dP
dP →	rP →
← A	← dP
← rP	← rP
rP →	rP →
dP →	← dP
← A	
← dP	
rP →	
← A	
rP →	
dP →	
← rP	
← dP	
← dP	
rP →	
← dP	
dP →	
dP →	
dP →	

이칙 등과 임금의 대화에서는 전반부에 rP ← A 교환이 세 번 나타날 뿐이며 나머지 역할 교대는 전형적인 dP ↔ rP 교환이다. 안호 등과 임금의 대화에서는 전 과정이 dP ↔ rP 교환으로 나타난다. 이 분석에서도 알 수 있듯이 소통 행위 (24)에는 제시된 견해에 대한 방어는 이루어지지 않고 서로간에 상반된 견해들만 쏟아내는 평행선 달리기 현상이 두드러진다. 이러한 평행선 달리기 현상은 종종 논쟁을 위한 논쟁으로 비화되어 감정적인 대립으로 흘러가는 경우가 많은데, 이 사례에서도 그러한 현상을 볼 수 있다. 임금과의 여러 차례의 논박의 교환 끝에 이칙 등은 임금

에 대해 '방지로 들어와서 대통을 이어받으셨으니'라는 발언을 하여 임금의 정통성과 관련된 매우 예민하고 위험한 부분을 건드리게 되고 이에 대해 임금은 유감스러운 감정을 지니게 된다.[33]

한편 대립되는 입장을 가진 논증적 대화의 참여자들 사이에는 언제라도 논의될 수 있는 여러 가지 잠재적인 쟁점들이 있게 마련이다. 참여자들은 이러한 잠재적인 쟁점들에 대하여 잠재적인 주도자 혹은 잠재적인 반대자의 역할을 지니게 된다. 이 잠재적인 역할은 논증적 대화의 실제적인 전개 과정에서 하나씩 하나씩 역동적으로 실현된다. 논증적 대화가 합리적이라면 이러한 잠재적 주도자와 잠재적 반대자는 점차 소멸되고 실현된 주도자와 실현된 반대자로 남을 것이다. 그러나 논증적 대화가 결말에 가까워졌음에도 논증 참여자들의 잠재적 역할들이 소멸하지 않고 남아 있게 되면 그 논증적 대화는 해결점에 도달하지 못한 것으로 평가될 수 있다.[34]

임사홍 탄핵 논변의 경우 소통 행위 (34)에 이르러 임사홍 탄핵 논변의 관습적인 절차가 일단락되지만 시사(視事)라는 비일상적인 논증적 대화의 공간에서 다시 문제가 거론되는 것은 관습적인 절차가 종결되었음에도 논증자들의 잠재적 역할들이 해소되지 않은 채 남아있었기 때문이었다고 해석할 수 있다.

---

33) 다음날 이어지는 소통 행위 (25)에서 임금이 이칙에 대하여 "또 '방지로 들어와 대통을 이었다'는 말은 과인이 유감스러움이 있다."는 질책성 발언을 하게 되고 이칙은 "제왕이 서로 계승함에 만약 아버지가 아들에게 전하는 것이라면 비록 聖明하지 못할지라도 오히려 대통을 이을 수 있으나 만약 종사와 생령을 위하여 어진이를 골라서 준다면 大聖이 아니면 감히 감당할 수 없습니다."라고 대답하여 기지로 이 위기를 극복한다.

34) 이와 관련하여 화용-대화론의 비판적 토의를 위한 십계명에는 다음과 같은 규칙이 있다. 규칙 (1) 참여자들은 서로가 견해를 개진하거나 견해에 대한 의심을 제기하는 것을 방해해서는 아니 된다. van Eemeren & Grootendorst(1992) 19장 참조.

② 판정자

공론 논변에서 판정자의 역할은 보통 논증적 대화의 끝부분에서 임금
에 의해 실현된다.

> 2 승정원 : [설명 : 임사홍의 일을 대간이 바야흐로 논핵하고 있으므로 신
> 등은 미처 헤아리지 못하였습니다.]
>   [요청 : 이제 대간이 신등이 말하지 아니하는 것을 탄핵하니, 피혐하기
>   를 청합니다.]
> #전교하시었다.#
> 3 상 : [판정 **대간은 삼공·육경과 승지가 자기를 돕지 않는다는 것으로
> 이처럼 말하였으니, 피혐하지 말도록 하라.**]

— 소통 행위 (21)

판정자의 역할은 공론 영역만의 특성이 반영된 [판정] 진행으로 실현
된다.

공론 논변에서 판정자로서의 임금의 지위는 시종일관 유지된다. 심지
어 임금이 언관과 더불어 논박을 할 때도 판정자로서의 지위는 유지된
다. 임금이 논증적 대화에서 주도자나 반대자의 역할을 함으로써 판정
자로서의 역할이 명시적으로 드러나지 않을 때 임금은 잠재적 판정자로
기능한다.

논증적 대화에서 보이는 제3의 역할은 논증적 대화의 장에 따라 다양
하게 나타난다. 특히 논증적 대화의 어떤 참여자에게 특수한 지위(status)
를 부여하는 경우 참여자들의 역할 관계는 상당히 복잡한 양상을 띠게
된다. TV 토론에서의 사회자, 재판정에서의 판사나 배심원, 학교 토론에
서의 배심원단이나 청중, 조정 재판소(conciliation court)의 중재자 등이 그
전형적인 예이다. 논증적 대화의 장에서 이러한 특수한 지위를 부여받은
참여자는 논증 능력만으로 대립되는 견해의 경쟁을 벌이는 주도자-반대
자의 역할에 머무르지 않고 논증적 대화 그 자체의 시작과 과정과 종결
에 간여한다. 이러한 제3의 역할에는 논쟁이 합리적인 절차에 따라 진행

되도록 유도하는 사회자로서의 역할, 대립되는 두 입장을 조정하여 화해
와 일치에 이르게 하는 조정자의 역할, 그리고 논쟁을 합리적으로 판정하
는 판정자로서의 역할이 있다.35)

판정자로서의 임금의 특수한 지위는 당대인의 관념 세계에서 임금이
지니는 상징적인 의미에 의해 정당성을 부여받는다. 임금은 천명을 받아
백성을 다스리는 사람으로 당대인들에게 유교적 세계관 최고의 인간상(人
間像)인 성인군주로 여겨지거나 적어도 성인군주에 가까운 존재로 여겨졌
다. 당대인에게 임금은 공의(公義)의 대변자로서 가장 합리적이고도 불편
부당한 판정을 내릴 수 있는 존재였던 것이다.

③ 임금의 이중적인 역할과 상

논증적 대화는 제3의 역할을 부여받은 참여자가 논증적 대화에 대하여
어느 정도의 거리를 두는가에 따라서 다양한 양상으로 전개된다. 일반적
으로 제3의 역할을 부여받은 특수한 지위의 참여자는 논증에 직접적으로
참여하지 않고 일정한 거리를 두는 경우가 많다. 재판정의 판사나 배심
원, 학교 토론에서의 배심원단이나 청중, 조정 재판소(conciliation court)의
중재자 등이 그 전형적인 예이다. 이 경우 제3의 역할을 맡은 참여자는
대립되는 양 진영의 경쟁에 대해 중립을 지킨다는 공통점이 있다. 이와는
달리 제3의 역할을 맡은 참여자가 논증에 적극적으로 개입하는 경우도
있다. 일반적으로 덜 격식화된 논증적 대화에서 주도자-반대자의 역할과
제3의 역할이 혼재되어 나타나는 경우가 많다.

공론 논변의 경우 임금은 판정자로서의 지위와 주도자/반대자로서의

---

35) 논증적 대화에서 나타나는 제3의 역할은 명시적으로 격식화되어 드러나는 경우도
    있지만 대화의 진행 과정에서 암묵적인 합의에 의해 형성되는 경우도 있다. TV 토
    론의 사회자나 재판정의 배심원과 같은 것이 전자의 경우이고, 축구를 할까 야구를
    할까에 대하여 말다툼을 벌이는 또래 집단에서 결정을 주도하는 아이가 나타나는
    경우나 교실 모둠 토의에서 토의의 흐름을 주도하는 학생이 자연스레 나타나는 경
    우가 후자의 경우이다.

지위를 동시에 지니고 있었다. 그러나 이 두 가지 지위 중 판정자로서의 지위가 항시적이고 우선적이었다. 임금은 공론 영역에서 대립되는 견해가 나타날 때 그 견해들에 대하여 일정한 거리를 두고 중립을 지키려고 노력하였다. 특히 사안이 중대하여 재신들로 하여금 그 문제를 의론하게 하는 경우 임금은 자신의 의견을 개진하지 않고 엄정한 중립을 지키며 재신들의 수의(收議)가 종결된 후 가장 합리적인 견해를 따르는 것이 관례였다. 그러나 임금을 상대로 언관의 논변이 격렬하게 진행되면 임금은 논증적 대화의 당사자로서 주도자/반대자의 역할을 수행하였다. 소통 행위 (24)에서 보이는 대간과 임금간의 대화가 그 전형적인 사례이다.

공론 논변에서 임금의 지위와 역할은 이중적이었으며 판정자의 역할과 논증자의 역할 중 어느 것이 우선하는가는 그 때 그 때의 정황에 따라 달라진다.

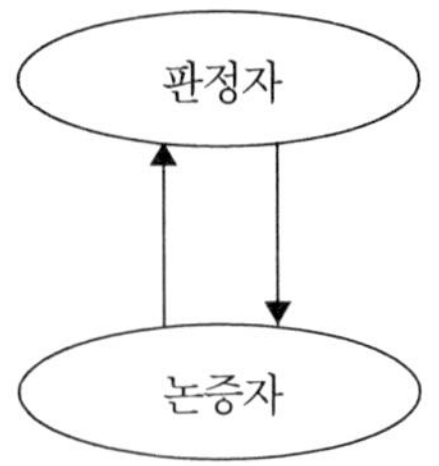

그런데 판정자의 역할과 논증자의 역할은 각각 이상적 청자와 현실적 군왕이라는 임금의 이중적인 상과 겹쳐진다.

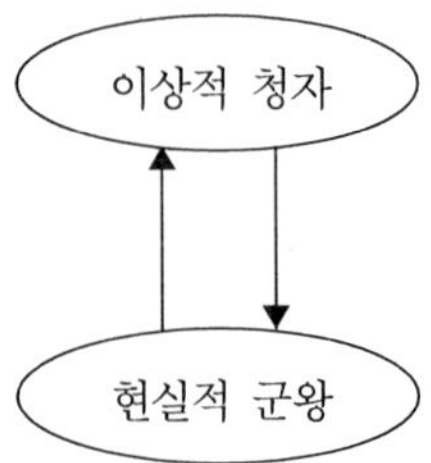

한편 임금이 지니는 이러한 이중적 상과 이중적 역할은 언관들의 논변에서 적극적으로 활용되었다. 언관들은 때로는 이상적 청자로서의 임금에게 그리고 때로는 현실적 군왕으로서의 임금에게 말을 걺으로써 효과적인 논증의 공간을 창출하였다.

1 이칙 등 :
(진행 연속체 1) {[臣等이 요즈음 임사홍의 일을 가지고 天聽을 여러 차례 더럽혔으나(累瀆) 윤허를 얻지 못하였습니다.]
[그런데 御書에 이르시기를 "諭示하기를 자세히 하였다. 어찌하여 말을 번거롭게 하느냐?"고 하셨습니다. 신등은 '유시하기를 자세히 하였다'는 것이 무엇을 이르는 것인지 아직 깨닫지 못하였습니다.]
(진행 연속체 2) [만약 임원준의 공이 중하다 하여 그 아들에게 상을 미루어 준다고 하면, 임원준의 공을 갚는 것이 지나치다는 것은 臣等이 이미 말하였습니다. 만약 임사홍의 일이 실정에 지나치다고 말한다면, 임사홍의 마음과 행실의 악함은 신등이 말하였을 뿐만 아니라 전하께서도 이미 알고 계시는 것입니다. 人事는 10년이면 반드시 변하므로 임사홍도 반드시 허물을 고쳤을 것이라고 하면, 임사홍이 옛 악함을 고치지 아니하고 방자하여 꺼림이 없는 것은 신등이 또한 자세히 말한 바 있습니다.]
[전하께서 '유시하기를 자세히 하였다'고 말씀하신 바가 臣은 진실로 의혹스럽습니다.]
[書經에 이르기를 '爵은 惡德에게 미치지 말고 오직 어진이에게만 주소서' 라고 하였으니, 爵命은 어진이를 대우하는 바라 악덕에게 미칠 수 없습니다. 또 이르기를, '공 세우기를 힘쓰는 자는 상을 내려 힘쓰게 하셨다'고 하였으니, 賞典은 공이 있는 이를 기리는 것이므로 공이 없는 이에게 주는 것은 옳지 못합니다.]
[임사홍은 크게 악한 것만 있고 조그마한 공도 없으니 爵賞의 명을 함부로 더하는 것은 옳지 아니합니다.]

— 소통 행위 (6)

이칙 등은 상소의 서두에서 이상적 청자/성인군주에게 말을 건다. '하

늘의 들음(天聽)’, ‘여러 차례 더럽힘(累瀆)’, ‘깨우쳐서 보여줌(諭示)’ 등의
표현에서 청자가 절대적이고 이상적인 지위를 지녔음이 표출된다. 그리하
여 ‘어리석은 신하’인 논증자는 임금의 유시가 무엇을 이르는 것인지 ‘아
직 깨닫지 못하고(未審)’ 있다. 우리는 위의 (진행연속체 1)에서 임금이 이
상적인 청자의 상을 지니고 있으며 이에 따라 논증자와 청자가 전형적인
상하 관계를 보이고 있음을 알 수 있다. 그런데 (진행연속체 2)에 이르면
이칙 등은 임금을 상대로 대등한 입장에서 논박을 한다. 그리고는 임금의
말이 ‘진실로 의혹스럽다(實惑焉)’고 결론을 내린다.

그렇다면 (진행연속체 1)과 (진행 연속체 2) 사이에 보이는 이러한 태
도의 차이는 어떻게 이해되어야 하는가? 바로 임금이 지니고 있는 이중적
인 상에서 해답을 찾아야 할 것이다. (진행 연속체 1)은 이상적 청자로서
의 성인군주에게 말을 거는 것이고 (진행 연속체 2)는 현실적인 군주에게
말을 걸고 있는 것이다. 임금의 이중적인 상은 언관의 논변에서 전략적으
로 이용된다.

(진행 연속체 3) [⋯]
　　[이같이 음흉하고 간교한 재주로써 전하의 은총을 도둑질하여 위
　　로는 임금을 속이고 아래로는 사람에게 방자히 군다면 후일의 禍
　　를 어찌 이루 말할 수 있겠습니까?]
　　[유식한 인사는 한심스러워하지 않는 이가 없습니다. 전하께서는
　　아직 깨닫지 못하시고 산처럼 마음을 옮기지 아니하시니, 어찌하
　　여 소인을 사랑함이 이처럼 지극하십니까?]
　　[예로부터 제왕이 그 사람이 소인임을 알지 못하고서 신임하다가
　　나라가 어지러워지고 망하게 되는 경우는 많았습니다. 소인인 것
　　을 알면서도 도리어 사랑하고 신임하여 어지럽고 망하는 계단을
　　열게 한 일은 없었습니다. 전하께서는 이미 임사홍의 간사함을 헤
　　아려 아시면서 반드시 버리지 않으려 하시니, 신등은 국사가 이로
　　부터 날로 그릇될 것이 두렵습니다.]
(진행 연속체 4) [오직 하늘과 祖宗께서 전하에게 맡기신 것은 대개 백
　　성을 보호하고 宗社를 튼튼히 하여 크나큰 터전을 떨어뜨림이 없

> 고, 위대한 業을 억만년 무궁토록 이어가게 하는 것입니다.]
> [소인을 기용하면 어진이가 물러갑니다. 소인을 기용하여 어진이
> 가 물러가면 백성이 병들고 宗社가 불안할 것입니다.]
> [그렇다면 하늘에 계시는 조종의 靈이 옳게 여겨 '능히 하늘의 뜻
> 을 잘 받드는도다' 하시겠습니까? '나의 후손이 터전을 버리지 아
> 니하는도다' 하시겠습니까?]
> (진행 연속체 5) [신등이 聖聰을 여러 차례 더럽혔으나 윤허를 얻지 못
> 하였으니, 이는 반드시 어리석은 말이 성총에 거슬린 것입니다.]
> [伊尹이 太甲에게 고하기를, '말이 그대의 마음에 거슬리면 반드시
> 道에서 구하도록 하오'라고 하였습니다. 엎드려 원하건대 전하께
> 서는 신등의 말이 거슬린다고 하지 마시고 허심탄회한 마음으로
> 자세히 생각하시어 빨리 成命을 거두시어 소인이 나라를 그르치
> 는 조짐을 막으소서.]

— 소통 행위 (6)

(진행 연속체 3)에 이르면 임금은 '무식한 인사'의 범주에 포함되어 언관의 비난을 받고 있다. 그러다가 (진행 연속체 5)에 이르면 언관은 청자를 다시 이상적 청자인 성인군주의 위치로 되돌려 놓는다. 그러고는 성인군주의 위상에 걸맞게 판단하고 행동할 것이 촉구된다.

이상적 청자(성인군주) → 현실적 군주 → 이상적 청자(성인군주)라는 청자의 위상의 변화는 상하간 소통의 현실적인 제약을 극복하는 방편이 됨으로써 합리적인 논증이 이루어지는 심리적 공간을 확보하는 데 기여한다. 즉 논증자들이 현실적 청자가 지닌 부정적인 면에 대하여 논할 수 있는 것은 공론 영역에서 이상적 청자의 모델이 이상적인 준거로서 작용하고 있기 때문에 가능한 것이다. 성인군주라는 이상적인 준거는 공론 영역에서 화자와 청자가 공유하고 있던 지향점이었다. 이에 따라 논증자들에게 그 이상적 기준을 지향하는 논의를 할 수 있는 심리적 공간이 확보되었던 것이다.

언관들에 의해 전략적으로 이용된 임금의 이중적인 상은 권위의 대변자, 또는 공론의 대변자로서의 언관의 위상의 이동과 맞물려 단순한 수직

적 관계에서는 실현할 수 없는 자유로운 논변의 공간을 창출하였다. 언관들은 권위에 호소하는 논증을 통해 어리석은 신하로서의 자신의 위상을 격상시켰다. 위의 〈진행연속체 5〉의 두 번째 진행에서 이칙 등은 『서경』이라는 고전에 등장하는 성인의 말을 대변함으로써 일시적으로 청자와 동등한 위치에 서거나 심지어는 청자보다 우위에 서기도 하였다. 언관들은 임금의 이중적인 위상과 자신들의 이중적인 위상을 전략적으로 이동시킴으로써 합리적 논변의 심리적인 공간을 창출하였던 것이다. 화자와 청자의 위상의 변화를 통한 논변의 심리적 공간 창출을 도식화하여 나타내면 다음과 같다.

[그림 11] 화자와 청자의 위상의 이동을 통한 논변의 심리적 공간 창출

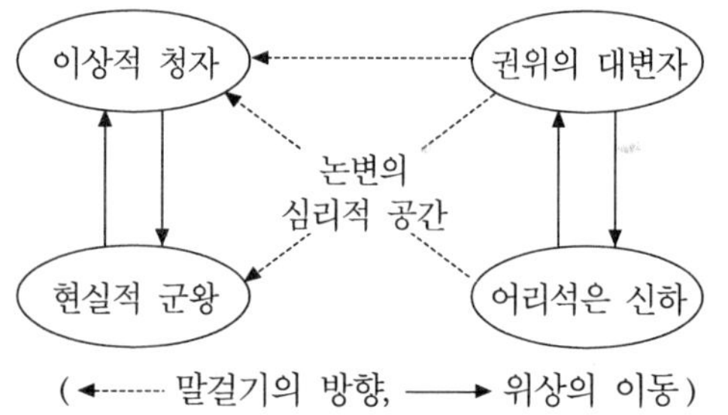

한편 공론 논변에서 임금과 언관은 각각 공의(公義)와 공론(公論)의 대변자로서의 지위를 지니고 있었다. 3장에서 논한 바와 같이 공의(公義)와 공론(公論)은 이상적인 차원에서는 일치하는 것으로 이해되었다. 그러나 현실적인 차원에서는 공의를 대변하는 임금의 입장과 공론을 대변하는 언관의 입장은 불일치하였다. 이러한 불일치로 인하여 공론 영역에서의 논변이 전개되는 것이다. 공론 영역의 참여자들은 이러한 견해의 불일치를 논증적 대화를 통하여 해소하려고 노력하였다. 그런데 불일치에서 일치에 이르는 방향은 공의의 대변자와 공론의 대변자의 대화를 통해 공론과 공의가 일치하는 이상적인 방향으로 나아가는 것을 의미했다.

[그림 12] 공론 논변의 이상적인 지향점

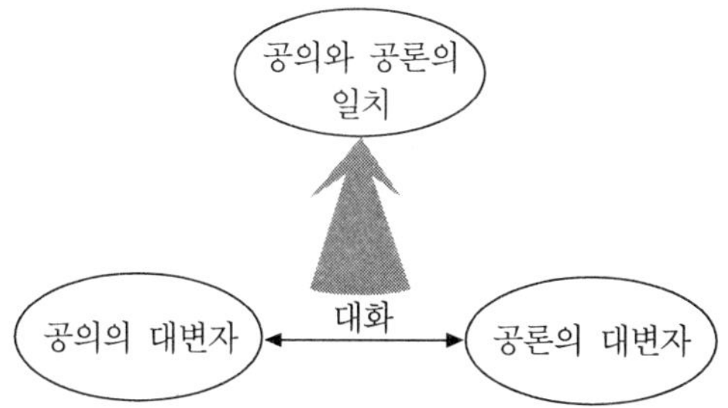

공론 논변에서 보이는 임금의 역동적인 역할 변화와 언관에 의해 전략적으로 구사된 임금과 언관의 관념적인 위상 이동은 공론 논변의 논증적 대화 공간과 그 속에서 이루어지는 논증적 대화의 합리성을 이해하는 열쇠라고 할 수 있다.

2. 논증적 대화 분석

1) 의사소통의 양식 분석

공론 영역에서 논증적 대화가 이루어지는 양식은 구어적 소통에서 문어적 소통까지, 그리고 직접 소통에서 승정원을 통한 간접적 소통까지 다양하게 변이한다. 공론 영역에서의 논증적 대화 양식들은 한자 문화권에서 형성되어온 오랜 전통에 기반하고 있었으며 이 양식들은 각각 그 고유한 양식의 명칭을 지니고 있었다. 여기서는 전통적인 소통 양식들을 중심으로 공론 논변의 소통 양식을 분석하고자 한다.36)

---

36) 한 담화 공동체의 언어 문화를 기술할 때 그 담화 공동체의 고유한 장르 의식과 장르 명칭을 기술의 중심 대상으로 삼는 것은 언어 문화의 기술이 외부자의 준거나

공론 논변에서 논증적 대화 양식의 선택에 영향을 미치는 요인으로는 화자와 청자의 관계, 의사소통의 공간, 정황적 프레임 등이 있다. 이 소절에서는 해설에서 제시되는 정보에 기초하여 소통 행위, 단위 논변, 말차례 층위에서 임사홍 탄핵 논변을 분석함으로써 공론 논변의 구체적인 의사소통 양상을 확인한다. 먼저 소통의 공간을 중심으로 화자와 청자의 관계 그리고 정황적 프레임이 상호작용하는 양상을 분석하고 다음으로 구체적인 소통의 제 양식들을 분석한다.

(1) 의사소통의 공간

공론 영역에서 논증적 대화가 이루어지는 공간은 몇 가지 범주로 나누어 볼 수 있다. 첫째, 제왕 교육과 시사 현안에 대한 논의가 이루어지는 경연의 공간과 중앙의 주요 부서의 당상관과 언관이 참여하는 시사(視事)의 공간이다. 둘째, 승정원과 편전으로 이어지는 간접적인 소통의 공간이다. 셋째, 대궐 문 앞에서 전개되는 시위의 공간이다.

① 직접적 소통의 공간 : 경연과 시사

임사홍 탄핵 논변의 경우 소통 행위 (8), (9), (20), (35)가 경연의 공간에서 이루어진다. 성종 19년 11월 20일에 이루어지는 소통 행위 (8)은 모두 3개의 단위 논변으로 구성되어 있다. 그 중 첫 번째 단위 논변이 임사홍 서용에 관한 논란이고 두 번째 단위 논변은 내수사에 붙인 영안도 백성 300호에 대한 처리에 관한 것이며 세 번째 단위 논변은 혜산진 장성 밖의 극성(棘城) 설치에 대한 논란이다. 진강이 종료된 후 시작되는 첫 번째 단위 논변은 지평 김호와 정언 김봉에 의해 주도된다.

#경연에 납시었다. 講하기를 마치자 지평 김호가 아뢰었다.#

가치 체계에 의해서가 아니라 해당 담화 공동체의 고유한 시각에 따라 내부자적 관점에서 이루어져야 하기 때문이다.

1 김호 : {[예로부터 소인이 벼슬에 나아가면 동류를 끌어들여서 조정에
     벌여 두고 결탁해 脣齒가 되어 국가의 큰 좀벌레가 됩니다. 이제 만약
     임사홍을 기용하면 또한 반드시 후환이 있을 것입니다.]
 #정언 김봉이 아뢰었다.#
2 김봉 : [신등도 임사홍의 서용과 환관·의원들에게 외람되게 작상을 더
     한 잘못을 논하였으나 윤허를 얻지 못하였으니 실망을 금치 못하겠습
     니다.]
 #상께서 말씀하시었다.#
3 상 : [대비께서 강녕하시므로 내가 몹시 기쁘고 다행하여 여러 신하들과
     함께 즐기고자 하여 이에 백관에게 계급을 더하고 환관·의원들의 시
     약과 內供의 수고를 생각하여 특별히 한 자급을 더한 것이다.]
     [가령 말하기를, 시약과 내공은 바로 직분이라고 한다면, 옛부터 어찌
     상을 줄 만한 자가 있겠는가? 내가 평상시에는 감히 관작으로써 이들
     에게 외람되게 더하지 아니하였으나 이제 대비를 위하여 특별히 은전
     을 베푼 것인데 무엇이 지나친 것이 있겠는가?](하략)

 첫 번째 단위 논변의 서두는 경연의 진강이 종료된 후 경연에 입시한
대간이 임사홍 서용을 반대하는 논청을 하고 이에 대하여 임금이 직접
논박을 하고 있는 장면이다. 경연에서 이루어지는 논증적 대화의 특징은
구어로 이루어지는 비교적 비격식적인 면대면 대화라는 점이다. 이러한
특징으로 인하여 언관과 임금 사이에 지연되지 않은 직접적인 변론과 논
박이 교환된다. 말차례는 '김호 → 김봉 → 상 → 김봉 → 김호 → 상'으로
이어져 사헌부와 사간원의 언관이 한편이 되어 합동으로 논증을 하고 임
금이 이에 대하여 반대 논증을 하고 있음이 드러난다.37)

 경연에서 이루어지는 논증적 대화의 또 다른 특징은 대화의 참여자가
임금을 중심으로 자유롭게 확장된다는 점이다. 말차례의 이동을 중심으로

---

37) 경연에서의 논증적 대화에 참여할 때 흥미로운 절차가 있었음이 눈에 띈다. 즉 임
    금께 아뢸 일이 있으면 먼저 避席한다. 피석이란 경연에 입시한 관원이 정해진 자리
    에서 일어나 임금 앞으로 나아가는 것을 의미하는 듯하다. 다음으로 임금께 할 말
    을 아뢰고 대화를 진행하다가 대화가 종결되면 피석했던 관원은 다시 자기 자리로
    돌아간다. 이를 退坐라 한다. 避席과 退坐에 관한 언급은 성종 19년 12월 15일 甲辰
    에 전개된 소통 행위 (39)에서 찾아볼 수 있다.

소통 행위 (20)을 살펴보면 다음과 같다.

#경연에 납시었다. 講하기를 마치자, 시강관 이승건이 아뢰었다.#
1 이승건 : {[신등이 어제 임사홍의 일을 논하였던 바, 어서에 이르시기
　를…]
#검토관 민상안이 아뢰었다.#
2 민상안 : [소인이 나아가면 군자가 물러가므로…]
#상께서 좌우에 顧問하시었다.#
(3 상 : [그대들의 뜻은 어떠한가?])
#영사 윤호가 아뢰었다.#
4 윤호 : [임사홍은 공신의 적장인데 기용하더라도 무엇이 방해되겠습니
　까?]
#지사 허종이 아뢰었다.#
5 허종 : [임사홍이 승지가 되었을 때에 죄를 얻은 정상은…]
#상께서 말씀하시었다.#
6 상 : [그대들이 말하기를, '임사홍을 기용하면…]
#대사간 안호가 아뢰었다.#
7 안호 : [성상께서 다시 임사홍을 기용하시므로…]
#들어주지 아니하셨다.#
(8 상 : 들어줄 수 없노라.])}

　　이 소통 행위의 경우 경연관인 홍문관 관원이 논청을 한다. 이에 임금
은 경연에 입시한 경연 당상들에게 고문(顧問)하였다. 그러자 영사인 윤호
와 지사인 허종이 차례로 자신의 견해를 밝힌다. 경연 당상들의 의론이
끝나자 임금은 임사용을 기용한다고 하여 나라를 그르치지는 않는다는
견해를 밝힌다. 일반적으로 임금의 견해 진술은 곧 그 문제에 대한 판정
인 셈이다. 그러자 경연에 입시하여 있던 대사간 안호가 임금이 언관의
말을 듣지 않음과 삼공육경과 승지가 아무도 진언하지 않음을 논박하고
임금이 이 논박을 받아들이지 않음으로써 소통 행위가 종결된다.

　　이상에서 살펴본 바와 같이 경연에서의 논증적 대화는 구두로 진행되는
면대면 대화로 이루어진다는 특징이 있으며 주로 언관이 논청을 하고 임금

을 중심으로 대화 참여자가 역동적으로 확장된다는 특징을 지니고 있다.

시사(視事)는 상참을 마치고 바로 시행되는 논의의 장이었다. 상참(常參)이란 의정부와 육조, 한성부 및 사헌부, 사간원, 홍문관의 관원들이 편전(便殿)에서 임금에게 문안하는 약식 조회였다. 시사(視事)에는 주로 각 부서를 대표하여 당상관들이 참여하였으나 사헌부, 사간원, 홍문관에서는 당하관도 돌아가면서 상참에 참여하였다. 시사에서 이루어진 임사홍 탄핵 단위 논변은 소통 행위 (36), (38)에서 발견된다.

#상참을 받고 視事를 하였다. 우승지 이계남이 형조의 계본을 가지고 아뢰었다.
1 이계남 : {[전라도 능성 죄수 양인 신막삼이…]
#그대로 따르셨다.#
(2 상 : [그리 하라.])}
#홍문관 부응교 이승건과 박사 박증영이 아뢰었다.#
3 이승건 · 박증영 : {[신등이 대간과 더불어 임사홍을 서용하는 잘못을 논하였는데…]
#상께서 말씀하셨다.#
4 상 : [임사홍이 비록 처음에 삼부족의 말을 하였더라도…]
#대사헌 이칙이 아뢰었다.#
5 이칙 : [신등은 대신이 진정 조고라고 말한 것은 아닙니다.…]
#이승건이 아뢰었다.#
6 이승건 : [전교에 이르시기를…]}

— 성종 19년 12월 8일 丁酉, 소통 행위 (36)

이 날의 시사에서는 이외에도 이순의 복적에 관한 건, 조운(漕運)의 관리에 관한 건 등이 더불어 논의되었다. 위의 소통 행위에서 확인되는 것은 시사(視事)의 경우 승정원을 통한 각 중앙 관서의 공식 보고가 먼저 시행된다는 점이다. 승정원의 공식 보고가 끝나면 시사에 참여한 관원들이 시사 현안에 대하여 논하는데 이 때 홍문관 관원인 이승건과 박증영이 임사홍 서용 문제를 다시 거론한다. 이에 임금이 이승건과 박증영의 말을 논박하고 임금의 논박이 대간의 말에 미치자 이에 대하여 이칙이 변명을 한다. 이승건이 이에 그치지 아니하고 농부가 악초의 근원을 없애는 것처럼 소인의 뿌리를 제거하라고 주장한다.

시사의 공간은 공론 논변이 이루어지는 일상적인 공간은 아니었다. 앞의 소통 행위 연쇄 분석에서 논의된 바와 같이 임사홍을 탄핵하는 정상적인 소통 행위의 연쇄는 소통 행위 (1)에서 시작되어 소통 행위 (34)에서 마무리되며 소통 행위 (35)에서 소통 행위 (37)까지 임사홍 탄핵 논변이 비정상적으로 지속되다가 소통 행위 (38)에서 새로운 국면으로 접어들게 된다. 즉 시사에서 이루어진 소통 행위 (36), (38)은 임사홍 탄핵 논변에서 비정상적인 지속에 해당한다. 시사의 공간은 언론 삼사의 일상적인 논의 공간은 아니었으나 일상적인 논의 공간이 제 기능을 발휘하지 못할 경우 대안적인 논의 공간으로 기능하기도 하였던 것이다.

② 간접적 소통 공간 : 승정원-편전

경연과 시사가 구어로 이루어지는 면대면 대화의 공간이라면 승정원-편전으로 이어지는 대화의 경로는 구어적 대화와 문어적 대화가 간접적으로 이루어지는 공론 논변만의 독특한 공간이었다. 승정원을 통해 이루어지는 간접적 대화의 양식으로는 계(啓), 소(疏), 차자(箚子), 장(狀)과 같은 상행 양식과 비답(批答), 어서(御書), 전교(傳敎), 유시(諭示)와 같은 하행 양식이 있다.

승정원을 통한 간접적 소통의 관행을 엿볼 수 있는 기사가 문종실록에 실려 전한다. 문종 즉위년 9월(癸亥)에 사헌부 장령 신숙주 등이 다음과 같이 상서하였다.

> "(전략) 세종대왕께서 계묘년 여름에 전지하시기를, '환관의 직책은 다만 등촉을 밝히고 소제를 하는 데 있으니 왕명을 출납하는 임무를 맡겨서는 안 된다… 지금부터 일은 크고 작은 것을 논할 것 없이 代言이 모두 朝啓에서 친히 품달하고 다만 마패의 출입이나 朝臣의 肅拜에만 宦者로

하여금 傳命하도록 허락한다' 고 하셨으니… (그러나) 말년에 이르러서는
임금의 옥체가 편안하지 못하여 外人을 친히 접견할 수가 없으므로 부득
불 宦者로서 출납시키지 않을 수가 없었는데 그러나 대우하기를 매우 엄
하게 하여 조금도 틈을 주지 않았으며 처음부터 끝까지 한결같았으니 진
실로 聖子神孫으로 만세의 귀감이 될 만합니다. 지금 우리 주상전하께서
는 큰 기업을 계승하여 民庶를 새로 통치하게 되었으니 이 때가 바로 萬
機를 친히 결정하며 정성을 다하여 정치에 힘을 쓸 시기입니다.

　　그런데도 조계의 例聞하는 일 이외에는 대소의 출납을 환관에게 위임
하여 門戶의 역으로써 喉舌의 임무로 삼아서 寬弘大度로써 대우해 주시니
그 세력이 점차 떨쳐지므로 자못 일을 맡은 것과도 같아서 무릇 말을 올
리려고 하는 사람은 저들을 경유하여 품달하지 않을 수가 없게 되니 누가
즐거이 바른 말로 숨기지 않고 그 폐단을 논하다가 군주의 측근 사람들에
게 원망이나 사려고 하겠습니까?… 또 시비의 분별을 논하고 득실의 기틀
을 분변하는 것은 言辭의 밖에 많이 있게 되는데 지금 臺省의 進言을 승
지가 나와서 그 말을 듣고 들어가서 宦官에게 알리면 환관은 그제서야 위
에 아뢰게 되니 세 번이나 옮겨 전하게 되면 어찌 능히 그 말 밖의 隱微
한 뜻을 다 품달할 수 있겠습니까? 이 폐단이 제거되지 않는다면 상하가
장차 막히게 될 것이니 어찌 이것이 작은 일이겠습니까? (하략)"

　이에 임금이 옳게 여겨 따랐다. 이 기사는 승정원을 통한 간접적인 구
두 전달 방식이 어떻게 이루어졌는가를 설명해 준다. 세종 말년과 문종
초에는 승지가 대간의 말을 환관에게 전하면 환관이 다시 임금께 아뢰게
하였으니 말의 은미한 뜻이 다 전달되지 못하는 폐단이 있었던 것이다.
그 후로 대간의 공사(公事)는 승지가 친히 들어와서 아뢰는 것이 관행이
되었다. 승지는 임금에게 대간의 말을 전하고 다시 임금이 명령(旨)을 내
리면 이를 대간에게 전하였으니 이를 전교(傳敎) 또는 전지(傳旨)라 하였다.

　일반적으로 계(啓)는 구두로 이루어지는 간접적인 소통 양식으로 이해
되지만 반드시 그러한 것은 아니었다. 성종 19년 11월 30일에 이루어진
소통 행위 (21)에

　#사헌부 대사헌 이칙 등과 사간원 정언 이자건 등이 書啓하였다.#

는 해설이 보이는데 조선왕조실록에는 계(啓)와 서계(書啓)라는 소통 양식이 변별적으로 언급된다. 이로 보아 서계(書啓)는 임금께 아뢰는 자가 아뢸 말을 간략히 문자로 기록한 것을 가리키는 듯하다. 서계(書啓)는 구두 전달 양식인 계(啓)에서 파생되어 나온 문어 전달 양식이다.

계(啓) 및 서계(書啓) 뿐 아니라 대표적인 문어 전달 양식인 소와 차자 또한 승정원을 통하여 전달되었다. 계(啓), 소(疏), 차자(箚子) 등이 승정원에 전달되면 공방승지(工房承旨)[38]가 이를 관리하였다. 이것들을 임금께 상달하고 이에 대한 왕명을 하달하는 일은 사알(司謁)[39]과 승전색(承傳色)[40]이 맡아서 수행하였다.(『銀臺便考』 箚子, 목정균, 1982에서 인용) 한편 구두 전달 양식인 계(啓)의 경우에 있어서도 전달 과정에서 어느 정도는 문자 기록에 의존하였다. 승정원은 계판(啓板)을 청내(廳內)에 봉안(奉安)하여 모든 주계 공사(奏啓公事)를 거기에다 유치(留置)해 두고 계판(啓板) 앞에서 처리하였다. 또한 계, 소, 차자 등의 소통 내용은 승사(承史)[41]들이 일일이 기록하였으니 이러한 기록이 매일매일 정리된 것이 승정원일기이다.

③ 시위 공간 : 합문

언관들의 소통 공간들 중 특별한 의미를 지니는 공간이 편전(便殿)의 앞 문인 합문(閤門)이다. 언관들은 국가의 안위에 관련되는 중대한 사안이 받아들여지지 않을 경우 합문(閤門)에 엎드려 시위를 하였다. 언관들은 합문에 엎드려 계(啓)를 올리기도 하고 소(疏)를 올리기도 하였다. 임사홍 탄핵 논변의 경우에도 대간은 연일 이어지는 논청이 받아들여지지 아니하고

---

38) 육승지는 각각 육조의 일을 관할하였는데 이를 분방이라 한다. 분방은 국왕의 재결에 의해 이루어지며 분방과 승지의 좌차는 관련이 없었던 것으로 보인다. 전해종 (1964) 참조.
39) 掖庭署의 정6품 잡직 벼슬의 하나. 왕의 말을 전달하는 일을 맡았다.
40) 內侍府의 환관. 왕의 명령[傳旨]을 전달하는 임무를 맡았다.
41) 승정원은 정3품 관청으로 정3품 당상관인 도승지·좌승지·우승지·좌부승지·우부승지·동부승지의 6승지가 있고 정7품 당하관인 注書 2명이 있다. 이들을 통틀어 承史라 칭한다.

사직 또한 받아들여지지 않자 밤늦도록 합문(閤門)에 머물면서 임금과 논
란한다(성종 19년 11월 30일, 소통 행위 (24). 홍문관 또한 복합하여 진언(進言)
한 사실이 확인된다. 부제학 신종호 등이 성종 19년 12월 4일에 올린 사
직장에서

> 1 신종호 등 : {[신등이 이달 초 4일에 伏閤하여 말씀을 올렸던 바, 전교하
>   시기를, '너희들은 물러가라.' 고 하셨습니다.…]
>
> ― 소통 행위 (33) 중에서

라 하였으니 이들은 12월 초나흗날 복합하여 진언하다가 '너희들은 물러
가라'라는 전교를 듣고 직위에서 물러나라는 뜻으로 해석하여 사직장을
올렸던 것이다.

공론 논변의 소통 공간이 지니는 공통적인 특성은 그 공간들이 임금의
거처를 중심으로 배치되어 있다는 점이다. 당대에는 임금이 거하는 곳이
바로 공론이 소통되는 공간이었다. 공론은 임금을 최종적인 대상으로 하
여 직접적·간접적으로 소통되었으며 그 소통의 공간은 임금과의 심리적
인 거리에 따라 다른 의미가 부여되었다.

(2) 의사소통의 제 양식

공론 논변의 소통 양식을 일차적으로 확인할 수 있는 것은 사관의
해설을 통해서이다. 임사홍 탄핵 논변에서 그 예들을 들어보면 다음과
같다.

> #장령 황사효가 와서 아뢰었다.(掌令黃事孝來啓曰)#
> #전교하시었다.(　　傳曰)#[42]

---

[42] 한문 원문 앞에 빈칸이 두어진 경우는 실록의 원문의 편집을 따른 것이다. 빈칸 두
　　기는 극존의 상대가 언급될 때 이루어졌다. 존대 표현은 상행과 하행의 소통 방향
　　과 관련하여 중요한 의미를 지닌다. 빈칸 두기는 이하에서도 동일하게 처리하였다.

#들어주지 아니하셨다.(　　　不聽)#

#김봉이 다시 아뢰었다.(對又啓曰)#

#어서로 이르셨다.(　　　御書曰)#

#사헌부 대사헌 이칙 등이 차자를 올려 말하였다.(司憲府大司憲李則等上
箚子曰)#

#어서로 그 끝에 쓰시었다.(　　　御書其尾曰)#

#윤허하지 아니하셨다.(　　　不允)#

#사헌부 대사헌 이칙 등이 상소하여 말하였다.(司憲府大司憲李則等上疏
曰)#

#들어주지 아니하셨다.(　　　不聽)#

#경연에 납시었다. 강하기를 마치자 지평 김호가 아뢰었다.(御經筵講訖持
平金浩啓曰)#

#상께서 말씀하셨다.(　　　上曰)#

#김봉이 말하였다.(對曰)#

#이칙이 대답하였다.(則對曰)#

#사헌부 대사헌 이칙 등과 사간원 대사간 안호 등이 상소하여 말하였다.
(司憲府大司憲李則等司諫院大司諫安瑚等上疏曰)#

#사헌부 대사헌 이칙 등과 사간원 대사간 안호 등이 와서 아뢰었다.(司憲
府大司憲李則等司諫院大司諫安瑚等來啓曰)#

#어서를 내려 말씀하셨다.(下　　　御書曰)#

#상께서 좌우에 고문하셨다.(　　　上顧問左右)#

#사헌부 대사헌 이칙 등과 사간원 정언 이자건 등이 서계하여 말하였다.
(司憲府大司憲李則等司諫院正言李自健等書啓曰)#

#영돈녕 이상과 의정부를 명소하여 전교하시었다.(　　　命召領敦寧以上議
政府　　　傳曰)#

#영돈녕 이상과 의정부 육조에서 부름을 받고 빈청에 나아갔다. 전교하
시었다.(領敦寧以上及議政府六曹承召詣賓廳　　　傳曰)#

#호조판서 한치례 형조판서 정문형… 예조참의 윤민이 의론하였다.(戶曹
判書韓致禮刑曹判書鄭文炯… 禮曹參議尹慜議)#

#홍문관 부제학 신종호 등이 장을 올려 사직하여 말하였다.(弘文館副提學
申從濩等上狀辭職曰)#

#어찰을 승정원에 내려 말씀하셨다.(下　　　御札于政院曰)#

#인하여 전교하셨다.#

　　상 : [이 뜻으로 비답을 지어서 내려 주라.](仍　　傳曰以此意作批答賜之)
　　　　#정유(丁酉)일 상참을 받고 시사(視事)를 하였다. 우승지 이계남이 형조
　　의 계본을 가지고 아뢰었다.(丁酉　　受常參　　視事右承旨李季男將刑曹啓
　　本啓)#
　　#그대로 따르셨다.(　　從之)#
　　#승정원에 전교하여 말씀하셨다.(　　傳于承政院曰)#
　　상 : [봉원효의 전일의 소는 이미 수의하라 일렀는데 대신이 수의를 끝낸
　　　　후 이 소를 더불어 아뢰라.(元孝前日之疏 已令收議 大臣畢收議後 幷啓
　　　　此疏)

　　임사홍 탄핵 논변에서 확인되는 소통의 양식으로는 상행 양식으로 계
(啓, 來啓, 書啓), 상소(上疏), 상차자(上箚子), 의(議 : 收議를 가리킨다), 상장(上狀)
이 보이며 무표 양식으로 왈(曰)이 보인다. 하행 양식으로는 전(傳 : 傳敎를
가리키는 말이다), 하어서(下御書, 그냥 御書라고도 한다), 고문좌우(顧問左右), 명
소(命召), 비답(批答) 등이 보이며 무표 양식으로 왈(曰)이 사용되고 있다.
또한 임금의 판정 결과로는 종지(從之), 불윤(不允), 불청(不聽)이 보인다.
　　계(啓)는 구어 전달 양식을 아우르는 말이다. 계(啓)는 앞서 살펴본 공론
영역의 소통 공간들에서 두루 사용되고 있다. 즉 승정원을 통한 간접 전
달의 경우나 경연 및 시사에서의 직접 전달의 경우 모두 구어 전달을 가
리키는 일반적인 용어로 계(啓)가 사용되고 있다. 경연이나 시사에서의 직
접적인 구두 전달의 경우 계(啓)라 칭해지는 경향이 있으며(御經筵講訖持平
金浩啓曰) 승정원을 통한 간접 전달인 경우 일반적으로 내계(來啓)가 사용
된다(掌令黃事孝來啓曰). 내계(來啓)라는 말은 언관이 아뢸 말이 있을 때 승
정원에 나아가서 상언(上言)하는 관례를 표현하는 것으로 보인다. 한편 서
계(書啓)는 앞서 언급한 바와 같이 본래 구두 전달 양식이었던 계(啓)로부
터 문어 양식으로 전이된 것으로 구두 전달의 약점을 보완하기 위하여
상언자가 상언의 내용을 간략하게 기록하여 올린 것을 가리키는 듯하
다.43)
　　상소(上疏)와 상차자(上箚子)는 공론 영역에서 사용되는 대표적인 문어

전달 양식이다.44) 소와 차자는 언관이 임금에게 상서할 때 사용하는 공식적인 문서 양식이이었다. 차자(箚子)는 약식 상소문을 일컫는 말로 소(疏)와 큰 차이가 없어 소차(疏箚)라 통칭되었다. 소차(疏箚)는 소족자형의 두루마리식으로 된 지면(紙面)에 필사하였다. 조선 후기에 간행된 것으로 보이는 『소차집요(疏箚輯要)』에 규정되어 있는 소차의 서식을 보면 지면을 상·중·평(上·中·平)의 삼행(三行)으로 나누고 상행은 주상전하, 대왕대비전하, 대왕비전하 등의 극존(極尊)을 쓰고 원궁(園宮) 등은 중행(中行)에 쓴다는 등의 서식 규정이 실려 있다.45)

소와 차자는 성종조에 이르러 문서의 형식과 소통의 맥락이 비슷해졌지만 그 기원이 동일하지는 않았다. 소(疏)는 조목을 나누어 진술한다는 뜻으로 『한서』에 그 유래가 보인다. 한나라 이전에는 임금에게 정사를 진정(陳情)하고 법률과 제도를 제언(提言)하고 급변(急變)을 보고하고 잘못을 탄핵하는 것 등을 총칭해서 주(奏)라 하였다. 주(奏)는 「진(進)」으로 아래에서 진술되어 그 심정을 위의 군주에게 진언(進言)한 것인데 진시황제가 처음으로 주(奏)를 확립했다고 한다. 그후 한 이래로 주상(奏上)하는 문서를 소(疏)라 칭하였으며 뛰어난 명편들이 남아 전한다(文心雕龍 奏啓第二三). 우리 나라의 경우 소(疏)는 고려시대부터 신하들이 임금께 올리는 공식적인 문서로 자리를 잡고 있었다. 소는 언관이 주로 사용하는 문서 양식이었으나 언관 이외의 관리나 일반 백성들도 상언을 하는 경우에 소의 양식을 활용하였다.

---

43) 啓는 「開」라는 뜻으로 殷의 高宗이 「너의 마음을 열어서(啓) 나의 마음 속에 부어 넣어라」 한 데서 그 의미가 유래했다고 한다. 한나라 때에는 한의 景帝의 諱가 '啓'였기 때문에 이 명칭을 사용하지 않다가 魏代에 이르러 啓聞이라 일컬었고 奏事의 말미에 謹啓라 일컬었다. 晉 이후에 啓가 성하게 되어 表·奏의 작용을 겸비하게 되었다. 劉勰, 최신호 옮김(1990 : 奏啓第二三) 참조.

44) 여기서는 소(疏), 차자(箚子)라는 용어와 상소(上疏), 상차자(上箚子)라는 용어를 구별하여 사용한다. 소 및 차자는 문서의 양식을 가리키는 용어로 사용하며 상소 및 상차자는 소통 행위의 양식을 가리키는 말로 사용한다.

45) 목정균(1982) 참조.

소(疏)는 소통의 주체, 정황, 목적에 따라 다양하게 분류된다. 언관들이 합의를 통하여 같은 이름으로 올리는 상소를 합사 상소(合辭上疏)라 하였으며, 사헌부와 사간원, 또는 사헌부, 사간원, 홍문관이 연합하여 올리는 상소를 교장 상소(交章上疏) 또는 합사 상소(合司上疏)라 하였다. 또 언관들이 합문에 엎디어 시위를 하면서 올리는 상소를 복합 상소(伏閤上疏)라 하였으며 언책을 다하지 못하였다하여 사직의 의사를 밝히는 상소를 사직 상소(辭職上疏)라 하였다. 이들 상소의 유형들은 논증적 대화의 전개 양상에 따라 언관들에 의해 다양하게 선택되었다.

반면 상차자(上箚子)는 훨씬 후대에 공론 영역의 소통 양식으로 정착되었다. 원래 차자(箚子)는 찰자(札子)라고도 쓰는데 찰(札)은 글자를 적는 데 이용한 작은 목편이었다. 차자(箚子) 또는 찰자(札子)는 서신과 공문을 일컫는 말로 사용되다가 송대에 이르러 황제에게 건의하고 정사를 논하는 문체로 되었다. 왕안석이 황제에게 올린 「本朝百年無事箚子」와 육유의 「上二府論事札子」 등이 그 예이다(심경호, 1998 : 390).

우리 나라의 경우 차자의 양식은 고려시대와 조선 성종조 초기까지는 국가 간 또는 관청 간에 오고가는 공문서로만 이용되었다. 그 전형적인 예로 태조실록 1년 10월 22일의 기사에 실려 전하는 명나라 예부의 차자를 들 수 있다. "예부(禮部)에서 고려국 도평의사사에 箚子를 부송하오." 그러다가 성종 4년 1월 21일 대사헌 서거정이 사헌부에서 진언할 때 차자를 쓸 것을 청한 이후로 언론 삼사의 차자 사용이 일반화되었다.

#경연에 납시었다. 講하기를 마치자 대사헌 서거정이 아뢰었다.#

1 서거정 : {[諸司의 啓事는 啓目으로 하거나 單子로 하는 것이 관례입니다. 본부의 계사는 下官을 시켜 진언하므로 본의에 어그러지거나 늘고 주는 수가 있습니다. 또 승지가 그 말을 환관에게 말하여 轉啓하게 하므로, 差誤를 면할 수 없습니다. 옛 제도를 상고하면, 송나라 때 차자가 있었는데, 간이하여 쓸 만하고, 모든 하고 싶은 말은 다 갖추어 기재할 수 있습니다.]

#임금이 좌우에 고문하였다.]

2 상 : [이 말이 어떠한가?]

#영사 조석문이 대답하였다.#

3 조석문 : [차자를 쓰면 품은 뜻을 모두 아뢸 수 있고, 뒤에 상고할 때에
　도 증거가 있게 됩니다.]

#상께서 말씀하셨다.#

4 상 : [이제부터 차자를 쓰도록 하라.]}

공식적인 상행 소통 양식인 상소와 상차자가 시행되면 임금은 이를 3
일 이내에 승정원에 내려보내야 하는데46) 대간의 소차일 경우에는 즉시
처리하게 되어 있었다.47) 소차가 올라오면 임금은 소차에 비답(批答)을 쓰
는 것이 관례이지만 만일 비답을 쓰지 않고 '계(啓)' 자를 새긴 인장만 찍
어 내려보내면 그 소차를 해당 관청에 내려보내어 다시 토의하게 한 다
음 임금의 비답을 받게 되어 있었다. 이것을 '계하(啓下)'라 하였다. 만약
'계(啓)' 자 인장도 없이 승정원에 내려보내면 승정원에서는 이를 그냥 보
관해 두었는데 이를 '유중불하(留中不下)'라 하였다.

의(議)는 영돈녕 이상과 의정부의 대신이나 육조와 한성부의 당상관들
이 임금의 고문(顧問)이나 명소(命召)를 받고 의견을 진술하는 것을 가리킨
다. 특히 영돈녕 이상 의정부나 육조 및 한성부의 당상관이 현안 문제를
의론하여 그 결과를 임금에게 진술하는 과정을 수의(收議)라 하였다. 의(議)
는 경연에서 이루어지거나 승정원을 통해 소통되는 것이 일반적이었다.

의(議)는 조정에 일이 있을 때 신하들이 모여 상의해서 주의를 올린 일
에서 기원한 양식이었다. 의(議)의 기원은 하은주 삼대의 성제(聖帝)가 널

---

46) 『선조수정실록』에 啓下의 절차에 대하여 설명하기를 "관리나 백성들의 글이 올라오
　면 3일 이내에 승정원에 내려보내는데 만일 批答이 없이 啓자를 새긴 인장만 찍어
　내려보내면 승지는 올라온 글의 내용을 보고 해당 관청에 내려보내어 다시 토의하
　게 하며 혹시 그 청을 승인할 경우에는 임금의 지시를 받은 것이 규례이다."고 하였
　다. 윤국일 옮김(1998 : 252) 각주 참조.

47) "대간의 啓가 二更에 入啓되어 三更까지 批答이 내려지지 않으면 微稟(살짝 귀띔함)
　하고 양사 또는 삼사의 合啓가 三更에 있으면 비록 五更일지라도 입계하며…"(『銀臺
　條例』 提稟 및 『銀臺便考』 疏批, 목정균(1982)에서 재인용.)

리 의견을 구한 데서 찾을 수 있으나 그 형식이 갖추어진 것은 한대(漢代)였다(『文心雕龍』議對第二四).

상장(上狀)은 관원이 사직을 청할 때 사용된 소통 양식이었다(弘文館副提學申從漢等上狀辭職曰). 이외에도 외직(外職)에 나가 있는 관리가 중요한 사안을 임금께 보고할 때 장(狀)이 사용되었는데 이를 장계(狀啓)라 하였다.

임금이 신하에게 내리는 대표적인 하행의 양식은 전교(傳敎)이다(傳曰). 전교는 임금이 구두로 발하면 승정원에서 이를 전달하는 양식이었다. 전교는 승정원을 통한 간접 전달에서 두루 사용되었다. 즉 계(啓)나 상소(上疏), 상차자(上箚子) 등의 상행 장르에 대한 답변으로 흔히 전교(傳敎)가 사용되었다.

교(敎)는 백성들이 참조하여 따르도록 위에서 훈시한다는 뜻이다. 순임금 때 설(契)은 다섯 개의 가르침을 포고했는데 거기서 왕후(王侯)의 말을 「敎」라 하였다. 이후로 왕후가 하달하는 문건, 하급 관속이나 백성에게 고계하는 명령 조문을 교(敎)라 칭하였다. 우리나라에서는 고려 초기에 군왕의 명령과 훈시를 칙(勅)이라 하였으나 조선에 들어와서 교(敎)라 하였다(심경호, 1998 : 400~401).

한편 유시(諭示)라는 용어도 사용되었다. 성종 19년 11월 19일 이칙 등의 상소 소통 행위 (6)에 "어서(御書)에 이르시기를 "유시(諭示)하기를 자세히 하였다. 어찌하여 말을 번거롭게 하느냐?"고 하셨습니다."라는 구절이 보인다. 유시(諭示)의 문자 그대로의 의미는 깨우쳐서 보여준다는 것인데 임금이 신하나 백성들에게 자세히 설명하여 알려주는 말을 가리키는 것이다. 여기서 말하는 유시(諭示)란 설명 또는 설득의 기능을 지닌 임금의 전교(傳敎)를 가리킨다.[48]

---

48) 기원적으로 볼 때 유(諭)는 고(告)란 뜻이다. 『좌전』에 주 천자가 제후에게 유고(諭告)하는 말이 있는데 이로부터 유(諭)라는 명칭이 유래하였다. 한고조 유방은 관중(關中)에 들어가 「입관고유(入關告諭)」를 공표하였다. 후세에는 천자로부터 나온 것을 상유(上諭)·성유(聖諭), 혹은 유지(諭旨)라 칭하였다. 심경호(1998), p.400.

고문좌우(顧問左右)와 명소(命召)는 임금이 재신들에게 의견을 물을 때 발하는 구두 양식이었다. 임금의 고문이나 명소의 대상이 되는 신하들은 재신(宰臣)들이었다.[49) 성종조 당시 임금의 고문 대상이 되는 재신들은 영돈녕 이상 의정부와 육조 및 한성부의 당상관 이상의 두 부류로 나뉘었다. 고문좌우(顧問左右)는 주로 경연의 장에서 사용되었고 명소(命召)는 임금이 자문이 필요할 때 수시로 발하였다. 고문좌우나 명소에 대응되는 재신들의 상행 소통 양식은 의(議)였다.

문어로 이루어지는 하행의 소통 양식으로는 비답(批答)과 하어서(下御書)가 있다. 비답은 상소(上疏)나 상차자(上箚子)에 대한 임금의 답변으로 사용되었다. 일반적으로 비답은 소나 차자의 말미에 임금의 논평을 적는 것이었다. 비답은 임금이 직접 쓰는 것이 관례였으나 경우에 따라서는 임금의 뜻을 받들어 승정원에서 대신 쓰기도 하였다.[50)

비답의 기원은 한대(漢代)에까지 거슬러 올라간다. 한대(漢代) 상주문(上奏文)의 서식에는 글머리에 수두(需頭)라는 것이 있어서 제왕의 조지비답(詔旨批答)을 기입할 수 있도록 한 폭 가량의 공란을 남겨두었다.[51) 우리 나라의 경우 고려시대부터 비답이라는 양식이 사용된 것이 확인된다.

하어서(下御書)는 임금이 직접 쓴 글인 어서(御書)를 내리는 것이다. 어서(御書)는 임금이 직접 쓴 글을 두루 아우르는 말로 그 기능이 상소나 상차자에 대한 답변에 국한되지 않았다는 점에서 비답과 차이가 있다. 그러나 일반적으로 임금이 직접 쓴 비답을 어서(御書)라 일컫는 경우가 많았다(御書其尾曰).

언어 사용의 양식에 따른 구분 외에 하행의 소통 행위를 판정의 결과

---

49) 여기서 宰臣은 중앙의 당상관을 두루 일컫는 말로 사용된다. 반면 大臣은 영돈녕 이상 의정부의 정승을 가리키는 말로 사용된다.

50) 下 御札于政院曰…仍 傳曰以此意作批答賜之

51) 需頭의 형식은 陳情의 奏에만 갖추고 申謝의 奏에는 갖추지 아니하였다. 蔡邕의 獨斷에「凡群臣上書天下子者曰 一曰章 二曰奏 三曰表 四曰博議 凡章奏皆需頭 稱稽首 表者不需頭」라 하였다.

에 따라 나누는 방식도 있었다. 아뢴 바에 따른다는 종지(從之), 윤허하지 아니한다는 불윤(不允), 그리고 들어주지 아니한다는 불청(不聽), 답변을 보류하는 유중불하(留中不下)가 그러한 분류 방식이다.

끝으로 상행의 양식이든 하행의 양식이든 무표의 양식으로 '왈(曰)'이 사용되었다. 왈(曰)은 구어 양식(啓曰→曰)이나 문어 양식(上疏曰, 上箚子曰→曰)을 기술할 때 두루 사용되었으며 '김봉이 말하였다(對曰)', '상께서 말씀하셨다(上曰)'처럼 상행이나 하행의 소통 양식을 무표적으로 가리키는 말로 널리 사용되었다.

마지막으로 임금과 신하가 편전(便殿)에서 직접 대면하는 면대(面對)가 있었다. 언관은 경연과 시사에 입시(入侍)하였으므로 친히 아뢸 것이 있으면 이 때 아뢸 수 있었다. 따라서 언관이 별도로 청대(請對)52)를 하는 경우는 드물었다. 그러나 계(啓)나 소차(疏箚)에 의한 소통이 미진하다고 생각될 때는 임금이 대신들을 命召하는 예에 따라 언관을 불러서 하문(下問)하는 경우가 있었다. 명소(命召)를 하면 임금이 신하를 직접 접견하기도 하였고(이를 소대(召對)라 한다) 승정원을 통하여 말을 주고받기도 하였다.

공론 논변에서 확인되는 소통 양식을 도표로 정리하면 다음과 같다.

[표 3] 공론 논변의 소통 양식

발화자 \ 소통 양식	무표 양식	유표 양식
言官	曰	啓, 來啓, 書啓 / 上疏, 上箚子, 上狀 / 合辭上疏, 合司上疏, 伏閤上疏, 辭職上疏
上	曰	傳敎, 顧問左右, 命召, 諭示 / 批答, 下御書 / 從之, 不允, 不聽, 留中不下
宰臣	曰	議, 啓 / 上狀

---

52) 임금이 신하를 직접 만나는 것을 '對'라 하였다. 請對는 신하의 요청에 의하여 임금이 引見하는 것을 말한다. 이외에 관리들이 임금을 정기적으로 만나는 것을 次對, 임금이 불러다 만나는 것을 召對, 신하를 단독으로 만나는 것을 獨對, 경연에서 만나는 것을 筵對라 하였다.

2) 말차례 분석

공론 논변의 말차례 교환에는 세 가지 양상이 나타난다. 첫째, 문어적 소통의 경우, 둘째, 면대면 대화의 경우, 셋째, 간접적인 구두 대화의 경우이다.

(1) 문어적 소통

상행 양식(상소/상차자/상장/상서)에서 하행 양식(비답/하어서/전교/종지/불청/불윤)으로 이어지는 문어적 소통은 공론 논변에서 가장 흔히 나타나는 말차례 교환의 양상이다. 문어적 소통의 특징은 소통 양식의 전달과 말차례의 교환이 동일하며 한 번의 말차례 교환으로 소통 행위가 종결된다는 점이다. 임사홍 탄핵 논변의 경우 소통 행위 (3), (4), (5), (6), (7), (10), (11), (12), (14), (16), (17), (19), (23), (31), (33), (34), (37), (39), (40), (43), (44), (45), (46)이 이러한 유형에 해당한다.

> \#사헌부 대사헌 李則 등이 疏를 올려 말하였다. \#
> 1 이칙 등 :
> (진행 연속체 1) {[개시 : 臣等이 요즈음 임사홍의 일을 가지고 天聽을 여러 차례 더럽혔으나(累瀆) 윤허를 얻지 못하였습니다.]
> [문제진술 : 그런데 御書에 이르시기를 "諭示하기를 자세히 하였다. 어찌하여 말을 번거롭게 하느냐?"고 하셨습니다. 신등은 '유시하기를 자세히 하였다'는 것이 무엇을 이르는 것인지 아직 깨닫지 못하였습니다.]
> (진행 연속체 2) (중략)
> \# 들어주지 아니하셨다. \#
> (2 상 : [거절 : 들어줄 수 없노라.])}

문어적 소통은 독화적 대화라는 속성을 지닌다. 문어적 소통이 지닌 독화적 대화의 특성은 진행 연속체의 특성을 논하는 자리에서 다루기로 한다.

(2) 면대면 대화

　면대면 대화는 경연 또는 시사의 공간에서 이루어지는 대화이다. 소통
행위 (8), (9), (20), (35), (36), (38)이 이 유형에 해당한다. 여기서는 소통
행위 (20)을 중심으로 직접적인 면대면 대화에서 보이는 말차례 교환의
특징을 고찰한다.

　#경연에 납시었다. 講하기를 마치자, 시강관 이승건이 아뢰었다.#
1 이승건 : {[신등이 어제 임사홍의 일을 논하였던 바, 어서에 이르시기를,
　　'반드시 임사홍을 미워하는 것이다'라고 하셨습니다.]
　　[신등은 임사홍과 본래 사원이 없는데 어찌 미워함이 있겠습니까?]
　　[연달아 상소하여 지극히 간하는 것은, 진실로 임사홍이 소인인 까닭으
　　로 기용할 수 없다는 것입니다. 예로부터 한 사람의 소인이 조정에 진
　　출하면 뭇소인이 무리로 진출하여 크게 해가 됩니다. 그렇기 때문에
　　신등이 그것을 말하였습니다.]
　　[그리고 전하께서는 '반드시 나에게 분하게 여기는 것이다'라고 하셨습
　　니다. 신등이 經幄에 있으면서 여러 번 성상의 은혜를 입었으나 조그
　　마한 보답도 없었습니다. 그러나 오직 군자를 진출시키고 소인을 물리
　　치려는 마음이 항상 마음속에 분격하여 모르는 사이에 말한 것뿐입니
　　다. 어찌 분해하고 원망하는 마음이 있어서 그러하겠습니까?]
　#검토관 민상안이 아뢰었다.#
2 민상안 : [소인이 나아가면 군자가 물러가므로 군자와 소인의 나아가고
　　물러가는 機微를 신중하게 아니할 수 없습니다.]
　#상께서 좌우에 顧問하시었다.#
(3 상 : [그대들의 뜻은 어떠한가?])
　#영사 윤호가 아뢰었다.#
4 윤호 : [임사홍은 공신의 적장인데 기용하더라도 무엇이 방해되겠습니
　　까?]
　#지사 허종이 아뢰었다.#
5 허종 : [임사홍이 승지가 되었을 때에 죄를 얻은 정상은 신이 자세히 알
　　지 못합니다.]
　　[그러나 임사홍은 공신의 적장이 되니, 관례로 마땅히 녹용해야 한다면
　　단지 행직으로 權이 없는 곳에 서용하는 것이 무방할 듯합니다.]

#상께서 말씀하시었다.#

6 상 : [그대들이 말하기를, '임사홍을 기용하면 반드시 나라를 그르친다'
　　고 하였는데, 예로부터 한 사람의 소인이 벼슬에 나아가면 뭇소인이 무
　　리로 나아가는 것은 그로 하여금 권력을 얻어 操弄하게 한 때문이다.
　　그 권력을 얻게 한 것은 반드시 그 임금이 그렇게 하도록 한 것이다.]
[지금에 있어서 누가 그 권력을 얻게 하겠는가? 만약 군직에만 서용하면
그 녹을 잃지 아니하게 할 뿐인데, 어찌하여 나라를 그르칠 수 있겠는가?]
#대사간 안호가 아뢰었다.#

7 안호 : [성상께서 다시 임사홍을 기용하시므로 신등이 여러 번 아뢰었으
　　나 윤허하지 아니하셨습니다. 이제 삼공 · 육경 · 승지가 한 사람도 그
　　잘못을 진언하는 이가 없습니다. 이로써 보면 임사홍이 훗날 나라를 그
　　르칠 때에 누가 감히 말하겠습니까?]
#들어주지 아니하셨다.#

(8 상 : 들어줄 수 없노라.])}

　　소통 행위 (20)은 전부 8번의 말차례 교환으로 구성되어 있다. 그런데
말차례의 이어짐을 살펴보면 임금을 중심으로 말차례가 다면적으로 확장
됨을 확인할 수 있다. '시강관 이승건→검토관 민상안→상→영사 윤
호→지사 허종→상→대사간 안호→상'으로 이어지는 말차례는 대화
참여자의 지위를 중심으로 정리하면 '경연관-상-대신-상-대간-상'
으로 이어진다. 말차례 교환의 이러한 특징적 현상은 경연에서의 논증적
대화가 임금을 중심축으로 하여 지위와 역할이 다른 참여자들 간에 다면
적으로 확장되고 있음을 보여주는 것이다.

　　경연에서의 말차례 교환의 또 다른 특징은 말차례의 교환이 대화의 상
대자와의 주고받기와 정확하게 일치하지 않는다는 점이다. 소통 행위
(20)에서 상을 제외한 모든 발화자들은 상을 대화의 상대자로 삼고 있다.
경연에서의 논증적 대화는 전형적인 일대다 대화의 양상을 보이고 있으
며 이에 따라 말차례의 이동과 대화의 교환이 일치하지 아니하고 복잡하
게 확장된다.

[그림 9] 경연에서의 일대다 대화와 말차례

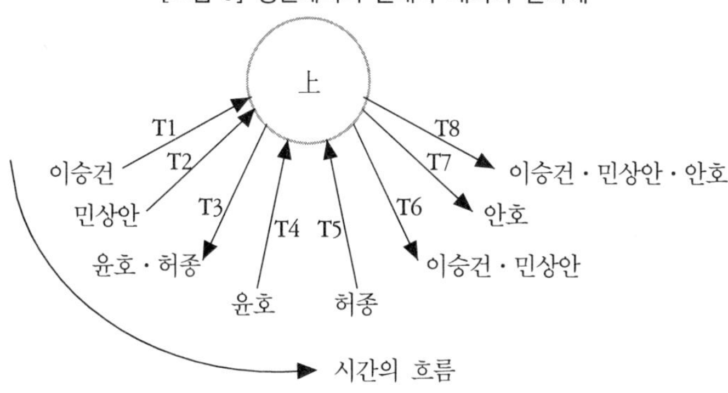

경연에서의 말차례 교환의 또 다른 특징은 하나의 말차례가 여러 개의 진행으로 구성되어 있는 경우가 많다는 것이다. 말차례 1의 이승건의 발화를 검토해 보면 3개의 진행으로 구성된 매우 짜임새 있고 긴 발화임을 알 수 있다. 이는 경연에서의 대화가 일상적인 대화와는 그 성격이 상당히 다른 것이었음을 보여준다. 일상적인 대화의 경우 하나의 말차례가 둘 이상의 진행으로 구성되는 경우는 거의 없으며 몇 개의 말차례가 모여서 하나의 진행이 되는 경우도 허다하다. 이렇게 하나의 말차례 안에 둘 이상의 진행이 나타나는 것은 그 대화가 미리 준비된 격식적인 대화였다는 점과 관련이 있다.

(3) 간접적인 구두 대화

셋째, 간접적인 구두 대화의 경우이다. 간접적인 구두 대화는 승정원을 매개로 하여 언관/대신과 임금 간에 이루어지는 대화이다. 임사홍 탄핵 논변의 소통 행위 (1), (2), (13), (15), (16), (18), (22), (24), (25), (26), (27), (28), (29), (30), (32), (33), (41), (42), (44), (47), (49), (50), (51)이 이에 해당한다. 여기서는 소통 행위 (24)를 중심으로 간접적인 구두 대화에서 보이는 말차례 교환의 특성을 살펴본다.

[그림 10] 소통 행위 (24)의 말차례 교환

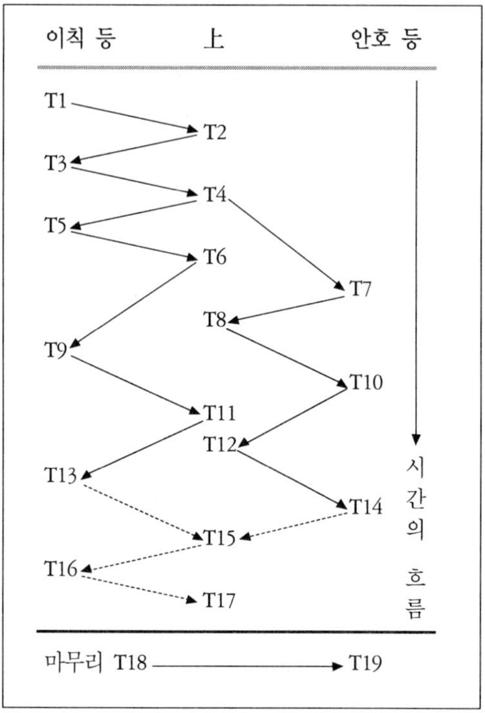

소통 행위 (24)는 임사홍 탄핵 논변의 전환점에 해당하는 논변이다. 이 날 대간들은 삼공육경과 승지들이 임사홍의 일에 대하여 함묵한다고 하여 탄핵하였는데 소통 행위 (21) 이에 임금이 영돈녕 이상과 의정부를 불러 대간의 탄핵을 말하고 대신들의 의견을 물었다(소통 행위 (22)). 소통 행위 (24)는 대신들의 수의(收議) 결과를 기다리던 대간이 그 결과를 듣고 실망하여 뒤늦게 예궐하여 밤을 세워 복합(伏閤)하여 임금과 주고받은 대화이다(자료는 부록을 참고할 것).

소통 행위 (24)의 말차례 교환에서 보이는 특이한 점은 임금과 사헌부, 임금과 사간원 사이의 독립적인 일대일 대화가 중첩되다가 종결부에 가서 합쳐진다는 것이다. 대화는 사헌부 대사헌 이칙 등으로부터 시작된다. 이칙 등은 대신들의 수의(收議) 결과가 실망스러움을 말한 뒤 일을 말하지 아니하는 삼공육경과 승지를 탄핵한다. 이칙 등과 임금의 대화는 [T1 → T2 → T3 → T4 → T5 → T6 → T9 → T11 → T13 → T15 → T16 → T17] 로 이어진다. 안호 등과 임금과의 대화는 [T4 → T7 → T8 → T10 → T12 → T14 → T15]로 이어진다. 두 대화는 T17에서 종결된 뒤 T18과 T19의 마무리 발언으로 정리된다. 두 개의 대화가 중첩되다가 종결부에서 결합되는 양상은 그림[10]에 도시되어 있다.

이 대화는 승정원을 통해 대간과 임금 사이에 오고가는 말을 기록한 것으로 승정원을 통한 간접적 대화가 유발시키는 말차례의 지연이라는 흥미로운 현상을 보여준다. 각각의 말차례는 대화 참여자의 말이 승정원에 들어오는 순서대로 부여되고 있다. 그런데 두 개의 독립적인 대화가 간접적으로 전달되는 과정에서 시간이 지연됨으로서 두 대화의 말차례가 뒤섞이는 현상이 나타나게 된다.

간접 전달로 인한 말차례의 지연은 부정확한 전달이라는 부정적인 면을 지니고 있기는 하지만[53] 공공성을 요하는 공론 영역의 논증적 대화에는 반드시 필요한 절차였다. 임금과 언관 사이의 대화가 승정원을 통하여 이루어지고 그 내용과 절차가 일일이 기록됨으로써 임금과 언관 사이의 논증적 대화의 장은 공공성과 공개성이라는 공론 영역으로서의 기본 성격을 유지하게 된다.[54] 승정원을 통한 간접적 전달은 상하간 소통의 엄격한 격식을 유지하고 대화 참여자들이 대화의 내용에 대하여 심사숙고할 시간적 여유를 주는 데도 도움을 주었다.

---

53) 이에 대한 우려를 문종 즉위년 9월 癸亥의 사헌부 장령 신숙주 등의 상서에서 찾아볼 수 있다. 앞의 '소통의 공간'을 참고할 것.

54) 이러한 공론 영역으로서의 성격은 경연/시사에서의 면대면 대화나 소차를 통한 문어적 소통의 경우에도 동일하게 유지된다. 경연/시사의 공간에는 반드시 사관이 입시하게 되어 있어서 소통의 내용이 일일이 기록되었다. 소차의 경우도 승정원을 통해 전달되는 과정에서 그 내용이 사관에 의해 기록되었음은 물론이다.

3) 진행 및 진행 연속체 분석

(1) 진행 및 진행 연속체의 유형과 연쇄

논증적 대화에서 논증이나 대화의 독립적 기능을 발휘하는 최소의 단위는 진행이다. 논증이란 일련의 논거들로부터 주장을 이끌어내는 발화 행위이다. 따라서 하나의 독립적인 논증의 기능은 하나 이상의 논거로부터 사리에 맞는 주장이 도출될 때 발휘된다. (아래에서 드는 진행 및 진행 연속체의 예는 성종 19년 11월 19일에 있었던 임사홍 탄핵 논변의 소통 행위 (6)에서 뽑아낸 것이다.)

> [①임사홍의 재주는 소인의 재주입니다. ②전일에 朋黨을 사귀어 맺고 朝政을 濁亂하게 하였는데 이는 재주가 아니면 할 수 없는 것입니다. ③근일에 두 번이나 上書하여 조정을 욕한 것도 재주가 아니면 할 수 없는 것입니다.]

이 화행 연속체는 임사홍의 재주가 소인의 재주임을 논증한다. 이 화행 연속체는 하나의 주장(①)과 두 개의 논거(②, ③)로 이루어진 논증이다. 그런데 논증이 반드시 여러 개의 화행으로 구성되는 것은 아니다. 다음의 화행을 보자.

> [만약 임원준의 공이 중하다 하여 그 아들에게 상을 미루어 준다고 하면, 임원준의 공을 갚는 것이 지나치다는 것은 臣等이 이미 말하였습니다.]

이 화행은 '임원준의 공이 중하다 하여 그 아들에게 상을 미루어 준다'는 주장을 '임원준의 공을 갚는 것이 지나치다'는 것을 근거로 논박하고 있다. 이 논박은 하나의 화행으로 이루어져 있지만 논증의 기능을 훌륭하게 수행하고 있다. 이 논박은 다음과 같은 주장을 암묵적으로 함축하고 있다.

(그러므로 임원준의 공을 그 아들에게 미루어 줄 수 없습니다.)

이 예에서 우리는 하나의 독립된 논증 기능이 하나의 화행만으로도 실현될 수 있으며 이 경우 이 논증에는 특정한 논증 요소가 생략되어 있음을 확인할 수 있다. 이러한 논증 요소의 생략 현상은 일상 논증(enthymeme)의 중요한 특징이기도 하다.

그런데 위에 든 논증의 두 사례는 논증적 대화 안에서 수행하는 기능이 동일하지 않다. 앞의 논증은 발화자의 입장을 내세우는 기능을 지니고 있는 반면 뒤의 논증은 상대방의 입장을 논박하는 기능을 하고 있다. 여기서 우리는 독립적인 논증의 기능을 지닌 화행 또는 화행 연속체를 확인할 수 있으며 논증적 대화 속에서의 그것의 기능은 발화자의 입장을 옹호하는 [변론]과 상대방의 주장을 반박하는 [논박]으로 대별될 수 있음을 알 수 있다.

그런데 실제적인 논증적 대화 속에서 무엇을 독립적인 논증의 단위로 볼 것인가 하는 문제는 분명한 판단을 내리기가 어려운 면이 있다. 다음의 화행 연속체를 보자.

[①書經에 이르기를 '爵은 惡德에게 미치지 말고 오직 어진이에게만 주소서' 라고 하였으니, 爵命은 어진이를 대우하는 바라 악덕에게 미칠 수 없습니다. ②또 이르기를, '공 세우기를 힘쓰는 자는 상을 내려 힘쓰게 하셨다'고 하였으니, 賞典은 공이 있는 이를 기리는 것이므로 공이 없는 이에게 주는 것은 옳지 못합니다. ③임사홍은 크게 악한 것만 있고 조그마한 공도 없으니 爵賞의 명을 함부로 더하는 것은 옳지 아니합니다.]

이 화행 연속체는 주장 ③과 그것을 뒷받침하는 두 개의 논거 ①, ②로 구성된 논증이다. 그런데 화행 ①, 화행 ②, 화행 ③은 각각 전제의 일부가 생략된 일상 논증으로 간주될 수 있다. 다음은 각각 화행 ①, 화행 ②, 화행 ③의 논증 구조를 도식화한 것이다.

① 작명은 어진이를 대우하는 바라 악덕에게 미칠 수 없다.

서경에 이르기를 '작은 악덕에게 미치지 — & — (서경의 말은 군왕이 믿고
말고 오직 어진이에게만 주소서'라고 하였다.　　　따라야 할 가치가 있다.)[55]

② 상전은 공이 있는 이를 기리는 것이므로 공이 없는 이에게 주지 못한다.

서경에 이르기를 '공 세우기를 힘쓰는 — & — (서경의 말은 군왕이 믿고 따
자는 상을 내려 힘쓰게 하셨다'고 하였다.　　　라야 할 가치가 있다.)

③ 임사홍에게 작상의 명을 함부로 더하는 것은 옳지 않다.

임사홍은 크게 악한 것만 있고 — & — (악하기만 하고 공이 없는 자에게
있고 조그마한 공도 없다.　　　　　작상을 더함은 옳지 못하다.)

그러므로 엄밀한 의미에서 이들 각각의 화행은 독립적인 논증의 기능
을 수행하고 있다고 할 수 있다. 그런데 논증 ①과 논증 ②는 논증 ③에
대하여 보증(warrant)의 역할을 하고 있다. 즉, 논증 ①과 논증 ②의 주장
은 논증 ③의 감추어진 논거(보증)와 일치한다.

임사홍에게 작상의 명을 함부로 더하는 것은 옳지 않다.

임사홍은 크게 악한 것만 — & — 악덕한 자나 공이 없는 자에게
있고 조그마한 공도 없다.　　　　작상을 더함은 옳지 못하다.

---

55) 여기서 사용되는 논증 구조 도식은 변형된 화용-대화론적 논증 구조 도식이다. 이에
　　대해서는 2장에서 설명하였다. 도식은 다음과 같다.

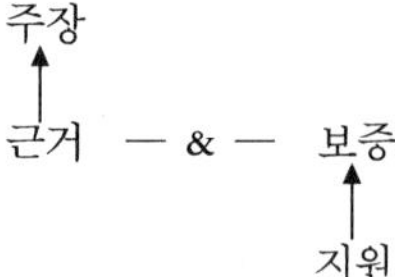

이렇게 하나의 화행으로서 독립적인 논증의 기능을 지니고 있지만 그 화행이 인접한 화행의 논거로서의 지위를 지니고 있는 경우 이 연구에서는 분석의 편의상 그 화행을 논거로 간주하기로 한다. 따라서 위의 사례는 전체로서 하나의 논증 기능을 하는 것으로 간주된다.

논증적 대화에서 나타나는 논증 기능에는 [변론]과 [논박]과 같은 추론 기능 이외에 사실이나 가치나 견해를 진술하는 기능도 포함된다. 논증적 대화는 견해의 차이를 전제 조건으로 하여 이루어지지만 그러한 견해의 차이가 논증적 대화를 통해 해소되거나 해결될 수 있는 것은 대화자 상호간에 공유하는 기본적인 인식의 토대가 있기 때문이다. 따라서 논증자 상호간에 공유하는 가치나 인식을 진술하는 행위는 논증적 대화를 진행시키는 중요한 기능 중의 하나이다.

> [오직 하늘과 祖宗께서 전하에게 맡기신 것은 대개 백성을 보호하고 宗社를 튼튼히 하여 크나큰 터전을 떨어뜨림이 없고, 위대한 業을 억만년 무궁토록 이어가게 하는 것입니다.]

이 진행은 상대방이 받아들일 수밖에 없는 가치나 관념을 제시함으로써 뒤에 전개될 추론의 토대를 마련하기 위해 진술된 것이다. 이렇게 공감의 토대가 되는 가치나 관념을 진술을 하는 기능을 [말터진술]이라 칭하기로 한다.56)

논증적 대화는 문제 해결의 과정이기도 하다. 문제 해결의 과정에서 필수적인 절차가 문제를 진술하는 것이다. 견해의 차이를 해소하거나 해결하는 것을 목적으로 하는 논증적 대화에서 견해의 차이를 확실하게 진술하는 행위는 논증적 대화의 출발점이 된다.

> [그런데 御書에 이르시기를 "諭示하기를 자세히 하였다. 어찌하여 말을 번거롭게 하느냐?"고 하셨습니다. 신등은 '유시하기를 자세히 하였다'는

---

56) '말터'란 *topoi*의 번역어로 어떤 공동체의 구성원들이 공감하고 옳은 것으로 인정하여 다른 주장을 뒷받침하는 토대가 되는 것이다.

것이 무엇을 이르는 것인지 아직 깨닫지 못하였습니다.]

견해의 차이를 진술하는 행위는 논증적 대화라는 문제 해결 과정의 출발점으로 기능한다. 한편 문제의 근원에 대한 논증자의 판단 진술도 문제 진술의 한 유형으로 나타난다.

[신등이 聖聰을 여러 차례 더럽혔으나 윤허를 얻지 못하였으니, 이는 반드시 어리석은 말이 성총에 거슬린 것입니다.]

문제의 근원에 대한 논증자의 판단 또한 문제 해결 과정의 출발점으로 기능한다. 논증적 대화에서 문제 해결의 출발점으로 기능하는 이러한 진술을 [문제진술]이라 칭하기로 한다.

논증적 대화에서 나타나는 논증자의 진술의 유형에는 [말터진술]과 [문제진술] 이외에 논증을 통하여 논증자가 도달한 인식을 결론적으로 언명하는 행위도 있다.

[전하께서 '유시하기를 자세히 하였다'고 말씀하신 바가 또은 진실로 의혹스럽습니다.]

이 진술은 앞에서 예로 든 [문제진술]을 출발점으로 하여 [논박]이 이어지고 그 [논박]을 통해 도달한 논증자의 견해를 진술한 것이다. 이렇게 논증자의 견해를 진술하는 것은 논증의 결과를 분명하게 제시함으로써 상대방으로 하여금 그 견해를 받아들일 것을 요구하는 효과를 지니게 된다. 논증의 결과로 이루어지는 견해 진술은 이어지는 논증의 출발점이 되기도 한다. 이러한 진술의 기능을 [견해진술]이라 칭하기로 한다.

논증적 대화에는 논증의 기능 이외에 대화를 진행시키는 일반적인 기능들도 나타난다. 대화를 시작하고 마무리하는 기능은 대화 진행의 일반적인 기능들이라고 할 수 있다.

[臣等이 요즈음 임사홍의 일을 가지고 天聽을 여러 차례 더럽혔으나(累瀆)
 윤허를 얻지 못하였습니다.]

이 화행은 독화적 대화를 시작하는 기능을 한다. 이렇게 독화적 대화의
서두에 제시되어 상대방의 주의를 환기하거나 화제를 제시하는 기능을
하는 것을 [개시]라 칭하기로 한다.

[엎드려 원하건대 전하께서는 신등의 말이 거슬린다고 하지 마시고 허심
 탄회한 마음으로 자세히 생각하시어 빨리 成命을 거두시어 소인이 나라
 를 그르치는 조짐을 막으소서.]

이 진술은 독화적 대화를 마무리하는 기능을 한다. 「伏願殿下…」는 공
론 영역의 문어적 소통 양식에서 대화를 종결짓는 기능을 하던 관습화된
표현이었다. 독화적 대화의 종결부에는 화자의 의도를 요약적으로 제시하
는 것이 관행화 되어 있었다. 이러한 대화 기능을 [종결]이라 한다.
　공론 논변은 합리적인 의사결정을 지향하는 논증적 대화였다. 이에 따
라 공론 논변에는 최종적인 의사결정의 권한을 지닌 참여자가 존재하였
는데 바로 판정자로서의 임금이었다. 이에 따라 판정자로서의 임금은 논
증자의 주장이나 요청 등에 대하여 최종적인 판단을 하여 이를 허락이나
거절의 형태로 진술하였다.

　# 들어주지 아니하셨다. #
　(2 상 : [들어줄 수 없노라.])}

위에서 보이는 상의 발화는 [거절]의 기능을 지니고 있다. 만약 상이
윤허를 하거나 어떤 견해를 따르게 되면 각각 [허락]과 [수용]의 기능을
지니게 된다.
　공론 영역의 논증적 대화에서 나타나는 대화 기능에는 이들 외에도
[요청], [하문], [응답], [하명], [설명], [호소], [제안] 등이 확인된다. 다

음은 유향소 복립 논변의 소통 행위 (1) 중 헌납 김대의 제안 논변이다.

> # 헌납 김대가 아뢰었다. #
> 07 김대 : {[변론 : 백성을 侵漁함은 鄕吏보다 더한 자가 없습니다. 수령도
> 　　반드시 어질 수는 없습니다. 그래서 백성이 편안하게 살 수가 없습니
> 　　다. 비록 京在所의 耳目이 있다 하나 미치지 못하여 또한 규명하여 단
> 　　속할 수가 없습니다. 옛사람이 이르기를, '猾吏가 지나가면 닭과 개라
> 　　하더라도 편안하지 못하다.'고 하였습니다. 닭과 개도 편안하지 못한데
> 　　더구나 사람이겠습니까? 유향소의 법은 매우 훌륭했습니다. 그러나 중
> 　　간에 폐지함으로 인하여 이러한 큰 폐단이 생겼습니다.]
> 　　[요청 : 다시 세우는 것이 어떠합니까?]
> # 상께서 左右에 물으셨다.#
> (08 상 : [하문 : 어떠한가?])
> #이극배가 대답하였다. #
> 09 이극배 : [응답 : 신도 그 점에 대해서 생각한 지가 오래였으나 상달하
> 　　지를 못했습니다.]
> 　# 상께서 말씀하셨다. #
> 10 상 : [하명 : 영돈녕 이상에게 의론하게 하라.]}

　이상에서 확인된 논증적 대화의 기능들은 하나 이상의 화행에 의해 실
현된다. 이러한 기능이 실현되는 화행 또는 화행 연속체를 진행(move)이라
한다. 공론 논변의 장에서 확인되는 진행의 목록을 정리하면 다음과 같다.

논증 기능 중심의 진행	[변론], [논박], [말터진술], [문제진술], [견해진술]
대화 기능 중심의 진행	[개시], [종결], [거절], [허락], [수용], [요청], [하문], [응답], [하명], [힐난], [논평], [해명], [설명], [호소], [제안], [판정]

　진행 연속체는 독화적 대화에서 둘 이상의 진행이 하나의 용건을 중심
으로 결합된 것을 말한다. 용건이란 대화 참여자들이 지니고 있는 구체적
인 의사소통의 목적으로 상위 화제를 구성하는 하위 화제와 같은 것이다.

독화적 대화의 진행 연속체는 그것에 대한 상대방의 반응을 고려하면서 진술된다.

논증적 대화에서 나타나는 진행의 양상을 일별하기 위해 소통 행위 (6) 의 분석 결과를 제시하면 다음과 같다.

#사헌부 대사헌 李則 등이 疏를 올려 말하였다. #
1 이칙 등 :
(진행 연속체 1) {[개시 : 臣等이 요즈음 임사홍의 일을 가지고 天聽을 여러 차례 더럽혔으나(累瀆) 윤허를 얻지 못하였습니다.]
[문제진술 : 그런데 御書에 이르시기를 "諭示하기를 자세히 하였다. 어찌하여 말을 번거롭게 하느냐?"고 하셨습니다. 신등은 '유시하기를 자세히 하였다'는 것이 무엇을 이르는 것인지 아직 깨닫지 못하였습니다.]
(진행 연속체 2) [논박 : 만약 임원준의 공이 중하다 하여 그 아들에게 상을 미루어 준다고 하면, 임원준의 공을 갚는 것이 지나치다는 것은 臣等이미 말하였습니다.]
[논박 : 만약 임사홍의 일이 실정에 지나치다고 말한다면, 임사홍의 마음과 행실의 악함은 신등이 말하였을 뿐만 아니라 전하께서도 이미 알고 계시는 것입니다.]
[논박 : 人事는 10년이면 반드시 변하므로 임사홍도 반드시 허물을 고쳤을 것이라고 하면, 임사홍이 옛 악함을 고치지 아니하고 방자하여 꺼림이 없는 것은 신등이 또한 자세히 말한 바 있습니다.]
[견해진술 : 전하께서 '유시하기를 자세히 하였다'고 말씀하신 바가 臣은 진실로 의혹스럽습니다.]
[변론 : 書經에 이르기를 '爵은 惡德에게 미치지 말고 오직 어진이에게만 주소서' 라고 하였으니, 爵命은 어진이를 대우하는 바라 악덕에게 미칠 수 없습니다. 또 이르기를, '공 세우기를 힘쓰는 자는 상을 내려 힘쓰게 하셨다'고 하였으니, 賞典은 공이 있는 이를 기리는 것이므로 공이 없는 이에게 주는 것은 옳지 못합니다. 임사홍은 크게 악한 것만 있고 조그마한 공도 없으니 爵賞의 명을 함부로 더하는 것은 옳지 아니합니다.]
(진행 연속체 3) [문제진술 : 전하께서는 임사홍이 文墨의 작은 재주가 조

금 있는 것을 끝내 버릴 수 없어 그렇게 하시는 것이 아닙니까?]

[**변론** : 대저 재주에는 군자의 재주와 소인의 재주가 있습니다. 소인이면서 재주가 있으면 이는 호랑이가 날개를 가진 것과 같아서 반드시 나라를 그르치는 데에 이를 것입니다.]

[**변론** : 임사홍의 재주는 소인의 재주입니다. 전일에 朋黨을 사귀어 맺고 朝政을 濁亂하게 하였는데 이는 재주가 아니면 할 수 없는 것입니다. 근일에 두 번이나 上書하여 조정을 욕한 것도 재주가 아니면 할 수 없는 것입니다.]

[**변론** : 이같이 음흉하고 간교한 재주로써 전하의 은총을 도둑질하여 위로는 임금을 속이고 아래로는 사람에게 방자히 군다면 후일의 禍를 어찌 이루 말할 수 있겠습니까?]

[**변론** : 유식한 인사는 한심스러워하지 않는 이가 없습니다. 전하께서는 아직 깨닫지 못하시고 산처럼 마음을 옮기지 아니하시니, 어찌하여 소인을 사랑함이 이처럼 지극하십니까?]

[**변론** : 예로부터 제왕이 그 사람이 소인임을 알지 못하고서 신임하다가 나라가 어지러워지고 망하게 되는 경우는 많았습니다. 소인인 것을 알면서도 도리어 사랑하고 신임하여 어지럽고 망하는 계단을 열게 한 일은 없었습니다. 전하께서는 이미 임사홍의 간사함을 헤아려 아시면서 반드시 버리지 않으려 하시니, 신등은 국사가 이로부터 날로 그릇될 것이 두렵습니다.]

(**진행 연속체 4**) [말터진술 : 오직 하늘과 祖宗께서 전하에게 맡기신 것은 대개 백성을 보호하고 宗社를 튼튼히 하여 크나큰 터전을 떨어뜨림이 없고, 위대한 業을 억만년 무궁토록 이어가게 하는 것입니다.]

[**변론** : 소인을 기용하면 어진이가 물러갑니다. 소인을 기용하여 어진이가 물러가면 백성이 병들고 宗社가 불안할 것입니다.]

[**견해진술** : 그렇다면 하늘에 계시는 조종의 靈이 옳게 여겨 '능히 하늘의 뜻을 잘 받드는도다' 하시겠습니까? '나의 후손이 터전을 버리지 아니 하는도다' 하시겠습니까?]

(**진행 연속체 5**) [문제진술 : 신등이 聖聰을 여러 차례 더럽혔으나 윤허를 얻지 못하였으니, 이는 반드시 어리석은 말이 성총에 거슬린 것입니다.]

[**변론** : 伊尹이 太甲에게 고하기를, '말이 그대의 마음에 거슬리면 반드시 道에서 구하도록 하오'라고 하였습니다.]

[**종결** : 엎드려 원하건대 전하께서는 신등의 말이 거슬린다고 하지

　　마시고 허심탄회한 마음으로 자세히 생각하시어 빨리 成命을 거두
　　시어 소인이 나라를 그르치는 조짐을 막으소서.]
　# 들어주지 아니하셨다. #
　(2 상 : [거절 : 들어줄 수 없노라.])}

　그런데 위의 예에서 진행 연속체가 나타나는 양상을 보면 진행 연속체
의 기능이 단일하지 않음을 알 수 있다.

　1 이칙 등 :
　　(진행 연속체 1) {[개시] [문제진술]
　　(진행 연속체 2) [논박] [논박] [논박] [견해진술] [변론]
　　(진행 연속체 3) [문제진술] [변론] [변론] [변론] [변론] [변론]
　　(진행 연속체 4) [말터진술] [변론] [견해진술]
　　(진행 연속체 5) [문제진술] [변론] [종결]

　위의 (진행 연속체 1)은 독화적 대화의 서두에 해당하며 대화를 시작하
고 문제를 제기하는 기능을 하고 있다. (진행 연속체 1)에서는 본격적인
논증이 이루어지지 않는다. (진행 연속체 2)에서는 본격적인 논증이 이루
어지고 있다. (진행 연속체 2)는 '크게 악하기만 하고 조그마한 공도 없는
임사홍에게 작상의 명을 가하는 것은 옳지 않다'는 견해를 중심으로 내용
이 결합되어 있다. 여기서 (진행 연속체 1)과 (진행 연속체 2)의 성격이
기본적으로 다름을 확인할 수 있다. (진행 연속체 5)의 경우 '말이 거슬리
더라도 허심탄회하게 받아들이라'는 내용으로 말차례 전체를 마무리하는
기능을 하고 있다. 소통 행위 (6)의 다섯 개의 진행 연속체의 기능을 요약
하면 다음과 같다.

　(진행 연속체1) : 논의의 실마리 제시
　(진행 연속체2) : 하위 화제 1―악하기만 하고 공이 없는 임사홍에게 작상
　　　　　　　　　을 가할 수 없다.
　(진행 연속체3) : 하위 화제 2―임사홍의 재주는 소인의 재주이므로 나라
　　　　　　　　　를 망칠 것이다.

(진행 연속체4) : 하위 화제 3 – 조종께서 위임하신 뜻을 받들어 소인을 물
리쳐야 한다.
(진행 연속체5) : 논의의 마무리

　여기서 우리는 진행 연속체의 기능이 두 부류로 대별된다는 것을 알
수 있다. 즉 하나의 하위 화제에 대하여 내용을 진술하는 기능을 하는 화
제 진술 기능과 대화의 전개 과정을 통제하는 기능을 하는 메타 진술 기
능이 그것이다. 메타 진술 기능에는 대화의 서두에서 논의를 조건화하는
기능, 대화의 끝부분에서 논의를 마무리하는 기능 등이 포함된다. 이를
도식화하여 나타내면 다음과 같다.

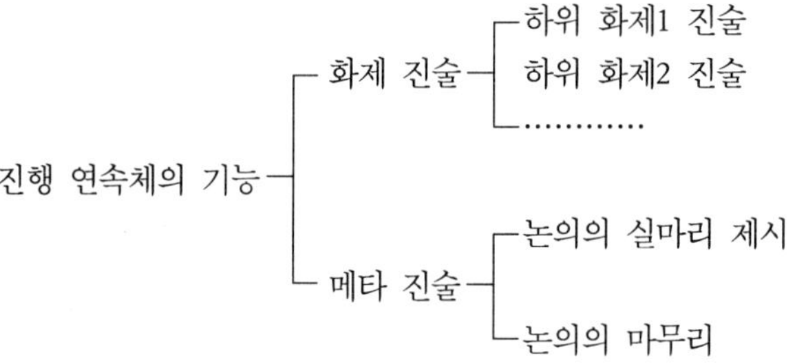

　진행 및 진행 연속체의 연쇄는 논증적 대화의 표층 구조 연쇄의 특성
을 보여준다. 앞의 헌납 김대의 제안 논변의 진행 연쇄는 다음과 같다.

　07 김대 : {[변론] [요청]
　08 상 : [하문]
　09 이극배 : [응답]
　10 상 : [하명]}

　한편 임사홍 탄핵 논변의 소통 행위 (6)의 경우는 다음과 같은 진행 연
쇄를 보인다.

　1 이칙 등 : {(진연1)[개시] [문제진술]

            (진연2)[논박] [논박] [논박] [견해진술] [변론]
            (진연3)[문제진술] [변론] [변론] [변론] [변론] [변론]
            (진연4)[말터진술] [변론] [견해진술]
            (진연5)[문제진술] [변론] [종결]
      2 상 : [거절]}

　　이 두 사례에서 우리는 대간과 임금 간의 논청-판결 소통 구조에서 보이는 전형적인 진행 연쇄의 양상을 볼 수 있다. 면대면 대화로 이루어진 헌납 김대의 제안 논변은 크게 세 부분으로 나뉠 수 있다. [변론]과 [요청][57]으로 구성된 대간의 논청(論請), 임금과 대신 간의 [하문]과 [응답][58]으로 이루어지는 고문(顧問), 그리고 [하명][59]으로 이루어지는 임금의 판결이다. 면대면의 논청-판결 소통 구조는 경연이나 시사의 자리라는 소통 공간의 특성을 반영하여 대간의 논청과 임금의 판결 사이에 임금-대신 간의 고문(顧問)이 삽입됨을 알 수 있다.

　　한편 문어적 소통으로 이루어진 소통 행위 (6)은 상당히 긴 진행 연쇄로 이루어진 이칙 등의 논청과 [거절]로 이루어진 임금의 판결을 구성 요소로 한다. 이칙 등의 논청은 [개시]로 시작되어 [종결]로 끝나며 [문제진술]/[말터진술] 다음에는 [논박]이나 [변론]이 연쇄적으로 이어지고 [논박]이나 [변론]의 뒤에 [견해진술]이 나타난다. 문어적 소통의 경우 대간의 논청은 [개시]−[문제진술]/[말터진술]−[논박]/[변론]−[견해진술]−[종결]이라는 완결성 있는 독화적 대화로 구성된다.[60]

      (1 상 : {[문제진술])
      2 정찬손 등 : [변론] [논박] [논박] [견해진술]
      3 심회 등 : [변론] [견해진술] [수용] [견해진술]

---

57) [변론]과 [요청] 외에 [말터진술], [문제진술], [견해진술], [논박] 등의 논증 기능을 지닌 진행이 수의적으로 포함될 수 있다.
58) [응답]은 [변론]이나 [논박] 등의 논증 기능 중심의 진행과 성격이 중복될 수 있다.
59) [하명] 외에 [거절], [허락], [수용] 등의 진행도 판결의 기능을 할 수 있다.
60) 여기서 '/'는 '또는(or)'을 나타내는 기호이다.

    4 이극배 : [설명] [논박] [논박] [논박] [견해진술]
   (5 상 : [판정])}

이 사례는 유향소 복립 논제에 대하여 영돈녕 이상의 의론이 이루어지고 임금의 판정이 내려지는 전형적인 의론-판정의 소통 구조를 보여준다.61) 이 사례를 보면 논변의 시작과 종결은 임금에 의해 이루어지며 시작은 임금의 [문제진술]로 시작되고 종결은 임금의 [판정]으로 이루어진다는 것을 알 수 있다. 또 대신들의 말차례에는 [견해진술]이 필수적이며 대체로 [변론]이나 [논박]이 수반됨을 알 수 있다. 또 의론-판정의 소통 구조에서는 대신들의 견해진술이 주요한 부분을 차지하며 임금의 견해진술이나 [변론]/[논박]은 거의 나타나지 않는다는 특징이 있다.

    1 상 : {[문제진술] [논평]
    2 상 : [문제진술] [문제진술] [하문]
    3 상 : [하문]
    4 상 : [문제진술] [하명]
    5 한치례 등 : [견해진술] [변론] ([견해진술])
    6 상 : [논평] [변론] [논평] [판정]}

그런데 임사홍 탄핵 논변에서 나타난 이 사례는 좀 특이한 양상을 보인다. 임금의 부름을 받은 영돈녕 이상과 의정부 육조의 대신들이 의론을 하고 임금이 판정을 하는 이 단위 논변62)은 위에서 살펴본 전형적인 의론-판정 소통 구조와 상당한 차이를 보이고 있다. 가장 큰 차이는 임금의 말차례 독점과 대신의 상대적인 위축이다. 대체로 한번의 [문제진술]과 한번의 [판정]으로 이루어지는 임금의 말차례 외에 세 번의 말차례가 더해져 있고 대신의 말차례는 한번으로 끝난다. 또한 임금의 말차례에 일반적으로는 나타나지 않는 진행인 [논평], [하명], [변론]이 나타난다. 이 사

---

61) 부록에 실린 분석 대상 텍스트 1의 소통 행위 (2) 참조.
62) 부록에 실린 분석 대상 텍스트 2의 소통 행위 (28) 참조.

례는 임금이 대신들로부터 의견을 듣고 판단을 내리는 의론-판정 구조의 수의(收議) 기능이 왜곡된 경우이다. 소통 행위 (29)는 임금이 대간의 지나친 말을 논죄할 목적으로 영돈녕 이상과 의정부 육조의 대신들을 불러서 이루어진 것으로 대간의 말에 대한 임금의 문제 제기와 견해 진술이 대부분을 차지한다.

이상의 사례 고찰을 통해 우리는 공론 논변의 소통 구조에 따라 진행 및 진행 연속체의 연쇄에 일정한 규칙성이 있으며 소통 구조의 일반적인 기능이 왜곡될 경우 이러한 규칙성에서 벗어날 가능성이 높음을 확인할 수 있다.

(2) 논증 도식의 유형

논증 도식이란 논거로 진술된 것과 주장으로 진술된 것 간의 관계를 표상하는 관습적인 방식이다. 논증 도식(argumentation scheme)의 유형 분류는 여러 학자들에 의해 시도된 바 있다. 페렐만과 올브레히츠-티테카(1958/1969)는 논증을 크게 연합에 의한 논증과 분리에 의한 논증으로 대별한다. 연합은 분리되어 있다고 생각되는 요소들 간에 가교를 놓음으로써 요소들을 하나의 전체로 통일시키는 것이다. 분리는 전체로 존재하는 것을 해체하여 하나의 전체로 간주되었던 요소들을 분리하는 것이다.

한편 반 에머렌과 그루텐도르스트(1992 : 94~102)에서는 논증 도식을 징후 논증, 유추 논증, 인과 논증의 세 가지 범주로 구별하였다. 징후 논증은 무언가를 다른 무언가의 징후라고 보는 논증이다. 유추 논증은 무언가가 다른 무언가와 유사하다고 보는 논증이다. 인과 논증은 무언가가 다른 무언가의 도구가 된다고 보는 논증이다.

반 에머렌과 그루텐도르스트(1992)의 분류는 간명하고 포괄적이며 규준적이다. 반면 페렐만과 올브레히츠-티테카(1958/1969)의 유형 분류는 세밀하고 중층적이며 기술적이다. 전자의 분류 방식은 지나치게 간명하여 특정한 논증적 대화의 문화적 특성을 밝혀내는 데는 부적절하며 후자는 체계적이지 못하여 타당도가 결여되어 있다는 단점이 있다. 결국 논증 도식 분류의 준거를 무엇으로 할 것인가는 논증 도식 분류의 목적이 무엇인가에 따라 선택되어야 한다. 여기서는 공론 논변의 장르 관습으로서 논증 도식의 유형을 기술하는 데 초점이 있으므로 논증적 대화의 합리성을 평가하기 위한 준거를 마련하는 데 일차적인 관심을 가지는 화용-대화론의 규준적 분류 방식보다는 일상 논증의 양상을 기술하는 데 관심을 가지는 페렐만과 올브레히츠-티테카의 수사학적 분류 방식이 더 적합하다.

페렐만과 올브레히츠-티테카(1958/1969)는 논증을 크게 '연합에 의한 논증'과 '분리에 의한 논증'으로 대별한다. 연합은 분리되어 있다고 생각되는 요소들 간에 가교를 놓음으로써 요소들을 하나의 전체로 통일시키는 것이다. 분리는 전체로 존재하는 것을 해체하여 하나의 전체로 간주되었던 요소들을 분리하는 것이다. 신수사학의 논증 도식 분류를 정리해 보면 다음과 같다.

1. 연합에 의한 논증
   1.1. 유사-논리적 논증
   1.2. 실제의 구조에 기반을 둔 논증
      1.2.1. 계기적 관계에 기반을 둔 논증 : 수단과 목적, 원인과 결과
      1.2.2. 공존적 관계에 기반을 둔 논증 : 본질과 현상, 사물과 속성, 권위로부터의 논증, 집단과 그 구성원
   1.3. 실제의 구조를 확립하는 논증
      1.3.1. 사례에 의한 논증
      1.3.2. 유추에 의한 논증
2. 분리에 의한 논증

페렐만과 올브레히츠-티테카의 분류 체계에 기초하여 실제 논증적 진행의 논증 도식을 기술하여 보자. 우선 앞에서 고찰한 바 있는 소통 행위 (6)의 [변론]을 논증 구조 도식에 따라 구조화하면 다음과 같다.

(임사홍에게) 爵賞의 명을 함부로 더하는 것은 옳지 않다.

임사홍은 크게 악한 것만 ― & ― • 爵命은 어진이를 대우하는 바라
있고 조그마한 공도 없다.　　　　　　악덕에게 미칠 수 없다.
　　　　　　　　　　　　　　　　• 賞典은 공이 있는 이를 기리는 것이므로
　　　　　　　　　　　　　　　　　공이 없는 이에게 주는 것은 옳지 못하다.

　　　　　　　　　• 書經에 이르기를 '爵은 惡德에게 미치지 말고
　　　　　　　　　　오직 어진이에게만 주소서' 라고 하였다.
　　　　　　　　　• (書經에) 또 이르기를, '공 세우기를 힘쓰는 자는
　　　　　　　　　　상을 내려 힘쓰게 하셨다'고 하였다.

이 논증에서 논거로 진술된 것과 주장으로 진술된 것 간에는 연합이
이루어지고 있다. 즉 '작명은 악덕에게 미칠 수 없으며 상전을 공이 없는
이에게 주는 것은 옳지 못하다'는 관념과 '임사홍은 악하고 공이 없으므
로 작상의 명을 더함은 옳지 않다'는 주장 사이에 연합이 이루어지고 있
다. 그런데 보증의 역할을 하는 관념은 당대인에게 그 권위가 보편적으로
인정되는 전거의 지원을 받고 있다. 결국 권위 있는 고전의 구절(고전 속의
성인의 주장)과 논증자의 견해를 관련지음으로써 논증자들은 권위 있는 고
전 문구나 성인의 말에 결부되어 있는 가치를 자신의 것으로 전이시키고
있다. 따라서 이 논증은 '연합에 의한 논증' 중의 '실제의 구조에 기반을
둔 논증'에 속하며 그 중에서도 '권위로부터의 논증'이라고 할 수 있다.

[①임사홍의 재주는 소인의 재주입니다. ②전일에 朋黨을 사귀어 맺고 朝
政을 濁亂하게 하였는데 이는 재주가 아니면 할 수 없는 것입니다. ③근
일에 두 번이나 上書하여 조정을 욕한 것도 재주가 아니면 할 수 없는
것입니다.]

이 변론은 '①임사홍의 재주는 소인의 재주이다'를 주장으로 하는 논
증이다. 이 논증의 논거가 되는 ②와 ③은 임사홍이 재주가 있음을 논증
하기 위해 재주의 징후를 제시한다. '전일에 붕당을 사귀어 맺고 조정을

탁란하게 한 것'과 '근일에 두 번이나 상서하여 조정을 욕한 것'이 재주의 징후이다. 이 논증은 사물과 그 사물의 속성(즉 징후)을 연결시키는 논증을 하고 있으므로 '연합의 논증─실제의 구조에 기반을 둔 논증─공존적 관계에 기반을 둔 논증─사물과 속성'의 유형에 속한다.

> [오직 하늘과 祖宗께서 전하께 맡기신 것은 대개 백성을 보호하고 宗社를 튼튼히 하여 크나큰 터전을 떨어뜨림이 없고, 위대한 業을 억만년 무궁토록 이어가게 하는 것입니다.]
> [소인을 기용하면 어진이가 물러갑니다. 소인을 기용하여 어진이가 물러가면 백성이 병들고 宗社가 불안할 것입니다.]
> [그렇다면 하늘에 계시는 조종의 靈이 옳게 여겨 '능히 하늘의 뜻을 잘 받드는도다' 하시겠습니까? '나의 후손이 터전을 버리지 아니하는도다' 하시겠습니까?]

이 논증은 '그렇다면 조종의 靈이 옳지 않게 여길 것이다'를 상위의 주장으로 하는 종속적 합성 논증이다. 이를 변형된 논증 구조 도식에 따라 정리하면 다음과 같다.

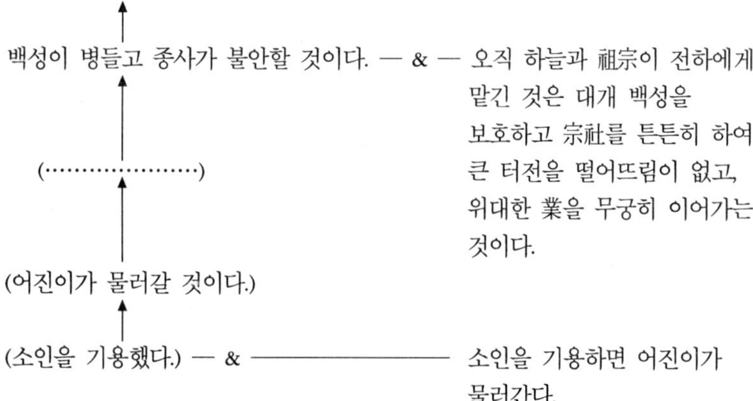

이 합성 논증은 원인과 결과가 계기적으로 이어지는 특성을 지니고 있다 : 소인을 기용했다. → 어진이가 물러갈 것이다. → 백성이 병들고 종사가 불안할 것이다. → 조종의 영이 옳지 않게 여길 것이다. 따라서 이 합성 논증은 '연합에 의한 논증－실제의 구조에 기반을 둔 논증－계기적 관계에 기반을 둔 논증－원인과 결과'의 유형에 해당한다.

> [신등이 聖聰을 여러 차례 더럽혔으나 윤허를 얻지 못하였으니, 이는 반드시 어리석은 말이 성총에 거슬린 것입니다.]
> [伊尹이 太甲[63])에게 고하기를, '말이 그대의 마음에 거슬리면 반드시 道에서 구하도록 하오'[64])라고 하였습니다.]
> [엎드려 원하건대 전하께서는 신등의 말이 거슬린다고 하지 마시고 허심탄회한 마음으로 자세히 생각하시어 빨리 成命을 거두시어 소인이 나라를 그르치는 조짐을 막으소서.]

이 논증은 '전하께서는 신등의 말이 거슬리더라도 허심탄회한 마음으로 생각하셔야 한다'를 주장으로 하는 논증이다. 그 논증 구조는 다음과 같다.

전하께서는 신등의 말이 거슬리더라도
허심탄회한 마음으로 생각하셔야 한다.

↑

신등이 여러 차례 전하의 귀에   ─ & ─   (군주는 마땅히 말이 마음에 거슬리면
거슬리는 말을 하였다.   도에서 그 말의 옳고 그름을
                                                        구해야 한다.)

↑

伊尹이 太甲에게 고하기를
'말이 그대의 마음에 거슬리면
반드시 道에서 구하도록 하오'
라고 하였다.

---

63) 伊尹은 湯을 도와 商나라를 일으킨 재상. 太甲은 湯의 손자.
64) 書經 商書 太甲 下에 나오는 구절. 有言逆于汝心 必求諸道 有言遜于汝志 必求諸非道. 太甲이 임금의 자리에 오른 뒤에 바른 정치를 펴지 않자 伊尹은 잠시 그를 임금 자리에서 내어쫓아 桐宮에 머물게 하면서 반성하게 하였다. 太甲은 그곳에서 자기의 잘못을 깨닫고 행동을 고쳐 훌륭한 임금이 되었다. 書經 商書 太甲篇은 伊尹이 太甲에게 훈계한 말이다.

이 논증은 『서경』에서 이윤(伊尹)이라는 재상의 말을 인용함으로써 권위 있는 사람의 말이 지닌 설득력을 논증자의 주장의 설득력으로 전이시키고 있다. 이 점에서 이 논증은 '권위로부터의 논증'이라고 할 수 있다. 그러나 한편으로는 삼대의 군주들은 '말이 마음에 거슬리면 반드시 도에서 그 말의 옳고 그름을 구해야' 한다는 관념을 지니고 있었다는 사실과 지금 '전하께서는 신등의 말이 거슬리더라도 허심탄회한 마음으로 생각하셔야 한다'는 주장이 병치되고 있다. 이러한 병치에 의한 비교는 '실제의 구조를 확립하는 논증' 중 '유추에 의한 논증'에 해당한다. 여기서 하나의 논증이 동시에 둘 이상의 논증 도식에 분류될 수 있음을 확인할 수 있다.

임사홍 탄핵 논변에서 확인되는 논증 도식에는 유추에 의한 논증과 권위로부터의 논증이 압도적인 다수를 차지한다. '사물과 속성'의 유형, '원인과 결과'의 유형, 사례에 의한 논증은 간간이 나타난다. 페렐만과 올브레히츠-티테카의 분류 체계에 따르면 임사홍 탄핵 논변의 논증 도식은 대체로 연합에 의한 논증이며 그 중에서도 '실제의 구조에 기반-공존적 관계-권위로부터의 논증'과 '실제의 구조 확립-유추에 의한 논증'이 주를 이룬다.

한 담화 공동체의 논증적 대화에서 권위로부터의 논증이 큰 비중을 차지하고 권위로부터의 논증이 반대자에 의해 설득력이 있는 것으로 받아들여 질 때 그 담화 공동체의 구성원들은 어떤 확고한 권위의 체계를 공유하고 있으며 대체로 안정적이고 통합적인 관념 세계를 공유하고 있었다고 해석될 수 있다. 또한 유추에 의한 논증이 큰 비중을 차지하는 것은 그 담화 공동체에 마땅히 따라야 할 윤리적 준거나 모범이 확립되어 있어서 어떤 대상이나 사건을 평가할 때 그 준거나 모범에 비추어 보는 것이 관례화 되어 있었음을 반영한다고 볼 수 있다. 이러한 추론이 옳다면 조선 전기 공론 영역의 논증적 대화는 안정적이고 윤리적인 당대의 시대상을 반영하여 권위로부터의 논증과 유추에 의한 논증이 압도적인 비중을 차지하고 있었다고 결론지을 수 있다.

4) 화행 분석

(1) 화행의 유형

화행은 대화의 기능을 지닌 최소의 발화 단위이다. 화행은 진행과는 달리 장 의존적이지는 않지만 대화에서 사용되는 화행의 유형은 대화의 목적에 따라 변별되는 대화 유형들의 일반적인 특성을 반영한다.

왈튼(1998 : 31)은 대화의 목적에 따라 대화의 일반적인 유형을 여섯 가지로 분류하였다. '1. 설득 대화, 2. 정보 탐색 대화, 3. 협상 대화, 4. 탐구 대화, 5. 논쟁적 대화, 6. 심의 대화'가 그것이다. 그 중 '설득 대화'의 하위 유형으로 '비판적 토의'를 제시하였는데 공론 논변은 설득 대화, 그 중에서도 비판적 토의의 유형에 속한다고 할 수 있다.

비판적 토의는 참여자들 간에 견해의 합리적인 경쟁을 통하여 합리적인 의사결정에 도달하는 것을 목적으로 하는 논증적 대화이다. 따라서 이 유형에 속하는 대화에는 논증 화행이 중심적인 역할을 하게 마련이다. 논증 화행은 크게 논거를 제시하는 <논거> 화행과 주장을 제시하는 <주장> 화행으로 대별된다. 유향소 복립 논변의 소통 행위 (1) 중에 있는 헌납 김대의 말을 살펴보자.

07 김대 : {[①백성을 侵漁함은 鄕吏보다 더한 자가 없습니다. ②수령도 반드시 어질 수는 없습니다. ③그래서 백성이 편안하게 살 수가 없습니다. ④비록 京在所의 耳目이 있다 하나 미치지 못하여 또한 규명하여 단속할 수가 없습니다. ⑤옛사람이 이르기를, '猾吏가 지나가면 닭과 개라 하더라도 편안하지 못하다.'고 하였습니다. ⑥닭과 개도 편안하지 못한데 더구나 사람이겠습니까? ⑦유향소의 법은 매우 훌륭했습니다. ⑧그러나 중간에 폐지함으로 인하여 이러한 큰 폐단이 생겼습니다.]

하나의 진행으로 구성된 김대의 이 논증은 매우 복잡한 구조를 지니고 있다. 우선 이 논증의 최상위의 주장이 명시적으로 드러나 있지 않다. 이 논증의 최상위의 주장은 "유향소를 복립해야 한다."이다. 따라서 명시적으로 드러난 화행들은 모두 논증의 최상위 주장인 "유향소를 복립해야 한다."의 논거들이다.

그러나 대화 분석에서 암묵적인 최상위 주장을 근거로 하여 실제로 발화된 화행의 기능을 정의하는 것은 합리적이지 않다. 대화 분석은 실제로 발화된 표현을 분석의 대상으로 하기 때문에 명시적으로 표현된 요소를 준거로 삼는다. 암묵적인 논증 요소는 명시적인 논증 요소와 직접적인 논증 관계를 맺는 경우에만 고려된다. 여기서 직접적인 논증 관계란 하나의 논증을 구성하는 논증 요소들 사이의 관계 즉, 논거와 주장의 관계를 말한다.

김대의 논증 요소들을 명시적으로 표현된 화행들 간의 관계에 의해 정의할 때 '주장'에 해당하는 화행은 '③그래서 백성이 편안하게 살 수가 없습니다.'이다. ③을 뒷받침하는 논거는 ①, ②, ⑤, ⑥이다. 그렇다면 ④, ⑦, ⑧은 무엇일까? ④는 '경재소의 통제는 실패했다.'는 주장을 내세우기 위한 논거이다. ⑦과 ⑧은 '유향소는 향리 통제에 효과적일 것이다.'라는 주장을 내세우기 위한 논거들이다. 이렇게 볼 때 헌납 김대의 논증은 '유향소를 복립해야 한다.'는 상위 논증과 그것을 뒷받침하는 세 개의 하위 논증으로 구성되어 있다고 할 수 있다. 여기서 상위 논증은 명시적으로 나타나지 않고 상위 논증에 종속되어 있는 하위 논증들만이 명시적으로 제시되어 있다.

그런데 이들 논거들은 주장과의 관계에서 볼 때 동등한 층위에 존재하지 않는다. 앞의 [그림 5]에서 제시된 바 있는 종속적 합성 논증 구조 도식을 보자.

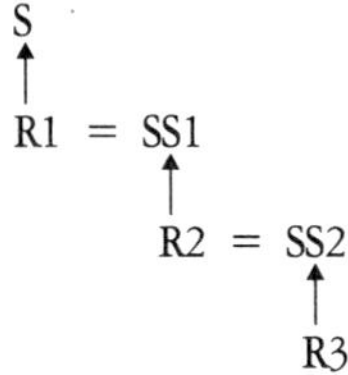

이 도식에서 보는 바와 같이 종속적 합성 논증의 경우 주장을 뒷받침하는 논거들은 주장과의 거리에 차이가 난다. 따라서 주장과의 거리를 표시할 필요가 있을 경우 1순위 논거, 2순위 논거, 3순위 논거와 같이 구별하기로 한다.

위의 헌납 김대의 논증에서 논증 요소 ③과 ③을 뒷받침하는 논증 요소들인 ①, ②, ⑤, ⑥의 관계를 구조적으로 도시하면 다음과 같다.

③그래서 백성이 편안하게 살 수가 없다.

①백성을 괴롭힘은 ─ & ─ (향리에 대한 수령의 통제는
향리보다 더한 자가 없다.　　종종 성공적이지 못하다.)

(활리보다 ─ & ─ (향리는 곧　②수령이 반드시 ─ & ─ (수령이
더 백성을　　　　　활리이다.)　　어질 수는 없다.　　　어질지 못하
괴롭히는　　　　　　　　　　　　　　　　　　　면 향리를 통제
자는 없다.)　　　　　　　　　　　　　　　　　하지 못한다.)

(활리가 지나가면 = ⑥닭과 개도 편안하지 ─ & ─ (활리보다 악독한
닭과 개라 하더라도　못한데 더구나 사람이랴.　　　자는 없다.)
편안하지 못하다.)

⑤옛사람이 이르기를 '활리가 지나가면 ─ & ─ (옛사람의 말은
'닭과 개라 하더라도 편안하지 못하다' 하였다.　　믿을 수 있다.)

위의 논증 구조 도식에서 보는 바와 같이 논거들의 층위는 동일하지 않다. 주장과의 거리에 따라 논거의 층위를 명시하면 ①은 1순위 논거, ②는 2순위 논거, ⑥은 3순위 논거, ⑤는 4순위 논거가 된다.

논거는 언어 공동체나 논변의 장에 따라 사용되는 양상이 달라진다.65) 즉, 공동체마다 선호되는 논거의 유형이 다를 수 있는 것이다. 따라서 논거 제시하기의 유형을 분류하는 것은 논변의 특성을 드러내는 과정이 될 수 있다. 논거의 유형에 대해서는 3절에서 논의한다.

비판적 토의에서의 화행에는 논증 화행 외에 일반적인 대화 화행이 다양하게 나타난다. 헌납 김대의 논변에 나타나는 일련의 대화 화행을 보자.

    07 김대 : {[변론]
        [요청 : <다시 세우는 것이 어떠합니까?>]
      (08 상 : [하문 : <어떠한가?>])
    09 이극배 : [응답 : <신도 그 점에 대해서 생각한 지가 오래였으나 상달
        하지를 못했습니다.>]
    10 상 : [하명 : <영돈녕 이상에게 의론하게 하라.>]}

이들 각각의 화행들은 그 자체로 진행의 기능을 수행하고 있기도 하다. 여기서 진행의 기능과 화행의 기능을 명확하게 구분할 필요성이 대두된다. 진행의 기능은 장 의존적이라는 특성이 있어서 그 기능에 공론 영역의 특성이 반영되어 있다. [하문]이나 [하명] 등에 반영된 참여자의 지위의 특성이 그러한 예이다. 반면 화행은 대화의 유형에 따라 사용되는 양상에 차이가 있을 뿐 화행 자체에 장의 특성이 반영되지는 않는다. 따라서 김대의 <다시 세우는 것이 어떠합니까?>라는 화행은 <제의> 화행으로, 임금의 <어떠한가?>라는 화행은 <물음> 화행으로, 이극배의 <신도

---

65) 여기서 분명히 해 둘 점은 <논거> 화행 자체에 문화적 특성이 있다는 것이 아니라 <논거> 화행이 활용되는 양상에 문화적 특성이 나타난다는 것이다.

그 점에 대해서 생각한 지가 오래였으나 상달하지 못했습니다.>라는 화
행은 <대답> 화행으로, 임금의 <영돈녕 이상에게 의론하게 하라.>는 화
행은 <명령> 화행으로 정의된다.

    01 김대 : {[변론 <논거> <논거> <주장> <논거> <논거> <논거> <논거>]
        [요청<제의>]
    02 상 : [하문<물음>]
    03 이극배 : [응답<대답>]
    04 상 : [하명<명령>]}

분석 자료에서 확인된 화행에는 다음과 같은 것들이 있다(부록 참조).

    <논거>, <주장>, <물음>, <대답>, <제의>, <거절>, <동의>,
    <약속>, <명령>, <이의>, <감사>, <권고>, <확언>, <의견개진> 등

(2) 논거의 유형

논거는 주로 논증 기능을 지닌 진행, 특히 [변론], [논박], [말터진술]
안의 화행들에서 주로 확인된다. 논거는 논증이 지닌 설득력의 기초가 된
다. 따라서 어떤 논증적 대화에서 어떤 논거가 주로 이용되고 어떤 논거
가 강력한 것으로 인정되는가를 살피는 것은 그 논증적 대화의 장을 지
배하는 설득 문화를 해석해 내는 토대가 된다.
    논거에서 주장에 이르는 추론의 과정에서 주장과 논거가 맺는 관계를
중심으로 볼 때 논거는 크게 세 부류로 나뉘어질 수 있다.

    [(1a)書經에 이르기를 '爵은 惡德에게 미치지 말고 오직 어진이에게만 주
    소서'66) 라고 하였으니, (1b)爵命은 어진이를 대우하는 바라 악덕에게 미

---

66) 書經 商書 說命 中에 나오는 구절. 說命 篇은 高宗이 재상 傅說과 주고받은 말을 기
    록한 것이다. 고종이 어진 재상을 얻는 꿈을 꾸고 백관을 시켜 사방에 두루 찾았는
    데, 傅巖의 골짜기에서 열(說)을 얻었다 하여 부열(傅說)이라고 하였다. 武丁(高宗의

칠 수 없습니다. (2a)또 이르기를, '공 세우기를 힘쓰는 자는 상을 내려 힘
쓰게 하셨다'[67]고 하였으니, (2b)賞典은 공이 있는 이를 기리는 것이므로
공이 없는 이에게 주는 것은 옳지 못합니다. (3a)임사홍은 크게 악한 것만
있고 조그마한 공도 없으니 (3b)爵賞의 명을 함부로 더하는 것은 옳지 아
니합니다.]

— 소통 행위 (6)

위의 논증에서 주장에 해당하는 것은 "(3b)(임사홍에게) 작상의 명을
함부로 더하는 것은 옳지 않다."이다. 이에 대해 (1a), (1b), (2a), (2b), (3a)
는 모두 (3b)의 논거가 된다. 그런데 이들 논거들은 주장을 뒷받침하는
기능이 동일하지 않다. 논증 구조 도식에 따라 이들의 기능을 설명하면,

(3b)
↑
(3a) — & — (1b), (2b)
↑
(1a), (2a)

와 같이 재구성된다. 즉 "(3a)임사홍은 크게 악한 것만 있고 조그마한 공
도 없으니"는 이 논증의 근거(data)이고 "(1b)작명은 어진이를 대우하는 바
라 악덕에게 미칠 수 없다."와 "(2b)상전은 공이 있는 자를 기리는 것이므
로 공이 없는 이에게 주는 것은 옳지 못하다."는 이 논증의 보증(warrant)
이 된다. 또 "(1a)서경에 이르기를 '작(爵)은 악덕에게 미치지 말고 오직
어진이에게만 주소서'라고 하였다."와 "(2a)또 이르기를 '공 세우기를 힘

이름)이 은나라를 중흥시키고 高宗이라고 높임받은 것도 결국 부열이 어질게 나라
를 다스렸기 때문이라고 한다. 인용된 구절은 부열이 고종에게 한 말이다.

67) "德懋懋官 功懋懋賞". 書經 商書 仲虺之誥 篇에 있는 말. '(湯 임금께서) 덕에 힘쓰는
사람에게는 벼슬을 주어 힘쓰고 하시고, 공을 세우기에 힘쓰는 사람에게는 상을 내
려 힘쓰게 하셨다'는 뜻. 중훼지고 편은 탕이 군사를 일으켜 폭군 걸을 내쫓은 뒤에,
그의 신하 중훼가 군사를 일으킨 탕왕의 취지를 변명하는 글이다. 인용된 부분은
하나라의 폭군 걸의 폭정에 탕 임금의 선정을 대비시킨 구절로, 탕 임금의 덕을 찬
양하는 내용이다.

쓰는 자는 상을 내려 힘쓰게 하셨다'고 하였다.”는 각각 이 논증의 보증인 (1b)와 (2b)를 뒷받침해주는 지원(backing)이 된다.

여기서 논거의 세 가지 범주인 근거, 보증, 지원의 성격을 고찰해 볼 필요가 있다. 근거는 주장을 도출하는 구체적인 판단의 자료이다. 근거로는 보통 구체적인 사례가 제시된다. 이에 비해 보증은 사람들이 일반적으로 인정하는 판단의 규칙이다. 지원은 보증을 뒷받침하는 믿을 만한 전거이다.68)

논거의 세 가지 범주 중 특정한 논증적 대화의 장을 지배하는 관습적 사고를 반영하는 것이 보증이다. 따라서 특정한 담화 공동체의 논증 문화를 확인하기 위해서는 그 담화 공동체의 논증적 대화에서 어떤 논거들이 사용되는가, 그 중에서도 어떤 보증들이 사용되는가를 고찰하는 것이 도움이 된다.

그런데 보증은 대화 참여자들이 공유하는 관습적 사고를 반영한 것임으로 해서 일상논증에서 대개 생략이 된다. 위에 든 사례에서와 같이 보증이 명시적으로 드러나는 경우는 매우 드물다. 반면 보증을 뒷받침하는 지원은 보통 해당 담화 공동체에서 권위 있는 것으로 받아들여지는 논거들로 구성되어 명시적으로 제시되며 강력한 설득력의 원천이 된다.

> [문제진술 : 신등이 聖聰을 여러 차례 더럽혔으나 윤허를 얻지 못하였으니, 이는 반드시 어리석은 말이 성총에 거슬린 것입니다.]
> [변론 : 伊尹이 太甲에게 고하기를, '말이 그대의 마음에 거슬리면 반드시 道에서 구하도록 하오'라고 하였습니다.]
> [종결 : 엎드려 원하건대 전하께서는 신등의 말이 거슬린다고 하지 마시고 허심탄회한 마음으로 자세히 생각하시어 빨리 成命을 거두시어 소인이 나라를 그르치는 조짐을 막으소서.]

— 소통 행위 (6)

---

68) 근거와 보증은 각각 삼단논법의 소전제와 대전제에 해당한다. 보증은 추론규칙으로 설명되기도 한다. Brinker(1992)의 논증 구조 모형을 참조할 것.

위의 [변론] 진행은 하나의 논거로 이루어진 논증이다. 이 논증은 주장과 전제의 일부가 생략되어 있다. 이 논증의 주장은 [종결]에 표현되어 있는 내용을 참조할 때 "전하께서는 신등의 말이 거슬리더라도 허심탄회한 마음으로 생각하소서."이다. 이 논증의 근거는 [문제진술]에 나타나 있는 내용을 참조할 때 "신등이 여러 차례 전하의 귀에 거슬리는 말을 하였다."가 될 것이다. 이 논증을 변형된 화용-대화론적 논증 구조 도식에 따라 구성하면 다음과 같다.

전하께서는 신등의 말이 거슬리더라도
허심탄회한 마음으로 생각하셔야 한다.
↑
신등이 여러 차례 —&— (말이 마음에 거슬리면 반드시 도에서
전하의 귀에 거슬   그 말의 옳고 그름을 구해야 한다.)
리는 말을 하였다
↑
伊尹이 太甲에게 고하기를 '말이 그대의 마음에
거슬리면 반드시 道에서 구하도록 하오'라고 하였다.

이 논증에서 보증에 해당하는 내용은 생략되어 있다. 반면 보증을 뒷받침하는 지원으로는 당대인이 권위 있는 것으로 받아들이는 전거가 제시되고 있음을 알 수 있다. 이와 같은 까닭으로 아래에서는 논증의 보증을 뒷받침하는 지원들과 논증의 추론규칙인 보증을 중심으로 공론 논변의 논거의 유형을 고찰하고자 한다. 지원의 유형을 고찰함으로써 공론 논변에서 강력한 설득력의 원천으로 인정되는 권위 있는 전거가 무엇인지를 확인할 수 있을 것이며 보증의 유형을 고찰함으로써 공론 영역을 지배하던 당대인의 관념 세계를 이해할 수 있을 것이다.

다음은 임사홍 탄핵 논변에서 나타나는 지원의 사례들이다.

• 『서경』에 이르기를 '爵은 악덕에게 미치지 말고 오직 어진이에게만 주소서'라고 하였다.

- 또 (『서경』에) 이르기를 '공 세우기를 힘쓰는 자는 상을 내려 힘쓰게 하셨다'고 하였다.
- 예로부터 제왕이 그 사람이 소인임을 알지 못하고서 신임하다가 나라가 어지러워지고 망하게 되는 경우가 많았다.
- 伊尹이 太甲에게 고하기를 '말이 그대의 마음에 거슬리면 반드시 道에서 구하도록 하오'라고 하였다.
- 옛 제왕은 위로는 하늘을 두려워하고 아래로는 인심을 두려워하며 또 무릇 백세의 공의를 두려워하기 때문에 좌우에서 말하고 기록하며 앞뒤에서 경계하고 깨우쳐서 조심하고 공경하여 감히 게을리하고 소홀히 하지 아니하였다.
- 『서경』에 이르기를 '두려워하지 아니하지 말라. 두려워하지 아니하면 두려운 데 들어가게 된다'고 하였다.
- 이는 '서리가 내리면 얼음이 굳게 얼 조짐'이라는 말이 그 경계가 된다.
- 예로부터 임금이 나라에 일이 없을 때를 당해서 더욱 기미의 즈음을 엄하게 하여 항상 측량할 수 없는 근심이 아침저녁에 있는 것처럼 하였다.
- 『주역』에 이르기를 '어려운 일은 쉬울 때에 도모하라'고 하였다.
- 옛사람은 소인을 醇酎에 비하였다.
- 예로부터 한 사람의 소인이 조정에 진출하면 뭇소인이 무리로 진출하여 크게 해가 된다.
- 『주역』에 이르기를 '망하지 아니할까 망하지 아니할까 두려워하여야 나라가 튼튼하다'고 하였다.
- 옛날에 아무리 밝고 지혜로운 임금이라 하더라도 소인을 기용하여 나라를 그르치는 것이 많았다.
- 『좌전』에 이르기를 '그 임금에게 무례함을 나타내면 매가 새를 쫓는 것처럼 한다'고 하였다.
- 일찍이 전대를 보건대 간흉이 조정에 있으면 충신·의사가 차라리 벼슬을 버리고 숨을지언정 참고 조정에 같이 있지 아니하며 차라리 바다에 뛰어들어가 죽을지언정 참고 조정에 함께 서지 아니하였다.
- 개벽 이래로 聖主는 요순과 같은 이가 없다. 그러나 益이 순임금께 경계하여 아뢰기를 '간사한 자를 버리기를 의심하지 마소서'라고 하였다.
- 『서경』에 龜從筮從이라는 말이 있다.
- 예로부터 제왕은 악을 숨기고 선을 선양하며 사람의 허물을 감히 말하지 아니하였다.

- 옛말에 '신하를 아는 것은 임금만한 이가 없다'고 하였다.
- 益이 순임금에게 경계하기를 '丹朱처럼 오만하지 마소서'라고 하였다.
- 주창은 한나라 고조를 걸·주라고 하였고 유의는 진나라 무제를 환령
  이라고 하였다.

　지원의 유형에서 가장 두드러지는 것은 고전의 전거이다. 분석 대상 텍스트에서 사용된 총 21개의 지원 중 고전의 전거는 11개나 된다. 이 중 『서경』에 나오는 말이 7개, 『주역』에 나오는 말이 3개, 『좌전』에 나오는 말이 1개이다.

　다음으로 두드러지게 등장하는 지원은 '예로부터' 그렇게 해온 관습이나 그렇다고 믿어온 것이다. "예로부터 제왕이…", "예로부터 임금이…", "예로부터 한 사람의 소인이…"와 같은 진술이 그것이다. 이 유형은 4개가 나온다.

　옛일에 관한 일반적인 진술도 자주 등장한다. "옛 제왕은…", "옛사람은…", "옛날에…", "일찍이 전대를 보건대…"와 같은 진술이 그것이다. 이는 당대인들이 역사적인 사례들로부터 귀납적으로 도출해 낸 판단이었다.

　이 밖에 전거 미상의 역사적 사례(주창과 유의의 고사)와 '옛말'이 각각 1번씩 나온다. 전거 미상의 역사적 사례는 사서에서 찾아낸 역사적 사실이며 옛말은 속담이나 격언과 성격이 유사한 것이다.

　이상의 논거들은 그 성격에 따라 크게 세 가지 부류로 나눌 수 있다. 첫째, 고전의 전거이다. 고전의 전거는 지원 중에서 가장 큰 비중을 차지한다(21개 중 11개). 흥미로운 것은 고전 중에서 『서경』이 가장 많이 인용되고 그 다음으로 『주역』과 『좌전』의 순으로 인용되고 있다는 점이다. 『서경』은 하은주 삼대의 성인군주와 재상들의 언행을 기록한 것으로 당대인에게 삼대는 이상적인 사회의 모델로, 하은주 삼대의 성인군주들은 유교적 세계관의 최고의 인간상으로 간주되었다. 『주역』은 그 연원이 하도낙서에까지 거슬러 올라가나 주 문왕이 기록하고 공자가 보완한 경전으로 알려져 있다. 『좌전』은 춘추시대의 역사이다. 이들이 인용된 회수는

각각 7회, 3회, 1회로 당대인의 상고지향적 취향을 읽을 수 있다. 특히 『서경』의 인용 문구들은 하은주 삼대의 이상적인 군주들과 신하들의 말이어서 그 권위가 널리 인정되었다.

둘째는, 예로부터 그러하다고 인정되어온 생각이나 판단이다. 이 부류에는 '예로부터…(自古)'로 시작되는 화행들과 '옛날에…', '옛사람은…' 등으로 시작되는 화행들이 속한다. 이것들은 모두 예로부터 지금까지 그러하다고 널리 인정되는 생각이나 판단 또는 옛일에 관한 일반적인 진술이다. 격언의 성격을 지닌 '옛말에…'도 이 유형에 속한다. 이것들도 상당한 비중을 차지한다(21개 중 9개).

세 번째 부류는 역사적 사례이다. 이것은 역사상의 인물이 실제로 한 언행이나 실제로 있었던 역사적 사례이다. 이 부류에 속하는 논거는 1회 나타난다.

위의 사례 분석을 통하여 우리는 논거들의 유형에 따라 당대 공론 영역 참여자들이 부여하였던 선호도와 권위에 차이가 있었음을 추정할 수 있다. 당대에 공론 영역에서 가장 선호되었을 뿐 아니라 권위 있는 것으로 인정되었던 전거는 고전에서 인용되는 하은주 삼대의 성인들의 언행이었다. 특히 『서경』은 천명 사상과 혁명 사상의 뿌리가 되는 고전으로 조선 전기 사대부에 의해 선호되었다. 그 다음으로 선호된 전거는 옛날로부터 마땅히 그러한 것으로 인정되어온 관념이나 판단이었다. 상고(上古) 지향적인 당대인들에게 옛날 사람들의 판단이나 옛날로부터 그러한 것으로 인정되어온 관념은 상당한 설득력을 지니는 것이었다. 이에 비해 실제 역사적 인물의 언행이나 사건은 보증을 뒷받침하는 논거로 그리 선호되지 않았다. 실제 역사적 사건은 마땅히 그리되어야 할 당위적인 판단이나 행동의 논거로서보다는 어떤 판단이나 행동의 가능성을 주장하는 논거로 이용되는 경향이 있었다.

이제 임사홍 탄핵 논변에서 나타나는 보증을 분석해 보자. 임사홍 탄핵 논변에서 명시적으로 나타나는 보증에는 다음과 같은 것들이 있다.

- 爵命은 어진이를 대우하는 바라 악덕에게 미칠 수 없다.
- 賞典은 공이 있는 이를 기리는 것이므로 공이 없는 이에게 주는 것은 옳지 못하다.
- 대저 재주에는 군자의 재주와 소인의 재주가 있다.
- 오직 하늘과 조종께서 전하게 맡기신 것은 대개 백성을 보호하고 종사를 튼튼히 하여 크나큰 터전을 떨어뜨림이 없고 위대한 업을 억만년 무궁토록 이어가게 하는 것이다.
- 소인을 기용하면 어진이가 물러간다.
- 임금의 말 한 마디 행동 하나가 백성들이 본을 받는 것이다.
- 대저 소인을 진출하게 하고 물러나게 하는 즈음에 마땅히 처음을 삼가야 한다.
- 진실로 작은 데에 삼가지 아니하면 널리 퍼져서 도모하기가 어렵게 된다.
- 약석이 비록 입에는 쓴 것 같으나 마침내 병에는 이로우며 순주가 비록 입에는 좋은 듯하나 반드시 그 몸에 해롭다.
- 소인이 나아가면 군자가 물러간다.
- 대저 소인이 나아가고 물러가는 것은 바로 종사가 평안해지고 위태로워지는 기미이다.
- 비록 큰 성인이라 하더라도 성명하다고 자신할 수 없다.
- 그 어버이에게 순종하다가 만약 집이 망하는 데 이르면 필부라도 마땅히 의리로써 다투어서 그 집을 보존해야 한다.
- 대저 신하는 비록 하늘을 떠받들고 해를 그러쥐는 공이 있다고 하더라도 직분 안의 일이다.
- 숭록대부의 높은 작위는 조종께서 어질고 능력 있는 이를 대우하는 것이다.
- 관작은 간사한 자를 상주는 도구가 아니다.
- 임금은 하늘과 같다.
- 임금은 마땅히 조심하고 두려워하여 깊은 못에 다다른 것처럼 하여야 한다.
- 대신이 일을 의론할 때에는 마땅히 한 마음을 가져야 한다.
- 아무리 나라 일이라고 하더라도 인륜은 폐할 수 없다.
- 군자와 소인의 사이는 저울로 달 수도 없고 거울로 비추어 볼 수도 없으며 단지 공변됨과 사사로움의 사이에 있을 뿐이다.
- 대저 말이 격절하지 아니하면 족히 임금의 듣는 바를 움직일 수 없다.

- 시종하는 신하는 나아가고 물러감을 구차히 할 수 없다.
- 무릇 사람이 친구 사이에도 이같은 말이 있는데 임금이 신하에게도 이
  와 같다.

임사홍 탄핵 논변에서 보증은 총 24개가 나타나고 있다. 추론의 규칙이라 할 수 있는 보증은 당대인들이 그 개연성을 공히 인정하는 관념으로 논증 과정에서 생략되는 것이 보통이다. 보증은 당대인들이 일반적으로 옳게 여겨 논증적 대화의 토대로 이용되던 관념들인 말터(*topoi*)와 그 성격이 비슷하다. 위에 제시된 것은 임사홍 탄핵 논변에서 생략되지 아니하고 명시적으로 드러난 논거들이다.

보증은 당대인에게는 당연한 것으로 받아들여질 뿐 아니라 그것을 뒷받침하는 논거가 제시되면 자동적으로 환기되기 때문에 생략되는 경우가 많다. 그러나 시대가 바뀌고 사회가 바뀌면 공동체에서 통용되는 공감의 체계도 변화하기 때문에 과거의 논변을 문화적으로 연구할 때 당대인의 공감의 체계가 무엇인지 분명하게 확인하는 과정이 필요하다. 그런 면에서 논변에 명시적으로 표현된 보증의 문화적 의미는 매우 높다고 할 수 있다.

공론 논변의 보증에서 두드러지게 보이는 표현상의 특징은 '대저(夫)', '무릇(凡)'과 같은 범칭이 사용되는 것이다(6개). 또한 보증에 속하는 화행은 대체로 당위성 진술이나 가치 판단을 진술하는 형식을 취하고 있다(…미칠 수 없다, …옳지 못하다, …삼가야 한다 등 ; 9개). 또 인과 관계 표현이 많다는 점도 두드러진 특징이다(6개).

임사홍 탄핵 논변에 사용된 보증의 내용적 특징은 그 대부분이 인간성에 관한 진술이라는 점이다. 특히 군자와 소인의 특성 및 상호 관계, 임금과 신하의 특성 및 상호관계에 대한 진술이 많다. 이러한 내용적 특성은 조선 전기 공론 영역에서 이루어진 탄핵 논변의 특성을 반영한 것이라고 할 수 있다. 공론 영역에서의 탄핵은 대체로 탄핵 대상이 되는 인물의 인간성에 대한 판단에 기초하여 이루어졌으며 당대에 인간성 판단의

핵심적인 준거는 ‘군자와 소인’이었던 것이다. 그런 점에서 군자와 소인
은 당대인의 합리성을 이해하는 핵심어라고 할 수 있다.

제 5 장 조선 전기 공론 논변의 평가

논변을 평가한다는 것은 논변의 합리성(reasonableness)을 평가한다는 것이다. 이는 논증적 대화에서 사용된 논증이 건전한가, 그리고 논증적 대화의 목적이 종국적으로 달성되었는가의 여부를 평가하는 것이다. 논변의 합리성에 대한 평가는 다음과 같은 수준들에서 이루어질 수 있다.

1. 논거의 수준
2. 논증 도식의 수준
3. 논증적 대화 전개의 수준
4. 논증적 대화의 상위 조건 수준

임사홍 탄핵 논변의 경우 대화 분석과 논증 분석을 통해 이들 수준들에서의 기술적 분석이 이루어졌다. 여기서는 이러한 논변 분석의 결과에 기초하여 논변 평가가 이루어질 것이다.

논변 평가를 위해서는 논변에 대한 현상적 이해와 더불어 그 현상의 건전성을 판단하는 준거가 마련되어야 한다. 이 절에서는 화용-대화론의 비판적 토의 모델을 기초로 하여 공론 영역에 적합한 규준적 모델을 마련하고 논증적 대화 전개의 수준과 논증적 대화의 상위 조건 수준을 중심으로 논변의 합리성을 평가할 것이다.

1. 논변 평가의 준거

1) 논변 평가의 규준적 모델

공론 논변의 합리성을 평가하기 위해서는 공론 논변의 이상적인 전개 절차가 반영되어 있는 규준적 모델을 재구성하는 것이 필요하다. 어떤 논증적 대화의 규준적 모델은 그 논증적 대화의 유형과 목적, 그리고 관습으로부터 도출될 수 있다.

공론 논변은 여러 논증적 대화 유형이 결합되어 있는 복합적 담화이다. 공론 논변에서 가장 두드러지는 논증적 대화 유형은 한 진영이 논증을 통하여 특정한 논제를 받아들이도록 상대방을 설득하는 설득 대화(persuasion dialogue)이다. 일반적으로 언관과 임금 사이에 벌어지는 논증적 대화가 이에 속한다. 언관과 임금 사이의 논증적 대화는 보통 언관의 논제 제기로 시작되므로 제기된 논제에 대한 입증의 부담(burden of proof)은 언관이 지게 된다.

공론 논변에는 심의 대화(deliberation dialogue)의 유형도 자주 나타난다. 심의 대화란 실제적인 문제를 해결하기 위해 관계자들이 일정한 장소에 모여서 토의하는 것이다. 참여자들은 여러 가지 처리 방안을 토의하거나 해결책을 제시하며 관점이나 견해에 따라 여러 집단으로 나뉘어 특정한 문제 해결 노선을 지지하는 논증을 한다. 심의 대화의 목적은 최선의 정책 노선을 결정하는 것이다. 임금의 전교에 따라 재신들이 견해를 피력하는 과정인 수의(收議)는 공론 영역의 전형적인 심의 대화이다. 수의(收議)는 임금에 의해 논제가 제시되고 임금에 의해 판정이 이루어진다는 특성이 있다.

공론 논변에서 확인되는 이 두 가지 대화의 유형은 상호 보완적인 특성을 지니고 있다. 공론 논변은 공론을 대변하는 언관과 공의를 대변하는 임금이 논증을 통하여 불일치의 해결을 추구한다는 이상적인 목적과 함께 현실 정치의 현안을 해결하기 위해 정책 결정을 해야 한다는 현실적인 목적을 동시에 지니고 있었다. 공론과 공의의 불일치를 해결한다는 이상적인 목적은 주로 언관에 의해 표방되고 추구되었으며 현실 정치의 현안에 대한 합리적이고 신중한 해결책의 마련이라는 목적은 임금과 재신들에 의해 추구되었다.

공론 논변에서 설득 대화의 유형과 심의 대화의 유형이 상호작용하는 양상은 사례마다 다르게 나타난다. 즉 설득 대화가 주가 되고 심의 대화가 부수적으로 나타나는 경우도 있고 심의 대화가 주가 되고 설득 대화가 부수적으로 나타나는 경우도 있다. 언관과 임금 사이의 논증적 대화가 주를 이루는 임사홍 탄핵 논변이 전자에 해당하는 사례이며 재신들의 의론이 주를 이루는 유향소 복립 논쟁이 후자에 해당하는 사례이다. 전자의 경우 설득 대화의 규준적 모델이 논변의 절차적 합리성을 평가하는 준거가 될 수 있으며 후자의 경우 심의 대화의 규준적 모델이 논변의 절차적 합리성을 평가하는 준거로 기능할 수 있다. 논변의 규준적 모델이란 현실적인 논변의 합리성을 평가하기 위한 이상적인 표준이므로 현실적 논변과 규준적 모델 사이에 어느 정도 괴리가 생기는 것은 필연적이다. 또한 규준적 모델이 복합적이고 다면적일 수밖에 없는 현실적인 논변의 모든 특성을 반영할 수는 없다. 이런 까닭에 논변의 규준적 모델은 구체적인 논변의 중심적인 유형과 목적에 따라 선택되는 것이 타당하다.

논증적 대화의 규준적 모델은 해당 논증적 대화의 관습적 특성을 반영하여 재구성되어야 한다. 관습은 해당 담화 공동체에서 공유되는 것이므로 해당 언어 사회의 합리성의 중요한 구성 요소라 할 수 있다. 따라서 논증적 대화의 규준적 모델은 그 대화의 두드러진 관습적 특성을 반영하여야 한다.

공론 논변의 가장 중요한 관습적 특성은 그것의 모든 전개 절차가 임금을 중심으로 이루어진다는 점이다. 공론 영역에서의 모든 논변은 임금을 상대자로 하여 전개된다. 대립되는 견해를 지닌 재신들 사이에 심의 대화가 이루어지는 경우에서조차 견해 개진의 상대자는 임금이 된다(엄훈, 2000 : 290). 임금을 중심으로 전개되는 공론 논변의 관습적 특성은 설득 대화나 심의 대화의 모든 판정이 임금에 의해 이루어지는 데서 단적으로 드러난다.

4장에서 논의된 바와 같이 공론 논변에서 임금은 판정자와 논증자라는 이중적인 역할을 수행한다. 이 두 역할 중 주된 것은 판정자의 역할이다. 임금이 지니고 있는 판정자의 역할은 다시 두 가지로 나뉠 수 있다. 즉, 논증적 대화의 결과를 판정하는 역할과 논증적 대화의 전개 과정을 통제하고 조절하는 역할이다. 논증적 대화에서 판정자가 중심적인 역할을 함에 따라 공론 논변은 판정자 지향적이라는 기본 성격을 지니게 된다.

판정자 지향적인 논증적 대화는 성인(聖人)의 경지에 이른 사람이 가장 합리적이라는 당대인의 관념 세계에서 볼 때 그 정당성이 획득된다. 당대에 임금은 천명을 받아 백성을 다스리는 사람으로 유교적 세계관 최고의 인간상인 성인군주로 여겨지거나 적어도 성인군주에 가까운 존재로 여겨졌다. 이런 점에서 이상적 판정자로서의 임금의 역할은 특정한 담화 공동체의 합리성을 대표하는 보편적 청중(universal audience) 관념에 비견된다(Perelman, and Olbrechts-Tyteca, 1958/1969).

이러한 점에서 공론 논변의 규준적 모델은 판정자 지향적인 특성을 반영하여야 한다고 할 수 있다. 또한 이 연구의 분석 대상이 된 임사홍 탄핵 논변은 설득 대화가 주를 이루고 있으므로 이 사례를 평가하는 논증적 대화의 규준적 모델은 판정자 지향적인 설득 대화이어야 할 것이다.

설득 대화는 대화의 한 진영(주도자)이 논증을 통하여 어떤 특정한 논제가 참임을 상대 진영(응답자)에게 설득하려고 노력하는 대화 교환의 유형이다(Walton, 1998 : 37). 설득 대화는 견해의 불일치를 해결하려는 노력이 어느 정도로 추구되는가에 따라 느슨한 설득 대화(permissive persuasion dialogue, PPD)와 엄격한 설득 대화(rigorous persuasion dialogue, RPD)로 나누어진다. PPD와 RPD는 설득 대화의 두 경향으로 양 극단 사이에 다양한 연속선상의 대화 양상이 나타난다. PPD는 대립되는 견해를 지닌 대화자 사이에 서로 상대방을 설득하려는 노력이 이루어지지만 견해의 불일치의 해결이 반드시 추구되지는 않는다. PPD는 대화를 통해 양진영의 논증의 밝혀지지 아니한 부분이 명확하게 밝혀지는 것만으로도 성공적이라고 평가될 수 있다. 일상 생활에서 이루어지는 대부분의 설득 대화가 이 유형에 속하는데 이 경우 대화를 통해 서로가 이전에는 인식하지 못했던 논제의 암묵적 전제를 인식하게 되는 것만으로도 성공적인 대화가 될 수 있다. 반면 RPD의 경우 대화가 성공적이기 위해서는 대화 참여자의 견해의 불일치가 해결되거나 적어도 견해의 일치에 도달하는 것이 불가능함을 상호간에 인식하여야 한다. 즉 한 진영이 자신의 견해를 방어하는 데 실패함으로써 자신의 견해를 철회하거나 현 상태에서는 견해의 불일치를 해결하는 것이 불가능함을 공동으로 인식하여야 한다(Walton, 1998 : 53~57). 왈튼의 RPD는 화용-대화론자들의 비판적 토의(critical discussion)와 대체로 일치한다.

공론 영역에서의 설득 대화는 참여자들 사이의 견해의 불일치 해결이 의식적으로 추구되었으며 견해의 불일치가 해결되지 않을 경우 대화의 목적이 달성되지 못한 것으로 인식되었던 점에서 RPD, 즉 비판적 토의의 유형에 속한다고 할 수 있다. 이런 점에서 볼 때 공론 영역에서의 설득 대화의 규준적 모델은 비판적 토의 모델로부터 관습적 타당화의 과정을 거쳐 도출해 내는 것이 합리적이다(van Eemeren et al., 1993).

이제 비판적 토의의 절차적 합리성을 평가하는 일반적 규준으로 제시된 반 에머렌 외(1993)의 비판적 토의의 규준을 검토하고 이를 바탕으로 비판적 토의의 규준을 공론 영역의 사회·문화적 조건과 공론 논변의 장르적 관습에 맞게 변용할 가능성을 고찰하여 보자.

이상적인 논증적 대화의 규준에 대한 화용-대화론자들의 논의는 비판적 토의의 절차에 대한 논의와 논증적 대화의 이상적인 조건에 대한 논의로 대별할 수 있다.

화용-대화론자들의 비판적 토의 절차는 오스틴과 설의 화행 이론 특히 설(Searle, 1969)의 적정 조건(felicity conditions)과 그라이스(Grice, 1975, 1979)의 협력 원리(Cooperative Principle)를 기초로 하여 도출되었다. 그들은 대화의 조건에 대한 비판적 고찰에 기반하여 논쟁 해결을 위한 토의의 조건으로 다음의 네 가지를 제시한다.[1]

1. 불일치(disagreements)가 확인되어야 한다.
2. 양 진영 간에 불일치 해결의 방안이 마련되어야 한다.
3. 필요하다면 경쟁하는 입장들의 시비곡직을 탐색하는 무한정의 기회가 주어져야 한다.
4. 논쟁은 불일치가 해결되는 것으로, 또는 일치(agreement)에 도달하는 것이 불가능함을 상호간에 인식하는 것으로 종결되어야 한다.

이러한 네 가지 조건에서부터 비판적 토의의 네 단계인 대면 단계(confrontation stage), 개시 단계(opening stage), 논증 단계(argumentation stage), 종결 단계(concluding stage)가 각각 도출된다. 이들 단계들은 논리적으로는 순차적이지만 시간적으로 반드시 순차적인 것은 아니다. 개시 단계는 대면 단계를, 논증 단계는 개시 단계를, 종결 단계는 논증 단계를 전제로 한다. 그러나 실제 토의의 전개는 이러한 단계들을 명시적으로 거칠 수도 있고 거치지 않을 수도 있다. 또한 명시적으로 이러한 단계들을 거치더라도 다른 단계로 되돌아갈 수 있다.

대면 단계는 참여자들 사이에 견해의 불일치가 확인되는 단계이다. 이 단계에서 양 진영은 적어도 하나 이상의 견해에 대하여 일치하지 않음이 명백히 드러난다. 불일치의 확인은 한 진영이 상대방에게 자신의 관점을 강압적으로 제시하는 것에서부터 상호간에 불일치가 존재한다는 사실에

---

1) 이상적 논증 담화의 네 가지 조건과 그에 따른 네 단계의 설정을 본격적으로 논한 것은 van Eemeren, and Grootendorst(1984), Speech Acts in Argumentative Discussions, Dordrecht : Foris.이다. 여기서는 van Eemeren et al.(1993 : 26~28)을 참조하였다.

대한 소극적인 인정에 이르기까지 다양하게 실현될 수 있다.

개시 단계에서 양 진영은 해결 지향적인 토의를 가능하게 하는 공동의 기반이 충분한가를 탐색하게 된다. 공동의 기반에는 공동의 가치 기반, 공동 목적, 공감의 체계 등과 같은 인식적 배경뿐만 아니라 논증의 의무와 논증 절차에 대한 합의도 포함된다. 이 단계에서 참여자들은 토의를 통해 불일치를 해결할 수 있다는 믿음을 확인하게 되고 불일치를 해결하는 방법에 동의함으로써 협력적 탐색(cooperative search)에 동참하게 된다. 이 단계에서 참여자들은 각각의 견해에 대해 주도자/반대자라는 역할을 분명히 하게 된다. 실제 논증적 대화에서 참여자들은 논증의 절차를 확인하거나 조정하기 위하여 개시 단계로 반복적으로 회귀할 수 있다.

논증 단계에서는 견해에 대한 변론과 논박이 이루어진다. 주도자는 자신의 견해를 변호하여 논증하고 반대자는 주도자의 논증의 일부나 전체가 아직 납득이 되지 않는 경우 주도자의 논증에 대한 반대 논증을 한다. 논증은 꼬리에 꼬리를 물고 전개될 수 있다. 따라서 논증적 대화의 폭과 깊이에 대한 선험적 제한은 없다.

종결 단계는 토의의 결과를 마무리하는 단계이다. 종결에는 두 가지 부류가 있다. 하나는 대립되는 두 입장이 일치에 이르렀음을 확인하는 것이고 다른 하나는 논쟁의 해결이 불가능함을 상호간에 인정하는 것이다. 양측이 일치에 이르렀다는 것은 주도자가 제기하였던 견해를 철회하였거나 반대자가 주도자의 견해에 대한 반대를 철회하였음을 의미한다.

원칙적으로 비판적 토의는 의견 차이의 밑바탕을 깊이 파고 들어감으로써 무한정 계속될 수 있다. 참여자들은 새로운 논증과 증거의 관점에서 그들의 견해의 기초를 새롭게 탐색해 들어갈 권리를 항상 지니고 있다. 비판적 토의의 관점에서 보면 논쟁의 어떠한 해결도 원칙적으로 임시적인 것이며 상대적인 것이다. 그러므로 종결된 논쟁은 언제라도 재개될 수 있다. 또한 논의의 범위와 관점이 제한적인 논쟁이 그보다 훨씬 규모가 큰 논쟁 속에 안길 수 있는데, 이러한 경우 비판적 토의의 네 단계는 전체 토의의 범위에서도 확인될 수 있고 그 안에 들어 있는 소규모 토의에도 축소판(miniature)의 형태로 나타날 수 있다.

화용-대화론자들은 비판적 토의의 절차에 대한 논의에 이어 비판적 토의 그 자체의 전제가 되는 이른바 상위 조건(higher-order conditions)을 고찰한다(반 에머렌 외, 1993 : 30~34). 상위 조건은 이상적 참여자의 특성에 관한 조건(2순위 조건)과 이상적 대화 상황에 관한 조건(3순위 조건)으로 구성된다.

결국 비판적 토의 모델은 1순위, 2순위, 3순위라는 세 층위의 조건들로 구성된다. 이들 세 층위의 조건들을 간략히 설명하면 다음과 같다.

1순위 조건은 불일치의 해결을 모색하는 과정에서 해결의 장애가 될 수 있는 것들을 배제하기 위한 조건이다. 1순위 조건은 비판적 토의 절차의 규칙들로 현실화된다. '논쟁의 양측은 견해들에 대해 의문을 제기하는 무한정의 기회를 지녀야 한다' 라든지, '논쟁의 양측은 상대방이 제기한 의문에 의무적으로 답해야 한다' 등의 규칙이 그 예이다. 1순위 조건은 논쟁의 해결을 지향하는 '행위의 법전'의 구성적 요소들을 가리킨다.

2순위 조건은 비판적 토의 참여자의 태도와 능력을 가리킨다. 그런 의미에서 이 조건은 논증자에 관한 심리적 구성물(psychological makeup)이라 할 수 있다. 이 조건에서 참여자는 견해를 평가함에 있어 불편부당하며 논증을 이해하고 전개하는 능력에 하등의 결함이 없을 것이라고 가정된다. 따라서 참여자는 어떤 입장의 방어가 불가능함이 드러나거나 경쟁하는 입장이 더욱 강력하다는 것이 입증되는 경우 자신의 입장을 기꺼이 포기해야 한다. 즉 논쟁의 승패에 좌우됨이 없이 "시비곡직에 따라" 판단하고 행동해야 한다. 2순위 조건은 참여자의 토의 지향적인 태도와 논증 능력을 가리킨다.

3순위 조건은 비판적 토의의 맥락이 되는 사회·문화적인 조건을 가리킨다. 이 조건에는 비판적 토의에 작용하는 사회적 제약들과 그 제약의 원천들을 다룬다. 이 조건에 따르자면 비판적 토의 자체를 제약하는 어떠한 사회적 불평등도 배제되어야 한다. 이 조건에는 비폭력, 언론의 자유, 지적 다원주의와 같은 정치적 이상이 포함된다.

화용-대화론자들이 제시하는 비판적 토의 모델은 공론 논변에 그대로 적용하기에는 지나치게 엄격하며 논변의 토대를 이루는 의사소통의 장의 문화적 특성도 반영되어 있지 않다. 화용-대화론의 비판적 토의는 합리적인 문제 해결의 과정으로 정의되며 문제 해결 과정의 참여자로 주도자와 반대자라는 양 진영만을 인정한다. 비판적 토의에서 말하는 문제 해결이란 논쟁 당사자 간에 존재하는 견해의 불일치를 근본적으로 해결한다는 뜻이다. 문제는 이러한 비판적 토의 개념이 공론 논변의 목적과 소통 체계에 그대로 부합되지 않는다는 데 있다. 공론 논변은 비판적 토의와는 달리 순수한 논증 능력만의 경쟁을 통한 불일치의 근본적인 해결보다는 이상적인 판정자의 판단을 통한 불일치의 해결에 그 목적이 있다. 화용-대화론의 비판적 토의 모델은 원칙적으로 대립되는 양 진영만을 토의의 참여자로 설정하지만 공론 논변은 판정자로서의 임금이 제3자의 역할을 한다.2)

이런 점에서 비판적 토의 모델을 장 의존적인 특수 모델로 변형할 필요성이 제기된다. 비판적 토의 모델은 장 의존적인 특수 모델로 변용될 수 있는 가능성을 충분히 지니고 있다. 비판적 토의 모델의 창안자인 화용-대화론자들은 원칙적으로 논증적 대화의 목적과 논증적 대화의 관습에 따라 비판적 토의의 규준이 변용될 수 있음을 천명하고 있다. 비판적 토의 모델은 규칙 체계의 간결성과 적용의 유연성으로 하여 특수한 장에서의 논증적 대화를 평가하는 타당한 규준으로 쉽게 변용될 수 있다.

---

2) 사실 제3자가 중심적인 역할을 하는 논증적 대화는 보편적인 현상이다. 비판적 토의의 범주에 속하는 논증적 대화에서도 제3자는 보편적으로 존재한다. 법정에서의 토론이 그 전형적인 예이다. van Eemeren et al.(1993 : 117~141)은 비판적 토의에서의 조정자의 역할을 분석하고 있다. 그들이 분석하는 조정자 또한 제3자임이 분명하다. 그러나 양진영의 논증적 대화를 합리적으로 이끌고 조정하는 역할에 국한한다는 점에서 논증적 대화의 당사자는 아니다.

　　조선 전기의 공론 논변에 적합한 비판적 토의의 특수 모형에서 일차적
으로 고려되어야 할 것은 판정자의 지위와 역할이다. 무엇보다도 이 특수
모형에서는 일반 비판적 토의 모형과는 달리 판정자의 판정에 의한 불일
치의 해결 또한 합리적인 문제 해결로 인정될 수 있다는 점이 반영되어
야 한다. 이 경우 판정자의 조건이 논증적 대화의 합리성을 결정하는 핵
심적인 기능을 한다. 이것이 공론 논변의 특수 모형이 지니는 가장 두드
러진 특성이다. 이 특성에 기초하여 이 특수 모형을 판정자 지향적인 비
판적 토의 모형이라 부르고자 한다.

　　판정자 지향적인 비판적 토의는 '대면―개시―논증―종결'이라는 비판
적 토의의 일반적인 전개 단계를 그대로 거치게 된다. 그러나 판정자 지
향적인 비판적 토의의 목적이 판정자의 합리적인 판정에 의한 불일치의
해결에 있다면 그 논증적 대화의 절차적 조건은 비판적 토의의 이상적인
절차적 조건과 다른 면모를 보일 것이다. 그 세부적인 절차적 조건의 차
이는 논증 단계와 종결 단계에서 나타난다. 이상적인 비판적 토의의 경우
논증 단계에서 논증자들은 경쟁하는 입장들의 시비곡직을 탐색하는 무한
정의 기회가 주어진다. 그러나 판정자에 의한 합리적인 판정을 지향하는
비판적 토의의 경우 무한정한 논증의 기회가 부여되는 것은 사실상 불가
능하며 합리적이지도 않다. 이 모델에서 논증자에게는 자신의 견해를 입
증하고 상대방의 견해를 논박하는 충분한 기회가 부여되어야 하나 논증
의 기반이 되는 전제의 타당성을 무한정 탐색하는 것은 불가능하다. 일반
적으로 판정자 지향적인 비판적 토의는 해당 사회에서 합리적인 것으로
일반적으로 받아들이는 공감의 체계에 대한 근본적인 문제 제기는 하지
않는다. 그러한 문제 제기를 할 경우 판정자 지향적인 비판적 토의의 전
제가 되는 당대의 합리성의 기반이 흔들리게 된다.[3]

---

3) 공감의 체계에 대한 비판 없는 수용의 전형적인 사례는 성종 13년 2월 2일(辛丑)의
　 기사에서 확인된다. 앞서 다루어진 바 있는 헌납 김대의 유향소 복립 논청에 이어 성
　 종은 유향소의 복립을 결정하게 된다. 그리하여 이조로 하여금 복립 사목을 마련하

한편 일반 비판적 토의의 경우 논증 당사자에 의해 불일치가 해결되거나 불일치의 해결이 불가능하다는 공유된 인식에 도달하는 것으로 논증이 종결되는 반면 판정자 지향적인 비판적 토의는 판정자에 의한 합리적인 판정에 의해 토의가 종결된다는 근본적인 차이도 확인된다. 판정자에 의한 합리적 판정은 판정의 합리적인 준거에 따라 이루어진다.

판정자의 판정은 논변의 최상위 논제에 대하여 이루어진다. 판정의 합리성을 점검하는 비판적 질문을 가설적으로 제시하면 다음과 같다.

첫째, 판정이 최상위 논제에 관한 논증 행위를 근거로 이루어졌는가?
둘째, 논증의 결과에 따라 판정이 이루어졌는가?
셋째, 판정이 이 두 가지 조건을 모두 만족시키는가?

첫 번째 것은 논증의 관련성을 따지는 질문이다. 판정이 이루어지는 최상위 논제와 관련성이 인정되지 않는 논증 행위를 근거로 판정이 이루어져서는 안 된다는 것이다. 두 번째 것은 최상위 논제에 대한 주도자의 견해가 입증되었는가의 여부에 따라 판정이 이루어져야 한다는 것이다. 이 두 가지 조건은 동시에 만족되어야 한다.

판정자 지향적인 비판적 토의의 특수성에 기반하여 합리적인 판정에 이르기 위한 토의의 각 단계별 조건을 점검하는 비판적 질문을 가설적으로 도출하면 다음과 같다.

• 대면 : 견해의 불일치가 명료하게 드러나는가?

게 하여 다음달에 보고를 받지만 바로 그 날 좌부승지 성준이 이시애란 관련설을 들어 유향소 복립이 불가함을 아뢴다. 일반적으로 임금에 의해 판정이 내려진 사안이 한번의 문제 제기로 번복되는 경우는 극히 드물지만 성준이 제기한 이시애란 관련설은 임금의 판정을 번복하도록 할 만큼의 위력을 지닌 것이었다. 결국 유향소 복립 판정은 이 날로 무효가 되어 버리는데 이러한 판정의 번복에 대하여 복립 제안을 했던 언관이나 복립에 찬성을 했던 재신들이 전혀 문제 제기를 하지 않았던 것은 물론이다. 이시애란 관련설은 '국가의 안위에 관련된 문제를 함부로 결정해서는 아니 된다'는 당대의 공감의 체계와 맥이 닿아 있었다. 그런데 이러한 공감의 체계에 대하여 참여자들은 아무런 문제 제기를 하지 않았던 것이다.

> • **개시** : 공동의 논증 기반이 상호간에 확인되었는가?
> • **논증** : 논증의 기회가 충분히 주어졌는가?
> • **종결** : 판정이 합리적인 준거에 따라 내려졌는가?

이 단계별 질문은 비판적 토의의 1순위 조건과 내용상 일치한다.

다음으로 참여자의 이상적인 태도와 능력을 조건화하는 2순위 조건과 논증적 대화의 이상적인 사회 문화적 맥락을 조건화하는 3순위 조건이 판정자 지향적인 비판적 토의에서 어떻게 적용되는지 검토해 보자.

판정자 지향적인 비판적 토의의 상위 조건은 비판적 토의의 상위 조건과는 기본 전제가 다르다. 비판적 토의의 경우 비판적 토의의 장애가 될 수 있는 사회 문화적인 맥락은 제거되고 개선되어야 할 제약으로 받아들인다. 반면 판정자 지향적인 비판적 토의는 사회 문화적인 맥락과 담화 공동체의 공감의 체계는 개선되어야 할 대상이라기보다는 논증적 대화의 합리적 조건으로 받아들인다. 판정자의 판정은 공동체 구성원의 공감의 체계에 기반하여 이루어지기 때문에 사회 문화적 맥락과 공감의 체계에 대한 비판적 논의는 판정자 지향적인 비판적 토의의 토대를 허물게 된다. 이런 점에서 판정자 지향적인 비판적 토의에서 3순위 조건의 설정은 무의미하게 된다.

판정자 지향적인 비판적 토의의 2순위 조건은 판정자의 조건과 논증자의 조건으로 나누어 고찰할 수 있다. 판정자의 조건은 판정자에 의한 불일치의 해결이 합리적이기 위한 조건이다. 합리적 판정을 위한 판정자의 조건은 다음과 같이 가설적으로 설정된다.

> 첫째, 판정자는 논쟁에 대해 불편부당한 태도를 견지해야 한다.
> 둘째, 판정자는 논증을 이해하고 평가하는 능력에 하등의 결함이 있어
>   서는 아니 된다.
> 셋째, 판정자는 논증의 우세함에 의해서만 판정을 내려야 한다.
> 넷째, 판정자는 판정을 내리기 전에 논증 당사자들에게 충분한 변론과
>   논박의 기회를 주어야 한다.

다섯째, 판정자는 판정을 내린 다음에도 논증자가 불복할 경우 논증자에게 추가 변론과 추가 논박의 기회를 주어야 한다.

판정자의 조건은 판정자 지향적인 비판적 토의의 합리성을 보장하는 핵심적인 요구이다. 첫째, 둘째, 셋째 조건은 판정자의 태도와 능력에 대한 것이다. 판정자는 논증을 이해하고 평가하는 능력에 하자가 있어서는 아니 되며 논쟁에 대하여 한쪽으로 치우치지 않은 공정한 태도를 견지하고 대립되는 진영 간의 논증의 우세함에 의해서만 판정을 내려야 한다. 넷째와 다섯째 조건은 판정자와 논증자와의 관계와 관련된다. 판정자는 판정을 내리기 전에 논증자들에게 충분한 논증의 기회를 부여하여야 하며 판정이 내려진 후에도 논증자들이 불복할 경우 논증자들에게 추가 변론과 추가 논박의 기회를 주어야 한다. 넷째와 다섯째 조건은 언관들의 발언권을 최대한 보장하였던 조선시대 공론 영역의 특성을 반영한 것이다.

한편 판정자 지향적인 비판적 토의에서 이상적인 논증자는 다음과 같은 조건을 지녀야 할 것으로 기대된다.

첫째, 논증자는 논증의 일관성과 관련성을 유지해야 한다.
둘째, 논증자는 자신이 지지하는 견해에 대해 참여적 태도를 견지해야 한다.
셋째, 논증자는 피력해야 할 견해가 있을 때 그 견해 피력을 회피해서는 아니 된다.
넷째, 논증자는 논의 중인 논제와 관련하여 혐의를 받을 만한 관계에 있어서는 아니 되며 혐의를 받을 만한 말과 행동을 하여서도 아니 된다.
다섯째, 논증자는 자신의 주장을 입증하는 과정에서 사실을 왜곡하여서는 아니 된다.
여섯째, 논증자는 논증 외적인 수단으로 논증에 영향을 미치려고 해서는 아니 된다.

위의 조건 중에서 첫 번째와 두 번째는 합리적이고 설득적인 논증이 되기 위해 필수적으로 요구되는 것이다. 세 번째와 네 번째 조건은 조선 시대 공론 영역의 특수성을 반영한 조건들로 논증자에게 고도의 도덕적 순수성과 언관으로서의 의무감을 요구하고 있다.

여기서 제시하는 판정자 지향적인 비판적 토의 모델은 공론 논변의 합리성의 근간을 이루는 이상적 담화 상황을 규칙화하여 제시한 것이다. 판정자 지향적인 비판적 토의 모델은 이상적 판정자의 에토스와 역할을 중심으로 이상적 논증자의 에토스와 역할이 상호작용하는 모델이다.

판정자 지향적인 비판적 토의 모델은 공론 논변의 이상적인 소통 절차를 설명하는 절차적 모델이다. 따라서 구체적인 공론 논변의 사례에 이 모델을 적용할 경우 그 논변 사례의 합리성에 대한 비판적인 평가를 내릴 수 있을 것으로 기대된다.

2) 규준적 모델의 타당성

조선 전기 공론 논변에 대하여 판정자 지향적인 비판적 토의 모델이 타당한 논변 평가의 준거로 기능하기 위해서는 문제해결적 타당성과 관습적 타당성을 갖추고 있어야 한다. 문제해결적 타당성은 '규준적 모델이 논변의 목적을 달성하는 데 장애가 되는 것들을 정확하게 찾아내거나 제거하는 데 도움을 주는가'를 따져봄으로써 평가될 수 있다. 관습적 타당성은 '규준적 모델의 규칙들이 해당 논변의 장에서 참여자들이 합리적이라고 인정하는 가치나 관습에 위배되지 않는가'를 따져봄으로써 평가될 수 있다.

판정자 지향적인 비판적 토의 모델은 조선 전기 공론 영역을 지배하였던 관념 세계에 대한 탐구(3장)와 공론 논변의 실제에 대한 사례 분석(4장 앞부분)을 토대로 도출하였다. 따라서 문제해결적 타당성과 관습적 타당성이 기본적으로 갖추어져 있을 것으로 가정된다. 이러한 가정이 어느 정도 타당한가를 점검하기 위하여 이 연구의 4장에서 분석되지 않은 조선 전기 공론 논변의 다른 사례에 이 모델을 적용해 보기로 한다. 다음은 성종 14년 7월 11일(辛丑)에 있었던 언관과 임금 사이의 대화에 관한 기사이다.

사헌부와 사간원에서 廷立하여 아뢰었다.

"무릇 일에 있어서 처음에는 탄핵하여 논하다가 마침내 그치는 것은 그만둘 만한 것이 있기 때문인데, 宋瑛의 일은 결단코 말하지 않을 수 없으므로 감히 아뢰는 것입니다. 신등이 삼가 大典과 律을 살피건대, 贓吏와 失行婦女와 亂臣에 연좌緣坐된 자의 자손은 東班의 벼슬을 허가하지 않는다고 하였는데, 더구나 臺諫이겠습니까? 이제 한 번 단서를 열면 후세에 반드시 법례로 삼아 律과 大典이 이 때문에 무너질 것입니다. 또 臺官이 된 자는 한 번 本府의 公緘을 받아도 出仕할 수 없는데, 더구나 송영은 여러 번 대간의 탄핵을 받았으니, 어찌 감히 직사에 나아갈 수 있겠습니까?"

傳敎하시었다.

"宋玹壽는 명목이 난신이라고는 하나 몸소 범한 죄가 아니고, 그 아들 宋琚가 이미 武科에 올라 이제 선전관이 되었는데, 더구나 그 조카이겠는가? 송영은 이미 仕路에 통하였으므로 내가 특별히 대관으로 등용하였을 따름이다. 이는 廢錮되어 있는 가운데에서 발탁한 것이 아니다. 경들은 한 번 본부의 공함을 받아도 출사하지 못한다 하였는데, 내 敎旨가 도리어 한 번의 공함만도 못한가? 경들이 이처럼 고집하는 것은 필시 조정의 기강을 오로지 잡고자 하는 것이다."

대간이 다시 아뢰었다.

"송거가 급제하여 선전관이 된 것도 외람되게 特恩을 입은 것입니다. 어찌 죄다 법에서 나왔겠습니까? 신등은 조정의 기강을 오로지 잡으려는 것이 아닙니다. 국가에서 대간을 둔 것은 風憲을 유지하게 하여 임금의 이목이 되는 직임을 높이려는 것입니다. 이목이 존중되지 않으면 조정이 중히 여겨지지 않고 임금의 권세도 가벼워질 것입니다. 난신에 연좌된 자를 대간에 임명하지 않는 법은 조종조에 그렇게 하였을 뿐만 아니라 지금의 시대에 있어서도 臺省과 政曹 이외의 자리에 서용하라는 분부가 계셨습니다. 엎드려 바라건대 개정하소서."

들어주지 아니하셨다. 대간이 또 아뢰었다.

"신등이 반드시 개정하려는 데는 털끝만큼도 사사로운 뜻이 있지 아니합니다. 송영에게 聖賢의 재주가 있다면 괜찮겠으나, 송영에게는 조정의 公望이 없는데도 반드시 임명하려 하시니 무슨 까닭입니까? 대간은 조정의 公器인데, 신등이 이제 힘써 분별하지 않으면 후세에서 의론하는 자가 반드시 신등을 가리켜 대간을 더럽히기 시작하였다고 할 것입니다. 청컨대 반드시 송영을 갈도록 하소서.”

전교하시었다.

“그리 한다면 史官이 반드시 ‘비로소 난신에 연좌된 자를 대관으로 등용하였다’고 쓰겠으나, 또 지금의 대간이 억지 다툼을 하였다고 쓴다면 어찌하겠는가?”

대간이 다시 아뢰었다.

“신등이 감히 억지 다툼을 하는 것이 아니나, 대간이 억지 다툼을 하고 임금이 받아들인다면 법이 더욱 굳어지고 후세의 美談이 될 것입니다. 임금이 대간의 말을 들어주지 않는다면 이것이 바로 후세의 비평이 미치는 원인이 될 것입니다. 신등이 이미 그 사람을 탄핵하고서 또 그 사람과 함께 대관에 있는 것은 참으로 미안합니다. 옛말에 ‘뜻을 같이하지 않으면서 말을 같이하기가 여름 더위에 밭에서 일하기보다 괴롭다’ 하였습니다. 신등은 재주가 본래 세상일에 어둡고 어리석어서 이 직임에 마땅하지 않으니, 송영을 개정하지 않으신다면, 청컨대 신등의 벼슬을 갈도록 하소서.”

윤허하지 아니하시었다. 대사헌 손순효 등이 上狀하여 사직하였다.

“신등은 모두 어리석은 자질로 외람되게 언관에 있으면서 모든 啓稟하는 것이 대부분 성상의 뜻에 맞지 않는데도 부질없이 직사에 나아가는 것은 참으로 尸素가 되므로 마땅히 직임에 있을 수 없습니다. 청컨대 신등의 벼슬을 갈도록 하소서.”

대사간 박계성 등도 아뢰었다.

“신등은 송영과 벼슬을 같이하지 않을 지라도 대간은 일체이므로 말하는 것은 다 함께 합니다. 그러므로 감히 사직합니다.”

모두 들어주지 아니하시었다.

이 논변에서 대간은 ‘송영(宋瑛)을 개차(改差)해야 한다’고 주장한다. 이 논제는 같은 해 6월 28일(己丑) 송영이 사헌부 장령으로 서용되었을 때 사헌부 지평 이복선에 의해 처음 제기되었다. 이후 대간은 이 논제에 대하여 수십 일에 걸쳐 끈질긴 변론을 한다. 그러나 임금은 송영을 개차(改差)

할 정당한 사유가 없다고 대간을 논박하고 끝내 대간의 청을 들어주지 아니하였다. 송영 탄핵 사건은 같은 해 10월 4일(癸亥) 임금이 사헌부 관원들을 모두 개차함으로써 일단락된다.

위의 논변은 전체 소통 행위 연쇄 중에서 논증 단계에 해당한다. 논제 제기자인 대간은 이 논제를 입증하기 위해 세 가지 근거를 내세운다. 그 근거들은 다음과 같다.

- 송영은 亂臣에 연좌된 자이다.
- 송영은 本府의 탄핵을 받았다.
- 송영에게는 조정의 公望이 없다.

첫 번째 근거는 '난신에 연좌된 자는 대간에 서용할 수 없다.'는 것을 보증으로 삼는다. 두 번째 근거는 '대관(臺官)이 된 자는 한번 본부(本府)의 공함(公緘)을 받아도 출사(出仕)할 수 없다.'를 보증으로 삼는다. 세 번째 근거는 '조정의 공망이 없는 자를 대간에 임명할 수 없다.'는 암묵적 전제를 보증으로 삼고 있다. 이 논증 구조를 도식화하면 다음과 같다.

송영을 改差해야 한다.

┌ 송영은 난신에 연좌된 자이다.   — & —   난신에 연좌는 자는 대간에 서용할 수 없다.

├ 송영은 본부의 탄핵을 받았다.   — & —   대관이 된 자는 한번 본부의 공함을 받아도 출사할 수 없다.

└ 송영에게는 조정의 公望이 없다.   — & —   조정의 공망이 없는 자를 대간에 임명할 수 없다.

편의상 이들 각각의 근거와 관련된 주도자의 논증을 변론1, 변론2, 변론3이라고 부르기로 한다. 주도자는 변론1의 보증을 뒷받침하기 위해 『경국대전』과 『대명률』의 규정을 제시한다. 그 규정이란 '장리(贓吏)와 실행부녀(失行婦女)와 난신(亂臣)에 연좌된 자의 자손은 동반(東班) 벼슬에 서용하지 아니한다.'는 것이다(이 논거 제시를 지원1이라 부르기로 한다). 변론1

의 보증에 대한 또 하나의 뒷받침으로 주도자가 제시하는 것은 '난신에 연좌된 자를 대간에 임명하지 않는 것은 조종조에 그렇게 하였을 뿐 아니라 지금의 시대에도 이미 그러한 분부가 있었다.'이다(이 논거 제시를 지원2라 부르기로 한다).

한편 반대자인 임금의 논박은 변론1과 변론2에 집중된다.[4] 먼저 변론1의 지원1에 대해 임금은 첫째, 송현수가 명목이 난신이라고 하나 몸소 범한 죄가 아니며, 둘째, 그 아들 송거가 이미 무과에 올라 선전관이 되었는데 그 조카인 송영은 더욱 문제될 것이 없으며, 셋째, 송영은 이미 사로(仕路)에 통하였으므로 폐고(廢錮)되어 있는 가운데서 발탁한 것이 아니라고 논박한다. 반대자는 지원2에 대해서는 논박하지 않고 넘어간다.

송현수는 단종의 장인으로 단종의 복위를 꾀한 사육신 사건이 터지자 이에 관련되어 처형되었다. 하지만 송현수 자신이 이 사건에 직접 연루되지는 않았던 듯하다. 지원1에 대한 첫 번째 논박은 이러한 정황을 근거로 하고 있다. 그러나 법률의 적용 문제를 따지는 논증에서 이미 판결이 난 사건의 정황을 근거로 법의 적용을 유보하는 것은 합리적이지 않은 것으로 보인다.

지원1에 대한 두 번째와 세 번째 논박은 송거나 송영 자신이 이미 사로(仕路)에 통해 있는 상황에서 난신 연좌를 따지는 것은 실효성이 없다는 점을 지적한 것이다. 이 중 두 번째 논박은 송현수의 아들 송거가 서반 벼슬에 진출한 사실을 근거로 이루어지는 유추 논증이다. 그러나 이 유추 논증은 동반 벼슬 진출 제한 문제를 논박하는 데는 효과적이지 못하다. 세 번째 논박은 송영이 이미 사헌부 장령 제수 이전에 동반 벼슬에 진출

---

4) 세 번째 근거는 주장을 뒷받침할 만한 구체적인 근거 자료가 전혀 제시되지 않았기 때문에 자의적인 판단일 가능성이 높다. 또한 이 근거와 관련된 보증 또한 그리 강력한 것이 되지 못한다. 대간의 임용 조건이 매우 까다롭기는 하였으나 그 적격 여부는 당사자에게 흠결이 있는가의 여부에 의해 판단되었으며 공망의 유무에 의해 판단된 것은 아니었다. 따라서 세 번째 근거와 보증에 대하여 임금은 굳이 논박할 필요를 느끼지 못한 듯하다.

해 있었음을 논거로 난신 연좌를 적용하는 것이 무의미함을 지적한다. 그러나 이 세 번째 논박은 난신에 연좌된 자의 동반 벼슬 진출이 불법임이 확실한 경우 근거 자체가 법을 위반한 것이 되므로 효과적인 논박이라고 할 수 없다.

변론2에 대해 임금은 자신의 교지가 사헌부의 공함(公緘)만도 못한지 반문한다. 원래 '한번 본부(本府)의 공함을 받아도 출사하지 못한다'는 것은 대간의 오랜 관례였다. 그러나 대간의 이러한 관례는 본부의 공함을 받은 언관이 스스로 사직함으로써 지켜지는 일종의 내규와 같은 것이었다. 따라서 대간의 관례를 근거로 임금에게 관원의 개차(改差)를 요구하는 것은 합리적이지 못하다. 임금은 이 점을 논박한 것이다.

이상의 검토를 통해 우리는 변론2와 변론3은 입증이 되지 않은 반면 변론1은 매우 강력하였으며 효과적으로 논박되지도 않았다는 점을 확인할 수 있다. 송영 탄핵 논증은 세 개의 독립적인 논증이 병렬적으로 결합된 다중 논증에 해당한다. 다중 논증의 경우 하나 이상의 논증이 입증되면 그 논증의 유효성이 인정된다. 그렇다면 주도자가 제기한 최상위 수준의 논제가 입증되었는지를 판단하기 위해 변론1의 지원1과 지원2를 더 세밀하게 평가해 보자.

지원1은 법률 규정에 근거한 논증으로 법 조항을 근거로 하는 논증은 법치주의를 공표한 조선시대의 공론 논변에서 강한 설득력을 지니고 있었다.[5] 이에 반해 지원1에 대하여 이루어진 논박은 앞서 검토한 바와 같이 핵심을 비껴난 것이었다. 표면적으로 보기에 지원1에 의한 변론1의 입증은 유효한 것으로 보인다. 그러나 당시의 실제 법률 조항을 참조해 보면 지원1의 유효성은 의심의 대상이 될 수 있다. 다음은 경국대전에 실려

---

5) 조선을 창업한 태조 이성계는 즉위 교서에서 법률을 정립하여 공적 업무는 법에 의거해 처리함으로써 고려시대의 폐단을 되풀이하지 않겠다고 선포했다. 이러한 법치주의에 따라 추진된 것이 통치의 기본이 되는 법전의 편찬이었다. 통일 법전 편찬의 노력은 성종조에 『經國大典』의 편찬으로 결실하였다. 이성무(1998 : 313~317) 참조.

있는 관련 조항들이다(윤국일 옮김, 1998 : 24, 133).

　　○탐장죄를 지은 관리의 아들·손자는 의정부·육조·한성부·사헌부·개성부·승정원·장예원·사간원·경연·세자시강원·춘추관·지제교·종부시·관찰사·도사·고을원 등의 관직에 임명하지 못하며 정조를 지키지 못한 여자와 재가한 여인들의 아들은 동쪽반열과 서쪽반열의 관직에 임명하지 못한다. 증손대에 가서야 상기의 관청 이외의 관직에 등용하는 것을 허락한다.

―『經國大典』 卷1 吏典 京官職條

　　무릇 관직을 받은 사람의 告身은 5품 이하이면 사헌부와 사간원의 서경을 확인한 다음에야 내준다.[의정부·이조·병조·사헌부·사간원·장예원·홍문관·춘추관·지제교·종부시·세자시강원의 관리 및 각 도의 도사·수령은 內外四祖와 본인 자신에게 흔구가 있고 없는 것을 조사해 보고 나서 서경한다. ○ 도총부의 관리인 선전관·부장도 마찬가지이다.]

―『經國大典』 卷1 告身條

위의 조항들에는 난신(亂臣)에 연좌된 자에 대한 명시적 규정은 없으나 사헌부와 사간원의 관리는 '내외사조(內外四祖)와 본인 자신에게 흔구(痕咎)가 있고 없는 것'을 보고 서경한다는 것과 장리(贓吏)와 실행부녀(失行婦女)의 자손은 등용이 제한된다는 내용이 실려 있다. 이 조항에서 특히 눈에 띄는 것은 '내외사조(內外四祖)와 본인 자신의 흔구'라는 말이다. 윤국일(1998)에 따르면 내외사조란 아버지 계통의 할아버지와 외할아버지, 어머니 계통의 할아버지와 외할아버지를 말하는 것이다. 이 내외사조의 규정을 근거로 한다면 송현수의 직계 후손이 아닌 송영은 엄밀한 의미에서 난신에 연좌된 사람으로 보기 힘들다.6) '송영은 이미 사로(仕路)에 통하였다'는 말은 이런 측면에서 이해될 수 있을 듯하다. 송영은 사헌부 관원으

---

6) 물론 위의 조항들이 난신 연좌에 대하여 명시적으로 밝히고 있는 것이 아니기 때문에 이러한 추정이 확실한 것은 아니다.

로 임명되기 전에 이미 공조 정랑 등의 동반 벼슬에 재직한 적이 있다. 이러한 사실로 미루어볼 때 난신에 연좌된 사람의 동반 벼슬 제한 규정이 엄밀한 의미에서 송영에게 해당되는 것은 아니었음을 알 수 있다. 대간은 난신 연좌를 확대 해석하여 (다른 동반 벼슬은 몰라도) 대간의 경우에는 난신의 직계 후손뿐 아니라 방계 후손도 등용할 수 없다고 주장하고 있는 것이다.

한편 지원2에 대해서는 반대자의 논박이 이루어지지 않는다. 이에 대해서는 반대자가 주도자의 논증을 암묵적으로 시인하고 있는 것으로 보인다. 같은 해 7월 8일(戊戌)의 기사에 "지난 경인년과 신묘년 사이에 내린 전지(傳旨)에 '난신에 연좌된 자는 대성(臺省)과 정조(政曹)를 제외하고는 모두 서용하라'고 하셨습니다."라는 구절이 있는 것으로 보아 난신에 연좌된 사람을 사헌부에 등용하지 말라는 전지를 내린 것은 확실하다. 그러나 지원2는 지원1과 관련된 고찰에서 판단한 바와 같이 '난신(亂臣) 연좌(緣坐)'의 의미가 법률적으로 엄밀하게 해석될 경우 효력이 없는 논증이 되어 버린다.

이상의 논의를 토대로 7월 11일(辛丑) 논변에 대한 약식 평가를 해 보자. 이 평가는 송영 탄핵 사건의 소통 행위 연쇄 전체를 대상으로 하지 않고 논증 단계에 해당하는 하나의 소통 행위만을 대상으로 한다. 따라서 대면−개시−논증−종결의 단계별 조건 점검은 생략하고 단위 소통 행위 차원에서의 판정의 합리성을 점검해 보기로 한다. 판정의 합리성을 평가하는 비판적 질문은 다음과 같은 것이었다.

첫째, 판정이 최상위 논제에 대한 논증 행위를 근거로 이루어졌는가?
둘째, 논증의 결과에 따라 판정이 이루어졌는가?
셋째, 판정이 이 두 가지 조건을 모두 만족시키는가?

최상위 논제를 중심으로 한 주도자와 반대자의 변론과 논박의 과정은 앞서 고찰한 대로이다. 이 단위 논변이 종결되면서 이루어진 판정은 '들어주지 아니하셨다(不聽)’이다. 주도자와 반대자의 변론과 논박의 결과 최상위 논제에 대한 주도자의 입증은 불충분한 것으로 확인되었다. 입증의 부담이 주도자에게 있는 비양립 논쟁(nonmixed dispute)[7]의 경우 최상위 논제에 대한 주도자의 입증 여부가 논증의 결과가 되므로 형식적으로만 보면 이 판정은 합리적인 것으로 판단될 수 있다. 그러나 여기서 짚고 넘어가야 할 것이 있다. 판정자가 과연 최상위 논제에 대한 논증을 엄밀하게 평가하고 그 평가 결과에 따라 판정을 내린 것일까? 이 점에 대하여 의심할 만한 두 가지 실마리가 확인된다. 첫째, 반대자(판정자이기도 한)는 주도자의 보증1에 대하여 효과적으로 논박하지 못하였다. 둘째, 반대자는 판정의 대상이 되는 논제와 관련이 없는 새로운 논제를 제기하였다.

두 번째 실마리란 대간의 계속되는 탄핵에 대하여 ‘경들이 이처럼 고집하는 것은 필시 조정의 기강을 오로지 잡고자 하는 것이다.’라는 반대자의 주장을 가리키는 것이다. 이 논제 자체가 합리적인 논증의 대상이 될 수 없는 것은 아니지만 적어도 이것이 ‘송영을 개차해야 한다.’는 논제를 판정하는 데 영향을 미쳐서는 안 된다. 임금의 이러한 주장에 대하여 대간은 ‘털끝만큼도 사사로운 뜻이 없다.’고 변명하지만 임금은 전교(傳敎)에서 “그리 한다면 사관(史官)이 반드시 ‘비로소 난신에 연좌된 자를 대관으로 등용하였다’고 쓰겠으나, 또 지금의 대간이 억지 다툼을 하였다고 쓴다면 어찌하겠는가?”라고 하여 두 문제를 결합시키고 있다.

이렇게 볼 때 판정자의 판정은 외면적으로는 합리적인 것으로 보이나

---

7) 비양립 논쟁(nonmixed dispute)은 주도자가 내세우는 견해를 반대자가 받아들이지는 않지만 그 견해에 대하여 반대되는 견해를 내세우지는 않는 논쟁을 가리킨다. 반면 논증의 한 진영이 내세우는 견해에 대하여 다른 진영이 그 견해를 받아들이지 않을 뿐 아니라 반대되는 견해를 명시적으로 내세울 경우 이를 양립 논쟁(mixed dispute)이라 한다. 예를 들어 ‘서울 사람은 깍쟁이다.’는 견해에 대하여 다른 진영이 ‘서울 사람은 깍쟁이가 아니다.’는 대립되는 견해를 내세울 때 이러한 경우를 양립 논쟁이라 한다. van Eemeren, and Grootendorst(1992 : 21~22) 참조.

실제로는 논제와 관련이 없는 문제를 근거로 판정을 하였다는 혐의가 짙다.

다음으로 참여자의 합리성에 대하여 평가해 보자. 합리적 판정을 위한 판정자의 조건은 다음과 같이 설정되었다.

> 첫째, 판정자는 논쟁에 대해 불편부당한 태도를 견지해야 한다.
> 둘째, 판정자는 논증을 이해하고 평가하는 능력에 하등의 결함이 있어서는 아니 된다.
> 셋째, 판정자는 논증의 우세함에 의해서만 판정을 내려야 한다.
> 넷째, 판정자는 판정을 내리기 전에 논증 당사자들에게 충분한 변론과 논박의 기회를 주어야 한다.
> 다섯째, 판정자는 판정을 내린 다음에도 논증자가 불복할 경우 논증자에게 추가 변론과 추가 논박의 기회를 주어야 한다.

조선 전기 공론 논변의 경우 임금은 반대자와 판정자라는 이중적인 역할을 하기 때문에 불편부당한 태도를 견지해야 한다는 첫 번째 조건을 만족시키기는 매우 어렵다. 송영 탄핵 논변의 경우에도 임금의 전교에서 반대자의 입장과 판정자의 입장을 명확히 구별해 내기 어렵다. 그러므로 첫 번째 조건의 만족 여부를 판단하는 가장 현실적인 방법은 판정자가 내린 판정이 합리적인가의 여부를 따져보는 일이다. 앞서 논의한 바와 같이 이 논변에 대한 판정은 외면적으로는 합리적인 것처럼 보이지만 실제 판정의 과정은 타당하지 못하다는 혐의가 짙다. 판정자의 세 번째 조건 또한 첫 번째 조건과 마찬가지로 판정의 합리성 여부에 의해 판단된다.

판정자의 두 번째 조건은 반대자로서의 논증 참여 과정을 분석해 봄으로써 판단할 수 있다. 반대자로서의 임금은 주도자에 의해 제기된 변론 중 논박이 필요한 두 변론에 대하여 반박하고 있는데 특히 변론2에 대한 반박은 매우 효과적이었다. 반면 변론1에 대한 반박은 그리 효과적인 것으로 보이지 않는데 이것이 법 조항에 대한 이해의 부족에 기인하는 것인지, 논증 능력의 부족에 기인하는 것인지 확실하지 않다. 그러나 반대자의 논박이 주도자의 논증 중 가장 위력적인 것으로 판단되는 변론1에 집중되는 것으로 보아 논증을 이해하고 평가하는 반대자의 능력은 상당히 높은 수준이었던 것으로 보인다.

네 번째와 다섯 번째 조건은 판정자와 논증자와의 관계에 관한 것으로 이는 전체 소통 행위 연쇄 차원에서 판단되어야 한다. 송영 탄핵 논변은 수십 차례에 달하는 탄핵 논변 횟수와 기간을 볼 때 대체로 이 조건들을 만족시킨다고 판단된다.

이제 논증자의 합리성을 평가해 보자. 합리적인 논증자는 다음과 같은 조건을 갖추어야 한다고 가정되었다.

> 첫째, 논증자는 논증의 일관성과 관련성을 유지해야 한다.
> 둘째, 논증자는 자신이 지지하는 견해에 대해 참여적 태도를 견지해야
> 한다.
> 셋째, 논증자는 피력해야 할 견해가 있을 때 그 견해 피력을 회피해서는
> 아니 된다.
> 넷째, 논증자는 논의 중인 논제와 관련하여 혐의를 받을 만한 관계에 있어
> 서는 아니 되며 혐의를 받을 만한 말과 행동을 하여서도 아니 된다.
> 다섯째, 논증자는 자신의 주장을 입증하는 과정에서 사실을 왜곡하여서는
> 아니 된다.
> 여섯째, 논증자는 논증 외적인 수단으로 논증에 영향을 미치려고 해서는
> 아니 된다.

이 조건들 중 7월 11일 논변에서 문제가 되는 것은 첫 번째와 여섯 번째 조건이다. 첫 번째 조건의 경우 반대자는 논의 중인 논제와 무관하지는 않으나 직접적인 논거가 되지는 않는 새로운 논제를 제시함으로써 원래의 논제에 관한 논증에 영향을 미치고 있다. 여섯 번째 조건의 경우 주도자는 논변의 과정에서 "송영을 개정하지 않으신다면, 청컨대 신등의 벼슬을 갈도록 하소서."라고 하여 주장의 관철과 사직을 연계시키고 있다.

이제 7월 11일 논변에 대한 이러한 약식 평가 결과를 기초로 판정자 지향적인 비판적 토의 모델 자체의 타당성을 평가해 볼 차례이다. 약식

평가 결과 이 규준적 모델은 논변의 전개 과정 및 논변 참여자의 능력과 태도에 대하여 원칙적인 평가 도구로 기능하고 있음이 확인된다. 먼저 판정의 합리성을 평가하는 준거들은 그것이 적용될 때 실제 논증의 결과와 판정의 결과뿐 아니라 판정의 과정까지도 평가의 대상으로 삼음으로써 심층적인 평가를 가능케 한다.

다음으로 판정자의 합리성을 평가하는 준거들은 판정자와 반대자가 현실적으로 구분되기 힘든 상황과 모순되는 것처럼 보인다. 그러나 판정자가 논쟁에 대해 '불편부당한 태도'를 견지해야 한다는 조건은 판정자 지향적인 비판적 토의 모델의 가장 기본적인 전제 조건이다. 판정자의 논증 능력을 평가하는 조건과 합리적인 논증을 보장하기 위한 조건은 실제 논변의 합리성을 평가하기 위해 필수적이면서도 유용한 준거인 것으로 판단된다. 특히 합리적인 논증의 조건을 마련하는 것이 판정자의 조건으로 설정된 것은 논변 진행의 모든 과정에 개입하고 모든 중요한 의사결정을 내리는 판정자의 지위와 역할로 미루어볼 때 당연한 것이다.

끝으로 논증자의 합리성을 평가하는 준거들은 논의 중인 논제에 관한 논증에 나쁜 영향을 미칠 수 있는 요소들을 찾아내는 데 유용하게 사용되고 있다. 그러나 다른 측면에서 보면 이러한 부정적 요소들은 복잡하게 얽혀 있는 공론 논변의 실제를 다루는 데 있어 불가결한 관습적 요소들일 수도 있다.

판정자 지향적인 비판적 토의 모델의 준거들은 몇몇 부분에서 공론 논변의 관습과 어긋나는 것처럼 보인다. 예를 들어 불편부당한 태도를 견지해야 한다는 판정자의 조건은 반대자와 판정자가 동일한 공론 논변의 현실과 잘 부합하지 않는다. 이러한 어긋남은 규준적 모델에서 참여자를 판정자와 논증자로 구분한 데서도 드러난다. 실제 공론 논변에서 참여자는 주도자(언관)와 판정자/반대자(임금)로 구분되는 것이다. 또한 '논증 외적인 요소로 논증에 영향을 미치려고 해서는 아니 된다'는 논증자의 조건은 주장을 관철하기 위해 수많은 논증 외적인 요소들을 관습화한 언관들의 행

동 양식과도 충돌한다.[8]

그렇다면 이러한 관습과의 충돌을 회피하기 위하여 위에 제안된 규준적 모델을 수정하는 것이 타당한지 질문해 보아야 한다. 이 질문에 대한 잠정적인 대답은 '그렇지 않다.'이다. 논변의 규준적 모델은 어디까지나 논증의 합리성에 위배되지 않는 범위 안에서 변용될 수 있다. 그러므로 실제 논변에서 자주, 심지어 관습적으로 위배되는 규칙이 있다고 할지라도 그것은 어디까지나 규칙이 위배된 것으로 평가되어야 한다. 모델의 관습적 타당화는 해당 논변이 추구하는 목적(불일치의 해결인가, 분쟁의 조정인가, 또는 대립되는 견해에 대한 깊이 있는 이해인가 등)의 달성이 방해받지 않는 범위 안에서 최소한으로 이루어져야 한다. 관습적 타당화의 범주는 해당 논변의 목적 달성에 적합한 절차적 규준과 그러한 목적 달성에 적합한 상위 조건(참여자의 지위와 역할)으로 나뉘어진다.

다음으로 판정자 지향적인 비판적 토의 모델의 문제해결적 타당성을 검토해 보자. 이 모델의 문제해결적 타당성은 '문제해결이란 과연 무엇인가'라는 질문에 어떻게 답하는가에 따라 다르게 평가될 수 있다. 이 규준적 모델은 공론 논변에서의 '문제해결'을 '견해의 불일치의 해결'에 두고 있다. 따라서 이 규준적 모델은 '견해의 불일치 해결'에 방해가 되는 요소들을 찾아내고 '견해의 불일치 해결'에 기여하는 정도에 따라 논증의 요소들을 평가하는 데 유용한 도구가 된다.

따라서 판정자 지향적인 비판적 토의 모델의 문제해결적 타당성의 제한점도 분명해진다. 이 모델은 '문제해결'을 논변 참여자들간의 '견해의 불일치 해결'로 정의하기 때문에 현실 정치의 복잡한 권력 관계를 반영하지 못한다는 한계가 있다. 경우에 따라서는 견해의 불일치 해결 보다는 갈등의 조정이 공론 논변이 추구하는 현실적인 목적이 될 수도 있다. 판정자 지향적인 비판적 토의 모델은 이러한 복잡한 권력 관계

---

8) 그 전형적인 사례가 單獨上疏, 合辭上疏, 合司上疏, 伏閤上疏, 辭職上疏로 구성되는 일련의 상소 행위들이다.

속에서의 정치적 문제 해결과 관련해서는 문제해결적 타당성을 지니지 않는다.

2. 논변의 합리성 평가

이제 판정자 지향적인 비판적 토의 모델을 근거로 앞서 분석된 임사홍 탄핵 논변의 절차적 합리성을 평가해 보자. 이 절차적 합리성 평가의 대상이 되는 것은 임사홍 탄핵 논변의 본편인 소통 행위 (1)부터 소통 행위 (37)까지이다.

1) 논증적 대화에 대한 절차적 평가

논증적 대화의 절차적 평가는 대면─개시─논증─종결의 논증 전개 과정에 따라 각 단계에서 요구되는 조건이 충족되고 있는가를 따져보는 것이다. 각 단계별로 임사홍 탄핵 논변의 절차적 합리성을 평가하면 다음과 같다.

(1) 대면 단계

대면 단계에서는 대립되는 대화 참여자들과 대립되는 견해가 확인된다. 임사홍 탄핵 논변의 대면 단계에서 확인되는 최상위 논제는 "임사홍을 서용하는 것은 마땅치 않다(任士洪敍用未便)"이다(성종 19년 11월 15일 甲戌). 이 논제는 삼사(三司)의 언관들의 견해로 제시된 것이다. 이에 대하여 임금은 언관들의 견해에 대하여 논박하고 의문을 제기한다. 임사홍 탄핵 논변의 최상위 논제 수준에서 언관들은 주도자의 역할을, 임금은 반대자의 역할을 하고 있다. 의견의 대립 양상면에서 임사홍 탄핵 논변은 언관이 특정한 논제를 지지하고 임금이 이에 의문을 제기하고 비판적 질문을 던지는 비양립 논쟁에 해당한다. 비양립 논쟁의 유형은 조선시대 공론 영역에서 일반화된 논제 제시 방식이었다.[9] 대면 단계가 두드러지게 나타나는 곳은 소통 행위 (1), (2)이다.

대면 단계에서 반대자의 역할을 하는 임금은 판정자로서의 역할도 동시에 수행하고 있다. 반대자와 판정자라는 역할 중복은 조선시대 공론 논변의 중요한 문화적 특성이다.

(2) 개시 단계

개시 단계에서는 논증적 대화의 당사자 간에 공동의 인식 기반이 확인되고 논증 절차와 규칙에 대한 합의가 이루어지는 단계이다. 이러한 합의는 견해의 불일치가 합리적으로 해결되는 토대가 된다. 공동의 인식 기반에 대한 확인과 논증 절차 및 규칙에 대한 참여자들 간의 명시적, 암묵적 합의에 문제가 있을 경우 비판적 토의는 합리적인 해결에 도달하기 어렵다.

조선시대 공론 논변은 고도의 관습성이 지배하던 의사소통의 장이었으므로 공동의 인식의 기반에 대한 명시적인 확인이나 논증의 규칙과 절차에 대한 의식적인 합의 과정이 드러나는 경우는 드물다. 공론 영역을 지배하는 공유된 인식적, 절차적 기반은 오랜 세월에 걸쳐 관행화되어 있었던 것이다. 이러한 관행화된 공동의 기반은 일종의 기대 지평으로 작용하여 그것이 충족되지 않을 경우 문제 제기의 대상이 되었다. 이런 점에서 공론 논변에서의 개시 단계의 기능은 고도로 관행화되어 암

---

9) 여기서 유의해야 할 점은 비양립 논쟁의 양상은 최상위 논제 수준에 한정되어 있다는 것이다. 따라서 주도자와 반대자의 역할이 뚜렷이 구분되는 것도 이 수준에서이다. 최상위 논제를 뒷받침하는 하위 논제 수준에서는 양립 논쟁이 자주 나타나며 논증자들 간의 역할 교대가 활발하게 이루어진다(4장의 참여자 분석 참조).

묵적인 상태에서 거의 자동적으로 작동하고 있었다고 할 수 있다. 개시 단계의 기능은 공동의 기반에 대한 기대가 충족되지 않을 경우에 표면화된다.

임사홍 탄핵 논변에서 절차에 대한 기대가 충족되지 않아 발생하는 갈등은 소통 행위 (21)과 소통 행위 (24)에서 극명하게 표출된다. 공론 논변에서 중대 사안은 재신들의 수의를 거치는 것이 관행이지만 임사홍 탄핵 논변의 경우 언관들의 논청이 끈질기게 이어짐에도 이러한 절차적 기대가 충족되지 아니 한다. 이에 언관들은 삼공육경을 임사홍의 문제에 대하여 함묵하고 있다는 것으로 탄핵하기에 이른다.

재신들의 수의(收議)는 임금의 명에 의하여 이루어진다. 그런 점에서 재신들의 수의(收議)는 판정자로서의 임금의 역할을 뒷받침하는 보조적인 논의 과정이라고 할 수 있다. 따라서 재신들의 함묵에 불만을 표시하고 탄핵을 한 것은 바로 임금에 대한 비판과 문제제기였다고 할 수 있다. 이런 점에서 소통 행위 (21)과 소통 행위 (24)는 개시 단계의 기능이 간접적으로 나타나는 곳이라고 볼 수 있다.

임사홍 탄핵 논변의 경우 사건의 맥락에 대한 명시적 공유가 이루어지지 않아 근본적인 문제 해결에 도달하지 못한 점이 앞서 지적되었다. 논증의 당사자인 언관과 임금이 인수대비의 뜻이라는 감추어진 맥락을 회피함으로써 설득을 통한 합리적인 문제 해결이라는 목적은 더욱 달성하기가 어렵게 되었던 것이다.

임사홍 탄핵 논변에서 개시 단계의 기능은 고도로 관행화된 공론 논변의 특성상 뚜렷이 나타나지 않으나 논증자의 기대가 충족되지 아니하는 곳에서 간접적으로 그 기능이 나타난다. 결국 재신의 수의를 통한 합리적 판결이라는 일반적인 대화의 절차에 대한 양 진영 간의 기대의 차이와 사건의 감추어진 맥락에 대한 양 진영 간의 의도적인 회피로 인하여 개시 단계의 규준적 조건은 충족되지 못한다.

(3) 논증 단계

논증 단계는 견해에 대한 변론과 논박이 이루어지는 단계이다. 임사홍 탄핵 논변의 경우 논증 단계는 가장 큰 비중을 차지하고 있다. 논증 단계의 기능이 두드러지게 드러나는 곳은 종결 단계에 해당하는 소통 행위 (29)~(33)을 제외한 모든 소통 행위이다.

논증 단계를 지배하는 규준적 조건은 논증자에게 충분한 논증의 기회가 주어졌는가이다. 임사홍 탄핵 논변의 경우 주도자의 역할을 맡은 언관들이 자신의 견해를 입증하기 위해 변론과 논박을 하는 활동은 특별한 제약을 받지 않았던 것으로 보인다. 언관의 논증은 판정자의 판정이 내려진 다음에도 간헐적으로 이어지고 있어(소통 행위 (34)~(37)) 임사홍 탄핵 논변에서의 논증 기회는 충분하게 주어졌다고 판단된다. 대체로 성종조의 공론 논변은 논증 기회의 면에서 규준적인 조건에 부합하였다고 할 수 있다.

(4) 종결 단계

종결 단계는 판정자인 임금의 판정이 내려지는 단계이다. 종결은 하나하나의 소통 행위를 종결짓는 임금의 의사결정과 논변 전체(소통 행위 연쇄)를 종결 짓는 임금의 의사결정으로 나뉜다.

판정자의 판정은 논증적 대화의 최상위 논제에 대하여 이루어진다. 임사홍 탄핵 논변의 최상위 논제는 "임사홍을 서용하는 것은 마땅치 않다"이다. 이 최상위 논제에 대하여 주도자인 언관은 입증의 부담을 지니며 입증을 위한 언관의 논증 행위에 대하여 임금은 가부간의 판정을 내리게 된다.

임금의 판정은 종결의 유형에 따라 두 가지로 나타난다. 하나는 개별 소통 행위를 종결짓는 판정이며 다른 하나는 소통 행위 연쇄 전체를 종결짓는 판정이다. 이 두 가지 판정 행위는 일반적으로 최상위 논제에 대한 수용(允許) 또는 거절(不聽)로 이루어진다.

종결 단계는 판정자인 임금의 판정이 내려지는 단계로 이 단계를 지배하는 규준적 조건은 '판정이 합리적인 준거에 따라 이루어졌는가'이다. 앞서 논의된 판정의 합리성을 점검하는 비판적 질문을 적용하여 보자.

첫째, 판정이 최상위 논제에 관한 논증 행위를 근거로 이루어졌는가?
둘째, 논증의 결과에 따라 판정이 이루어졌는가?
셋째, 판정이 이 두 가지 조건을 모두 만족시키는가?

첫 번째 질문은 판정과 판정의 근거 사이의 관련성에 관한 질문이다. 최상위 논제에 대한 판정은 반드시 최상위 논제에 대한 주도자 및 반대자의 견해를 뒷받침하는 논증 행위를 근거로 이루어져야 한다. 논제의 입증과는 무관한 논증 행위를 근거로 이루어지는 판정은 합리적인 판정이라고 할 수 없다. 두 번째 질문은 판정이 논증을 통해 입증된 사실에 기반하여 이루어졌는가를 묻는 질문이다. 논증을 통해 어느 하나의 견해가 옳다는 것이 입증되거나 대립되는 두 견해 중 어느 하나가 우위에 있음이 입증되었음에도 판정이 그 결과를 무시하고 내려지는 경우 그 판정은 합리적이라고 할 수 없다. 합리적 판정은 이 두 가지 조건 모두를 만족시켜야 한다.

이제 이러한 규준적 조건을 토대로 임사홍 탄핵 논변의 판정에 대한 비판적 평가를 내려 보자. 판정자는 "임사홍을 서용하는 것은 마땅치 않다"라는 논제에 대하여 일관되게 '거절' 판정을 내린다. 소통 행위 (1)부터 소통 행위 (20)에 이르는 이 일관된 '거절' 판정은 이 논제가 주도자에 의해 입증되지 않았다는 판단에 기초한 것이라고 할 수 있다. 논증의 주도자인 언관들은 이 논제를 입증하는 논거로 임사홍이 전에 큰 죄를 저질렀음을 제시한다. 이에 대해 판정자는 그 논거가 충분히 강력하지 않음을 들어 거절한다(소통 행위 (1)). 주도자는 다시 임사홍이 전에 조정을 탁란하게 하였음을 들어 그를 기용하게 되면 나라를 그르칠 것이라고 주장한다. 이에 대해 판정자는 임사홍이 만약 나라를 그르친다고 하더라도 나라를 그르치게 하는 것은 누구인가 하고 반문한다. 이는 임사홍의 서용이 나라를 그르치는 충분 조건은 아님을 지적한 것이다(소통 행위 (2)). 주도자는 임사홍이 간사한 소인임에도 점차로 때를 타고 진출하고 있음을 논증한다. 이에 대해 판정자는 천도도 10년이면 반드시 변하는데 하물며 인사(人事)야 어떠하겠느냐고 반문한다(소통 행위 (3)). 또한 임사홍을 서용하는 것은 그 아비의 공을 미루어 주어 아비의 마음을 위로하려는 것일 뿐 그에게 권력을 주려는 것은 아니라고 천명한다. 이렇게 논증이 교착 상태에 빠지자 주도자는 고전적 전거를 들어 작상을 함부로 하면 안 된다는 것과 임사홍은 재주가 있는 소인임을 논증한다. 이에 대하여 판정자는 특별한 논박이 없이 거절한다(소통 행위 (6)). 이어 주도자는 소인이 벼슬에 나아가면 동류를 끌어들여서 마침내 큰 후환이 생길 것이라고 주장한다. 이에 대해 판정자는 임사홍의 기용은 대비를 위한 특별한 은전일 뿐이며 임사홍이 소인이라고 하더라도 대간과 홍문관과 삼공까지도 가차없이 논청하므로 그럴 까닭이 없다고 논박한다(소통 행위 (8)). 임사홍의 범죄 사실을 논거로 주도자의 논증이 계속되자 판정자는 임사홍이 비록 10년 전에는 죄가 있으나 요즈음 상서한 죄는 실정에 애매한 부분이 있다고 논박한다(소통 행위 (9)). 주도자는 계속해서 소인을 기용하면 나라를 그러치게 됨을 역사적 사실을 논거로 들어 논증한다. 나아가 임사홍을 기용하는 일이 사사로움에 의한 것이 아니냐는 의문을 제기한다. 이에 대해 판정자는 임사홍을 기용하는 일이 사사로움에 의한 것 아님을 천명한다(소통 행위 (10)). 주도자는 임금이 천명과 백성과 백세의 공론을 두려워 하지 않으면 안된다는 논거를 들어 '사씨(史氏)를 두려워할 것이 없다'고 한 판정자의 에토스를 공격한다. 또한 임사홍을 기용하는 것이 사사로운 은혜가 아니라는 판정자의 주장에 대하여 임사홍이 지난 10년간 사사로운 은혜를 입어왔음을 들어 논박한다. 이에 대하여 판정자는 사씨(史氏)를 두려워할 것이 없다는 말이 잘못 이해되었음을 논박한다(소통 행위 (11)). 이후 주도자의 논증은 비슷한 패턴으로 반복된다. 소통 행위 (15)에 이르러 임금의 언행이 일관되지 않음을 들어 판정자의 에토스를 공격한다(소통 행위 (12)~(15)). 즉 전에 임사홍에게 직첩을 내려줄 때 '다시 기용하지 않겠다'는 전교를 내렸는데 혹시 잊으신 듯하니 일기를 상고하기를 청했던 것이다. 이에 대하여 임금은 임사홍 서용이 대비를 위한 특별한 사안임을 내비치면서 주도자의 에토스 공격에 대하여 불쾌한 반응을 보인다.

이후 주도자와 반대자 간의 논증은 새로운 국면으로 들어선다. 주도자는 자신들이 임금의 마음을 움직일 만한 정성이 없으니 물러남이 마땅하다고 하여 사직을 청한다(소통 행위 (16)). 이에 대하여 임금은 한 번 마음에 맞지 아니한다고 떠나는 것은 잘못이라 하여 이를 받아들이지 아니한다.

소통 행위 (1)~(20)까지의 주도자의 논증을 논증 구조 도식으로 간략히 제시하면 다음과 같다.

임사홍을 서용하는 것은 마땅치 않다.

↑

임사홍을 서용하면 반드시 나라를 그르칠 것이다.

↑

임사홍은 소인이다. ― & ― 소인을 기용하면 나라를 그르치게 된다.

이에 대하여 판정자는 임사홍의 범죄 행위를 시인하며(소통 행위 (9))임사홍이 소인임을 암묵적으로 인정한다(소통 행위 (13)). 판정자의 논박은 '소인을 기용하면 나라를 그르치게 된다'는 보증에 집중된다. 이 부분에 대한 판정자의 논박은 다음의 말에서 확연히 드러난다.

그대들이 말하기를 '임사홍을 기용하면 반드시 나라를 그르친다'고 하나 예로부터 한 사람의 소인이 벼슬에 나아가면 뭇소인이 무리로 나아가는 것은 그로 하여금 권력을 얻어 조롱하게 한 때문이다. 그 권력을 얻게 한 것은 반드시 그 임금이 그렇게 하도록 한 것이다. 지금 누가 그 권력을 얻게 하겠는가? 만약 군직에만 서용하면 그 녹을 잃지 않게 할 뿐인데 어찌하여 나라를 그르칠 수 있겠는가?

— 성종 19년 11월 29일, 소통 행위 (20)

판정자의 이 날카로운 논박에 대하여 주도자들은 효과적인 반박을 해내지 못함으로써 주도자는 논제의 타당성을 완전하게 입증하지 못한다. 논제에 대한 입증의 실패는 판정자의 거절의 강력한 근거가 될 수 있다. 그런데 여기서 더 생각해 보아야 할 것이 있다. 그것은 바로 당대에 일반적으로 받아들여졌던 당대인의 관념 세계이다. 당대인에게 소인을 기용하는 것은 매우 위험한 일로 여겨졌으며 소인이 벼슬에 나아가면 모르는 사이에 화가 나라에 미칠 것이라는 생각은 보편적으로 받아들여졌다. 즉 임금의 논박이 아무리 날카롭다 해도 그러한 논박이 당대인의 공동의 인식 기반의 지지를 받는 것은 아니었다. 판정자 지향적인 비판적 토의에서 합리성의 준거가 되는 것은 당대인들의 공감의 체계이며 당대인의 공감의 체계에 대하여 심각하게 도전할 경우 판정자 지향적인 비판적 토의는 그 합리성의 근거를 잃어버리게 된다.

이와 같은 딜레마 상황에서 임금은 임사홍을 기용하는 것이 매우 특수한 사안임을 강조한다. 즉 임사홍을 기용하는 것은 그 아비에게 공이 있어 상을 미루어 주는 것이며 이는 바로 대비를 위한 일이라는 것이다(소통 행위 (19)). 임사홍의 서용이 대비의 뜻이니 거역하기 어렵다는 뜻이 은근히 드러나는 대목이다. 앞에서 논한 바와 같이 이 문제는 감추어진 맥락으로 작용하여 합리적 판정을 지향하는 이 논변의 실패의 원인이 된다. 주도자는 이 사안의 본질이라 할 수 있는 이 문제에 대하여 본격적으로 거론하지 않다가 논증적 대화가 막바지에 다다른 시점에서 조심스럽게 이 문제를 거론한다. 소통 행위 (26)에서 홍문관 부제학 신종호는 차자를 통해 "임사홍은 종사에 죄를 얻었으니 어찌 동조(東朝)를 위하여 다시 쓰고 종사의 대계를 생각하지 아니할 수 있겠습니까?"라고 하여 자위(慈闈)

에 대한 효성이 언제나 옳은 것은 아님을 은근히 내비친다. 대비를 위한 일이라는 임금의 주장에 대한 본격적인 논박은 소통 행위 (36)에 이르러서야 처음이자 마지막으로 제기된다. 홍문관 부응교 이승건과 박사 박증영이 아뢰기를,

> "전하께서 이르시기를 '자위를 위해 쓰는 것이다' 라고 하시더라도 자위와 종사는 어찌 경중이 있지 아니하겠습니까? 원하건대 다시 자세히 헤아리소서."

하였는데, 이에 대하여 임금은,

> "그대들이 말하기를, '자위와 종사는 경중이 있다' 하니 人子의 마음으로 어찌 경중이 있음을 알겠는가?"

라고 논박한다. 소통 행위 (36)은 임사홍 탄핵 논변의 본편의 끝부분에 해당하는데 그 때서야 비로소 이 문제를 본격적으로 거론하며 이러한 문제 제기 또한 "인자(人子)의 마음으로 어찌 경중이 있음을 알겠는가?"라는 임금의 논박 앞에 더 이상 재반박을 하지 못한다. 즉 뒤늦게 제기된 논의조차 교착 상태에 빠진 것이다.

소통 행위 (21)부터 소통 행위 (37)에 이르는 뒷부분은 판정자에 의해 새로운 논제가 제기되면서 매우 복잡한 양상을 보인다. 즉, 언관들이 임사홍의 일에 대하여 함묵한다 하여 대신들을 탄핵하자 임금이 대간의 말이 지나침을 문제 삼은 것이다. 이 논증의 최상위 논제는 "대간이 말을 지나치게 한 것은 잘못이다"이다. 그런데 이 논제를 중심으로 전개되는 논증적 대화는 앞서 고찰한 논증적 대화와는 그 성격이 판이하다. 즉 이 논제의 제시자는 임금이며 이 논제에 대하여 논의를 하는 주된 논증자는 재신들이다. 이 두 번째 논제를 중심으로 전개되는 논증적 대화는 심의 대화의 유형에 속한다. 그러나 이 심의 대화는 첫 번째 논제를 중심으로 전개되는 판정자 지향적인 비판적 토의에 부수적으로 수반되고 있다. 재

신들의 수의(收議) 결과를 토대로 이 논제에 대한 판정자의 판정이 이루어
지지만 첫 번째 논제에 대한 논의가 종결된 것은 아니었던 것이다. 그러
나 이 두 번째 논제에 대한 재신들의 수의(收議)와 그 여파로 이어지는 언
관의 사직 사태는 첫 번째 논제에 대한 논증적 대화를 실질적으로 종결
짓는 결과를 초래한다.

　요약하건대 종결 단계는 '판정이 합리적인 준거에 따라 이루어졌는가'
라는 규준적 조건을 대체로 만족시키고 있다. 판정자는 주도자가 최상위
논제를 입증하였는가의 여부에 따라 판정을 내렸다고 볼 수 있다. 주도자
는 입증의 책임을 완수하지 못하였던 것이다. 논증적 대화의 후반부에 부
수적으로 수반된 심의 대화는 논증적 대화 과정을 총괄하는 판정자의 입
장에서 볼 때 자연스러운 과정이었다. 다만 그러한 심의 대화의 여파로
이어지는 언관의 사직과 사직에 대한 불허 판정의 과정이 논증적 대화를
실질적으로 종결짓는 결과를 초래함으로써 더 이상의 합리적 대화가 이
어지지 못하였다.

　이상의 임사홍 탄핵 논변에 대한 단계별 평가를 총괄하면 판정자 지향
적인 비판적 토의의 절차적 규칙들이 대체로 잘 지켜졌음에도 불구하고
논증적 대화는 성공적이지 못하였다고 할 수 있다. 이러한 실패의 근본적
인 원인은 개시 단계에서 찾을 수 있다. 대화 참여자들은 문제 해결의 토
대가 되는 사태의 맥락 공유에 실패함으로서 논증적 대화의 실패를 초래
하였다. 개시 단계에서의 과오는 논증의 주도자와 반대자 양측 모두에게
책임이 있다.

2) 참여자의 역할 평가

(1) 판정자의 역할

판정자 지향적인 비판적 토의의 질을 결정하는 가장 중심적인 역할은

판정자이다. 판정자는 견해의 불일치가 합리적으로 해결되기 위한 기본 조건이다. 논증의 전개 단계와 더불어 판정자의 역할을 평가하는 것은 판정자 지향적인 비판적 토의 평가에서 매우 중요한 의의를 지닌다.

그럼 합리적 판정을 위한 판정자의 조건을 평가에 적용해 보자.

첫째, 판정자는 논쟁에 대해 불편부당한 태도를 견지해야 한다.
둘째, 판정자는 논증을 이해하고 평가하는 능력에 하등의 결함이 있어서는 아니 된다.
셋째, 판정자는 논증의 우세함에 의해서만 판정을 내려야 한다.
넷째, 판정자는 판정을 내리기 전에 논증 당사자들에게 충분한 변론과 논박의 기회를 주어야 한다.
다섯째, 판정자는 판정을 내린 다음에도 논증자가 불복할 경우 논증자에게 추가 변론과 추가 논박의 기회를 주어야 한다.

이제 임사홍 탄핵 논변에서의 판정자의 역할을 평가해 보자. 판정자의 첫 번째 조건은 합리적인 판정에 이르기 위한 판정자의 가장 기본적인 조건이다. 그런데 공론 영역에서의 논증적 대화를 살펴보면 판정자의 첫 번째 조건은 잘 지켜지지 않는 것처럼 보인다. 판정자인 임금은 주도자인 언관에 반대하는 견해를 적극적으로 피력한다. 그러나 이러한 현상을 놓고 판정자가 불편부당한 태도를 견지하지 않았다고 평가하는 것은 성급한 판단이다. 이러한 문화적 현상에 대한 해석의 실마리는 임금의 에토스와 공론 영역에서의 임금의 역할에 대한 당대인의 관념에서 찾아진다. 임금은 당대인의 최고의 인간상인 성인군주로 여겨졌으며 공의(公義)의 대변자라는 에토스를 지니고 있었다. 또한 공론 영역에서의 임금은 판정자와 논증자의 이중적인 역할을 수행하고 있었다. 임금은 판정자와 논증자의 역할을 동시에 수행하고 있었기에 언관의 논증에 대해 반대자의 입장에서 견해를 피력하는 것이 정당화되었으며 이러한 정당화의 밑바탕에는 공의의 대변자라는 임금의 에토스가 작용하고 있었다.

공의의 대변자라는 이상적인 임금의 상에서만 보면 임금이 피력하는 견해는 어느 한쪽으로 치우치지 않은 불편부당한 것이어야 한다. 그러나 현실적으로 임금이 지지하는 견해가 불편부당한 것은 아니었다. 임금의 이상적인 상과 현실적인 상 사이의 이러한 긴장 관계가 불일치의 합리적인 해결을 모색하는 공론 영역의 기본 조건이었다. 이 때 합리적인 해결에 도달하기 위한 상대자의 역할을 한 것이 공론을 대변하는 언관들이었음은 물론이다. 그러므로 공의를 대변하는 임금과 공론을 대변하는 언관 사이의 상호작용은 합리적인 해결을 추구하는 역동적인 과정이었으며 이러한 문제 해결의 과정을 보장해 주는 조건이 언관의 제한 없는 변론권이었다. 즉 언관은 반대자로서의 임금의 논박과 판정자로서의 임금의 판정이 이루어진 다음에도 계속 자신의 견해를 뒷받침하는 변론을 할 수 있었다. 언관의 이러한 변론권을 판정자가 보장하는 한 조선시대 공론 영역이라는 특수한 문화적 상황에서 판정자의 불편부당한 태도는 견지되고 있었다고 평가하는 것이 합리적이다.

판정자의 두 번째와 세 번째 조건은 판정자의 논증 능력을 평가하는 것이다. 판정자의 논증 능력에 대한 증거는 앞서 논의된 종결 단계에서의 판정 과정으로부터 구할 수 있다. 판정자는 주도자로서의 언관의 논증과 반대자로서의 자신의 논증을 정확하게 평가하는 능력을 지니고 있었던 것으로 보인다. 판정자는 임사홍 탄핵 논변에서 주도자가 입증의 부담을 지고 있음을 인식하고 있었으며 논증의 진행 과정에서 논제에 대한 주도자의 입증이 완전하지 못하였음을 파악하고 있었던 것으로 보인다.

네 번째와 다섯 번째 조건은 첫 번째 조건에 대한 보완적인 조건으로 언관의 변론권을 보장하기 위한 조건이다. 임사홍 탄핵 논변의 경우 언관의 변론권은 원칙적으로 제한된 바가 없다. 그러나 종결 단계에 대한 평가에서 논한 바와 같이 언관의 지나친 말에 대한 임금의 견제가 실질적으로 언관의 변론권을 제한하는 결과를 낳게 되었다. 이런 점에서 언관의 변론권을 보장하는 이 조건들은 부분적으로만 충족되었다고 평가할 수 있다.

(2) 논증자의 역할

판정자의 역할과 더불어 논증자의 역할 또한 판정자 지향적인 비판적 토의의 질을 결정하는 조건이 된다. 논증자는 다음과 같은 조건을 갖출 것이 요구된다.

첫째, 논증자는 논증의 일관성과 관련성을 유지해야 한다.
둘째, 논증자는 자신이 지지하는 견해에 대해 참여적 태도를 견지해야 한다.
셋째, 논증자는 피력해야 할 견해가 있을 때 그 견해 피력을 회피해서는 아니 된다.
넷째, 논증자는 논의 중인 논제와 관련하여 혐의를 받을 만한 관계에 있어서는 아니 되며 혐의를 받을 만한 말과 행동을 하여서도 아니 된다.
다섯째, 논증자는 자신의 주장을 입증하는 과정에서 사실을 왜곡하여서는 아니 된다.
여섯째, 논증자는 논증 외적인 수단으로 논증에 영향을 미치려고 해서는 아니 된다.

논증의 설득력을 유지하기 위한 필수적인 조건인 첫 번째와 두 번째는 실제로 임사홍 탄핵 논변에서 문제가 된다. 소통 행위 (25)에 들어 있는 임금의 다음 논박을 보자.

[문제진술 : 어제 이칙이 이자건 등과 書啓하였는데, 그 가운데 '尹壕는 족히 책할 것이 못 된다' 라는 말이 있었다. 이칙이 아뢰기를, '이는 신의 말이 아니고 바로 이자건의 말입니다. 윤호는 신에게 사촌형이 됩니다.' 라고 하고, 또 말하기를, '신이 임사홍과 사귀어 친하고 그 아비 임원준은 신의 恩門입니다. 만약 사사로운 정으로 보면 어찌 감히 말하겠습니까? 다만 공론이 이와 같으니 감히 말하지 아니할 수 없습니다.' 라고 하였다.]
[논박 : 만약 이칙이 참으로 공론을 위하는 사람이라면 어찌하여 윤호의 일을 말하지 아니하는가? 그 뜻은 반드시 '윤호는 바로 내 사촌형인데 만약 '족히 責할 것이 못된다.' 고 말하면 윤호가 반드시 미워할 것이라'고

여긴 것이다. 그러므로 말하지 아니한 것이다. 임사홍의 일에 이르러서는
이르기를 '내가 공론을 위함이다.' 라고 하는데, 어찌하여 말이 전후가 다
른가? 나는 정대하지 못하다고 여긴다.]

이 사례에서 보는 바와 같이 논증자가 이 조건을 갖추지 못하면 공론
영역에서의 논증적 대화를 총괄하는 역할을 맡고 있는 판정자로부터 논
박을 받게 되는데 이러한 논박을 받게 되면 논증자는 논증자로서의 자격
에 치명적인 타격을 입게 된다. 실제로 이 논박을 받은 후 이칙과 이자건
은 피혐(避嫌)을 청하게 된다.

조선시대 공론 논변에서 논증자는 고도의 도덕성을 요구받고 있었다.
논증의 일관성과 참여적 태도는 언관에게 요구되는 중요한 도덕적 태도
였다. 또한 세 번째와 네 번째 조건도 언관에게 요구되는 도덕적 태도였
다. 언관은 공론 영역에서 논의되는 문제에 대하여 사사로운 관계에 있으
면 반드시 피혐을 하는 것이 관례였으며 피혐을 하지 않을 경우 탄핵의
대상이 되었다. 앞의 사례에서 윤호에 대한 논박을 할 때 이칙이 피혐의
태도를 보이지 않은 것 또한 문책의 대상이 되었다. 또 언관이 말을 해야
할 상황인데도 말을 하지 않을 경우 탄핵의 대상이 되었다. 임사홍 탄핵
논변의 속편을 이루는 후반부의 주요 테마인 봉원효 탄핵은 봉원효가 말
을 해야 함에도 말을 하지 않았다 하여 같은 언관인 권경희로부터 탄핵
을 받은 사건이었다.

논증자의 다섯째 조건 또한 논증자의 도덕적 태도를 구성하는 것이다.
논증자는 사실과 다르거나 근거가 없는 주장을 하여서는 아니 된다. 논증
자가 이 조건을 위반할 경우 판정자로부터 논박을 받게 된다. 소통 행위
(25)에서 임금은 이자건이 '윤호는 족히 책할 것이 못된다'는 주장의 근
거를 대지 못함을 문책한다. 또 안호 등이 임사홍의 집이 사치하고 화려
하다 하여 그를 탄핵하자 임금이 친히 본 바를 들어 사실이 그러하지 아
니함을 논박한다(소통 행위 (25)). 이 문제는 임금을 속이는 일로 여겨져 소
통 행위 (27)에서 심각하게 논의되기에 이른다.

    이상에서 살펴본 바와 같이 공론 논변에서 판정자와 논증자의 능력과
태도는 논증적 대화의 성공을 판가름하는 중요한 조건이었다. 판정자와
논증자에게는 높은 수준의 도덕적 태도가 요구되었다. 공론 논변은 참여
자들 사이에 이상적 판정자의 상과 이상적 논증자의 상이 관념적으로 공
유되고 의식적으로 추구된 에토스 지향적인 논변이었다.

제 2 부

고전 논변에 대한 국어교육적 접근

제 6 장 고전 논변 교육의 성격과 위상

제 7 장 고전 논변 교육의 과정

제6장 고전 논변 교육의 성격과 위상

이 책의 제1부에서 우리는 조선 전기 공론 영역에서 소통된 논증적 대화의 사례를 발화 행위의 여러 층위에서 분석하고 평가하였다. 1부에서의 작업은 공론 영역을 지배하는 당대인의 관념 세계에 대한 해석에 기초하여 논증적 대화 행위의 맥락과 발화 행위의 관습성을 분석하고 평가한 것으로 그 기본 구도는 장르론적 관점에서 설정된 것이다. 또 연구의 절차 면에서 논증적 대화 행위의 분석에 그치지 않고 그 합리성에 대한 평가에까지 나아간 것은 '건전한 논증이라면 이러해야 한다'는 참여자들의 기대 지평을 내포하게 마련인 논증적 대화의 본성에 따른 것이었다.

앞의 연구를 통해 밝혀진 조선 전기 공론 논변에 관한 지식을 논증 장르 운용의 중층적 맥락에 따라 구조화하면 [표4]와 같다.

이제 이렇게 구조화된 조선 전기 공론 논변의 장르 지식과 국어교육이 만나는 지점에 대하여 논할 차례이다. 조선 전기 공론 논변은 고전 논변의 대표적인 갈래이다.[1] 따라서 이를 소재로 하는 국어교육의 성격은 '고전 논변을 소재로 한 교육'이라는 큰 틀 안에서 논의되는 것이 마땅하다. 아래에서는 고전 논변을 소재로 한 교육의 성격은 무엇이며, 전체 국어교육의 테두리 안에서 그것이 점하는 위치는 어디인지를 원론적인 수준에서 논한다.

---

1) 고전 논변이란 근대 이전의 논변을 포괄적으로 지칭하는 교육적 용어로 고전 문학의 갈래들인 고전 시가, 고전 산문, 고전 소설 등의 용어에서 차용한 것이다.

[표 4] 조선 전기 공론 논변의 장르 지식

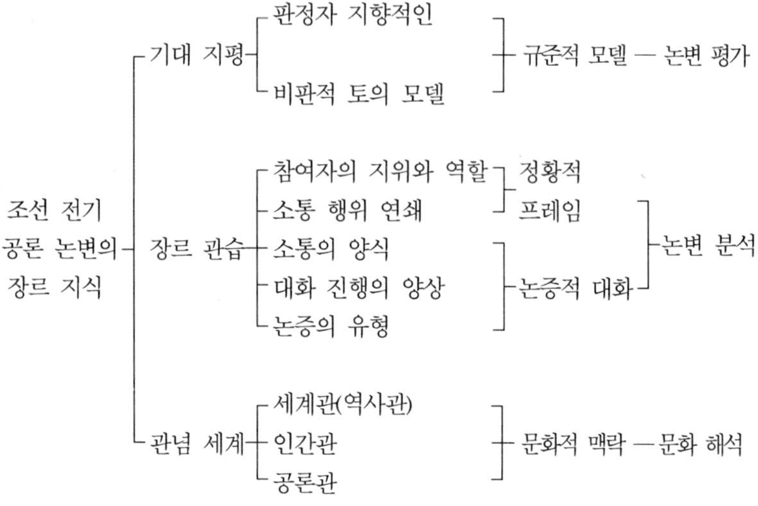

1. 고전 논변 교육의 성격

고전 논변을 소재로 한 국어교육에 대한 필자의 기본 관점은 고전 논변을 장르적 실체로서 가르쳐야 한다는 것이다. 고전 논변을 소재로 한 교육은 상이한 목적을 가지고 다양한 양상으로 실현될 수 있으나 여기에서는 논증 능력의 신장을 목표로 하는 논증 교육의 하위 범주로 설정하고자 한다. 아래에서는 고전 논변을 소재로 한 논증 교육을 편의상 '고전 논변 교육'이라고 칭하기로 한다.[2)]

고전 논변 교육의 성격을 이해하기 위해서는 그것과 상대되는 개념인

---

2) 따라서 '고전 논변 교육'이라는 용어의 '고전 논변'은 교육의 소재가 고전 논변이라는 의미일 뿐이며 현대 논변을 소재로 한 교육과 근본적으로 다른 어떤 것이라는 의미로 해석되어서는 안 된다.

현대 논변 교육과의 관계를 해명하여야 한다.3) 고전 논변 교육과 현대 논변 교육이 각각 고전 논변과 현대 논변을 소재로 한 논증 교육으로 정의된다면 이 둘의 관계는 결국 고전 논변과 현대 논변의 관계로부터 유추될 수 있다. 이 둘을 비교하기 위해 현대 논변의 전형적인 사례를 살펴보기로 하자(민병곤, 2000 : 142~143에서 재인용).

재벌 고문 변호사의 '범법 행위'

[1]법은 형사사건 피의자들을 돕기 위해서 변호사의 조력권을 보장하고 있다. [2]결백한 피의자가 나오는 것을 막고, 법정에서 지은 죄에 비해 지나치게 무거운 형벌이 내려지지 않도록 하기 위해서다. [3]그러나 법이 정한 변론 행위의 범위는 여기까지다. [4]따라서 만약 변호사가 변론권을 악용해 피의자를 도피시키는 등 법망 피하기를 사주하거나 사건을 은폐·조작하는 행위까지 법의 보호를 받게 하는 것은 아니다. [5]이는 변론권 범위를 벗어난 것이므로 엄격한 법적 처벌을 받아야 한다. [6]형법 155조도 증거의 은닉과 인멸 및 변조·위조죄에 대해 무거운 처벌 규정을 두고 있다.

[7]현대그룹 주가조작 사건에 이 회사 고문 변호사들 가운데 일부가 사건의 은폐·축소에 조직적으로 가담하거나 주도한 사실이 <한겨레> 보도를 통해 밝혀져 충격을 주고 있다. [8]변론이란 구실로 불법행위를 저질렀으니 법조계 전체가 술렁이는 것도 무리는 아닐 것이다. [9]법 정의를 지켜야 할 법조삼륜의 한 축인 변호사들이 되레 재벌 범죄 은폐·축소를 위해 수사를 방해한 부도덕성이 크게 문제가 된 것이다. [10]또한 이들 대부분이 내로라 하는 법무법인 소속이어서 놀라움은 더하다. [11]일부에서는 대전·의정부 사례에 이어 이 땅의 법치주의를 뒤흔든 또하나의 '법조 비리'로 보는 분위기가 역력하다.

[12]따라서 회원 단체인 대한변협은 돈벌이를 위해서라면 물불을 가리지 않는 이런 부류가 다시는 발붙이지 못 하도록 빗나간 법조 윤리를 바

---

3) '현대 논변'은 '현재 통용되고 있는 제반 논증 장르들을 아우르는 장르류의 명칭'으로 정의될 수 있다. 그러나 '현대 논변'은 현재 통용되고 있는 구체적인 논증 장르들을 실제로 수집하고 분류해 본 결과에 터해 있지 않으므로 그 개념적 실체가 모호한 상태로 있다. 여기서는 논의의 편의상 이 가설적인 개념을 사용하고 있음을 밝혀둔다.

로잡을 대책 마련에 나서야 할 것이다. [13]행여 '회원'이라는 이유로 적당히 눈감아서는 절대로 안 된다. [14]현재 윤리 규정이 강제성이 모자란다는 지적도 있는 만큼 부도덕한 변론을 규제할 구체적 대책 마련을 서둘러야 한다.

[15]우리는 이처럼 명백한 불법행위를 저지른 변호사에 대해 징계 차원을 넘는 법의 합당한 처벌이 뒤따라야 한다고 본다. [16]혐의로 드러난 사실만 보더라도 불법적인 계열사간 자금 동원 사실을 감추기 위해 마치 개별사 실무자들이 자발적으로 실행한 것처럼 꾸며 법정에서 일관되게 진술하도록 '사주'했던 것은 뚜렷한 범법 행위이기 때문이다. [17a]심지어 주범격인 특정 임원의 도피를 권고하고, 수시로 모여 '법정 허위진술 대책'을 꾸민 뒤 이에 따라 '실행'했다니 [17b]이를 처벌하지 않는다면 법의 형평에도 어긋나는 일이 될 것이다.

[18]사법 당국은 이들이 수임했던 주가조작 사건이 자본주의 시장질서를 근본부터 뒤흔들어 다수 주식 투자자들에게 피해를 준 악질적 사건임을 명심해 위법 사실을 철저히 가려내고 법적 책임도 물어야 할 것이다.

— <H 신문> 2000. 4. 3. 사설

이 논변은 현대의 공론 논변이라 할 수 있는 신문 사설이다. 이 사설은 현대 주가 조작 사건에 가담한 일부 변호사들에 대하여 윤리적 규제와 법적 처벌이 이루어져야 한다는 주장을 하고 있다. 이 논변의 논증 구조를 최상위 논제를 중심으로 도식화하면 다음과 같다(논거 분석은 민병곤, 2000 : 143~145에 의거함).

사건 관련 변호사들에 대한 윤리적 규제 및 법적 처벌이 이루어져야 한다.

관련 변호사들의 행위는 범법적인 행위이다.	— & —	범법 행위에 대해서는 엄정하고 공평한 처벌이 있어야 한다.
처벌하지 않는다면 법의 형평에 어긋나게 된다.		형법 155조에 증거 은닉과 인멸 및 변조·위조죄에 대해 무거운 처벌 규정을 두고 있다.

　이 논변은 논거의 유형으로 볼 때 법률에 의거하여 당위적인 결론에 이르는 법률 논증에 속한다. 이 논변을 역시 법률 논증의 성격을 지닌 조선 전기 공론 논변과 비교해 보자. 다음은 제1부 5장에서 분석한 바 있는 송영 탄핵 논변 중 변론적 주도자의 논증 구조이다.

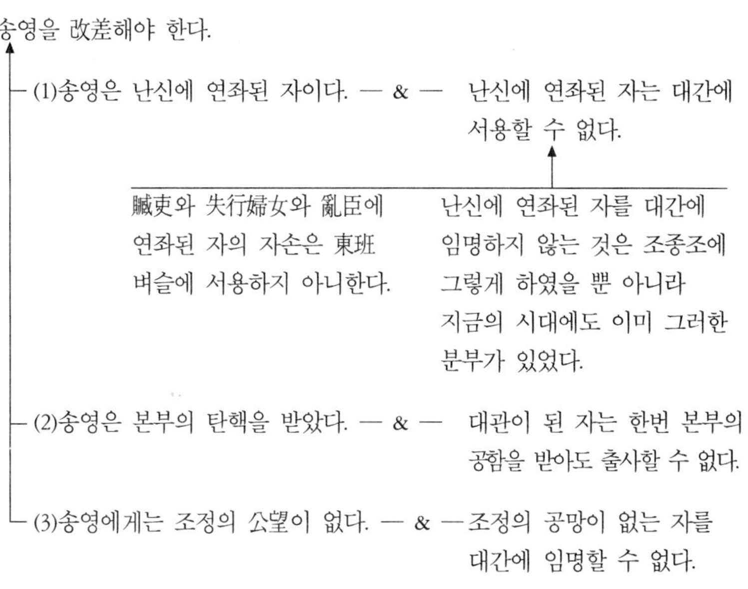

　앞서 분석한 바와 같이 이 논증에서 가장 강력한 위력을 발휘한 것이 법률(經國大典)을 근거로 한 첫 번째 변론이었다. 이 두 논변의 비교를 통해 우리는 적어도 공론 영역의 경우에는 두 시대 모두 법률 논거가 매우 강력한 논거로 작용했음을 확인할 수 있다.

　그러나 두 논변 사이에는 중요한 차이들이 발견된다. 우선 가치 기반의 차이가 확인된다. <H 신문>의 사설은 '법치주의'와 함께 '시장 질서'가 가치 기반으로 작용한다. 반면 송영 탄핵 논변에서는 '법치주의'와 함께 '연좌주의'가 확인된다. 또 하나 특이한 사실은 송영 탄핵 논변에서 '권위에 호소하는 논증'이 두드러지게 나타난다는 것이다. 변론 (1)의 경우 법률 논거와 함께 조종조 및 임금의 권위가 논거로 이용되고 있음이 확인되고, 변론 (2)에 대한 반대자의 논박은 더욱 강력한 권위의 제시를 통한 유추 논증에 해당한다(제1부 5장 2절 참조). 반면 <H 신문> 사설에서는 이에 비교될 만한 '권위 논증'이 나타나지 않는다.

송영 탄핵 논변과 <H 신문> 사설 비교에서 우리는 두 논변이 적어도 세 층위에서 비교되어야 함을 알 수 있다. (1) 논변 소통의 장 및 거기에서 공유되는 관습과 가치, (2) 논변의 대화 맥락, (3) 논증 유형의 층위가 그것이다. 첫째, 논변 소통의 장의 층위에서 두 논변은 모두 공론 영역에서 이루어졌다는 점에서 유사성이 발견된다. 그러나 조선시대의 송영 탄핵 논변과 현대의 <H 신문> 사설은 참여자, 공간, 소통 양식, 담론의 목적 등에서 상당한 차이가 있다. 또 당대인들의 공감의 체계를 이루는 공유되는 관습과 가치의 면에서 두 논변에는 공히 법치주의라는 이념이 드러나고 있다. 하지만 이념의 밑바탕에 깔린 가치는 각각 다르다. 현대 논변은 '시장 질서'를, 조선시대 논변은 '연좌주의'를 가치 기반으로 하고 있다.

둘째, 대화 맥락의 경우 조선시대 논변은 판정자인 임금을 상대로 하여 개진되지만 신문 사설의 경우 독자 대중을 대화의 상대로 하여 논증을 한다. 한편 두 논변은 대화의 분야 면에서도 차이를 보인다. 전자는 정치 분야의 논변이고 후자는 경제 분야의 논변이다. 이렇게 대화의 분야가 다르면 대화의 토대를 이루는 가치 기반이 달라질 수 있다. 그런 점에서 송영 탄핵 논변의 가치 기반이 되는 '연좌주의'는 당대 정치 분야 논변의 가치 기반이며 신문 사설의 가치 기반인 '시장 질서'는 현대의 경제 분야 논변의 가치 기반이라고 할 수 있다. 셋째, 논증 유형의 면에서 두 논변은 법률 논거가 유력한 논거로 이용되고 있다는 점에서 유사하다. 그러나 조선시대 공론 논변에서 빈번하게 사용되는 권위 논거가 현대의 공론 논변에서는 잘 나타나지 않는다는 차이가 발견된다.

이상의 고찰을 통해서 알 수 있는 것은 조선시대 공론 논변과 현대의 공론 논변에 존재하는 유사성과 차이점은 논변의 문화적 맥락, 대화 맥락, 그리고 논증 특성이라는 장르의 중층적 맥락에 따라 고찰할 때 제대로 파악된다는 것이다.

고전 논변과 현대 논변의 사례 비교를 통해 우리는 논변의 존재 방식과 시대적 차이에 따른 변화 양상이 논변 교육에 던지는 두 가지 중요한 함의를 발견할 수 있다. 그 두 가지 함의란 첫째, 논변 교육은 논변의 장르적 실체에 접근할 때 그 내용의 폭과 깊이를 확보할 수 있다는 것이며, 둘째, 고전 논변과 현대 논변을 소재로 한 교육이 만날 때 만들어지는 유사성과 차이점에 대한 인식을 논증 교육의 과정에서 적극적으로 활용해야 한다는 것이다.

먼저 논변 교육은 논변의 장르적 실체에 접근할 때 그 내용의 폭과 깊이를 확보할 수 있다는 점부터 고찰해 보자. 위의 논변 자료 비교 과정에서 확인되는 바와 같이 논변의 실체를 파악할 때 자료로부터 논증의 형식적인 요소들만 추출하는 것은 무의미하다. <H 신문> 사설의 경우 그 소통의 공간이 글의 격식성과 논증의 엄밀성이 중요시되는 공론 영역이며, 자본주의적 시장 질서가 논변의 가치기반으로 작용하고 있다는 점을 인식하지 못한다면 그 논변에 작용하는 장르 관습을 파악하기 어려울 뿐 아니라 논증이 합리적인지 합리적이지 않은지를 판단하기도 어렵다. 이러한 난점은 논증 교육의 경우에 있어서도 마찬가지로 나타난다. 논증 교육에서 논증의 형식적인 요소들만 가르치거나 맥락을 도외시한 채 논변에 접근하는 것은 공허한 일이다.

이 점과 관련하여 '논증 교육'의 개념을 점검해 보는 것은 의미 있는 일이다. 아직 현행 교육 과정이나 교육 과정 해설에서 '논증 교육'이란 개념은 사용되지 않고 있다. 다만 '추론', '근거', '주장', '뒷받침하기', '적절성', '신뢰성', '타당성' 등 논증 요소들이나 논증의 건전성과 관련된 개념들이 사용되고 있을 뿐이다(교육부, 1998). 이로 볼 때 현행 교육 과정에서 실제로 논증 교육이 이루어지고 있기는 하나 '논증 교육'의 개념이 뚜렷하게 정립되어 있지는 않은 것으로 보인다.

‘논증 교육’은 한마디로 논증을 가르치는 것이라고 할 수 있다. 그런데 ‘논증’을 무엇이라고 보느냐에 따라 ‘논증 교육’의 의미는 많은 편차를 보이게 된다. ‘논증’을 ‘근거로부터 주장을 도출하는 추론의 단위’로 보는지, ‘어떤 견해를 정당화하는 과정을 통해 상대방으로 하여금 그 견해를 받아들이도록 하는 행위’로 보는지, 또는 ‘청중 지향적인 설득 행위’로 보는지에 따라 논증 교육의 내용도 달라질 것이다. 이들 정의에는 논증의 존재 방식에 대한 이해의 차이가 내포되어 있다. 논증을 추상화될 수 있는 ‘규칙’으로 보는가, 아니면 맥락을 떠나서는 실현될 수도 이해될 수도 없는 ‘행위’로 보는가가 그것이다.

그렇다면 ‘논증 교육’은 이러한 ‘논증’에 대한 정의들 중 무엇에 근거하는 것이 바람직한지 생각해 보아야 한다. 위의 세 가지 정의는 각각 논증에 대한 논리학적 접근, 대화론적 접근, 그리고 수사학적 접근을 대표한다. 그리고 이들은 각각 논증에 대해 ‘산출 중심’, ‘절차 중심’, 그리고 ‘과정 중심’으로 접근한다는 특징이 있다(Tindale, 1999 : 3~4). 그런데 논증이 산출, 절차, 과정이라는 제 국면을 지니는 복잡한 현상이라면 ‘논증 교육’은 이러한 접근법에 대하여 통합적인 관점을 취하는 것이 바람직하다.

‘논증 교육’이 논증에 대하여 통합적인 관점을 취한다고 할 때 무엇을 중심으로 여러 접근법을 통합할 것인가가 논의될 필요가 있다. 즉 논리학적인 관점, 대화론적인 관점, 그리고 수사학적인 관점 중 어느 것을 중심으로 나머지 관점을 통합할 것인가를 짚어 보아야 한다. 이에 대한 필자의 잠정적인 견해는 대화론적인 관점을 중심으로 논리학적인 관점과 수사학적인 관점이 통합되는 것이 바람직하다는 것이다. 논증은 논리학적 관점에서 강조되는 형식적 타당성과 함께 대화론적 관점에서 강조되는 절차적 합리성 및 수사학적 관점에서 강조되는 청중 지향성을 동시에 지니고 있다. 그런데 ‘무엇이 바람직한 것인가’를 중요시하는 교육의 관점에 서면, 논증의 과정에서 마땅히 지켜야 하는 합리성을 강조하고, 그에 따라 논증을 분석하고 평가하는 대화론적 관점이 교육적으로 유용하다는

판단에 이르게 된다.4)

　논증에 대한 통합적인 관점은 논증에 대한 장르론적 접근법과 일맥상
통한다. 특히 논증에 대한 대화론적 접근이나 수사학적 접근은 실생활에
서 이루어지는 일상 논증(enthymeme)에 관심을 기울이기 때문에 논증이 이
루어지는 대화 맥락과 대화 행위의 근저를 이루는 문화적 맥락이 중요한
의미를 지니게 된다. 이런 점에서 볼 때 '논증 교육'에서 교육의 중심적
인 내용이 되어야 할 것은 마땅히 '논증 장르'여야 할 것이다. '논증 장르
교육' 또는 '논변 교육'이란 개념은 이러한 맥락에서 사용된 것이다.

　'논증 장르 교육(논변 교육)'은 논증 교육이란 마땅히 실제 논증 행위가
실현되는 '논증 장르'를 매개로 하여 이루어져야 하며 논증 장르를 운용
하는 학생들의 능력을 향상시키는 것을 목표로 하여야 한다는 인식을 내
포한 개념이다. 반면 논증 교육은 장르로서의 논증 이외에 추상화된 추론
규칙으로서의 논증에 대한 교육까지도 포괄하는 개념이다. 그런 점에서
'논증 교육'은 '논증 장르 교육(논변 교육)'의 상위 개념이라고 할 수 있
다.5)

　'논증 교육'의 목표는 당연히 학생들의 논증 능력을 신장시키는 것이라
고 할 수 있다. 그런데 현행 교육 과정에서 '논증 능력'이란 무엇인가에
대한 개념 규정 또한 찾아보기 힘들다. '논증 능력'에 대한 정의는 실생
활에서 논증을 사용하는 능력을 중심으로 내려지는 것이 타당하다. 그런
데 실생활에서 논증하는 능력이란 결국 논증 장르를 합리적으로 활용하

---

4) 논증의 제 측면이 어떤 관점을 중심으로 통합되는 것이 바람직한가에 대해서는 많은
　　이견이 존재할 수 있으며 따라서 앞으로 충분한 논의가 필요하다고 본다. 논증 이론
　　가들 중 관점의 통합에 대하여 뚜렷한 견해를 밝히고 있는 사례로는 Tindale(1999)과
　　van Eemeren, and Houtlosser(1997 ; 1998a ; 1998b)를 들 수 있다.
5) 그러나 '논증 장르 교육(논변 교육)'은 기초적인 논증 현상에 대한 이해를 전제로 하
　　고 있는 개념이라는 점에서 확장적으로 쓰일 경우 '논증 교육'과 개념의 외연에서 큰
　　차이가 나타나지 않는다. 그러한 경우 '논증 교육'과 '논증 장르 교육(논변 교육)'은
　　'장르'에 대한 강조의 유무에 따른 차이가 있을 뿐이다. 그런 점에서 필자는 '논증 교
　　육'과 '논증 장르 교육(논변 교육)'을 엄밀하게 구분하지 않고 사용한다.

는 능력에 다름 아니다. 이런 점에서 '논증 능력'이란 '실생활에서의 논증 장르를 분석하고 평가하고 운용하는 능력'으로 정의될 수 있다. 논증 장르를 분석하고 평가하는 능력은 논증 장르를 합리적으로 운용하는 능력의 기초가 된다.[6] 이렇게 정의된 '논증 능력'은 사실상 '논증 장르 문식성'과 개념적으로 일치한다.[7]

이것이 논증 교육의 성격을 '논증 장르 문식성 교육'으로 규정하는 근거가 된다. 이러한 성격 규정에 근거하여 논증 교육이 갖추어야 할 교육의 내용을 가설적으로 제시하면 다음과 같다.

(a) 논증적 대화 현상에 대한 기초적 이해
- 논증이 보편적이고 일상적인 행위임을 안다.
- 주장과 주장을 뒷받침하는 논거의 관계를 이해한다.
- 논증의 기본 구조와 논증의 네 가지 구성 방식을 이해한다.
- 주장을 뒷받침하는 논거의 적절성을 판단할 수 있다.
- 주장을 뒷받침하는 논거의 신뢰도를 판단할 수 있다.
- 일상 논증의 다양한 사례로부터 생략된 주장을 추론할 수 있다.
- 일상 논증의 다양한 사례로부터 생략된 전제를 찾을 수 있다.
- 일상 논증에서 생략된 논증 요소가 타당한지 타당하지 아니한지를 평가할 수 있다.
- 논증 구조 도식을 이용하여 일상 논증의 논증 구조를 재구성할 수 있다.

---

6) 논증을 이해하고 표현하는 일련의 과정을 '논증 분석-논증 평가-논증 산출'로 나누어 접근한 것으로 van Eemeren, Grootendorst, and Henkemans(2002)를 들 수 있다.

7) 장르 문식성이란 개념은 문식성이 한 사회에서 소통되는 다양한 장르들을 공유하는 일에 다름이 아니라는 인식을 바탕으로 하고 있다. 한 담화 공동체의 의사소통은 그 담화 공동체에서 공유되는 장르들에 의해 이루어진다. 여기서의 장르는 사회적 의사소통 행위로서의 장르로 기존의 언어 분석 단위인 문장, 텍스트, 담론 등에 대해 대안적인 단위이다. 장르는 개인의 언어와 사회·문화적 맥락, 텍스트와 컨텍스트, 생산과 수용을 동시에 통합한다. 그런 점에서 한 담화 공동체의 장르들을 공유하는 일이라고 정의되는 장르 문식성은 개인의 언어 수행 능력에 초점을 두었던 기존의 문식성 개념의 한계를 넘어서서 문식성의 사회·문화론적 차원을 열어 놓았다(최인자, 2001a : 43).

(b) 논증적 대화의 장르적 속성에 대한 이해와 논증 장르의 기본적인 운용
- 논증적 대화에는 일정한 규칙성과 관습성이 있음을 안다.
- 논증적 대화는 대화의 목적에 따라 여러 장르로 나뉘어짐을 안다.
- 논증적 대화의 여러 장르들은 맥락 의존적인 의사소통 행위임을 안다.
- 논증적 대화에서는 특정한 절차적 규칙이 준수되어야 함을 이해한다.
- 특정한 논증적 대화의 참여자는 자신의 역할에 부합하는 조건을 갖추어야 함을 이해한다.
- 논증 장르의 관습성에 따라 여러 논증 장르들을 운용하여 문제를 해결할 수 있다.

(c) 논증적 대화의 장르 전통과 문화적 정체성 이해
- 고전 논증 장르에는 당대인의 공감의 체계가 당대의 합리성으로 작용함을 이해한다.
- 고전 논증 장르의 논거의 유형에는 당대의 문화적 특성이 드러남을 이해한다.
- 고전 논증 장르의 논증 도식에는 당대의 문화적 특성이 드러남을 이해한다.
- 논증의 장르 전통은 문화권과 종족에 따라 다름을 이해한다.
- 논증적 대화에는 과거의 논증 장르 운용의 문화적 경험이 문화적 기억으로 작용함을 이해한다.

(d) 논증적 대화에 대한 비판적 안목 획득과 장르 지식의 창조적인 활용
- 논증적 대화의 유형과 관습에 따라 논증적 대화를 평가하는 규준적 모델이 달라짐을 이해한다.
- 특정한 논증적 대화의 규준적 모델에 따라 구체적인 논증적 대화의 사례를 평가할 수 있다.
- 고전 논증 장르 지식을 현대 논증 장르의 운용에 창조적으로 활용할 수 있다.

이상의 논증 장르 교육의 내용 요소들은 논증 장르 문식성의 특성으로부터 연역적으로 도출된 것들로 현실의 논증 교육과는 상당한 괴리가 있을 수 있다.

그러면 '논증 장르 문식성'으로부터 연역적으로 도출된 내용 요소들과

현행 교육 과정에서 계획되고 있는 논증 교육의 내용 요소를 비교해 보기로 하자. 다음은 7차 국어과 교육 과정 1학년에서 10학년까지의 내용 요소 중 논증 관련 요소들을 추출한 것이다(교육부, 1998).

[5 듣 (3)] 생략된 내용을 추론하며 듣는다.
[5 읽 (3)] 사실과 의견을 표현한 부분을 구별하며 글을 읽는다.
[5 읽 (5)] 생략된 내용을 추론하며 글을 읽는다.
[6 말 (3)] 타당하고 설득력 있는 근거를 제시하며 의견을 제시한다.
[6 말 (6)] 여러 가지 말하기 규칙을 지키며 말하는 태도를 지닌다.
[6 읽 (4)] 주장에 대한 근거의 적절성을 판단하며 글을 읽는다.
[6 쓰 (3)] 주장을 뒷받침하기에 알맞은 근거를 제시하며 글을 쓴다.
[7 듣 (2)] 사실과 의견을 구별하며 듣는다.
[7 듣 (4)] 내용의 통일성을 평가하며 듣는다.
[7 말 (3)] 내용을 통일성 있게 조직하여 말한다.
[7 읽 (4)] 내용의 통일성을 평가하며 글을 읽는다.
[7 쓰 (3)] 내용을 통일성 있게 조직하여 글을 쓴다.
[8 듣 (5)] 상대의 비판을 이해하려는 태도를 지닌다.
[8 말 (2)] 토론을 통하여 내용을 생성해 말한다.
[8 말 (5)] 말하는 이의 의견을 존중하면서 말하려는 태도를 지닌다.
[8 쓰 (2)] 토론을 통하여 내용을 생성해 글을 쓴다.
[8 쓰 (3)] 일관성 있게 내용을 조직하여 글을 쓴다.
[9 듣 (3)] 들은 내용의 신뢰성과 타당성을 판단한다.
[9 말 (2)] 화제의 가치를 고려하여 논의할 만한 내용을 선정하여 말한다.
[9 읽 (4)] 읽은 내용의 신뢰성과 타당성을 판단한다.
[10 읽 (5)] 읽은 내용의 신뢰성과 타당성을 평가한다.

위의 내용 요소들을 분석해 보면 ① 논증 현상에 대한 기초적 이해의 범주에 속하는 내용 요소([5 듣 (3)]부터 [7 듣 (2)]까지), ② 논증적 대화의 일반 특성과 관련이 있으나 언어 활동 일반을 두루 포괄하는 범장르적 요소([7 듣 (4)]부터 [7 쓰 (3)] 및 [8 쓰 (3)]부터 [10 읽 (5)]), ③ 논증 장르의 운용에 관한 요소([8 듣 (5)]부터 [8 쓰 (2)]까지)로 대별된다.

　여기서 연역적으로 도출된 논증 장르 교육 내용 요소들과 현행 교육 과정상의 내용 요소들 사이의 괴리가 확인된다. 이러한 괴리 현상은 두 가지로 진단할 수 있다. 첫째는 연역적으로 도출된 논증 장르 교육 내용 요소들이 지니고 있는 문제점이다. 이들 요소들은 논증 능력 발달 단계에 대한 기초적 연구를 통해 검증된 것들이 아니어서 1학년에서 10학년까지의 교육 내용으로 적합하지 않은 것이 있을 수 있다. 둘째는 현행 교육 과정상의 내용 요소들이 지니고 있는 문제점이다. 이들 요소들이 지니고 있는 특징은 논증적 대화의 여러 유형, 즉 실제 논증 장르들에 대한 내용 요소가 거의 보이지 않는다는 점이다. 고학년에서 큰 비중을 차지하는 ②의 요소들은 듣기, 말하기, 읽기, 쓰기에 두루 적용되는 일반적인 원리일 뿐 구체적인 논증 장르의 관습성과 관련된 내용 요소는 아니다. 예외적으로 ③의 네 가지 내용 요소가 논증적 대화의 한 유형인 토론과 관련되어 있다. 그러나 이 중 두 요소([8 말 (2)]와 [8 쓰 (2)])는 토론 그 자체에 대한 것이라기보다 내용 생성 전략으로서의 토론을 다루고 있다. 나머지 두 요소([8 들 (5)]와 [8 말 (5)])는 토론 참여자의 태도 요소를 다루고 있다.

　이상의 진단을 통해 보건대 현행 교육 과정상의 논증 관련 내용 요소들은 다양한 논증 장르에 대한 내용 요소를 결여하고 있음을 알 수 있다. 구체적인 논증 장르 운용 능력은 고학년으로 올라갈수록 그 비중이 커진다고 가정할 때 현행 교육 과정상의 논증 장르 교육은 5~6학년에서의 '논증 현상에 대한 기초적 이해' 단계를 넘어서는 체계적인 교육이 거의 계획되지 않았다고 평가될 수 있다.

　이러한 문제에 대한 궁극적인 해결책을 마련하기 위해서는 연역적으로 도출된 논증 장르 문식성 교육의 내용 요소들의 교육적 타당성이 검토되어야 한다. 이를 위해서는 학습자의 논증 능력 발달 단계에 대한 기초 연구와 구체적인 현장 적용 연구가 요청된다.[8] 그러나 궁극적인 해결책의 마련에 선행되어야 할 것은 현행 교육 과정이 지니고 있는 문제점에 대

한 반성이다.9)

이제 고전 논변과 현대 논변의 사례 비교로부터 발견할 수 있는 논증 교육에 대한 두 번째 함의를 살펴보자. 그 두 번째 함의란 '고전 논변과 현대 논변을 소재로 한 교육이 만날 때 만들어지는 유사성과 차이점에 대한 인식을 논증 교육의 과정에서 적극적으로 활용해야 한다' 는 것이다.

고전 논변과 현대 논변은 문화적 맥락의 차이, 대화 맥락의 차이, 논증 관습의 차이를 지니고 있다. 따라서 고전 논변과 현대 논변을 소재로 한 교육이 대비적으로 이루어질 때 논변 현상의 유사성과 차이점에 대한 인식이 발생하게 된다. 이러한 논변 현상의 차이에 대한 인식은 논증 장르 문식성 교육의 풍부한 실마리를 제공한다.

논변의 유사성과 차이점에 대한 인식은 문화 교육의 차원에서 문화적 정체성과 문화 상대주의를 획득하는 원천이 된다. 논증 장르는 한 언어 공동체에서 공유되는 언어 문화의 집적물로 그것이 소통되는 방식 자체가 그 언어 공동체의 문화적 정체성을 형성한다. 특정한 장르를 사용하는 문화 공동체의 구성원은 추상적이고 보편적인 존재가 아니라 자신이 몸담고 있는 사회·문화적 맥락 안에서 의사소통하는 과정에서 스스로를 형성해 가는 사회적이고 역사적인 존재이다. 그렇게 형성된 구성원은 그 사회에서 문화적 정체성을 지닌 존재가 된다. 그런데 그러한 문화적 정체성은 장르 발전의 역사적 과정을 통해서 형성된 것이다. 일반적으로 장르

---

8) 학생들의 논증 능력 발달 단계에 대한 기초적 연구의 사례로는 van Eemeren et al.(1995), Carssen(2002), 그리고 Kuhn, Shaw, and Felton(1997)을 들 수 있다. 학생들의 논증 능력 발달 단계에 대한 국내의 연구는 아직 발견되지 않는다.

9) 현행 7차 교육 과정은 모든 내용 요소를 듣기, 말하기, 읽기, 쓰기의 언어 활동의 영역에 따라 구분하는 방식을 취하고 있다. 그 결과 네 가지 언어 활동의 영역에 두루 적용되는 언어 활동의 일반적인 원리들이 내용 요소로 강조되고 있다. 그러나 우리의 언어 생활에는 고도의 규칙성과 관습성을 지닌 의사소통의 양상들이 장르의 형태로 운용되고 있다. 논증 장르의 경우에서 보듯이 논증과 관련된 요소들은 장르론적 관점에서 접근하지 않으면 그 실질적인 내용 요소를 담아내기가 곤란하다. 이러한 까닭으로 듣기, 말하기, 읽기, 쓰기의 영역별 교육 과정 내용 요소 분류 방식은 장르 중심의 분류 방식으로 보완될 필요가 있다.

문식성을 획득하는 과정에서 인식되는 문화적 정체성은 그 장르에 대한 외래 장르의 도전이 심각하지 않을 경우에는 문제가 되지 않는다. 그러나 외래 장르에 의해 어떤 장르가 심각하게 도전 받고 왜곡되고 변형될 경우 그 장르와 더불어 형성되어 온 문화적 정체성은 심각한 위기에 처하게 된다. 우리의 공론 논변의 경우 개항기 이후 밀어닥친 서구 토론 문화의 강한 영향으로 공론 논변의 문화적 정체성이 심각하게 손상된 상태이다. 이러한 상황에서 고전 공론 논변과 현대 공론 논변의 관련성을 그것의 유사성과 차이점을 실마리로 삼아 이해하는 것은 논변 문화 교육에서 매우 중요한 의미를 지닌다고 할 수 있다.

문화 교육의 차원에서 고전 논변과 현대 논변을 소재로 하여 이루어질 수 있는 또 하나의 활동은 논변에 대한 문화 상대주의의 인식이다. 문화 상대주의란 자문화 중심주의에 상대되는 개념으로 여러 문화가 공존하는 현대 사회에서 다른 문화에 대한 편견과 선입견에 사로잡히지 않고 타 문화를 내부자적 관점에서 이해하려는 인식의 태도이다. 고전 논변은 현대와의 시간적 격차로 하여 현대 논변에 대하여 동질성과 함께 이질성을 지니게 마련이다. 이러한 동질성과 이질성을 보여주는 실마리는 논변 문화에 대한 문화 상대주의적 관점을 교육하는 훌륭한 소재가 된다.10)

논변의 유사성과 차이점에 대한 인식은 창조적인 논증 장르 운용 기능의 토대가 될 수 있다. 장르란 사용자의 입장에서 볼 때 '되풀이되는 상황 맥락에 대한 수사학적 반응'으로 정의될 수 있다(Miller, 1994). '되풀이

---

10) 논변에 대한 문화적 정체성과 논변에 대한 문화 상대주의가 모순되는 인식 태도로 이해되어서는 안 된다. 문화 상대주의는 자 문화에 대한 문화적 정체성이 확고하게 형성된 토대 위에서 이루어지는 타 문화에 대한 접근 태도이다. 그러므로 문화 상대주의를 강조한다고 하여 문화적 정체성이 손상되는 것은 아니며 반대로 문화적 정체성을 중시한다고 하여 문화 상대주의적 태도가 위협받는 것도 아니다. 그렇기는 하나 진정한 문화 상대주의에 도달하기 위해서는 자 문화에 대한 문화적 정체성이 갖추어져야 할 것이다.

되는 상황 맥락'이란 개념은 고전 논변과 현대 논변의 경우에도 적용될 수 있다. 그런 점에서 고전 논변에서 발생하는 상황 맥락이 현대 논변에서도 발생할 수 있다. 어떤 사람이 관계 당국에 자신의 처지를 호소하고 문제 해결을 촉구하는 편지를 쓸 경우 이러한 상황 맥락은 임금을 상대로 하여 상소를 하는 상황 맥락과 유사한 측면이 있다. 이 경우 상소에서 보이는 수사학적 반응은 현대 논변에서 차용될 수 있는 충분한 가능성을 지니고 있다. 고전 논변에서 발견되는 수사학적 반응들은 또 다른 면에서 보면 현대의 논증적 대화 참여자가 부딪칠 수 있는 문제 상황에 대한 해결책을 제시하는 수사학적 표현 지식의 저장고로 기능할 수 있다. 즉 장르의 창조적인 운용을 위해서는 전형적으로 소통되는 장르 관습을 적절히 변형하여 더욱 효과적인 장르 운용을 시도할 필요가 있는데 이러한 창조성의 토대로 고전 논변의 경험이 활용될 수 있는 것이다.

지금까지 논의된 바와 같이 고전 논변과 현대 논변의 유사성과 차이점에 대한 인식으로부터 출발하는 장르 문식성 교육은 장르 문식성에 접근하는 여러 차원을 드러내 준다. 즉 장르 문식성의 문화적 차원과 기능적 차원이 그것이다. 그런데 장르 문식성의 문화적 차원과 기능적 차원은 결국 장르 문식성의 비판적 차원으로 나아가는 토대가 된다. 즉 고전 논변과 현대 논변에 대한 깊이 있는 이해를 토대로 과거와 현대의 논변을 비판적으로 인식하고 평가하는 단계로까지 나아갈 수 있는 것이다. 5장에서 시도된 바와 같이 규준적 모델을 활용한 논변의 평가는 장르 문식성의 비판적 차원을 보여주는 사례이다.

지금까지의 논의를 통하여 우리는 고전 논변 교육은 '논증 장르 문식성 교육'이며 '논증 장르 문식성'이 획득되기 위해서는 고전 논변 교육과 현대 논변 교육이 밀접하게 상호작용해야 함을 밝혔다. 이제 이러한 인식을 간략히 도식화하면 다음과 같다.

[그림 13] 논증 장르 문식성의 통합적 재구성

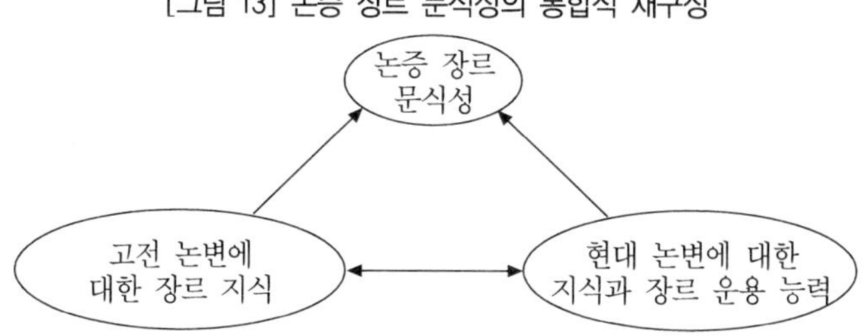

2. 고전 논변 교육의 위상

이제 고전 논변 교육이 국어과 교육의 틀 안에서 차지하는 위상에 대하여 살펴볼 차례이다. 우리는 앞 절에서 고전 논변 교육과 현대 논변 교육이 논증 장르 교육의 틀 안에서 통합되는 양상을 고찰하였다. 고전 논변 교육과 현대 논변 교육은 논변 교육의 틀 안에서 밀접하게 통합되어 논증 장르 문식성의 신장에 이바지한다. 이런 까닭으로 국어과 교육에서 논변 교육 일반이 차지하는 위상을 논하는 것으로 고전 논변 교육의 위상에 대한 고찰을 대신한다.

논변 교육은 구어와 문어, 이해와 표현으로 영역 구분되는 국어과 교육의 전 영역에 관련된다. 논증 장르는 관습화된 언어 사용의 양상이므로 그것이 실현되는 언어 형식에 따라 우선적으로 분류될 수 있다. 논증 장르는 그 장르가 실현되는 언어 형식이 구어나 문어냐에 따라 구어 장르와 문어 장르로 대별될 수 있다.[11]

논변 교육은 그것의 장르적 실체에서 시작되어 장르적 실체로 귀결된

---

11) 물론 조선 전기 공론 논변에서 본 것처럼 특정한 거시 장르의 경우 구어 양식과 문어 양식이 통합적으로 나타날 수도 있다. 따라서 구어 장르와 문어 장르라는 구분은 설명의 편의상 사용된 것이다.

다. 이 말은 논변 교육의 중심에 항상 그것의 장르적 실체가 놓여 있어야 함을 의미한다. 구어 논증 장르의 하나인 학교 토론을 예로 들면 그에 대한 교육은 학교 토론 장르를 중심으로 그것이 실현되는 전 과정, 즉 학교 토론에 대한 이해와 표현의 전 단계에 걸쳐 일관되게 이루어진다.

언어 형식에 따른 분류와 언어 사용 과정에 따른 분류를 논변 교육에 적용하면 다음과 같이 도해된다.

[표 5] 국어 교육의 네 영역과 논변의 관련 양상

논증 장르 \ 언어 사용 과정	이 해	표 현
구어 논증 장르	구어 논증 장르의 분석과 평가	구어 논증 장르의 실체화
문어 논증 장르	문어 논증 장르의 분석과 평가	문어 논증 장르의 실체화

이 표에서 이해와 표현 사이에 점선이 그어진 것은 장르적 실체를 중심으로 이루어지는 논변 교육에서 이해 단계와 표현 단계는 상대적으로 구분이 뚜렷하지 않다는 것을 표상한다.

논변을 소재로 한 논증 교육의 교수-학습 활동은 크게 이해 활동과 표현 활동으로 구분될 수 있지만 실제 논변 텍스트[12]를 대상으로 한 논증 교육은 자연스럽게 분석 활동과 평가 활동으로 나누어진다. 논변 교육에서의 이해와 표현의 과정 역시 실제 활동의 수준에서는 분석 활동과 평가 활동으로 구성된다.

이해 및 표현 과정과 논변 텍스트에 대한 분석 및 평가 활동의 관련 양상을 도해하면 다음과 같다.

---

12) 여기서 말하는 논변 텍스트란 구어 형식과 문어 형식을 모두 아우르는 말이다. 또한 타인에 의해 산출된 텍스트와 스스로 산출한 텍스트를 포함한다.

[그림 14] 논변 교육의 활동 층위와 과정 층위의 관련 양상

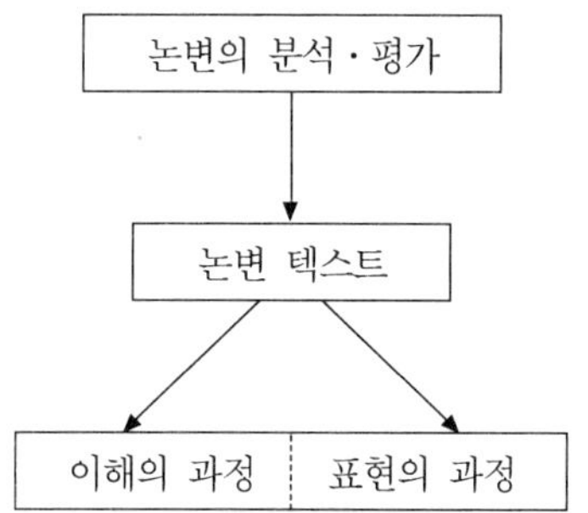

　이상의 논의를 정리하자면 논변 교육은 말하기, 듣기, 읽기, 쓰기의 활동 영역에 두루 관계되지만 그 활동의 중심에는 항상 논변의 장르적 실체가 놓이게 된다는 것이다. 이는 고전 논변과 현대 논변을 소재로 한 논증 교육의 기본 속성이다. 여기서 고전 논변이나 현대 논변을 소재로 한 교육이 반드시 논증 교육의 틀 안에서만 이루어지는 것은 아니라는 점을 생각해 볼 필요가 있다.[13] 고전 논변과 현대 논변이 소재가 되는 교육을 논증 교육의 테두리 밖에서 고찰할 경우 논변의 분석과 평가를 중심으로 한 위의 학습 활동 도식은 적용되지 않는다고 할 수 있다.

　고전 논변 교육의 위상을 논할 때 논증 장르와 타 장르의 넘나듦 현상을 이해하는 것은 매우 중요하다. 실상 논증 장르는 서사, 설명, 묘사 등의 장르와 넘나든다. 사람들에게 화왕계(花王戒)로 널리 알려진 다음 이야기는 사실 논증 장르로 이해될 수도 있다.

　　(전략) 神文大王께서 한여름에 누각에 계시면서 설총을 돌아보고 말씀하셨다.
　　"오늘은 장마가 처음으로 개이고 바람은 훈훈하고 날씨는 서늘하니, 비록 맛좋은 음식과 감동적인 음악이 있다 하더라도 고상한 이야기와 좋은 농담으로 울적한 마음을 푸는 것만 같지 못할 것 같소. 그대에게는 필시 달리 들은 바가 있을 터인데, 어찌 나에게 말하지 않소?"

---

13) 예컨대 조선시대 상소문을 소재로 하여 고전 문학 교육을 하는 경우가 그러하다.

설총이 아뢰었다.

"그렇습니다. 제가 들으니 옛날 花王께서 처음 이 세상에 나왔을 때, 향기로운 정원에 심고 푸른 장막으로 보호하였는데, 때마침 三春을 맞아 예쁜 꽃을 피우니 모든 꽃 중에서 유달리 뛰어났습니다. 이에 멀고 가까운 곳으로부터 아리따운 정령과 예쁜 꽃들이 모두 분주히 화왕을 뵈려고 앞을 다투어 왔습니다. 문득 한 佳人이 있어 붉은 얼굴 백옥 같은 이에 고운 옷을 말쑥하게 단장하고 아장걸음으로 얌전히 앞으로 가서 아뢰었습니다.

'저는 백설 같은 모래 강변을 밟고, 거울처럼 맑은 바다를 대하며, 봄비에 목욕하여 때를 씻고, 맑은 바람을 쐬며 마음 내키는 대로 노니는데 이름은 장미라 하옵니다. 임금님의 높으신 덕을 듣자와 향기로운 침소에서 모실까 하여 찾아왔습니다. 임금님께서 이 몸을 받아주실는지요?'

이 때 한 장부가 베옷에 가죽띠를 매고 백발을 휘날리며 지팡이를 짚고 비틀거리는 걸음으로 나와 허리를 굽히며 아뢰었습니다.

'저는 서울 밖의 한 길가에 살고 있습니다. 아래로는 넓고 푸른 들판을 굽어보고, 위로는 드높은 산악에 의지하고 있으며, 이름을 백두노인[白頭翁]이라 합니다. 가만히 생각하옵건대 좌우의 공급이 비록 충분하여 고량진미로 배를 부르게 하고, 차와 술로써 정신을 맑게 하며 고리짝에 의복을 간직해 두었더라도 마땅히 좋은 약으로 원기를 돕고 金石의 劇藥으로써 병독을 제거해야 하는 것입니다. 그래서 이르기를 '비록 絲麻가 있어도 군자된 자는 菅蒯라고 해서 버리는 일이 없고, 부족에 대비하지 않음이 없다.'14)고 하였습니다. 임금님께서도 이러한 뜻을 가지고 계신지 모르겠습니다.'

어떤 이가 아뢰었습니다.

'두 사람이 왔는데, 누구를 취하고 누구를 버리시렵니까?'

화왕께서 말씀하셨습니다.

'장부의 말도 도리가 있지만 가인은 얻기 어려우니 이 일을 어찌 할꼬.'

장부가 나아가서 아뢰었습니다.

'제가 온 것은 임금님의 총명이 모든 사리를 잘 판단한다고 들었기 때문입니다. 그러나 지금 뵈오니 그렇지 않으십니다. 무릇 임금된 자로서 간사하고 아첨하는 자를 가까이 하지 아니하고 정직한 이를 멀리 하지 않는 이는 드뭅니다. 그래서 孟子는 때를 만나지 못하고 평생을 마쳤으며, 馮

---

14) 『左傳』에 나오는 말. "雖有絲麻 無棄菅蒯" 絲麻는 명주실과 삼실, 菅蒯는 띠(茅)의 일종으로 有備無患의 정신을 나타낸 말이다.

唐[15]은 郎官으로 파묻혀 머리가 백발이 되었습니다. 예로부터 이러하오니 저인들 어찌하겠습니까?'

화왕께서 말씀하셨습니다.

'내가 잘못했소. 내가 잘못했소.'"

이야기를 마치자 왕은 수심스런 기색으로 얼굴빛을 고치며 말했다.

"그대의 우화에는 실로 깊은 뜻이 있소. 부디 그 말을 글로 써서 임금 된 자의 경계로 삼게 하오."

드디어 설총을 높은 벼슬에 뽑아 올렸다. (하략)

—『三國史記』卷第四十六 列傳 第六 薛聰 中

화왕계는 이야기 안에 이야기가 있는 전형적인 액자형 구조를 지니고 있다. 이 이야기의 바깥 층위는 설총과 신문왕 사이의 일화(안은 이야기)로 구성되어 있으며 그 대화 안에 화왕(花王)과 백두옹(白頭翁)의 설화(안긴 이야기)가 내포되어 있다. 한편『三國史記』에 실려 있는 이 이야기는 설총의 전기에 포함된 것으로 '설총은 천성이 총명하여 나면서부터 도리를 깨달아 알았다.…'는 화자(김부식)의 주장을 뒷받침하는 역할을 한다. 그런 점에서 설총 이야기는 각 층위마다 논증 구조가 나타나는 삼중의 액자 구조를 지녔다고 할 수 있다.

화왕계의 안긴 이야기인 화왕과 백두옹의 대화에는 가설적인 문제 상황에 기초한 독특한 논증 구조가 나타난다. 여기서 가설적인 문제 상황이란 어떤 사람이 화왕에게 아뢰었다는 '두 사람이 왔는데, 누구를 취하고 누구를 버리시렵니까?'라는 질문을 통해 설정된다. 양자택일을 해야 하는 이러한 상황에서 대립되는 두 견해가 제시된다. 최상위 논제를 이루는 대립되는 두 견해는 '장미를 버리고 백두옹을 취해야 한다.'와 '백두옹을 버리고 장미를 취해야 한다.'이다. 화왕계의 논증은 대립되는 두 견해를 중심으로 이루어지는 양립 논쟁(mixed dispute)인 셈이다. 이 대립되는 두 견

---

15) 중국 한나라 때 사람. 文帝 때 中郎署長이 되었다. 武帝 때 賢良으로 천거되었으나 나이 이미 아흔 살이 넘었으므로 다시 벼슬길에 나오지 않았다. 이재호 옮김(1997 : 411) 각주 참조.

해를 지지하는 논증자는 각각 장미와 백두옹이며 화왕은 그들의 논증에 대하여 판정자의 지위를 지니고 있다.

안긴 이야기의 논증적 대화는 판정자인 화왕이 '백두옹을 버리고 장미를 취해야 한다.'는 견해로 기울어지는 데서부터 극적으로 전개된다. 화왕은 '장부의 말도 도리가 있지만 가인은 얻기 어려우니 이 일을 어찌 할꼬.'라고 말하며 장미를 취하는 쪽으로 마음이 기운다. 여기서 참여자들 간의 대화는 장미와 화왕이 현 상태(status quo)를 대표하는 진영이 되고 백두옹이 현 상태를 공격하는 진영이 되어 논쟁을 벌이는 양상을 띠게 된다. 따라서 화왕계의 논증 구조는 입증의 부담을 지닌 백두옹의 변론이 그 골간을 이루게 된다. 백두옹 변론의 논증 구조는 다음과 같다.

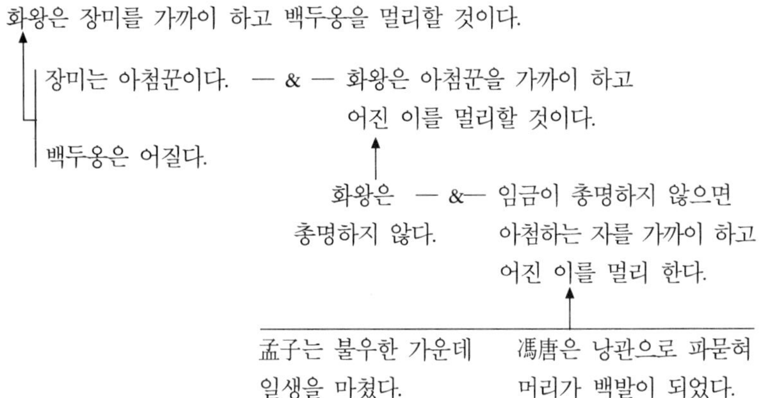

백두옹의 변론은 현 상태에 대한 진단을 기초로 하여 현 상태로부터 어떤 결과가 도출되는지를 논증한다. 그런데 현 상태를 진술하는 근거인 '화왕은 총명하지 않다.'는 바람직하지 않은 상태이다. 그러므로 추론의 결과인 '화왕은 장미를 가까이 하고 백두옹을 멀리할 것이다.' 또한 바람직하지 않은 것이 된다.

백두옹의 표면적인 변론의 이면에는 다음과 같은 드러나지 않은 논증이 자리하고 있다.

화왕이 총명하다면 장미를 멀리 하고 백두옹을 가까이 할 것이다.

장미는 아첨꾼이다. ― & ― 화왕이 총명하다면 아첨꾼을 멀리 하고
백두옹은 어질다   어진 이를 가까이 할 것이다.

이 논증은 앞의 논증과는 반대로 바람직한 상태(화왕이 총명하다면…)를 논거로 삼는다. 현 상태와는 대조되는 상황을 논거로 하고 있는 이 논증은 앞의 논증과 대조 관계를 이루게 된다. 현 상태(바람직하지 않은 상태)와 가설적인 상태(바람직한 상태)라는 대조적인 상황에 각각 기초한 이 두 논증은 다음과 같이 결합하여 최상위 견해를 뒷받침하게 된다.

장미를 가까이 하고 백두옹을 멀리하는 것은 화왕에게 바람직하지 않으며 장미를 멀리하고 백두옹을 가까이 하는 것은 화왕에게 바람직하다.

화왕은 (총명하지 않으므로) 장미를 ― & ― 임금이 총명하지 않은 것은
가까이 하고 백두옹을 멀리할 것이다.   바람직하지 않은 상태이다.

화왕이 총명하다면 장미를 멀리하고 ― & ― 임금이 총명한 것은
백두옹을 가까이 할 것이다.   바람직한 상태이다.

이 논증은 바람직한 상태와 바람직하지 않은 상태에 대한 판정자의 선택을 강요한다. 이에 백두옹 변론의 반대자이기도 한 판정자는 자신의 앞선 판단이 잘못이었음을 시인함으로써 백두옹의 변론에 승복하게 된다.

한편 화왕계의 안은 이야기인 설총과 신문왕의 일화는 안긴 이야기 자체를 논거로 하여 전개된다.

신문대왕이 설총을 높은 벼슬에 뽑아 올리다.

설총이 화왕 이야기를 하여 현명함을 인정받다.

설총이 신문대왕께 화왕 이야기를 하다.
신문대왕이 설총의 이야기에 깊은 뜻이 있다고 여기다.

그런데 지금까지 분석한 화왕계는 삼국사기 열전 6 '설총'에서 '설총은 천성이 총명하여 나면서부터 도리를 깨달아 알았다.'는 주제를 뒷받침하는 논거들 중의 하나로 기능한다.

> 설총은 천성이 총명하여 나면서부터 도리를 깨달아 알았다.
>
> 설총은 신라말로 구경(九經)을 풀어 읽어 후생들을 가르쳤다.
> 설총은 글을 잘 지었다.
> 설총은 화왕 이야기를 하여 현명함을 인정받아 높은 벼슬을 하였다.

우리는 화왕계의 논증 구조 분석을 통하여 이러한 분석이 화왕계의 설득력을 해명하는 대안적인 방법이 될 수 있음을 확인할 수 있다. 화왕계는 문학 교육에서 대표적인 우화 장르의 사례로 다루어지고 있다. 고등학교 문학 교과서를 보면 화왕계를 소재로 한 학습은 '사물을 의인화하고 풍자하는 방식에 대하여 이해하기', '우의적 표현의 묘미 알기', '화왕계와 가전체 소설의 관계 이해하기' 등의 활동을 중심으로 이루어지고 있다.16) 이러한 사실은 화왕계의 논증적 성격에 착안하여 그것이 지닌 설득력을 해명하려는 시도가 아직 이루어지고 있지 않음을 보여준다. 화왕계의 설득력이 그 논증 구조의 재구성을 통해 명확히 해명된다는 점으로 미루어 보아 우화 장르의 논증적 성격은 교육적으로 주목할 만한 가치가 있다.

서사 장르와 논증 장르의 교섭은 대화의 맥락 차원에서도 이루어진다. 다음 자료는 조선시대 공론 논변의 대화 맥락이 서사 장르에 차용되는 양상을 잘 보여준다.

---

16) 우한용·박인기·정병헌·최병우(1996 : 78~80) 및 남미영·김용숙·조상기·신희천·김낙효(1996 : 39~42) 참조.

(전략) 관리왕이 슈부 죠뎡 문무빅료를 일시에 픠초ᄒᆞ야 추례로 드러오
ᄂᆞᆫ디 (중략) 룡왕이 탄식ᄒᆞ되 남의 나라에ᄂᆞᆫ 츙신이 만히 잇셔 할부ᄉᆞ군
긔ᄌᆞ츄와 패목동문 오ᄌᆞ셔와 광초만신 긔신갓흔 만고의 졍츙대졀 셰불픕
언 ᄒᆞ얏거ᄂᆞᆯ 슯ᄒᆞ다 우리 슈궁 츙즉진영홀 신하가 하나도 업셧스니 이 안
이 원통ᄒᆞ냐 좌의졍 거복이 엿ᄌᆞ오디 신이 견마지츙을 다ᄒᆞ야 토끼를 잡
아드리오리다 대간 자가사리 복지 샹쥬ᄒᆞ되 세상 인심이 강악ᄒᆞ와 슈궁
계신이 얼는 ᄒᆞ면 잡기로만 위쥬ᄒᆞ오니 지혜 용밍이 업ᄂᆞᆫ 쟈ᄂᆞᆫ 보너지 못
ᄒᆞᆸ고 쏘흔 좌의졍 거복은 하도락셔ᄂᆞᆫ 비우에 그럿스오나 복판이 디모
인 고로 세상에 나가오면 뎌ᄉᆞᄒᆞ고 잡아다가 복판을 쎄어너여 쟝도 칼ᄌᆞ
로 망건 관ᄌᆞ 비ᄌᆞ고리 퇴영 갓끈 살격밀이 탕건 몃득이를 만들 터이오니
부디 보너지 마ᄋᆞᆸ소셔 (하략)

— 심정순·곽창기 창본 수궁가, 김진영 외, 1997 : 46~47

위의 텍스트는 수궁가의 한 대목으로 토끼의 간을 구할 방법을 논의하
기 위해 용왕이 문무백관을 패초하는 장면이다. 이 장면에는 조선시대 공
론 논변의 대화 맥락이 그대로 차용되어 있다. 즉 용왕이 토끼의 간을 구
할 방도를 하문하자 좌의정 거복이 토끼의 간을 구하러 가겠다고 자진하
여 나서는데 정언 자가사리가 그 불가함을 논박한다. 여기서 논증 장르가
서사 장르에 짜여드는 현상은 논증적 요소나 논증 도식의 차원에서만 나
타나는 것이 아니라 논변의 대화 맥락 차원에서도 이루어짐을 발견할 수
있다.[17]

서사 장르와 논증 장르의 상호교섭 현상을 설명하기 위하여 앤드류스
(Andrews, 1995 : 41)는 다음과 같은 그림을 제시한 바 있다.

---

17) 다른 한편으로 서사는 논증 장르에 접근하는 징검다리 역할을 할 수 있을 것이라는
가설이 제시되기도 한다. 이러한 가설은 Andrews(1995 : 39~42)에서 언급되었다.
이 가설은 아직 입증되지 않았으나 이 가설과 관련이 있는 몇 가지 요소들이 조명
되었다.

[그림 15] 논증의 몇 가지 기능과 양식

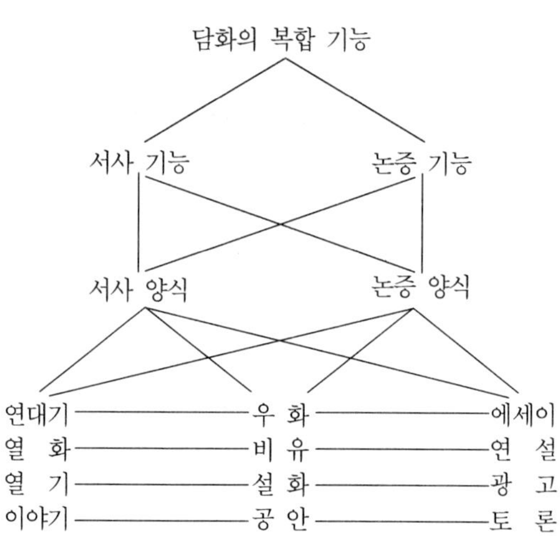

　　문학 장르와 논증 장르의 넘나듦은 중세 이전의 문장가들에게는 매우 자연스럽게 받아들여진 현상이기도 했다. 현대에 문학 장르로 분류되는 『동문선』 소재 작품들은 기원적으로 공론 논변에 해당하는 것이 다수를 차지한다.

　　이러한 점에서 논변 교육과 서사 교육의 관계, 특히 고전 논변 교육과 고전 서사 교육 간의 관계를 밝히는 것은 의미 있는 탐구 과제가 된다. 즉 서사 교육에서 논증적 요소가 어떻게 활용될 수 있는지, 그리고 논변 교육에서 서사가 어떻게 활용될 수 있는지를 천착해 볼 필요가 있다.18)

---

18) 고전 서사와 고전 논변은 실현되는 장르에서 차이가 날 뿐이다. 다만 고전 서사는 그 예술 문화적 속성이, 고전 논변은 그 생활 문화적 속성이 부각된다는 점에서 강조점의 차이가 발견된다. 그러나 '문학의 생활화'를 모색하는 최근의 관점에서 보면 예술 문화적 속성과 생활 문화적 속성은 본질적으로 다르지 않다.

제 7 장 고전 논변 교육의 과정

　이 장에서는 '고전 논변을 소재로 한 교육은 어떤 과정을 거쳐 실행될 것인가'라는 질문에 답해 보려고 한다. 이 질문에 답하기 위해서는 고전 논증 장르 교육의 내용이 무엇이어야 하는가에 대한 원론적인 고찰이 우선되어야 한다. 단도직입적으로 말해서 고전 논증 장르에 대한 연구 결과가 그대로 논증 장르 교육의 내용으로 제시되어서는 안 되며 교수학적 재구성의 과정을 거쳐 교수학적 경험의 과정으로 변형되어야 한다. 학문적 탐구의 결과로 구성된 장르 지식과 교육을 통해 형성되는 장르 문식성은 그 존재 방식이 다를 뿐만 아니라 양자의 가치 기반이 동일하지 않기 때문이다.

　학문적 지식이 교수학적으로 재구성되는 양상은 다루어지는 학문적 지식의 성격이 무엇이며, 그것이 교육의 과정에서 다루어질 때 교육의 지향점, 즉 목표가 무엇이냐에 따라 달라질 수 있다. 수학적 지식의 교육적 변용 양상을 예로 들어보자. 수학적 지식이 교육의 과정에서 교사들에 의해 어떻게 변형되는가를 연구해 온 수학 교육 연구자들은 수학 지식의 교수학적 변환(didactic transposition)이라는 개념으로 이 과정을 설명한다.[1] 강완은 수학 지식의 획득에는 두 가지 인식론적 과정, 즉 개인화/배경화와 탈개인화/탈배경화의 과정이 작용함을 밝히고 수학 교사에 의해 이루

---

1) Chevallard, Y.(1988), 이경화(1993)에서 재인용.

어지는 수학 지식의 교수학적 변환은 학생이 겪을 이러한 인식론적 과정을 균형 있게 조화시키는 과정이라고 주장하였다.[2] 학문적 지식과 가르칠 지식과 가르친 지식 사이에는 양적, 질적 차이가 존재하며 학생들의 지식 획득 과정에는 배경화/개인화와 탈배경화/탈개인화의 인식론적 과정이 작용한다는 이들의 논의는 학문적으로 그 진리성이 보증되는 지식에 일반적으로 적용될 가능성이 높다. 배경화/개인화와 탈배경화/탈개인화는 고도로 추상화된 학문적 지식과 학생의 경험적 지식 사이에 사다리를 놓는 작업이다.

그러나 교수학적 변환론은 논증 장르 지식이 논증 장르 문식성으로 재구성되는 양상을 설명해주지 못한다. 우선 수학적 지식과 논증 장르 지식의 성격이 판이하게 다르다. 수학적 지식은 그 자체로 완전한 진리성을 지닌 지식이지만 논증 장르 지식은 한 사회 속에서 살아가는 사람들이 언어를 사용하는 과정에서 형성한 관습성에 관한 지식이다. 수학적 지식 획득의 주된 통로는 '이해'이지만 논증 장르 문식성 획득의 주된 통로는 '활동'이다. 살아 있는 장르의 운용 능력을 가리키는 장르 문식성은 어떤 원리를 개인적인 경험에 기반하여 깨닫고 다시 그것을 일반화하는 '이해'의 과정이 아니라 장르적 실체를 다양한 차원에서 운용해 보는 '활동'을 통해 획득된다. 가장 큰 차이는 학문적 지식과 가르친 지식의 관계이다. 수학의 경우 학문적 지식과 가르친 지식은 질적으로 차이가 나기는 하지만 가르친 지식의 인식론적 지향점은 언제나 학문적 지식에 있다. 반면 논증 장르 교육의 경우 학문적 지식과 가르친 지식(장르 문식성)은 존재 양상이 전혀 다른 지식이다. 논증 장르에 관한 학문적 지식은 장르 문식성 교육이라는 전혀 다른 차원에서 걸러진다. 또한 교육적 관점에서 취사선택된 학문적 지식은 그 자체가 교육의 목적이 되지 않는다. 교육적으로 선택된 논증 장르 지식은 논증 장르 문식성을 획득하는 과정에서 활용되

---

2) Kang, W.(1990), 이경화(1993)에서 재인용.

는 매개일 뿐이다.3)

　그러면 논증 장르 지식이 논증 장르 문식성으로 재구성되는 과정을 교육과정의 실행 차원에서 살펴보자. 교육과정의 실행 차원에서 논증 장르 지식의 교수학적 재구성 과정은 다음과 같은 세 단계를 거친다고 할 수 있다.

　　(1) **계획 단계** : 논증 장르 문식성의 교육 과정 마련
　　(2) **준비 단계** : 학습 자료의 선정과 가공
　　(3) **실천 단계** : 교수 학습의 실제

　이들 세 단계에서 핵심적인 역할을 하는 이는 교사이며 교사는 이 과정을 통하여 교수적 지식을 형성한다. 교사는 (1) 단계에서 자신의 논증 장르 문식성에 기반하여 논증 장르 지식과 논증 장르 문식성이 어떻게 상호작용하는지를 회귀적으로 탐구하며, (2) 단계에서 학생들의 수준에 맞는 흥미로운 학습 자료를 구안한다. (1) 단계와 (2) 단계를 통하여 교사는 1차적인 교수학적 지식을 형성한다. 그리고 실제 수업을 통해 학생과 상호작용하는 과정을 통해 교사는 2차적인 교수학적 지식을 생성한다. 교사에 의해 생성되는 교수학적 지식은 학생의 논증 장르 문식성 형성을 돕는 과정과 방법에 대한 실천적 지식으로 이러한 지식이 형성되어 교육과정에서 적용될 때 진정한 의미의 논증 장르 문식성 교육이 이루어진다고 할 수 있다.

　이제 막 논증 교육의 가능성을 모색하고 있는 우리는 아직 논증 장르 문식성 교육의 교수학적 지식을 논할 단계에 와 있지 않다. 그러나 논증 장르 문식성 교육의 과정을 교육과정의 실행이라는 관점에서 예비적으로

---

3) 논증 장르 교육에서는 학자와 교사와 학생 사이에서 나타나는 지식의 격차와 변용 차원을 넘어서는 전혀 다른 차원의 지식(논증 장르 문식성)의 재구성이 이루어진다. 이러한 양상을 교수학적 변환(didactic transposition)과 구별하여 논증 장르 문식성의 교수학적 재구성(didactic reconstruction)이라 부를 수 있을 것이다.

고찰하는 것은 논증 교육의 청사진을 마련하는 데 도움이 될 것이다. 아래에서 계획-준비-실천의 각 단계별로 논증 장르 교육의 실행 과정을 고찰해 보기로 한다.

1. 교육과정의 마련

언제 무엇을 가르칠 것인가를 계획하는 단계에서는 먼저 학습자의 인지 발달 단계가 고려되어야 한다. 학습자의 인지 발달 단계에 맞는 논증 교육 과정을 마련하기 위해서는 학생들의 논증 능력 발달 단계에 대한 기초 연구가 선행되어야 한다. 주장과 그것을 뒷받침하는 논거 사이의 관계를 인식하는 능력은 일정한 발달 단계를 거친다는 연구 결과가 있다 (van Eemeren et al. 1995). 그러므로 한국 학생들의 논증 능력이 어떻게 발달하는가에 대하여 기능적 차원뿐 아니라 문화적 차원과 비판적 차원에서도 다면적으로 연구할 필요가 있다.

교육과정의 계획 단계에서는 둘째로 논증 장르 문식성의 고유한 특성이 반영되어야 한다. 논증 장르 문식성은 논증 장르의 통시적 발달 과정과 공시적 운용 양태에 대한 비판적 이해를 기초로 하여 논증 장르를 효과적이고도 창조적으로 운용하는 능력이라고 정의할 수 있다. 이 때 논증 장르의 발달 과정에 대한 비판적 이해는 논증 장르가 운용되어온 문화적 경험이 명시적으로 탐구될 때 획득된다. 논증 장르가 운용되어온 문화적 경험은 교수 학습 과정을 통해 구체적인 고전 논증 장르 텍스트를 매개로 재구성되어야 한다. 또한 논증 장르 운용의 문화적 경험은 현재의 논증 장르 운용 실태와 관련하여 탐구되고 이해되어야 한다. 구체적인 논증 장르 텍스트를 매개로 한 문화적 경험의 재구성은 장르 운용의 실제로 끊임없이 되돌아가게 함으로써 과거의 논증 문화에 대한 내부자적 이해에 도달하는 길을 열어줄 것이며 과거의 문화적 경험과 현재의 논증 장르 운용 실태의 비교는 논증 장르 운용태에 대한 비판적 이해를 가능하게 할 것이다.

논증 장르 문식성 교육의 기본 내용은 2부 6장에서 다음의 네 가지 유형으로 분류하여 제시된 바 있다.

(a) 논증적 대화 현상에 대한 기초적 이해
(b) 논증적 대화의 장르적 속성에 대한 이해와 논증 장르의 기본적인 운용
(c) 논증적 대화의 장르 전통과 문화적 정체성 이해
(d) 논증적 대화에 대한 비판적 안목 획득과 장르 지식의 창조적인 활용

논증 장르 문식성 교육의 계획은 이러한 네 가지 기본 내용을 학생의 인지적 발달 단계와 논증 장르 문식성 형성의 특성에 따라 구체화하는 것이라고 할 수 있다.

2. 학습 자료의 선정과 가공

추상적인 교육 과정과 구체적인 학습자 특성이 만나는 지점인 두 번째 단계는 교사에 의한 교수 학습의 준비 단계로 정의될 수 있다. 이 단계에서는 교육 과정과 학습자의 특성에 따라 교육적으로 가치가 있는 학습 자료가 선정되고 교육의 목적에 맞게 가공된다.

학습 자료의 선정과 가공의 출발점은 교육과정상 계획된 특정한 학습 목표이다. 교육과정상의 학습 목표에 따라 구체적인 교수학습의 전개 과정이 구상되고 그에 맞는 학습 자료가 만들어지는 것이다.

특정한 학습 목표가 정해지면 교사는 그 학습 목표의 성격이 무엇인지를 확인해야 한다. 즉, 그 학습 목표가 논증 교육의 어떤 차원과 관련된

것인가를 확인할 필요가 있다. 이는 학습 목표의 논증 교육상의 성격이 무엇인가에 따라 요구되는 학습 자료의 성격이 달라지기 때문이다. 학습 목표의 성격을 확인함에 있어서 여러 가지 기준이 있을 수 있으나, 6장에서 이미 분류한 논증 교육의 네 가지 유형이 유용한 기준이 될 수 있다.

예를 들어, '주장과 주장을 뒷받침하는 논거의 관계를 이해한다.'는 학습 목표가 있다고 한다면 이 학습 목표의 성격은 '논증적 대화 현상에 대한 기초적 이해'에 해당한다고 할 수 있다. 논증적 대화 현상에 대한 기초적 이해를 위해서는 다양한 논증적 대화 장르로부터 논증 요소를 추출하여 제시할 필요가 있으며 제시되는 자료는 고전 논변과 현대 논변에서 균형적으로 취하는 것이 합당할 것이다.

'토론의 여러 가지 형식과 절차를 알고 형식과 절차에 맞게 토론을 할 수 있다.'와 같은 학습 목표는 '논증적 대화의 장르적 속성에 대한 이해와 논증 장르의 기본적인 운용'의 범주에 속하는 것이라고 할 수 있다. 이 경우 학교 토론에 속하는 대표적인 장르들의 텍스트를 장르적 맥락 속에서 제시할 필요가 있으며 맥락을 재구성하기 위해 텍스트를 적절히 가공할 필요가 있다. 또한 학교 토론의 경우 고전적 토론, 직파식 토론, 반대 신문식 토론 등의 형식이 있는데 이들 장르의 관습성을 깊이 있게 이해하기 위해서는 이들의 장르적 실체를 명시적으로 드러내어 비교해 보는 활동을 이끌어야 한다.

우리는 여기서 학습 목표에 따라 학습 자료를 선정할 때 6장에서 고찰한 바 있는 논변 교육의 원리가 고려되어야 함을 재확인할 수 있다. 즉 논변 교육은 장르적 실체를 중심으로 이루어져야 하며, 고전 논변과 현대 논변의 유사성과 차이점을 적극적으로 활용해야 한다는 것이다. 논변 교육이 장르적 실체를 중심으로 이루어져야 한다는 것은 논리적으로 가공된 자료나 맥락이 사상된 파편화된 자료는 논변 교육의 소재로 적합하지 않다는 것이다. 다만 위의 교육과정 내용의 첫 번째 유형의 경우 이 원리에서 예외가 있을 수 있다. 즉, 논증의 구성 요소에 대한 분석적인 이해를 학습 목표로 할 경우 논증의 구성 요소들의 전형적인 특성을 부각시키기 위해 의도적으로 가공된 파편화된 자료를 제시할 수 있다. 그러나 이 경우에도 가급적 맥락이 살아있는 일상 논증의 사례를 학습 자료로 선택하는 것이 좋다.

한편 고전 논변과 현대 논변의 유사성과 차이점을 적극적으로 활용해야 한다는 원리는 논증 교육 일반의 관점에서 보면 더욱 보편적으로 확장될 수 있다. 이 원리는 시대적 배경이 다른 논증적 대화 장르의 유사성과 차이점을 교육적으로 활용하기 위해 설정된 것으로 논증 교육 일반의 관점에서 의사소통의 맥락과 의사소통의 목적에 따라 달라지는 여러 가지 논증적 대화 장르의 유사성과 공통점을 활용해야 한다는 것으로 더욱 일반화할 수 있다. 학교 토론의 장르적 속성을 이해한다는 학습 목표를 위해 고전적 토론, 직파식 토론, 반대 신문식 토론의 장르적 실체를 비교하는 것은 이 원리가 적용된 것이라고 볼 수 있다.

이 두 가지 원리와 함께 학습 자료를 선정할 때 고려해야 할 또 하나의 기준은 흥미성이다. 흥미성이라는 기준은 소재 자체가 학생의 흥미를 불러일으킬 만큼 흥미진진해야 한다는 조건과 함께 학생들과 함께 탐구해 볼 만한 흥미로운 문제 상황을 지닌 것이어야 한다는 것이다.

학습 자료의 가공은 논증적 대화 행위로의 재구성과 난이도의 조절을 통해 이루어진다. 조선시대 공론 영역 논변의 경우 논증적 대화의 실제 양상을 학생들에게 가능한 한 구체적이고 역동적으로 제시하는 것이 중요할 것이다. 논증적 대화 행위로의 재구성 방식은 정황에 대한 해설과 대화 참여자들의 대화가 분명히 드러나는 대본(스크립트)의 형식을 빌리는 것이 적절하다고 본다. 그 까닭은 조선시대 공론 영역 논변이 특정한 정황적 맥락에서 특정한 논제를 중심으로 다양한 참여자에 의해 이루어진 대화 행위였기 때문이다. 더구나 이 대화 행위는 다양한 구어 및 문어 소통 양식을 통해 이루어졌다. 대본 형식은 이러한 대화 행위의 본질을 살려내는 데 도움이 될 것이다. 한편 난이도의 조절은 학습 자료에 대한 학습자의 접근 가능성을 높이기 위한 것이다. 저학년 학습자를 대상으로 조선시대 공론 영역 논증 장르를 교육할 경우 수준에 따라 텍스트의 길이와 표현 형식을 조절할 필요가 있다.

학습 자료의 선정과 가공의 사례로 7차 교육 과정 6학년 1학기『읽기』넷째 마당의 두 번째 소단원의 학습 자료를 살펴보자. 이 소단원의 학습 목표는 '주장에 대한 근거의 적절성을 판단하며 글을 읽어 봅시다.'이다. 이 학습 목표는 논증 교육 내용의 네 가지 유형 중 첫 번째 유형에 속하는 것으로 이 학습 목표에 도달하기 위해서는 주장과 주장을 뒷받침하는 근거가 명확하게 드러나는 논증적 대화의 텍스트를 학습 자료로 사용하는 것이 좋을 것이다. 특히 이 학습 목표를 위해서는 논증적 대화의 맥락이 잘 살아 있어야 한다. 일상 논증에서의 주장에 대한 근거의 적절성은 주장과 근거의 명제적 포함 관계에 의해 형식적으로 판단되는 것이 아니라 논증적 대화의 구체적인 맥락 속에서 판단되는 것이기 때문이다.

이 소단원은 학습 자료로 조선 중기 청나라와의 관계에 대한 두 가지 대립하는 입장이었던 주화파와 척화파의 주장을 당대의 논증적 대화의 개략적인 맥락 설명과 함께 가공하여 제시하고 있다. "인조의 고민"이라는 제목의 이 학습 자료는 주화파와 척화파 사이의 논쟁이 조선시대 공론 영역에서의 대표적인 논쟁의 하나였다는 점에서, 그리고 국가의 운명이 걸린 중대한 사안이었다는 점에서 '장르적 실체'의 원리와 '흥미성의 원리'에 부합한다. 학습 자료의 가공 면에서 이 자료는 주화파와 척화파의 논쟁을 단순화하고 쉬운 현대어로 번역하여 제시하였다. 제시된 학습 자료는 서두에 논쟁의 배경을 설명하고 이어서 주화파와 척화파의 의론(議論)의 요지를 각각 대화체로 제시하고 있다. 이 사례를 통하여 우리는 조선시대 공론 영역에서의 논증적 대화 자료가 적절한 가공 단계를 거쳐 낮은 차원의 논증 교육 과정과 저학년의 수준에서도 적용될 수 있음을 확인할 수 있다.[4)]

여기서 임사홍 탄핵 논변의 소통 행위 (20)을 기본 자료로 하여 논증 교육 과정의 단계와 학습자의 수준에 따른 학습 자료 제시 방안을 예시한다. 예시할 학습 자료는 위에서 제안한 논증 교육 과정의 두 번째 유형인 "논증적 대화의 장르적 속성에 대한 이해와 논증 장르의 기본적인 운용" 중 "논증적 대화에는 일정한 규칙성과 관습성이 있음을 안다."에 해당하는 것이다.

---

4) 이 단원의 학습 자료를 발췌 소개하면 다음과 같다.(7차 6학년 1학기 읽기 pp.163~168)

인조의 고민

인조 5년(1627년)에 조선과 후금 사이에 전쟁이 일어났다. 이것이 정묘호란이다. 후금은 명나라가 쇠약해진 틈을 타서 여진족이 만주 지역에 세운 나라이다. 광해군이 집권을 한 시기에는 후금과 조선 사이에 큰 마찰이 없었다. 이 시기에는 중립적인 외교 정책이 실시도였기 때문이다.

광해군이 물러나고 인조가 즉위하면서 조선과 후금은 마찰을 빚기 시작하였다. 인조 때는 명나라를 가까이하고 후금을 배척하는 정책을 추진하였기 때문이다. 결국 후금은 명나라를 공격하는 데 방해가 되었던 조선을 침략하였다.(중략)

신하들은 크게 두 편으로 나뉘어 서로 맞섰다. 즉, 청나라를 치고 명나라와의 의리를 지켜야 한다는 '척화론'과, 주변 상황과 우리 나라의 현실적 여건을 고려하여 청나라와의 화해를 깨뜨리면 안 된다는 '주화론'이 팽팽히 맞섰다. 척화론을 주장하는 사람들은 다음과 같이 상소하였다.

"오랑캐와의 화친으로 백성과 나라를 망치기가 오늘날과 같이 쉬운 적이 없습니다. 지금 명나라의 세력이 약해지고 청나라의 세력이 강해졌다고는 하나, 명나라는 분명히 우리 태조 대왕께서 이 나라를 세운 후 2백 년 넘게 두터운 신의를 쌓아 온 나라입니다. 명나라와의 이런 신의를 저버리는 것은 있을 수 없는 일입니다.(중략)"

반면 주화론을 주장하는 사람들은 다음과 같이 상소하였다.

"주화를 주장하면 마치 역적인 양 몰아붙이지만, 그럼에도 불구하고 청나라와 화친하는 일이 그르다고 생각하지 않습니다. 현재 청나라와의 전쟁을 주장하는 사람들은 모두 청나라의 누르하치가 스스로 황제라 하였으니 그들과 왕래를 해서는 안 된다고 하지만, 그들이 오랑캐인 이상 황제라 일컫든 말든 우리가 상관할 바가 아닙니다.(중략)"

인조는 척화파와 주화파의 팽팽한 논쟁을 듣고 고민에 빠졌다. 그러다가 결국 척화파의 의견에 따라 청나라의 요구를 무시하고 친명 정책을 유지하였다. 이것이 직접적인 원인이 되어 인조 14년 병자년에 청나라의 황제가 군사를 이끌고 쳐들어왔으니, 이것이 '병자호란'이다.

※ 대상 학년 : 9학년

〈학습 목표〉
특정한 영역에서의 논증적 대화에는 독특한 대화 진행의 관습이 있음을 이해
한다.

(해설) 이 자료는 조선 성종조에 임금이 임사홍이란 인물을 관직에 임용하자
　　　 홍문관의 언관들이 경연의 자리에서 임금의 처사에 반대하여 논란을
　　　 벌이는 장면이다. 경연은 조선시대에 임금과 신하들이 유교적인 이상
　　　 정치의 실현을 위해 학문과 시정(時政)을 논하던 장이었다. 이 대화의
　　　 참여자는 임금을 중심으로 홍문관의 언관인 이승건과 민상안, 사간원
　　　 의 언관인 안호, 그리고 대신들인 윤호와 허종이다.

#경연에 납시었다. 강(講)하기를 마치자, 시강관 이승건이 아뢰었다.#
1 이승건 : 신등이 어제 임사홍의 일을 논하였던 바, 전하께서 말씀하시기를,
　　　 '너희들이 반드시 임사홍을 미워하는 것이다'라고 하셨습니다. 신등은 임사
　　　 홍과 본래 사적인 원한이 없는데 어찌 임사홍을 미워하겠습니까? 연달아
　　　 상소하여 지극히 간하는 것은, 진실로 임사홍이 소인인 까닭에 기용할 수
　　　 없기 때문입니다. 예로부터 한 사람의 소인이 조정에 진출하면 뭇소인이
　　　 무리로 진출하여 크게 해가 됩니다. 그렇기 때문에 신등이 그것을 말하였
　　　 습니다.
　　　 그리고 전하께서는 '너희들이 반드시 나에게 분하게 여기는 것이다'라고
　　　 하셨습니다. 신등이 경악(經幄)에 있으면서 여러 번 성상의 은혜를 입었으
　　　 나 조그마한 보답도 없었습니다. 그러나 오직 군자를 진출시키고 소인을
　　　 물리치려는 마음이 항상 마음속에 분격하여 모르는 사이에 말한 것뿐입니
　　　 다. 어찌 분해하고 원망하는 마음이 있어서 그러하겠습니까?

#검토관 민상안이 아뢰었다.#
2 민상안 : 소인이 나아가면 군자가 물러가므로 군자와 소인의 나아가고 물러
　　　 가는 기미(機微)를 신중히 하지 않을 수 없습니다.

#상께서 좌우에 고문(顧問)하시었다.#
(3 상 : 그대들의 뜻은 어떠한가?)

#영사 윤호가 아뢰었다.#
4 윤호 : 임사홍은 공신의 적장자(嫡長子)인데 기용하더라도 무엇이 해롭겠습
　　　 니까?

#지사 허종이 아뢰었다.#
5 허종 : 임사홍이 승지가 되었을 때에 죄를 얻은 정상은 신이 자세히 알지
　　　 못합니다. 그러나 임사홍은 공신의 적장자이니, 관례로 마땅히 녹용해야 한
　　　 다면 단지 행직으로 권력이 없는 곳에 서용하는 것이 무방할 듯합니다.

#상께서 말씀하시었다.#

6 상 : 그대들이 말하기를, '임사홍을 기용하면 반드시 나라를 그르친다'고 하였는데, 예로부터 한 사람의 소인이 벼슬에 나아가면 뭇소인이 무리로 나아가는 것은 그로 하여금 권력을 얻어 조롱(操弄)하게 한 때문이다. 그 권력을 얻게 한 것은 반드시 그 임금이 그렇게 하도록 한 것이다.

　　그런데 지금 누가 그 권력을 얻게 하겠는가? 만약 군직에만 서용하면 그 녹을 잃지 아니하게 할 뿐인데, 어찌하여 나라를 그르칠 수 있겠는가?

#대사간 안호가 아뢰었다.#

7 안호 : 성상께서 다시 임사홍을 기용하시므로 신등이 여러 번 아뢰었으나 윤허하지 아니하셨습니다. 이제 삼공육경(三公六卿)과 승지가 한 사람도 그 잘못을 진언하는 이가 없습니다. 이로써 보면 임사홍이 훗날 나라를 그르칠 때에 누가 감히 말하겠습니까?

#들어주지 아니하셨다.#
(8 상 : 들어줄 수 없노라.)

〈학습 활동〉

• 이 대화의 화제는 무엇인가?

• 이 대화에서 문제제기를 하는 사람은 누구와 누구인가? 그리고 누구를 상대로 문제제기를 하는가?

• 이 대화의 진행을 주도하는 사람은 누구인가?

• 대화 참여자들의 대립된 견해는 무엇과 무엇인가?

• 이 대화의 참여자들을 크게 임금, 언관, 대신으로 나눈다면 대화에서 이들이 하는 역할에서 어떤 특징을 찾을 수 있는가?

• 이 대화를 연두 기자 회견 장면에서 이루어지는 대통령과 기자들간의 대화와 비교해 보고 그 공통점과 차이점이 무엇인지 토론해 보자.

　위의 학습 자료는 학습 목표에 맞는 논증적 대화 자료를 조선 성종조의 공론 영역 논변에서 선정하고 그 자료를 대본의 형식으로 가공한 후 학습자의 수준에 맞게 표현을 적당히 손질한 것이다. 그러나 대상 학년이 9학년이므로 당대의 문화를 반영하고 있는 한자 어휘들은 대부분 그대로 노출시켰다. 이러한 어휘들(시강관, 검토관, 경악 등)에는 각주를 달아 의미를 설명하면 될 것이다.

3. 교수 학습의 실제

실제적인 교수 학습이 이루어지는 세 번째 단계는 교사와 학생간의 상호작용을 통해 학습 목표가 실현되는 단계이다. 이 단계에서의 활동의 초점은 학습 목표의 성격에 따라 달라져야 한다.

논증 장르 문식성 교육의 활동 초점은 세 가지로 대별되는 학습 목표의 유형에 따라 나뉘어질 수 있다. 첫째, 논증적 대화 현상에 대한 기본적인 이해이다. 둘째, 논증 문화에 대한 해석이다. 셋째, 비판적이고 창조적인 논증 장르의 운용이다. 이 세 가지 학습 목표에 따른 학습 활동은 앞의 것이 뒤의 것의 조건이 되는 것으로 대체로 교육 과정상 첫째→둘째→셋째의 순서에 따라 전개되어야 할 것으로 판단된다. 그러나 각 단계들 사이의 중복 현상은 언제라도 나타날 수 있다. 그러면 각각의 학습 목표의 유형에 따른 활동의 초점을 살펴보자.

첫째, '논증적 대화 현상에 대한 기본적인 이해'의 유형이다. 이 학습 목표를 달성하기 위해서는 학습자들이 논증의 구조를 이해하고 논증적 대화의 논증 구조를 분석하는 능력을 갖추어야 한다. 이 목표를 달성하기 위해 학습자는 다양한 일상 논증의 사례들을 대상으로 주장과 논거를 찾아내고 주장과 논거가 상호작용하는 양상을 분석해 낼 수 있어야 한다. 이 활동의 높은 단계는 일상 논증에서 어떤 논거의 유형과 논증 도식이 나타날 수 있는지를 확인하는 것이다.

'논증 현상에 대한 기본적인 이해' 단계의 활동 자료는 가공된 자료보다는 실제적인 일상 논증으로부터 가져오는 것이 바람직하다. 이 때 전통적 논증 장르의 자료로부터 추출해낸 일상 논증은 그것이 지닌 전형성으로 하여 논증 현상을 이해하는 훌륭한 자료가 될 수 있다. 이 활동의 자료로는 현대의 일상 논증 자료와 고전 일상 논증 자료를 적절히 제시하는 것이 바람직하다.

‘논증 현상에 대한 기본적인 이해’ 활동의 초점은 대화 분석과 논증 분석의 기본적인 방법을 익히고 이를 통해 논증의 유형을 확인하는 데 있으므로 교사에 의해 안내된 훈련이 주된 교수 학습의 방법이 될 것이다. 안내된 훈련의 과정에서 교수 학습의 책임이 교사로부터 학생으로 자연스럽게 이동되는 것이 바람직하다.

둘째, ‘논증 문화에 대한 해석’의 유형이다. 이 학습 목표를 달성하기 위한 활동의 초점은 구체적인 논증 장르들의 장르 관습 읽어내기에 있다. 여기서 장르 관습 읽어내기란 해석적 문화 이론에서 말하는 ‘중층 기술(thick description)’의 과정과 본질적으로 다르지 않다. 해석적 문화 이론에서는 문화 현상을 중층적인 의미의 그물 같은 것으로 보며 따라서 문화에 대한 해석의 과정은 중층적인 기술의 과정에 다름 아니다.[5] 즉 논변의 장르 관습 읽어내기는 크게 논증적 대화의 장르 관습성의 차원과 그것의 합리성의 토대를 이루는 당대인의 관념 세계(망딸리떼)의 차원에서 접근될 수 있을 것이다. 장르 관습성의 차원에서는 참여자의 지위와 역할, 소통의 구조와 소통 절차, 소통의 양식, 대화 진행의 양상, 논거의 유형과 논증 도식, 표현상의 특징 등이 문화 읽어내기의 대상이 될 것이다. 당대인의 관념 세계의 차원에서는 세계와 인간, 그리고 공론 영역에 대한 공론 영역 참여자들의 인식이 문화 읽어내기의 대상이 된다. 공론 영역 참여자들의 관념 세계(망딸리떼)는 공론 영역 논변 참여자들의 공감의 체계를 구성한다.

이 두 번째 유형의 활동과 첫 번째 유형의 활동은 어느 정도 겹쳐지는 부분이 있다. 논증의 유형 확인과 대화 진행의 양상을 확인하는 활동이 그것이다. 다만 두 번째 유형의 경우 이 활동들의 초점은 특정한 논증 장르의 문화적 특성을 확인하는 데 있다는 차이가 있다.

---

5) 조한욱은 역사적 자료에 대한 해석의 과정을 ‘두껍게 읽기’로 묘사하였다. 문화 해석의 과정은 여러 겹으로 적층되어 있는 의미의 차원을 한겹 한겹 벗겨내는 것과 다르지 않다. 조한욱, 2000. 들어가는 말 참조.

셋째, '비판적이고 창조적인 논증 장르의 운용'의 유형이다. 이 학습 목표의 달성에는 첫 번째와 두 번째의 학습 활동이 기본적인 전제가 된다. 즉 전통적 논증 장르에 대한 충분한 이해와 현재적 논증 장르의 운용 능력이 어느 정도 갖추어진 조건에서 다양한 논증 장르를 비교하고 평가하며 그로부터 창조적인 논증 장르 운용의 실마리를 찾아내는 활동이다. 이를 위해서는 논증 장르 지식의 가장 높은 단계인 논변의 규준적 모델에 대한 이해가 필수적이다. 논변의 규준적 모델에 대한 이해는 논증 장르에 대한 메타적인 인식의 단계이며 언제라도 수정될 수 있는 가설적인 논의이다. 이 단계의 활동의 초점은 토의와 토론을 통한 논증 문화의 비교와 반성에 주어져야 할 것이다.

이상의 세 가지 활동의 과정은 모두 대상 자료에 대한 학문적인 탐구의 결과를 토대로 하여 논증 장르 지식을 선취한 교사에 의해 안내되어야 할 것이다. 학생들의 학습 활동은 본질적으로 논증적 대화 현상을 연구하는 학자들의 탐구 활동과 다를 바가 없으나 장르 지식을 선취한 교사의 매개 활동이 없이는 진정한 교육 활동이 이루어진다고 할 수 없기 때문이다.

▌影印本 자료

『經國大典』, 奎章閣資料叢書 法典篇, 서울 : 서울대학교 奎章閣, 1997.
『國朝文科榜目』 1, 태학사, 1984.
『國朝寶鑑 上・下』, 서울 : 세종대왕기념사업회, 1976.
『訥齋先生文集』, 韓國文集編纂委員會 編. 서울 : 景仁文化社, 1993.
『朝鮮王朝實錄』 1(太祖實錄/定宗實錄/太宗實錄 1~27卷), 國史編纂委員會, 서울 : 探究堂, 1986.
『朝鮮王朝實錄』 8(成宗實錄 1~25卷), 國史編纂委員會, 서울 : 探究堂, 1986.
『朝鮮王朝實錄』 9(成宗實錄 26~102卷), 國史編纂委員會, 서울 : 探究堂, 1986.
『朝鮮王朝實錄』 10(成宗實錄 103~176卷), 國史編纂委員會, 서울 : 探究堂, 1986.
『朝鮮王朝實錄』 11(成宗實錄 177~250卷), 國史編纂委員會, 서울 : 探究堂, 1986.
『朝鮮王朝實錄』 12(成宗實錄 251~297卷), 國史編纂委員會, 서울 : 探究堂, 1986.

▌譯本 및 기타 자료

『태조강헌대왕실록』 1~3, 서울 : 세종대왕기념사업회, 1972.
『정종공정대왕실록』, 서울 : 세종대왕기념사업회, 1974.
『태종공정대왕실록』 1~8, 서울 : 세종대왕기념사업회, 1974.
『세종장헌대왕실록』 1~19, 서울 : 세종대왕기념사업회, 1971.
『문종실록』 1~3, 서울 : 세종대왕기념사업회, 1977.
『단종실록』 1~3, 서울 : 세종대왕기념사업회, 1977.
『세조실록』 1~11, 서울 : 세종대왕기념사업회, 1993.
『예종실록』, 서울 : 세종대왕기념사업회, 1995.
『성종실록』 1~12, 서울 : 세종대왕기념사업회, 1980.
『성종실록』 13~20, 서울 : 세종대왕기념사업회, 1982.

『성종실록』 21~35, 서울 : 세종대왕기념사업회, 1983.
『성종실록』 36~41, 서울 : 세종대왕기념사업회, 1986.
『국역 동문선』 Ⅲ~Ⅵ, Ⅺ, 민족문화추진회 편, 솔 출판사, 1998.
『국역 삼봉집』 Ⅰ~Ⅱ, 민족문화추진회 편, 1982.
『국역조선왕조실록 CD-ROM』, 서울시스템(주) 한국학데이터베이스연구소, 1995.
『국역역주고려사 CD-ROM』, 동방미디어주식회사, 2000.
『司馬傍目 CD-ROM』, 한국정신문화연구원, 서울시스템주식회사, 1997.
『備旨具解 原本周易』乾·坤, 명문당, 1999.
『原本集註 書傳』, 명문당, 1981.
『신편 경국대전』, 윤국일 옮김, 신서원, 1998.

▌교과서 및 교육과정

교육부(1998), 『국어과 교육 과정』, 대한교과서 주식회사.
______(2001), 『고등학교 교육과정 해설-국어』, 대한교과서 주식회사.
교육인적자원부(2002), 『국어 읽기 6-1』, 대한교과서 주식회사.
박갑수·정재찬·심영택(2002), 『고등학교 국어 생활』, 지학사.
우한용·박인기·정병헌·최병우(1996), 『고등학교 문학 (상)』, 동아출판사.
남미영·김용숙·조상기·신희천·김낙효(1996), 『고등학교 문학 (하)』, 동아서적.

▌국내 단행본

고영근(1999), 『텍스트이론-언어문학통합론의 이론과 실제』, 아르케.
곽차섭 엮음(2000), 『미시사란 무엇인가』, 푸른역사.
금장태(1999), 『한국 유학의 탐구』, 서울대학교 출판부.
김경수(2000), 『'언론'이 조선왕조 500년을 일구었다』, 가람기획.
김광수(제3판)(1999), 『논리와 비판적 사고』, 철학과현실사.
김교빈·이효걸·홍원식(1998), 『중국철학개론』, 한국방송대학교출판부.
김대행(1995), 『국어교과학의 지평』, 서울대학교 출판부.
김대행 외(우한용, 정병헌, 윤여탁, 김종철, 김중신, 김동환, 정재찬)(2000), 『문학
        교육원론』, 서울대학교 출판부.
김부식, 『三國史記』, 이재호 옮김(1997), 『삼국사기』, 솔.
김세철·김영재(2000), 『조선시대의 언론 문화』, 커뮤니케이션북스.

김진영·김현주·김동건·이성희(1997), 『토끼전 전집1』, 박이정.

노명완(1988), 『국어교육론』, 도서출판 한샘.

노명완·박영목·권경안(1991), 『국어과교육론』, 갑을출판사.

류수열(2001), 『판소리와 매체언어의 국어교과학』, 도서출판 역락.

목정균(1985), 『조선 전기 제도 언론 연구』, 고려대학교 민족문화연구소.

민현식(2000), 『국어교육을 위한 응용국어학 연구』, 서울대학교 출판부.

박갑수(1979), 『문체론의 이론과 실제』, 세운문화사.

박성창(2000), 『수사학』, 문학과지성사.

박영규(1996), 『한권으로 읽는 조선왕조실록』, 들녘.

박영목·한철우·윤희원(1995), 『국어과 교수 학습 방법 탐구』, 교학사.

박용운(1980), 『고려시대 대간 제도 연구』, 일지사.

박용익(1998), 『대화분석론』, 한국문화사.

박태호(2000), 『장르 중심 작문 교수학습론』, 박이정.

박현모(2001), 『정치가 정조』, 푸른역사.

배종호(1986), 『韓國儒學史』, 연세대학교 출판부.

서울대학교 교육연구소 편(1998), 『교육학 대백과사전』, 하우동설.

서울대학교 국어교육연구소 편(1999), 『국어교육학사전』, 대교출판.

신명호(1998), 『조선의 왕―조선시대 왕과 왕실 문화』, 가람기획.

심경호(1998), 『한문산문의 미학』, 고려대학교 출판부.

양태종(2000), 『수사학 이야기』, 동아대학교 출판부.

엄태동(1998), 『교육적 인식론 탐구』, 교육과학사.

염은열(2000), 『고전문학과 표현교육론』, 역락.

오희복(1992), 『우리나라 역대 국가들의 관료 기구 및 관직명 편람』, 여강.

원진숙(1995), 『논술 교육론』, 박이정.

윤국일(1998), 『經濟六典과 經國大典』, 신서원.

윤사순(1997), 『조선시대 성리학의 연구』, 고려대학교 민족문화연구원.

윤용식·손종흠(1994), 『韓國漢文古典講讀』, 한국방송대학교출판부.

윤평중(1990), 『푸코와 하버마스를 넘어서』, 교보문고.

이광규(1994), 『한국 전통문화의 구조적 이해』, 서울대학교 출판부.

______(1998), 『한국문화의 역사인류학』, 집문당.

이삼형 외(김중신, 김창원, 이성영, 정재찬, 서혁, 심영택, 박수자)(2000), 『국어교
　　　　육학』, 소명출판사.

이상익 외(1994), 『고전문학 어떻게 가르칠 것인가』,

운정 이상익 박사 회갑기념논문집 간행위원회, 집문당.

이성무(1995), 『조선 양반 사회 연구』, 일조각.

______(1998), 『조선왕조사1 - 건국에서 현종까지』, 동방미디어.

이주행(1983), 『화법의 원리와 실제』, 경문사.

장덕순(1984), 『한국수필문학사』, 박이정.

장상호(1994), 『Polanyi 인격적 지식의 확장』, 교육과학사.

______(1997), 『학문과 교육(상)』, 서울대학교 출판부.

______(2000), 『학문과 교육(하)』, 서울대학교 출판부.

전영우(1998), 『신국어화법론』, 태학사.

정두희(1994), 『조선시대의 대간 연구』, 일조각.

정재서 역음(1999), 『동아시아 연구, 글쓰기에서 담론까지』, 살림.

정진원(1999), 『중세 국어의 텍스트언어학적 접근』, 한국문화사.

조유식(1997), 『정도전을 위한 변명』, 푸른역사.

조한욱(2000), 『문화로 보면 역사가 달라진다』, 책세상.

지두환(1994), 『조선 전기 의례 연구』, 서울대학교 출판부.

차배근(1989), 『설득커뮤니케이션 이론』, 서울대학교 출판부.

최봉영(1997), 『한국 문화의 성격』, 사계절.

최승희(1976), 『조선 초기 언관·언론 연구』, 서울대학교 출판부.

최영성(1995), 『한국유학사상사Ⅱ』, 아세아문화사.

최인자(2001a), 『국어교육의 문화론적 지평』, 소명출판.

______(2001b), 『서사문화와 문학교육론』, 한국문화사.

하병학(2000), 『토론과 설득을 위한 우리들의 논리』, 철학과현실사.

한국역사연구회 편(1996), 『조선시대 사람들은 어떻게 살았을까 2』, 청년사.

한영우(1983), 『정도전 사상의 연구(개정판)』, 서울대학교 출판부.

▌국내 논문

강석인(1997), 「고등학교 <화법> 교과서 규범론」, 『배달말 교육』 17호, 배달말교
　　　육학회.

김광억(1995), 「인류학에서의 문화의 개념과 연구 방법」, 비교문화연구소 제4회
　　　학술 심포지움 자료집, 서울대학교 사회과학대학 비교문화연구소

김광해(1996), 「국어 발전의 양상」, 『선청어문』 24집, 서울대학교 사범대학 국어
　　　교육과.

김대행(1997a), 「국어과교육의 목표와 영역」, 『선청어문』 25집, 서울대학교 사범대학 국어교육과.

김 돈(1984), 「중종대 언관의 성격 변화와 사림」, 『한국사론』 10집, 서울대 국사학과.

김성룡(1997), 「전범 학습과 중세의 문학 교육」, 『문학교육학』 창간호.

김재봉(2002), 「반대 신문식 토론 수업의 대화와 논증활동 양상 분석」, 한국텍스트언어학회 봄철 정기 학술대회 자료집.

김종철(2000), 「글쓰기 교육의 문화적 척도-女性 行狀의 경우-」, 『고전산문교육의 이론』, 집문당.

김창원(2000), 「국어 표현의 문화와 반문화」, 『국어 이해·표현 교육론』, 집문당.

김 항(1998), 「구한말 근대적 공론영역의 형성과 상징적 기능에 관한 연구」, 서울대학교 석사학위논문.

김혜정(2002), 「텍스트 이해의 과정과 전략에 관한 연구-'비판적 읽기' 이론 정립을 위한 학제적 접근-」, 서울대학교 박사학위논문.

남지대(1984), 「조선 성종대의 대간 언론 연구」, 서울대학교 박사학위논문.

노진한(2000), 「梅泉野錄의 서술방법 연구」, 『고전산문교육의 이론』, 집문당.

목정균(1982), 「16세기 조선왕조의 제도언론에 관한 일고찰」, 『민족문화연구』 16집, 고려대학교 민족문화연구소.

문옥표(1995), 「인류학, 현대 문화분석, 한국학-이론적·방법론적 연계의 가능성-」, 『한국의 사회와 문화』 23집, 한국정신문화연구원.

민병곤(2000), 「신문 사설의 논증 구조 분석」, 『국어국문학』 127집, 국어국문학회.

______(2001a), 「논증 이론의 현황과 국어교육의 과제」, 『국어교육학연구』 12집.

______(2001b), 「TV 토론 담화의 논증 분석-화용·대화론적 접근법을 중심으로-」, 『텍스트언어학』 11집, 한국텍스트언어학회.

민현식(1994a), 「개화기 국어 문체 연구」, 『국어국문학』 111집, 국어국문학회.

______(1994b), 「개화기 국어 문체에 대한 종합적 연구(1)(2)」, 『국어교육』 83·84집, 한국국어교육연구회.

박명진(1995), 「언론학에서의 문화 개념과 문화 연구의 경향」, 비교문화연구소 제4회 학술 심포지움 자료집, 서울대학교 사회과학대학 비교문화연구소

박성현(1996), 「한국어 대화의 말차례 체계와 화제」, 서울대학교 박사학위논문.

박영태(1994), 「역사인류학의 방법에 대한 연구」, 성균관대학교 석사학위논문.

박재현(2000), 「Transformational Leadership and Source Credibility」, 『육사논문집』 58집 2권, 육군사관학교.

서상준·송진한·임칠성(1997),「인성 교육을 위한 고등학교 화법 교육 연구」, 한 국교원대학교 교과교육연구소.

성시정(1993),「독·오 역사인류학의 탈근대적 모색 : '전파주의'에서 '민족사학'으 로」,『민족과 문화』 1집.

송영일(1998),「조선 성종조 경연 진강 연구」, 한국교원대학교 박사학위논문.

송찬식(1978),「조선조 사림정치의 권력 구조-전랑과 삼사를 중심으로-」,『경제 사학』 2집, 경제사학회.

신명선(1998),「독립신문의 텍스트 구조적 특성에 대한 연구」, 서울대학교 석사학 위논문.

심영택(1997),「고등학교 화법 틀 연구-바람직한 우리 화법 문화 형성을 위하 여-」,『국어교육연구』 7집, 국어교육학회.

______(2002),「국어적 지식의 교수학적 변환 연구」,『국어교육』 108집, 한국국어 교육연구학회.

안수진(2000),「비판적 주체 형성 논의의 향방」,『운정 이상익 교수 정년퇴임 기 념논문집』, 서울대학교 사범대학 국어교육과.

엄　훈(2000),「조선 성종대 토론 문화 연구」,『국어교육』 103집, 한국국어교육연 구회.

______(2002a),「조선시대 공론 영역 논변에 대한 장르론적 접근」,『국어교육학연 구』 14집, 국어교육학회.

______(2002b),「조선 전기 공론 영역 논변의 사례 분석」,『텍스트언어학』 12집, 한국텍스트언어학회.

______(2002c), "How could *official speakers* communicate reasonably with thier king?", 제5차 ISSA 국제학술대회 발표 논문(paper presented in the 5th conference of the International Society for the Study of Argumentation, June 25-28, 2002, University of Amsterdam).

염은열(1996),「상소문의 글쓰기 전략 연구-'간타위소'를 중심으로-」,『국어교 육연구』 3집, 국어교육연구소.

______(1999a),「표현교육에서 지식의 성격에 대한 고찰」,『문학교육학』 3호.

______(1999b),「대상 인식과 내용 생성의 관계에 대한 표현교육론적 연구」, 서울 대학교 박사학위논문.

______(2001),「고전문학과 역사적 상상력」,『문학과 교육』 16호, 문학과교육연 구회.

오석원(1997),「儒家의 常道와 權道에 관한 연구」,『동양학』 27집, 단국대학교 동양학연구소.

우경섭(1998), 「英・正祖代 弘文館 기능의 변화」, 서울대학교 석사학위논문.

유동엽(1997), 「대화 참여자의 대화 전략에 관한 연구―상호작용을 위한 대화를 중심으로―」, 서울대학교 석사학위논문.

유명기(1993), 「문화 상대주의와 반문화 상대주의」, 『비교문화연구』 창간호, 일신사.

이경화(1993), 「학교 수학의 교수학적 변환에 관한 연구」, 서울대학교 석사학위논문.

이동은(2000), 「토론의 상호작용사회언어학적 연구―갈등과 그 운용을 중심으로―」, 서울대학교 박사학위논문.

이선영(2002), 「토론의 논증 구조와 사회적 상호작용에 관한 연구」, 서울대학교 석사학위논문.

이성만(2001), 「논증이론과 논증분석」, 『한국 텍스트 과학의 제과제』, 도서출판 역락.

이성무(1998), 「조선시대의 왕권」, 『동양 삼국의 왕권과 관료제』, 조선시대사학회, 국학자료원.

이성영(1999), 「국어 표현 방식 연구―결정 이양 원리를 중심으로―」, 『선청어문』 27집.

이재기(2001), 「주체, 이데올로기, 그리고 문식성 교육」, 『국어교육학연구』12집.

이재승(1999), 「과정 중심의 쓰기 교재 구성에 관한 연구」, 한국교원대학교 박사학위논문.

이지호(1997), 「연암 박지원의 글쓰기 방법론 연구―열하일기의 대상해석을 중심으로―」, 서울대학교 박사학위논문.

이태진(1971), 「사림파의 유향소 복립 운동(상)」, 『진단학보』 34집.

＿＿＿(1972), 「사림파의 유향소 복립 운동(하)」, 『진단학보』 35집.

＿＿＿(1990), 「조선왕조의 유교정치와 왕권」, 『한국사론』 23집, 서울대 국사학과.

전경수(1993), 「비교의 개념과 문화 비교의 적정 수준―서설적 검토」, 『비교문화연구』 창간호, 일신사.

전해종(1964a), 「承政院攷」, 『震檀學報』 25・26・27 합병호.

＿＿＿(1964b), 「上奏文의 격식・내용 및 절차에 대하여」, 『이상백 박사 회갑기념논총』, 을유문화사.

정병헌(2000), 「고전문학교육의 본질과 시각」, 『고전산문교육의 이론』, 집문당.

정재찬(2001), 「질적 연구 방법론의 국어교육적 함의」, 국어교육학회 제15회 학술

발표 대회.

정정순(2001), 「설득을 위한 글쓰기의 전략-이규태의 글쓰기를 한 사례로」, 『국어교육학연구』 12집.

정현선(1997), 「'문화교육'이라는 문제 설정Ⅱ」, 『국어교육학연구』 4집, 서울대학교 국어교육연구소.

조옥라(1993), 「한국 인류학에서의 비교 연구와 HRAF」, 『비교문화연구』 창간호, 일신사.

조용환(1995), 「교육학에서의 문화 연구」, 비교문화연구소 제4회 학술 심포지움 자료집, 서울대학교 사회과학대학 비교문화연구소.

조희정(2001), 「과거 시험의 글쓰기 평가에 대한 연구-세종조 강경 논쟁을 중심으로」, 문학교육학회 학술발표자료.

최미숙(1996), 「경험의 재구성으로서의 글쓰기에 관한 연구-박지원의 열하일기를 중심으로-」, 『국어교육연구』 제3집, 국어교육연구소

최이돈(1986), 「성종대 홍문관의 언관화 과정」, 『진단학보』 61집.

_____(1992), 「16세기 공론정치의 형성 과정」, 『국사관논총』 34집, 국사편찬위원회.

최인자(2000a), 「장르의 역동성과 쓰기 교육의 방향」, 『문학교육학』 5집.

_____(2000b), 「장르의 경쟁성으로 본 서사표현의 문화 원리-묘지명 서사장르를 중심으로-」, 『국어국문학』 127집.

최정호(1986), 「조선조 공론권의 구조변동에 관한 시론」, 『사회과학논집』 17집, 연세대학교 사회과학연구소.

최홍규(1990), 「paragraph」, 『영어학사전』, 신아사.

한충희(1987), 「조선초기 승정원 연구-실제 기능과 통치기구와의 관계를 중심으로」, 『한국사연구』 59집.

홍상훈(1999), 「傳統 時期 中國의 敍事論에 관한 硏究」, 서울대학교 박사학위논문.

▌국외 논저

墨翟, 박재범 옮김(1999), 『묵자』, 서울 : 홍익출판사.

吳孟復, 심경호·김봉희 옮김(1998), 『桐城文派述論』, 태학사.

劉勰, 최신호 옮김(1990), 『文心雕龍』, 서울 : 현암사.

曾先之, 윤재영 옮김(1997), 『十八史略』 上·中·下, 박영사.

Abbott, D. P.(1996), Rhetoric in the New World. Rhetorical Theory and Practice in

Colonial Spanish America. University of South Carolina Press. (Book reviewed by A. Zárate-Ruiz in Argumentation 12(3), Aug. 1998, pp.425~427.)

Amossy, R. et Delon, M.(eds.)(1999), Critique et légitimité et préjugé(XVIIIe-XXe siècle), editions de l'Université de Bruxelles.(Book reviewed by C. Ilie in Argumentation 14(4), Nov. 2000, pp.480-485.)

Andrews, R.(1989), Narrative and Argument, Open University Press.

__________(1995), Teaching and Learning Argument, Cassell.

__________(2002), Argumentation in Education : issues arising from undergraduate students' work, paper presented in the 5th conference of the International Society for the Study of Argumentation, June 25-28, 2002, University of Amsterdam.

Arendt, H.(1958), The Human Condition, The University of Chicago Press.

Aristoteles, Topica, 김재홍 옮김(1998), 『변증론』, 까치.

Austin, J. L.(2nd ed.)(1975), How to do Things with Words, 김영진 옮김(1992), 『말과 행위』, 서광사.

Bakhtin, M.(2nd ed.)(1963), Problemy poetiki Dostoevskogo, 김근식 옮김(1988), 『도스또예프스끼 시학』, 정음사.

Bauman, R.(1970), "Aspects of 17th Quaker Rhetoric", Quarterly Journal of Speech 56, pp.67~74.

Bauman, R., and J. Sherzer(eds.)(1989), Explorations in the Ethnography of Speaking (2nd ed.), Cambridge University Press.

Benoit, W. L., and J. J. Lindsey(1987), "Argument Fields and Forms of Argument in Natural Language", In F. H. van Eemeren, R. Grootendorst, J. A. Blair, and C. A. Willard(eds.), Argumentation : Perspectives and Approaches, Dordrecht/ Providence : Foris Publications.

Benson, T. W.(1997), Rhetoric and Political Culture in Nineteenth Century America. Michigan State University Press.

Biersack, A., and L. A. Hunt, New cultural history : essays, 조한욱 옮김(1996), 『문화로 본 역사 : 그 이론과 실제』, 서울 : 소나무.

Black, E.(1997), "The aesthetics of rhetoric, American style", In T. W. Benson(eds.), Rhetoric and Political Culture in Nineteenth Century America, Michigan State University Press.

Branham, R. J.(1994), "Debate and dissent in late Tokugawa and Meiji Japan",

Argumentation and Advocacy 30(3). pp.131~ .

Brinker, K.(1992), Linguistische Textanalyse,
이성만 옮김(1994), 『텍스트언어학의 이해』, 한국문화사.

Carpenter, R. H.(1995), History as Rhetoric : Style, Narrative, and Persuasion, University of South Carolina Press. (Book reviewed by Maurice A. Finocchiaro in Argumentation 11(2), May 1997, pp.263~266.)

Coulthard, M.(ed.)(1994), Advances in Written Text Analysis, Routledge.

Crane, J. G., and M. V. Angrosino(3rd ed.)(1992), Field Projects in Anthropology : A Student Handbook, 한경구 · 김성례 옮김(1996), 『문화인류학 현지조사 방법』, 일조각.

Darnton, R.(1984), The Great Cat Massacre : And Other Episodes in French Cultural History, 조한욱 옮김(1996), 『고양이 대학살』, 문학과지성사.

D'hulst, L., and J. Milton(eds.)(2000), Reconstructing Cultural Memory : Translation, Scripts, Literacy, vol. 7 of the Proceedings of the XVth Congress of the International Comparative Literature Association "Literature as Cultural Memory", Amsterdam : Rodopi.

van Dijk, T. A., Textwissenschaft Eine inter disziplinare Einfuhrung, 정시호 옮김 (1995), 『텍스트학』, 민음사.

van Dülmen, R.(2000), Historiche Anthropologie : Entwicklung, Probleme, Aufgaben, 최용찬 옮김(2001), 『역사인류학이란 무엇인가』, 푸른역사.

Edwards, V., and D. Corson(eds.)(1997), Literacy, Encyclopedia of Language and Education 2., Kluwer Academic Publishers.

van Eemeren, F. H., and R. Grootendorst(1985), Speech Acts in Argumentative Discussions, Dordrecht : Foris Publications.

___________________________________(1992), Argumentation, Communication, and Fallacies, Hillsdale, N.J. : Lawrence Erlbaum Associates, Inc., Publishers.

van Eemeren, F. H., R. Grootendorst, S. Jackson, and S. Jacobs(1993), Reconstructing Argumentative Discourse, The University of Alabama Press.

van Eemeren, F. H., K. de Glopper, R. Grootendorst, and R. Oostdam(1995), "Identification of unexpressed premises and argumentation schemes by students in secondary school", Argumentation and Advocacy 31(3), pp.151~162.

van Eemeren, F. H., R. Grootendorst, F. S. Henkemans et al.(1996), Fundamentals of Argumentation Theory, Lawrence Erlbaum Associates, Inc., Publishers.

van Eemeren, F. H., and P. Houtlosser(1997), "Rhetorical rationales for dialectical moves", In J. Klumpp(ed.), Proceedings of the Tenth NCA/AFA Conference on Argumentation, Annandale, VA : Speech Communication Association, pp.51~56.

______________________________(1998a), "Delivering the goods in critical discussion", In F. H. van Eemeren, R. Grootendorst, J. A. Blair, and C. A. Willard(eds.), Proceedings of the Fourth Conference of the International Society for the Study of Argumentation, Amsterdam : Sit Sat, pp.163~167.

van Eemeren, F. H., and P. Houtlosser(1998b), "William the Silent's Argumentative discourse", In F. H. van Eemeren, R. Grootendorst, J. A. Blair, and C. A. Willard(eds.), Proceedings of the Fourth Conference of the International Society for the Study of Argumentation, Amsterdam : Sit Sat, pp.168~171.

van Eemeren, F. H., R. Grootendorst, B. Meuffels, and M. Verburg(1998), "The (un)reasonableness of ad hominem fallacies", In F. H. van Eemeren, R. Grootendorst, J. A. Blair, and C. A. Willard(eds.), Proceedings of the Fourth Conference of the International Society for the Study of Argumentation, Amsterdam : Sit Sat, pp.172~177.

van Eemeren, F. H., and P. Houtlosser(2001), "Managing disagreement : Rhetorical analysis within a dialiectical framework", Argumentation and Advocacy 37(3), pp.150~157.

van Eemeren, F. H.(2002), "Advances in pragma-dialectics", In F. H. van Eemeren(ed.), Advances in Pragma-Dialectics, Amsterdam : Sic Sat.

van Eemeren, F. H., R. Grootendorst, and F. S. Henkemans(2002), Argumentation : analysis, evaluation, presentation, Mahwah, N.J. : Lawrence Erlbaum Associates, Publishers.

Enos, R. L.(ed.)(1990), Oral and Written Communication Historical Approaches, Written Communication Annual an International Survey of Research and Theory 4, Sage Publications.

Fairclough, N.(1999), "Linguistic and Intertextual Analysis within Discourse Analysis", In A. Jaworski, and N. Coupland(eds.), The Discourse Reader, Routledge.

Farb, P.(1993), Word Play : what happens when people talk, 이기동·김혜숙·김혜숙 옮김(1997), 『말-그 쓰임과 모습』, 한국문화사.

Fasold, R.(1990), Sociolinguistics of Language, 황적륜 외 공역(1994), 『사회언어학』, 한신문화사.

Feteris, E. T.(2002), "Pragmatic argumentation in a legal context", In F. H. van Eemeren(ed.), Advances in Pragma-Dialectics, Amsterdam : Sic Sat.

Fletcher, L.(5th ed.)(1995), How to Design & Deliver a Speech, Harper Collins College Publishers.

Freeley, A. J.(9th ed.)(1996), Argumentation and Debate, ITP.

Freedman, A., and P. Medway(eds.)(1994), Genre and the new Rhetoric, Bristole P A : Taylor & Francis.

Fulkerson, R.(1996), Teaching the Argument in Writing, Urbana, IL : National Council of Teachers of English.

Garrett, M. M.(1993), "Classical Chinese conceptions of argumentation and persuasion", Argumentation and Advocacy 29(3), pp.105~115.

Garrett, M. M.(1994), "The 'three doctrines discussions' of Tang China : religious debate as a rhetorical strategy", Argumentation and Advocacy 30(3). pp.150~ .

_______________(1997), "Chinese buddhist religious disputation", Argumentation 11(2), pp.195~209.

Garssen, B.(2002), "Understanding argument schemes", In F. H. van Eemeren(ed.), Advances in Pragma-Dialectics, Amsterdam : Sic Sat.

Geertz, C.(1973), The Interpretation of Culture, 문옥표 옮김(1998), 『문화의 해석』, 까치.

Ginzburg, C.(1976), Il formaggio e i vermi, 김정하·유제분 옮김(2001), 『치즈와 구더기』, 문학과지성사.

van Gorp, H., and U. Masarra-Schroder(eds.)(2000), Genres as Repositories of Cultural Memory, vol. 5 of the Proceedings of the XVth Congress of the International Comparative Literature Association "Literature as Cultural Memory", Amsterdam : Rodopi.

Graham, J.(1981), "The Caso : An Emic Genre of Folk Narrative", In R. Bauman, and R. D. Abrahams(eds.), "And Other Neighborly Names", Austin and London : University of Texas Press.

_________(1993), Cultural Capital, The University of Chicago Press.

Habermas, J.(1961), Strukturwandel der Öffentlichkeit : Untersuchungen zu einer Kategorie der bürgerlichen Cesellschaft, 한승완 옮김(2001), 『공론장의 구조변동 : 부르주아 사회의 한 범주에 관한 연구』, 나남.

___________(1992), Faktizität und Geltung : Beiträge zur Diskurstheorie des Rechts und des demokratischen Rechtsstaats, 한상진·박영도 옮김(2000), 『사실성과 타당성 : 담론적 법이론과 민주주의적 법치국가 이론』, 나남.

Hall, E. T.(1959), The Silent Language, 최효선 옮김(2000), 『침묵의 언어』, 한길사.

Hall, E. T.(1976), Beyond Culture, 최효선 옮김(2000), 『문화를 넘어서』, 한길사.

Hample, D., and J. M. Dallinger(1987), "The Judgment Phase of Invention", In F. H. van Eemeren, R. Grootendorst, J. A. Blair, and C. A. Willard(eds.), Argumentation : Perspectives and Approaches, Dordrecht/ Providence : Foris Publications.

Hample, D., B., P. J. Benoit, and J. Houston, G. Purifoy et al.(1999), "Naive Theories of Argument : Avoiding Interpersonal Arguments or Cutting Them Short", Argumentation and Advocacy 35, pp.130~139.

Hasian Jr., M.(2001), "Legal argumentation in the Godwin-Malthus debates", Argumentation and Advocacy 37(4), pp.184~197.

Henkemans, F. S.(1998), "Argument or explanation? Propositional relations as clues for distinguishing arguments from explanations", In F. H. van Eemeren, R. Grootendorst, J. A. Blair, and C. A. Willard (eds.), Proceedings of the Fourth Conference of the International Society for the Study of Argumentation, Amsterdam : Sit Sat, pp.757~760.

Herrick, J. A.(1997), The Radical Rhetoric of the English Deists : The Discourse of Skepticism, 1680~1750. University of South Carolina Press. (Book reviewed by John C. Adams in Argumentation 13(1), Feb. 1999, pp.119~121.)

Hunt, L. A.(1993), Invention of Pornography : Obscenity and the Origins of Modernity 1500~1800, 조한욱 옮김(1996), 『포르노그라피의 발명 : 외설성과 현대성의 기원, 1500~1800』, 서울 : 책세상.

__________(1992), Family Romance of the French Revolution, 조한욱 옮김(1999), 『프랑스 혁명의 가족 로망스』, 서울 : 새물결.

Jackson, S.(2002), "Designing argumentation protocols for the classroom", In F. H. van Eemeren(ed.), Advances in Pragma-Dialectics, Amsterdam : Sic Sat.

Jensen, J. V.(1992),. "Values and practices in Asian argumentation", Argumentation and Advocacy 28(4), pp.105~115.

Johnson, R. H.(1995), "Informal logic and pragma-dialectics : some differences", In F. H. van Eemeren, R. Grootendorst, J. A. Blair, and C. A. Willard(eds.), Perspectives and Approaches, vol. 1 of Proceedings of the Third

ISSA Conference on Argumentation, Amsterdam : Sic Sat.

Kennedy, G. A.(1980), Classical Rhetoric and Its Christian and Secular Tradition from Ancient to Modern Times, The University of North Carolina Press.

_______________(1991), Aristotle, On Rhetoric, New York Oxford : Oxford University Press.

Kennedy, G. A.(1998), A Comparative Rhetoric : An Historical and Cross-Cultural Introduction. Oxford University Press.

Kiewe, A.(1999), "The body as proof : Franklin Roosevelt's preparations for the 1932 presidential campaign", Argumentation and Advocacy 36(2), pp.88~100.

Knapp, A. B.(ed.)(1992), Archaeology, Annales, and ethnohistory, Cambridge University Press.

Kuhn, D., V. Shaw, and M. Felton(1997), "Effects of Dyadic Interaction on Argumentive Reasoning", Cognition and Instruction 15(3), pp.287 ~315.

La Barre, W.(1964), "Paralinguistics, Kinesics, and Cultural Anthropology", In T. A. Sebeok, A. S. Hayes, and M. C. Bateson(eds.), Approaches to Semiotics, Mouton & Co. pp.191-220.

LaWare, M. R.(1998), "Encountering visions of Aztlan : Arguments for ethnic pride, community activism and cultural revitalization in Chicano murals", Argumentation and Advocacy 34(3), pp.140~153.

Maturana, H. R., and F. J. Varela(1987), 최호영 옮김(1995), 『인식의 나무』, 서울 : 자작아카데미.

Miller, C. R.(1994), "Genre as Social Action", Freedman, A., and P. Medway(eds.), Genre and the new Rhetoric, Bristole PA : Taylor & Francis.

Morson, G. S., and C. Emerson(1990), Mikhail Bakhtin Creation of a Prosaics, Stanford University Press.

Murphy, T. A.(1995), "American political mythology and the Senate filibuster", Argumentation and Advocacy 32(2). pp.90~ .

Myers, G. E., and M. T. Myers(1985), The Dynamics of Human Communication : a Laboratory Approach, 임칠성 옮김(1995), 『대인 관계와 의사소통』, 집문당.

O'Connor, J. R.(1996), Speech, Exploring Communication(4th ed.), NTC.

Ong, W. J.(1982), Orality and Literacy, 이기우 · 임명진 옮김(1996), 『구술문화와 문자문화』, 문예출판사.

Perelman, Ch., and L. Olbrechts-Tyteca(1958), trans. by J. Wilkinson, and P.

Weaver(1969), The New Rhetoric : A Treatise on Argumentation, Notre Dame : University of Notre Dame Press.

Paltridge, B.(1997), Genre, Frames and Writing in Research Settings, John Benjamins Publishing Company.

Polanyi, M.(1958), Personal Knowledge : Towards a Post-Critical Philosophy, London : Routledge & Kegan Paul.

Reboul, O.(1989), La Rhétorique, Que sais-je? No. 2123, 박인철 옮김(1999), 『수사학』, 한길사.

Renkema, J.(1992), Discourse Studies : An Introductory Textbook, 이원표 옮김(1997), 『담화 연구의 기초』, 한국문화사.

Schmidt, P. R., and T. C. Patterson(eds.)(1995), Making Alternative Histories — The Practice of Archaololgy and History in Non-western Settings, School of American Research Press.

Searle, J. R.(1969), Speech Acts, Cambridge : Cambridge Univ. Press.

Stenström, A. B.(1994), An Introduction to Spoken Interaction, New York : Longman.

Tindale, C. W.(1999), Acts of Arguing — a Rhetorical Model of Argumentation, State University of New York Press.

Todorov, T., Mikhail Bakhtin : le principe dialogique, 최현무 옮김(1987), 『문학사회학과 대화이론』, 까치.

Toulmin, S. E.(1958), The Uses of Argument, Cambridge : C.U.P.

Vygotsky, L. S., ed. and trans. by E. Hanfmann, and G. Vakar(1962), Thought and Language, 신현정 옮김(1985), 『사고와 언어』, 도서출판 성원사.

Vygotsky, L. S., ed. and trans. by M. Cole(1978), Mind in Society : the Development of Higher Psychological Processes, 조희숙·황해익·허정선·김선옥 옮김(1994), 『사회 속의 정신 — 고등 심리 과정의 발달』, 도서출판 성원사.

Walton, D.(1991), Begging the question : circular reasoning as a tactic of argumentation, N.Y. : Greenwood.

__________(1995), A Pragmatic Theory of Fallacy, The University of Alabama Press.

__________(1996), Agument Structure : A Pragmatic Theory, University of Tronto Press.

__________(1998), The New Dialectic : Conversational Contexts of Argument, University of Toronto Press.

Walton, D., and E. Krabbe(1995), Commitment in Dialogue, Albany : State University of New York Press.

Warnick, B., and S. L. Kline(1992), "The new rhetoric's argument schemes : a rhetorical view of practical reasoning", Argumentation and Advocacy 29(1), pp.1~15.

Wertsch, J. V.(1998), Mind as Action, Oxford University Press.

Wiethoff, W.(1996), A Peculiar Humanism : The Judical Advocacy of Slavery in High Courts of the Old South, 1820-1850. University of Georgia Press. (Book reviewed by T. S. Morrow in Argumentation and Advocacy 35(1), Summer 1998, pp.32~33.)

Willard, C. A.(1983), Argumentation and the Social Grounds of Knowledge, The University of Alabama Press.

__________(1996), Liberalism and the Problem of Knowledge : a New Rhetoric for Modern Democracy, The University of Chicago Press.

Zarefsky, D.(1995), "Argumentation in the Tradition of Speech Communication Studies", In F. H. van Eemeren, R. Grootendorst, J. A. Blair, and C. A. Willard(eds.), Perspectives and Approaches, vol. 1 of Proceedings of the Third ISSA Conference on Argumentation, Amsterdam : Sic Sat.

성종 13년 1월 21일(庚寅), 경연에서의 논변(소통 행위 (1))

#경연에 납시었다. 강하기를 마치자 지평 유문통이 아뢰었다. #

01 유문통 : {[본부(사헌부)에서 이조에서 제수할 때의 망단자를 참고하려고
  하였습니다. 전례가 없다고 대답하고 보내지 아니하였습니다.]

  [신등의 생각으로는 擬望한 가운데 만약 합당하지 못한 자가 있으면 알지
  않을 수 없습니다.]

#상께서 좌우에 물으셨다. #

(02 상 : [어떠한가?])

#영사 이극배가 대답하였다. #

03 이극배 : [신도 일찍이 이조와 병조를 거쳤습니다. 그러나 망단자를 사헌부
  에 보낸 예는 없었습니다.]

#상께서 말씀하셨다. #

04 상 : [나의 생각에도 불가하다고 여긴다.]

  [제수한 것이 인품에 합당하지 아니하면 사헌부에서는 마땅히 탄핵을 하
  면 된다. 어찌 반드시 보아야 하겠는가? 이미 이조와 병조를 설치하여 전
  담을 시켰다. 사헌부에서 왜 관여하려 하는가? 그렇다면 정사할 때에 대
  간에서도 마땅히 참여해야 하겠다.]}

#유문통이 또 아뢰었다. #

05 유문통 : {[박숙선이 전라도에 간 것이 우금 3년입니다. 민간에 작폐를 한
  것도 많습니다. 2품 재상이 임의대로 고향에 있을 수 없음은 법령에 정해
  진 것입니다.]

  [또 박숙선은 활 쏘는 재주만 있고 지식은 없으니 불의한 일을 하였을까

걱정입니다. 더구나 본래 행위가 매우 야박하여 그의 형 박중선이 죽었을
적에도 분상하지 아니하였습니다. 어찌 인정으로 그럴 수가 있겠습니까?]
[청컨대 잡아오게 하소서. 그렇지 않으면 감사에게 유시하여 잡아 보내도
록 독촉하는 것이 어떻겠습니까?]

상께서 말씀하셨다.

06 상 : [平陽(박중선)이 죽은 것을 어찌 듣지 못하였겠는가? 그런데 지금까지
오지 않음은 매우 불가하다.]
[감사에게 유시하여 속히 올려보내게 하라. 온 뒤에 사헌부에서 국문하
라.]}

헌납 김대가 아뢰었다.

07 김대 : {[변론 : 백성을 侵漁함은 鄕吏보다 더한 자가 없습니다. 수령도 반
드시 어질 수는 없습니다. 그래서 백성이 편안하게 살 수가 없습니다. 비
록 京在所의 耳目이 있다 하나 미치지 못하여 또한 규명하여 단속할 수가
없습니다. 옛사람이 이르기를, ‘猾吏가 지나가면 닭과 개라 하더라도 편안
하지 못하다.’고 하였습니다. 닭과 개도 편안하지 못한데 더구나 사람이겠
습니까? 유향소의 법은 매우 훌륭했습니다. 그러나 중간에 폐지함으로 인
하여 이러한 큰 폐단이 생겼습니다.]
[요청 : 다시 세우는 것이 어떠합니까?]

상께서 左右에 물으셨다.

(08 상 : [질문 : 어떠한가?])

이극배가 대답하였다.

09 이극배 : [응답 : 신도 그 점에 대해서 생각한 지가 오래였으나 상달하지를
못했습니다.]

상께서 말씀하셨다.

10 상 : [하문 : 영돈녕 이상에게 의론하게 하라.]}

原文 : 영인본 조선왕조실록 10집 291면

　　○ 御經筵 講訖 持平柳文通啓曰 本府欲考吏曹除授望單字 若以無例 不送 臣
等意謂 擬望中若有不當爲者 則不可不知也　　　上問左右曰 何如 領事李克培

對曰 臣亦曾經吏兵曹 其望單字 送司憲府 無例矣   上曰 予意亦謂不可也 除
授間人品不合 則憲府當劾之 何必見之乎 旣設吏兵曹而專任矣 憲府何與焉 然
則政事時 臺諫亦當入參矣 文通又啓曰 朴叔善 往全羅道 于今三年 作弊民間
亦多 二品宰相 不得任意居鄕 著在令甲 且叔善 有射才無知識 恐行不義之事
況素行甚薄 其兄仲善之死 亦不奔喪 安有人情如是乎 請拿來 無已則諭監司督
送何如   上曰 平陽之卒 豈不得聞 至今不來 甚不可 其諭監司 速令上送 來
後 憲府鞫之 獻納金臺啓曰 侵漁百姓 莫如鄕吏 守令未必皆賢 以此民不得奠
居 雖有京在所 耳目不逮 亦未得糾檢 古人云 猾吏所過 雖雞犬不得寧 雞犬尙
且不寧 況於人乎 留鄕所之法甚美 中因革除 致此巨弊 復立何如   上 問左右
克培對曰 臣亦念此久矣 而未得上達耳   上曰 議諸領敦寧以上

성종 13년 1월 22일 辛卯, 영돈녕 이상이 유향소 복립 편부를 의론하다
(소통 행위 (2))

#유향소를 다시 세우는 것이 마땅한지 마땅하지 않은지를 의론하게 하였다.
영의정 정창손·우의정 홍응·선성부원군 노사신이 의론하였다. #

(1 상 : {[하명 : 유향소를 다시 세우는 것이 마땅한지 마땅하지 않은지 의론
   하라.])
2 정창손 등 : [변론(설명) : 이전에 유향소 사람들이 鄕中에서 그 권위를 남용
   하여 불의한 짓을 행하여 폐단이 많았습니다. 그래서 先王朝에 폐지하였습
   니다.]
   [논박 : 猾吏를 견제하고 풍속을 바로잡는 것은 수령이 해야 할 일입니다.
   만약 이를 모두 유향소에다 위임한다면 수령은 할 것이 없지 않습니까?]
   [논박 : 또 국가에서 수령을 선택함에 있어서도 바른 인재를 얻지 못하는
   경우가 있는데 한 고을의 유향소 인원을 선택하면서 어찌 다 올바른 사
   람을 얻을 수 있겠습니까?]
   [견해진술 : 다만 고을에 큰 폐단만 될 뿐이고 정치에는 도움이 없을 것입
   니다.]
#청송부원군 심회·파천부원군 윤사흔·좌의정 윤필상·영돈녕 윤호가 의론
하였다. #

3 심회 등 : [변론 : 유향소를 폐지한 이후 鄕風習俗이 날로 어지러워지고 악
    화되었습니다. 이러한 조짐은 키울 수가 없는 것입니다.]

    [견해진술 : 신의 생각으로는 다시 세우는 것이 마땅합니다.]

    [수용 : 다만 유향소의 인원이 어질고 어질지 못함이 같지 아니하여 혹은
    사심을 품고 폐단을 일으키는 자도 있을 것입니다. 따라서 이를 징계하
    지 않을 수는 없습니다.]

    [견해진술 : 그 금하고 억제하는 절목을 該司로 하여금 상의하여 시행하게
    하는 것이 어떻겠습니까?]

광릉부원군 이극배가 의론하였다.

4 이극배 : [설명 : 州府郡縣에는 각각 土姓이 있는데 이들이 서울에 살면서
    벼슬하는 곳을 경재소라 합니다. 경재소에서는 그 고향에 살고 있는 토성
    중에서 剛明한 品官을 뽑아 유향소의 有司로 삼아 奸吏의 범법 행위를 相
    互 糾察하고 풍속을 유지하였는데 그 유래가 오래 되었습니다.]

    [논박 : 중간에 폐지한 것은 世祖朝에 충주의 백성이 그 고을 수령을 고소
    한 적이 있는데 그 때 유향소에서 수령을 고소하는 것은 不可한 일이라
    하여 그 사람을 극심히 侵虐하였는데 마침내 성상께서 듣기에 이르렀습
    니다. 이로 인하여 혁파한 것이지 다른 이유는 없습니다.]

    [논박 : 이후로 奸吏들이 더욱 두려워하거나 거리낌 없이 非法을 자행하
    나 경재소의 이목은 또한 멀어 미처 보고 듣지 못하므로 이를 금할 길이
    없습니다. 마을을 횡행하며 백성들을 괴롭히는데 수령이 한 번 말하게
    되면 몰래 수령의 허물을 기록해 두었다가 村民을 사주하여 그 허물을
    드러내어 마침내 罷職을 당함에 이릅니다. 이로 인하여 수령들도 隱忍하
    며 날이나 보내게 되었습니다.]

    [논박 : 풍속의 폐단이 이 지경에 이르니 가히 탄식할 일입니다. 유향소를
    복립한다 하여도 갑자기 풍속을 변하게 할 수는 없습니다. 그러나 奸吏
    들이 두려워하고 꺼리는 바 있어 다시 방자하게 굴지는 못할 것입니다.
    근일에 충청 감사가 全義의 官奴에게 고소를 당하였으니 이러한 조짐은
    염려스러운 것입니다.]

    [견해진술 : 신은 이로써 유향소 복립이 국정에 해가 없을 것 같다고 하는
    것입니다. 유향소에서 폐단을 일으키는 데 대해서는 국법이 있어 견제하

기가 어렵지 않으니 또 무엇을 걱정하겠습니까?]
심회 등의 의론을 따르셨다.
(5 상 : [심회 등의 의론이 가하다.])}

原文 : 영인본 조선왕조실록 10집 291~292면

○ 議留鄕所復立便否 領議政鄭昌孫 右議政洪應 宣城府院君盧思愼議 前此留
鄕所人員 在鄕中 竊其威權 恣行不義 其弊多端 故先王朝革之 制猾吏正風俗
守令事也 若皆委之留鄕所 則守令無所爲矣 且國家選擇守令 或不得人 一邑留
鄕人員 豈盡得人乎 徒爲一鄕巨弊 無補治化 靑松府院君沈澮 坡川府院君尹士
昕 左議政尹弼商 領敦寧尹壕議 自留鄕所革去以後 鄕風習俗 日就淆惡 漸不
可長 臣意以謂 復立爲便 但留鄕人員 賢否不齊 或有挾私作弊者 不可不懲 其
禁抑節目 令該司商議施行何如 廣陵府院君李克培議 州府郡縣 各有土姓 其在
京從仕者 謂之京在所 京在所 擇其居鄕土姓剛明品官 爲留鄕所 有司奸吏所犯
互相糾察 維持風俗 其來已久 中間廢之者 在世祖朝 忠州民 告其州守令 其時
留鄕所 以守令告訴 爲不可 侵其人太甚 乃至　　上聞 以此罷之 非他故也 其
後奸吏益無畏忌 恣行非法 京在所 耳目亦遠 未及見聞 無由禁防 橫行里落 侵
擾民戶 守令一有所言 則暗綠過失 陰嗾村民 發其過惡 乃至見罷 以此爲守令
者 亦隱忍度日 風俗之弊 一至於此 可嘆也已 雖復立留鄕所 固不可遽變風俗
然奸吏有所畏忌 不得放肆 則有之 近日忠淸監司 被告於全義官奴 其漸可慮
臣以謂 復立留鄕所 似無害於國政 其留鄕之作弊者 自有國法 制之不難 又何
恤之　　　從沈澮等議

성종 19년 11월 19일 戊寅, 대사헌 이칙 등의 상소(소통 행위 (6))

#사헌부 대사헌 李則 등이 疏를 올려 말하였다. #

1 이칙 등 :

(진행 연속체 1) {[개시 : 臣等이 요즈음 임사홍의 일을 가지고 天聽을 여러 차례 더럽혔으나(累瀆) 윤허를 얻지 못하였습니다.]

[문제진술 : 그런데 御書에 이르시기를 "諭示하기를 자세히 하였다. 어찌하여 말을 번거롭게 하느냐?"고 하셨습니다. 신등은 '유시하기를 자세히 하였다'는 것이 무엇을 이르는 것인지 아직 깨닫지 못하였습니다.]

(진행 연속체 2) [논박 : 만약 임원준의 공이 중하다 하여 그 아들에게 상을 미루어 준다고 하면, 임원준의 공을 갚는 것이 지나치다는 것은 臣等이 이미 말하였습니다.]

[논박 : 만약 임사홍의 일이 실정에 지나치다고 말한다면, 임사홍의 마음과 행실의 악함은 신등이 말하였을 뿐만 아니라 전하께서도 이미 알고 계시는 것입니다.]

[논박 : 人事는 10년이면 반드시 변하므로 임사홍도 반드시 허물을 고쳤을 것이라고 하면, 임사홍이 옛 악함을 고치지 아니하고 방자하여 꺼림이 없는 것은 신등이 또한 자세히 말한 바 있습니다.]

[견해진술 : 전하께서 '유시하기를 자세히 하였다'고 말씀하신 바가 臣은 진실로 의혹스럽습니다.]

[변론 : 書經에 이르기를 '爵은 惡德에게 미치지 말고 오직 어진이에게만 주소서'라고 하였으니, 爵命은 어진이를 대우하는 바라 악덕에게 미칠 수 없습니다. 또 이르기를, '공 세우기를 힘쓰는 자는 상을 내려 힘쓰게 하셨다'고 하였으니, 賞典은 공이 있는 이를 기리는 것이므로 공이 없는

이에게 주는 것은 옳지 못합니다. 임사홍은 크게 악한 것만 있고 조그마한 공도 없으니 爵賞의 명을 함부로 더하는 것은 옳지 아니합니다.]

(진행 연속체 3) [문제진술 : 전하께서는 임사홍이 文墨의 작은 재주가 조금 있는 것을 끝내 버릴 수 없어 그렇게 하시는 것이 아닙니까?]

[변론 : 대저 재주에는 군자의 재주와 소인의 재주가 있습니다. 소인이면서 재주가 있으면 이는 호랑이가 날개를 가진 것과 같아서 반드시 나라를 그르치는 데에 이를 것입니다.]

[변론 : 임사홍의 재주는 소인의 재주입니다. 전일에 朋黨을 사귀어 맺고 朝政을 濁亂하게 하였는데 이는 재주가 아니면 할 수 없는 것입니다. 근일에 두 번이나 上書하여 조정을 욕한 것도 재주가 아니면 할 수 없는 것입니다.]

[변론 : 이같이 음흉하고 간교한 재주로써 전하의 은총을 도둑질하여 위로는 임금을 속이고 아래로는 사람에게 방자히 군다면 후일의 禍를 어찌 이루 말할 수 있겠습니까?]

[변론 : 유식한 인사는 한심스러워하지 않는 이가 없습니다. 전하께서는 아직 깨닫지 못하시고 산처럼 마음을 옮기지 아니하시니, 어찌하여 소인을 사랑함이 이처럼 지극하십니까?]

[변론 : 예로부터 제왕이 그 사람이 소인임을 알지 못하고서 신임하다가 나라가 어지러워지고 망하게 되는 경우는 많았습니다. 소인인 것을 알면서도 도리어 사랑하고 신임하여 어지럽고 망하는 계단을 열게 한 일은 없었습니다. 전하께서는 이미 임사홍의 간사함을 헤아려 아시면서 반드시 버리지 않으려 하시니, 신등은 국사가 이로부터 날로 그릇될 것이 두렵습니다.]

(진행 연속체 4) [말터진술 : 오직 하늘과 祖宗께서 전하께 맡기신 것은 대개 백성을 보호하고 宗社를 튼튼히 하여 크나큰 터전을 떨어뜨림이 없고, 위대한 業을 억만년 무궁토록 이어가게 하는 것입니다.]

[변론 : 소인을 기용하면 어진이가 물러갑니다. 소인을 기용하여 어진이가 물러가면 백성이 병들고 宗社가 불안할 것입니다.]

[견해진술 : 그렇다면 하늘에 계시는 조종의 靈이 옳게 여겨 '능히 하늘의 뜻을 잘 받드는도다' 하시겠습니까? '나의 후손이 터전을 버리지 아니하

는도다’하시겠습니까?]

(진행 연속체 5) [문제진술 : 신등이 聖聰을 여러 차례 더럽혔으나 윤허를 얻
지 못하였으니, 이는 반드시 어리석은 말이 성총에 거슬린 것입니다.]

[변론 : 伊尹이 太甲에게 고하기를, ‘말이 그대의 마음에 거슬리면 반드시
道에서 구하도록 하오’라고 하였습니다.]

[종결 : 엎드려 원하건대 전하께서는 신등의 말이 거슬린다고 하지 마시고
허심탄회한 마음으로 자세히 생각하시어 빨리 成命을 거두시어 소인이
나라를 그르치는 조짐을 막으소서.]

#들어주지 아니하셨다. #

(2 상 : [거절 : 들어줄 수 없노라.])}

原文 : 영인본 조선왕조실록 11집 401면

○ 司憲府大司憲李則等上疏曰 臣等近將士洪之事 累瀆　　天聽 未蒙兪允
御書乃曰 諭之詳矣 何以煩言 臣等未審諭之詳者 何謂也 若以任元濬爲功重
推賞其子 則元濬之功 酬報之過 臣等旣言之矣 若以言士洪事爲過情 則士洪心
行之惡 非徒臣等言之　　殿下亦已知之矣 以人事十年必變 而士洪亦必改過
則士洪之不改舊惡 放恣無忌 臣等亦言之詳矣　　殿下所謂諭之詳者 臣實惑
焉 書曰 爵罔及惡德 惟其賢 爵命所以待賢人也 不宜及於惡德 又曰 功懋懋賞
賞典所以襃有功也 不宜加於無功 士洪有大惡而無細功 爵賞之命 不宜濫加
殿下無奈以士洪 稍有文墨小技 終不棄而然乎 夫才有君子之才 有小人之才
小人而有才 則是虎而翼者也 必至於誤國 士洪之才 乃小人之才也 前日交結朋
黨 濁亂朝政 非才則不能也 近日至再上書 折辱朝廷 非才則不能也 以如此兇
狡之才 盜竊　　殿下之恩寵 上以欺於君 下以肆於人 後日之禍 可勝言哉 有識
之士 莫不寒心　　殿下曾不改悟 不移如山 是何寵小人 乃至此極 自古帝王 不
知人之爲小人而信任之 以至亂亡者多矣 未有知其爲小人 而反寵任之 以開亂
亡之階者也　　殿下旣洞照士洪之奸 而必欲不去 臣等恐國事從此日非矣 惟天
惟　　祖宗 所以畀付　　殿下 蓋欲子保元元 鞏固宗社 以無墜丕丕之基 綿鴻
業於億萬年之無窮也 小人用則賢者退 小人用而賢者退 則元元病而宗社不安矣
然則　　祖宗在天之靈 其肯曰能用答天意乎 其肯曰子有後不棄基乎 臣等累瀆

聖聰 未蒙允可 是必戇愚之言 咈於   聖聰也 伊尹告太甲曰 有言逆于汝心
必求諸道 伏願   殿下 勿以臣等之言爲逆 虛懷繹之 亟收成命 以杜小人誤國
之漸   不聽

성종 19년 11월 23일 壬午, 대간의 합사 상소(소통 행위 (11))

#사헌부 대사헌 이칙 등과 사간원 대사간 안호 등이 상소하였다. #
1 이칙 등, 안호 등 :
(진행 연속체 1) {[문제진술 : 임금이 높은 형세로써 억조창생의 위에 처하여
    오직 내 하고 싶은 대로 하면서 두려워하고 돌아보는 것이 없으면 다시
    어찌 두려워할 만한 일이 있겠습니까?]
  [변론 : 위로는 天命을 두려워하고 아래로는 민심을 두려워하며 또 무릇
    百世의 公議를 두려워하기 때문에 옛 帝王은 좌우에서 말하고 기록하며
    앞뒤에서 경계하고 깨우쳐서 조심하고 공경하여 감히 게을리하고 소홀히
    하지 아니하였습니다. 오히려 사람들이 나의 과실을 말하지 아니하고 허
    물을 고치기를 빨리하지 아니할 것을 두려워하였습니다.]
  [호소 : 그런데 전하께서 이르신 바, '내가 어찌 저들을 두려워하겠느냐?'
    고 하신 것은 무엇입니까? 史氏의 귀와 눈은 鈇鉞보다 엄하여 만세에 전
    해져서 없어지지 아니하는데 전하께서는 어찌하여 홀로 두려워하지 아니
    하십니까?]
  [논박 : 임사홍의 죄악은 史氏가 앞에 썼는데 이어 전하께서 爵命을 더한
    것을 쓰고, 또 쓰기를, '전하께서 곧은 말(讜言)을 배척하고 衆論을 어기
    면서 받아들이심이 없다'고 할 터인데 전하께서 돌이켜 보시면 두렵지
    않으십니까? 『書經』에 이르기를, '두려워하지 아니하지 말라. 두려워하지
    아니하면 두려운 데 들어가게 된다.'[罔不惟畏 不畏入畏]고 하였습니다.]
  [견해진술 : 전하께서 임사홍을 위하여 두려워하지 아니하심이 이에 이르
    시니, 신등이 이해할 수 없는 바의 첫째입니다.]
(진행 연속체 2) [문제진술 : 전하께서 임사홍을 쓰는 것은 사사로운 은혜가
    아니라고 하시니, 신등은 그윽이 의혹스럽습니다.]
  [논박 : 임사홍이 당초에 죄를 범할 때에 律이 極刑에 해당되었는데 전하

께서 性命을 보전하게 하여 다만 변경[邊地]에 옮기도록 하였으니 이것이 사사로운 은혜가 아닙니까? 또 얼마 아니 되어 불러들였으니 이것이 사사로운 은혜가 아닙니까? 또 얼마 아니 되어 직첩을 내려주었으니 이것이 사사로운 은혜가 아닙니까? 또 얼마 아니 되어 서용하였으니 이것이 사사로운 은혜가 아닙니까?]

[논박 : 사씨가 큰 글자로 드러나게 써서 후세에 전하니 곧 전하를 어떠하다고 이르겠습니까? 이것도 두려워해야 할 것이 아닙니까?]

[논박 : 이에 앞서 (임사홍을) 불러들일 때에 전교하시기를, '임사홍을 기용하려는 것이 아니고, 다만 직첩을 내려줄 뿐이다.'하셨습니다. 이는 곧 전하께서 임사홍을 기용하지 아니한다는 말씀이 이미 그때에 정하여져서 사람의 귀와 눈에 전파되고 史策에 쓰여진 것입니다. 이제 전의 전교를 어겨버리고 반드시 기용하려고 하시니 또한 사사로운 은혜가 아닙니까?]

[논박 : 그리고 匹夫匹婦라도 오히려 신의를 잃지 아니하려고 하는데, 하물며 임금의 말 한 마디와 행동 하나가 백성들이 본을 받는 것인데 신의를 잃으심이 이에 이르니 이 백성이 장차 어디에서 본을 받겠습니까?]

[논박 : 가령 임사홍의 功이 社稷에 있다고 하더라도 오히려 마땅히 전에 말한 것을 돌아보며 임용하는 것을 어렵게 여기고 신중히 하여 가볍게 기용할 수 없는 것입니다. 하물며 이제 털끝만한 공도 없는데 크게 간사한 자에게 爵을 더하였습니다.]

[견해진술 : 백성에게 신의를 잃으시니, 신등이 이해할 수 없는 바의 둘째입니다.]

(진행 연속체 3) [논박 : 전일에 또 전교하시기를, '비록 三公의 과실이라도 그대들은 모두 말하라.'하셨습니다. 임사홍이 나라를 그르칠 때에도 반드시 말한 사람이 있었습니다. 대저 소인을 진출하게 하고 물러나게 하는 즈음에 마땅히 처음을 삼가야 합니다. 처음을 삼가지 아니하고서 그 마침을 잘하는 자는 있지 아니합니다. 임사홍의 악함은 신등이 말했을 뿐만 아니라 전하께서도 이미 알고 계시는 바입니다. 지금 신등이 청하기를 그치지 아니하였으나 전하께서 아직 윤허하지 않으시니, 후세에 말하는 자가 전하께서 (諫言을) 따르지 않으시는 것이 오늘과 같지 않다는 것을 어찌 알겠습니까?]

[논박 : 또 임사홍의 세력이 이미 성한 뒤에 言責을 맡은 자가 혹 응원하
는 무리가 되어 몰래 서로 편들고 도와서 朝政을 濁亂하게 하는 것이 전
일과 같지 않을 것을 어찌 알겠습니까?]

[견해진술 : 신등이 이해할 수 없는 바의 셋째입니다.]

(진행 연속체 4) [변론 : 또 소인이 나라를 그르치는 것은 시험해 쓰는 날에
비롯되는 것이 아닙니다. 모르는 사이에 자라고 커서 그 세력이 점차로
이루어져 마침내 威福에 이르게 됩니다. 크게 간사한 자의 근거가 한 번
옮겨지게 되면 아무리 없애버리려고 하더라도 장차 할 수 있겠습니까?]

[변론 : 이는 ‘서리가 내리면 얼음이 굳게 얼 조짐’이라는 말이 그 경계가
됩니다. 임사홍의 간사함은 聖明한 조정에서는 비록 이런 일이 없다고
보증할 수 있겠으나, 오늘날의 일로 시험삼아 볼진댄 목숨을 보전하여
변방에 귀양가는 데 그친 것은 바로 불러 돌아오게 할 조짐이며, 이미 소
환한 것은 곧 직첩을 내려 줄 조짐이었습니다. 그러다가 얼마 아니 되어
과연 그 직첩을 내려 주었으니 이는 바로 다시 기용할 조짐이었습니다.
이제 과연 다시 기용하여 조정의 반열에 있음을 얻었으니, 위로는 삼공
에 버금가는 아비가 있고 아래로는 공주에게 장가든 아들이 있어서 안팎
으로 인연을 맺었는데 임사홍이 또 간사함을 더한다면 후일의 조짐이 마
땅히 어떠하겠습니까?]

[견해진술 : 신등이 이해할 수 없는 바의 넷째입니다.]

[변론 : 예로부터 임금이 나라에 일이 없을 때를 당해서 더욱 幾微의 즈음
을 엄하게 하여 항상 측량할 수 없는 근심이 아침저녁에 있는 것처럼 하
는 것은, 진실로 작은 데에 삼가지 아니하면 널리 퍼져서 도모하기가 어
렵게 되기 때문입니다. 그러므로 『周易』에 이르기를, ‘어려운 일은 쉬울
때에 도모하라.’[圖難於其易]고 하였습니다.]

(진행 연속체 5) [종결 : 엎드려 원하건대, 전하께서는 宗社를 위해 계획하시
고 生民을 위해 근심하시어 公器를 그릇되이 소인에게 주지 마시고, 사
씨는 가히 두려워할 것이 없다고 하지 마시며, 사사로운 은혜로써 사람
들에게 큰 신의를 잃지 마시고, 오늘날 우선 쓰다가 후일에 마땅히 버리
겠다고 하지 마시며, 또한 신등의 말을 미치광이와 장님의 말이라 하면
서 쓸 수 없다고 하지 마소서.]

[견해진술 : 조심하고 두려워하여[兢兢業業]날마다 삼감을 더하시면 진실
로 종사와 생민의 복이며, 전하께서 간하는 말에 따르시는 아름다움이
또한 무궁하게 전해질 것입니다.]

#御書로 이르셨다. #

2 상 : [논박 : 史氏는 가히 두려워할 것이 없다는 것이 아니라 사관의 公私에
따를 뿐이다. 귀와 눈이 있으면서 공정함으로 하지 아니하면 口舌로 능
히 분변할 바가 아니다.]

[견해진술 : 임사홍을 쓰는 뜻은 卿等이 스스로 알 것이다.]}

原文 : 영인본 조선왕조실록 11집 403~404면

○ 壬午 司憲府大司憲李則等 司諫院大司諫安瑚等上疏曰 人主以巍然之勢 處
億兆之上 惟吾之所欲爲而無所畏顧 則又何有可畏之事哉 上畏天命 下畏民心
又畏夫百世之公議 故古昔帝王 左言而右史 前規而後箴 小心翼翼 不敢怠忽
猶恐人之不言吾過而改之不速 然則　　殿下所謂 吾何畏彼者 抑又何耶 史氏
耳目 嚴於鈇鉞 垂之萬世而不泯　　殿下何獨不畏乎 士洪罪惡 史氏書於前 而
繼書　　殿下爵命之加 又書　　殿下排讜言咈衆論 而無所聽納 則　　殿下顧
不可畏耶 書曰罔不惟畏 不畏入畏　　殿下爲士洪而不畏至此 臣等之未解一
也　　殿下以用士洪 爲非私恩 臣等竊惑焉 士洪當初犯罪之時 律當極刑　　殿
下俾保性命 只徒邊地 此非私恩乎 未幾而召還 此非私恩乎 又未幾而賜職 此
非私恩乎 又未幾而敍用 此非私恩乎 史氏大書特書 垂示於後 則謂　　殿下何
如也 是亦不可畏耶 前此召還之時　　敎曰 非欲用士洪 只賜其職耳 是則
殿下不用士洪之言 已定於其時 播人耳目 書之史策 今也 違棄前　　敎 必欲用
之 又非私恩乎 且匹夫匹婦 尙欲不自失信 而況人君一言一動 爲下民取則 而
失信至此 斯民將何所取法乎 假使士洪功在社稷 猶當顧其前言 其難其愼 而不
可輕用 況今無毫髮之功 而加爵於大奸 失信於下民 臣等之未解二也 前日又
　　敎曰 雖三公過失 汝等皆言之 士洪誤國之時 必有言者 凡小人進退之際 當
謹之於始 始之不謹 而能善其終者 未之有也 士洪之惡 非徒臣等言之　　殿下
亦而知之 今臣等請之不已　　殿下尙不允可 後雖有言者 安知　　殿下之不從 亦
不如今日乎 又安知士洪勢焰旣盛之後 任言責者 或爲朋援 陰相黨助 濁亂朝政

亦不如前日乎 臣等之未解三也 且小人之誤國 非始於試用之日 乃潛滋暗長 馴
致其勢 從至於威福 一移大奸根據 則雖欲去之 其將能乎 此履霜堅氷之漸 所
以爲戒也 士洪之奸 在聖明之朝 雖曰保無是事 然試以今日之事觀之 其得保首
領 止竄邊地者 是乃召還之漸也 旣召還則是乃賜職之漸也 未幾而果賜其職 是
乃復用之漸也 今果復用 得列朝廷 上有亞三公之父 下有尙公主之子 內外締結
而士洪又以奸邪濟之 後日之漸 當何如也 臣等之未解四也 自古人主 當國家無
事之時 尤嚴於幾微之際 常若有不測之憂 在於朝夕者 誠以不謹於細蔓難圖也
故易曰圖難於其易 伏願   殿下 以宗社爲計 以生民爲念 勿以公器 誤及小人
勿以史氏爲不可畏 勿以私恩失大信於人 勿以今日姑用 而後日當去之 亦勿以
臣等之言 爲狂瞽而不可用 兢兢業業 日新一日 則實   宗社生民之福 而殿下
從諫之美 亦垂於無窮矣   御書曰 非以史氏爲不可畏 隨史之公私耳 有耳目
而不以公 則非口舌之所能辨也 用士洪之意 卿等自知之耳

성종 19년 11월 26일(乙酉), 홍문관 부제학 신종호 등의 상소 (소통 행위 (17))

#홍문관 부제학 신종호 등이 상소하였다.#

1 신종호 등 :

(진행 연속체 1) {[말터진술 : 삼가 살피건대, 옛사람은 소인을 醇酎에 비하였
습니다. 순주는 곧 성품을 찍는 도끼입니다. 사람이 취하는 것을 싫어하
지 아니하는 이가 없으나 억지로 마시는 것은 입에 맞아서 스스로 취하
는 것을 알지 못하기 때문입니다.]

[변론 : 임사홍의 일이 바로 이와 같은 것입니다. 무술년의 일은 순주로써
사람을 시험한 것입니다. 그때를 당하여 상하로 하여금 몹시 취하게 하
면서도 그 화가 됨을 깨닫지 못하게 한 것을 어찌 다 말할 수 있겠습니
까? 다행히 조종과 종묘사직의 靈이 전하를 묵묵히 도우신 것에 힘입어
서 간사한 형상이 저절로 발각되었습니다.]

[변론 : (이에 전하께서) 약간의 천위를 보여서 먼 지방에 귀양보냈으니 술
의 화를 방비하면서도 그것을 소홀히 하였던 것입니다. 朝野에서 말하기
를, '이 사람이 죄가 중한데 특별히 너그러운 은혜를 입었으니 비록 먼
지방에서 늙어 죽더라도 은혜를 받은 것이 많다.'고 하였는데 얼마 되지

아니하여 賜環의 명이 있었으니 이는 전하께서 방비가 허술함을 알면서
도 오히려 끊지 못하셨던 것입니다. 얼마 안 되어 직첩을 내려 주었으니
이는 전하께서 끊지 아니하실 뿐만 아니라 그를 가까이 하시는 것이었습
니다. 또 얼마 안되어 벼슬을 주었으니 이는 전하께서 가까이하실 뿐만
아니라 또 올리는 것입니다.]

[변론 : 올리기를 그치지 아니하면, 신등은 장차 아마도 전하께서 술에 몹
시 취하여 스스로 깨닫지 못하실 듯합니다. 그렇게 되면 陰邪한 무리가
틈을 타고 사이에 끼어서 순주로써 취하게 하려고 하는 자가 연달아 일
어나서 뿌리가 깊고 꼭지가 굳어서 조정에 盤據하게 됩니다. 성상의 정
치에 누가 됨이 어찌 적겠습니까?]

(진행 연속체 2) [변론 : 지금 대간이 아뢴 바는 병에 대한 藥石입니다. 약석
이 비록 입에는 쓴 것 같으나 마침내 병에는 이로우며 순주가 비록 입에
는 좋은 듯하나 반드시 그 몸에는 해롭습니다.]

[종결 : 엎드려 원하건대, 전하께서는 대간의 말을 너그럽게 받아들여서
간사함을 버리기를 의심하지 마시고[去邪勿疑 : 益이 순임금에게 한 말.
尙書 大禹謨]빨리 成命을 거두소서.]

#들어주지 아니하셨다.#

(2 상 : [거절 : 들어줄 수 없노라.])}

原文 : 영인본 조선왕조실록 11집 405면

○ 弘文館副提學申從濩等上疏曰 謹按古之人 以小人比之醇酒 醇酒乃伐性之
斧斤也 人莫不惡醉而强飮者 以悅於口 而不自知其醉也 士洪之事 正類於此
戊戌之事 試人以醇酒也 當其時 使上下迷醉 而不悟其爲禍 可勝言哉 幸賴
祖宗廟社之靈 默佑　　殿下 奸狀自敗 薄示　　天威 流竄遐方 所以備酒之禍
而疎之也 朝野以爲 斯人也罪重 而特蒙寬典 雖老死遐裔 受賜多矣 未幾而有
賜環之命 是　　殿下知所以疎之 而猶未絶之也 未幾而賜職牒 是　　殿下非徒
未絶之也 乃所以近之也 又未幾而授之以職 是　　殿下非徒近之也 又進之也
進之不已 則臣等將恐　　殿下沈酗而不自覺也 然則陰邪之徒 投間抵隙 欲而
醇酒中之者 連茹而起 根深蔕固 盤據朝廷 其有累於　　聖治者 夫豈少哉 今臺

諫所啓 乃對病之藥石也 藥石雖若苦口 終利於病 醇酒雖若可口 必害其身 伏

願   殿下 優納臺諫之言 去邪勿疑 亟收成命   不聽

성종 19년 11월 29일 戊子, 경연에서 임사홍 서용에 관하여 논란하다
(소통 행위 (20))

#경연에 납시었다. 講하기를 마치자, 시강관 이승건이 아뢰었다.#

1 이승건 : {[문제진술 : 신등이 어제 임사홍의 일을 논하였던 바, 어서에 이르
　　시기를, '반드시 임사홍을 미워하는 것이다'라고 하셨습니다.]

　　[논박 : 신등은 임사홍과 본래 사원이 없는데 어찌 미워함이 있겠습니까?]

　　[논박 : 연달아 상소하여 지극히 간하는 것은, 진실로 임사홍이 소인인 까
　　닭으로 기용할 수 없다는 것입니다. 예로부터 한 사람의 소인이 조정에
　　진출하면 뭇소인이 무리로 진출하여 크게 해가 됩니다. 그렇기 때문에
　　신등이 그것을 말하였습니다.]

　　[문제진술 : 그리고 전하께서는 '반드시 나에게 분하게 여기는 것이다'라
　　고 하셨습니다.]

　　[논박 : 신등이 經幄에 있으면서 여러 번 성상의 은혜를 입었으나 조그마
　　한 보답도 없었습니다. 그러나 오직 군자를 진출시키고 소인을 물리치려
　　는 마음이 항상 마음속에 분격하여 모르는 사이에 말한 것뿐입니다. 어
　　찌 분해하고 원망하는 마음이 있어서 그러하겠습니까?]

#검토관 민상안이 아뢰었다.#

2 민상안 : [변론 : 소인이 나아가면 군자가 물러가므로 군자와 소인의 나아가
　　고 물러가는 기미를 신중하게 아니할 수 없습니다.]

#상께서 좌우에 顧問하시었다.#

(3 상 : [하문 : 그대들의 뜻은 어떠한가?])

#영사 윤호가 아뢰었다.#

4 윤호 : [견해진술(응답) : 임사홍은 공신의 적장인데 기용하더라도 무엇이 방
　　해되겠습니까?]

#지사 허종이 아뢰었다.#

5 허종 : [견해진술(응답) : 임사홍이 승지가 되었을 때에 죄를 얻은 정상은 신

이 자세히 알지 못합니다. 그러나 임사홍은 공신의 적장이 되니, 관례로 마땅히 녹용해야 한다면 단지 행직으로 權이 없는 곳에 서용하는 것이 무방할 듯합니다.]

#상께서 말씀하시었다.#

6 상 : [논박 : 그대들이 말하기를, '임사홍을 기용하면 반드시 나라를 그르친다'고 하였는데, 예로부터 한 사람의 소인이 벼슬에 나아가면 뭇소인이 무리로 나아가는 것은 그로 하여금 권력을 얻어 操弄하게 한 때문이다. 그 권력을 얻게 한 것은 반드시 그 임금이 그렇게 하도록 한 것이다.]

   [논박 : 지금에 있어서 누가 그 권력을 얻게 하겠는가? 만약 군직에만 서용하면 그 녹을 잃지 아니하게 할 뿐인데, 어찌하여 나라를 그르칠 수 있겠는가?]

#대사간 안호가 아뢰었다.#

7 안호 : [변론 : 성상께서 다시 임사홍을 기용하시므로 신등이 여러 번 아뢰었으나 윤허하지 아니하셨습니다. 이제 삼공·육경·승지가 한 사람도 그 잘못을 진언하는 이가 없습니다. 이로써 보면 임사홍이 훗날 나라를 그르칠 때에 누가 감히 말하겠습니까?]

#들어주지 아니하셨다.#

(8 상 : [거절 : 들어줄 수 없노라.])}

原文 : 영인본 조선왕조실록 11집 406면

○ 戊子　　御經筵 講訖 侍講官李承建啓曰 臣等昨論士洪事　　御書曰 必嫉士洪也 臣等與士洪 本無私怨 何嫉之有 所以連疏極諫者 誠以士洪 小人 不可用也 自古一小人進 則衆小人類進 而爲害大矣 故臣等言之 而　　殿下以爲必憾予也 臣等待罪經幄 累蒙　　上恩 無涓埃之報 唯欲進君子退小人之心 常奮激于中 而不覺言之耳 安有憾怨之心而然耶 檢討官閔祥安啓曰 小人進則君子退 君子小人進退之機 不可不愼也　　上 顧問左右 領事尹壕曰 士洪 功臣嫡長也 用之何妨 知事許琮曰 士洪爲承旨時 得罪情狀 臣未詳知 然士洪爲功臣嫡長 例當錄用 則只敍於行職無權之地 似亦無妨　　上曰 爾等以爲 用士洪則必至誤國 自古一小人進 則衆小人類進者 使之得權而操弄之故也 其所以得權者

必有其君 使之然耳 在今誰使之得其權哉 若只敍於軍職 則但不失其祿耳 焉得
以誤國哉 大司諫安瑚曰　　上 復用士洪 而臣等累啓不允 今三公六卿 承旨 無
一人進言其非者 以此觀之 士洪他日誤國之時 誰敢言哉　　不聽

성종 19년 11월 30일 己丑, 대간이 삼공육경과 승지를 탄핵하다
(소통 행위 (21))

#사헌부 대사헌 이칙 등과 사간원 정언 이자건 등이 서계하였다.#
1 이칙 등, 이자건 등 :
(진행 연속체 1) {[문제진술 : 신등이 두 번이나 사피하기를 청하였으나 허락
　　하지 아니하셨습니다.]

　[변론 : 대저 소인이 나아가고 물러가는 것은 바로 종사가 편안하고 위태
　　로운 기틀(幾)입니다. 그러므로 삼공·육경은 道를 논하고 나라를 다스리
　　며 어진이를 올리고 어질지 못한 이를 물리치는 것이 그 직책입니다. 승
　　지는 명령을 출납할 뿐만 아니라 지척에 모시면서 임금의 덕을 도와 기
　　르는 것이 또한 그 임무입니다.]

　[변론 : 이제 신등은 용렬하고 어리석어서 천심을 돌이킬 수 없으니 저들
　　은 마땅히 충성된 말을 다하여 소인을 물리쳐야 할 것입니다. 그러함에
　　도 이제 침묵을 지키고 말이 없으니, 이는 어찌 임사홍이 나라를 그르치
　　는 간신이 되는 것을 알지 못해서이겠습니까? 더러는 임사홍과 사귀어
　　친하고, 더러는 임사홍이 다른 날에 권세를 부려서 禍福을 행할 것을 두
　　려워하여 감히 말하지 아니하는 것입니다.]

(진행 연속체 2) [논박 : 전하께서 말씀하시기를, '한 사람의 소인이 정치를 어
　　지럽게 하고 나라를 그르칠 수 없다'고 하셨는데, 이는 크게 그렇지 아
　　니합니다. 비록 큰 성인이라고 하더라도 聖明하다고 자신할 수 없습니
　　다.『주역』에 이르기를, '망하지 아니할까 망하지 아니할까 두려워하여야
　　나라가 튼튼하다'고 하였습니다. 스스로 治安이 영구하다고 하면서 치안
　　을 잘 보존하는 자는 있지 아니합니다.]

(진행 연속체 3) [문제진술 : 이제 보건대, 삼공육경과 시종하는 신하가 소인
　　을 쓰는 것이 불가함을 알지 못하는 이가 없으나 한 사람도 전하를 위하

여 말하는 자가 없습니다. 신등은 이로써 생각하기를 전하께서 고립되어 원조가 없다고 여깁니다.]

[변론 : 어제 경연에서 전하께서 좌우를 돌아보며 물으실 때에 윤호는 족히 책할 것이 못되나 허종까지도, '임사홍은 공신의 적장이 되므로 군직에 서용하는 것은 해로움이 없다'고 하였습니다. 허종은 경술이 있고 사체를 알아서 物論이 다른 날에 삼공의 차례가 될 것이라고 여기는데, 허종이 어찌 소인을 기용하면 종사의 안위에 관계가 있음을 알지 못하겠습니까? 허종이 이와 같은데 장차 어디에다 저 사람을 쓰겠습니까?]

(진행 연속체 4) [논박 : 또 임원준은 좌리공신입니다. 國朝의 공신이 한 가지만이 아니나 좌리 공신은 공이 중하고 큰 것이 아닙니다. 신숙주는 공이 사직에 있는데 그 아들 신정이 죄가 일신에 있고 사직에 관한 것이 아니었는데도 전하께서 오히려 신숙주의 공을 돌아보지 아니하시고 신정을 극형에 처하였습니다. 하물며 임사홍을 올려 쓰는 것은 종사에 관계가 있고 임원준의 공훈은 종사에 관계되지 않은 것이 아닙니까?]

(진행 연속체 5) [논박 : 자식이 어버이를 위하는 마음은 상하 귀천이 같은데, 부모의 마음을 받들어 순종하는 데에는 마땅히 그 지극함을 쓰지 않는 것이 없어야 할 것입니다. 그러나 그 어버이에게 순종하다가 만약 집이 망하는 데 이르면 필부라도 마땅히 의리로써 다투어서 그 집을 보존해야 할 것입니다. 하물며 국가와 종사의 중함이겠습니까?]

[변론 : 전하께서 임사홍을 기용하는 것은 반드시 사사로운 은혜입니다. 위로는 인혜왕대비가 계시고 아래로는 공주가 있으며, 또 인수왕대비께서 강녕하심을 만난 뒤에 전하께서 임사홍에게 은혜를 베푸는 것이 사세가 반드시 그러한 것입니다.]

[견해진술 : 그러나 기쁜 일로 인하여 은혜를 베풀면 상이 반드시 지나치게 됩니다. 전하께서는 종사와 생민을 위하여 깊이 생각하고 멀리 생각하시면 매우 다행스러움을 금하지 못하겠습니다.]

[견해진술 : 그리고 삼공·육경과 승지들이 형세를 관망하면서 함구하고 있는 죄를 다스리지 아니할 수 없습니다.]

#승정원에서 함께 아뢰었다.#

2 승정원 : [문제진술 : 임사홍의 일을 대간이 바야흐로 논핵하고 있으므로 신

등은 미처 헤아리지 못하였습니다.]

  [요청 : 이제 대간이 신등이 말하지 아니하는 것을 탄핵하니, 피혐하기를
   청합니다.]

#전교하시었다.#

3 상 : [판정 : 대간은 삼공·육경과 승지가 자기를 돕지 않는다는 것으로 이
   처럼 말하였으니, 피혐하지 말도록 하라.]}

原文 : 영인본 조선왕조실록 11집 407면

  ○ 己丑 司憲府大司憲李則等 司諫院正言李自健等書啓曰 臣等再請辭避 不許
夫小人進退 乃宗社安危之幾 三公六卿 論道經邦 進賢退不肖其職也 承旨 非
徒出納而已 昵侍咫尺 輔養君德 亦其任也 今臣等庸愚 不能回天 則彼當各盡
忠言 以斥小人 今乃含默無言 此豈不知士洪爲誤國之奸乎 或與士洪交親 或畏
士洪 他日用事 以售禍福 不敢言之   殿下以爲 一小人不能亂政誤國 是大不
然 雖大聖人 不可自恃聖明 易曰 其亡其亡 繫于苞桑 未有自爲治安永久 而能
保治安者   以今觀之   三公六卿侍從之臣 莫不知用小人之不可   而無一人爲
殿下言之者 臣等以爲   殿下孤立無助也 昨日經筵   殿下顧問左右之時 尹
壕不足責 許琮亦爲 士洪功臣嫡長 敍軍職無害 琮有經術識事體 物論以爲 他
日次輔三公者也 琮豈不知用小人 有關於宗社安危乎 琮而如是 將焉用彼 且元
濬 佐理功臣也 國朝功臣非一 而佐理則功非重大 申叔舟功在社稷 其子瀞 罪
在一身 非關社稷   殿下尚不顧叔舟之功 置瀞極刑 況士洪進用 關於宗社 元
濬功勳 不關宗社乎 人子爲親之心 上下貴賤同 而承順父母之心 宜無所不用其
極然順於親而若至敗家 則匹夫亦當以義爭之 以保其家 況國家宗社之重乎
殿下用士洪 必是私恩 上有   仁惠王大妃 下有公主 又值   仁粹王大妃康寧
之後   殿下施恩士洪 事勢之必然也 然因喜施恩 賞必有濫   殿下爲宗社生
民 深思達慮 不勝幸甚 且三公六卿承旨觀望緘口之罪 不可不治 承政院僉啓曰
士洪事 臺諫方論劾 而臣等未及計料耳 今臺諫劾臣等不言 請避嫌   傳曰 臺
諫以三公六卿承旨 爲不助已 言之如此 其勿避嫌

성종 19년 11월 30일 己丑, 영돈녕 이상과 의정부를 불러서 대간의 탄핵과 임사홍의 기용을 묻다 (소통 행위 (22))

#명하여 영돈녕 이상과 의정부를 불러서 전교하시었다.#

1 상 : {[하문 : 대간이 내가 임사홍을 기용하는데 재상들이 말하지 아니한다고 허물을 돌리니, 내가 임사홍을 기용하는 것이 과연 잘못인가? 경등은 어찌하여 말하지 아니하는가?]

#윤필상 · 이극배 · 노사신 · 손순효 · 이숭원 · 정난종 등이 아뢰었다.#

2 윤필상 등 : [문제진술 : 임사홍이 참으로 소인인가의 여부는 신등이 알지 못합니다.]

[변론 : 다만 대비께서 편찮으셨다가 곧 나으셨으니 일국 신민이 함께 경사스러워하는데, 하물며 전하께서 효성하는 마음으로써 어찌 다함이 있겠습니까? 그 아비의 공을 기록하여 그 아들에게 은혜를 미루어서 군직을 주는 것은 아마도 과실(過擧)은 아닐 듯하므로 신등이 이로써 아뢰지 아니하였습니다. 어찌 형세를 관망하면서 함구하고 있을 이치가 있겠습니까?]

[변론 : 만약 대간과 홍문관의 아뢴 바와 같다면 과연 참으로 소인인데 어찌 반드시 그를 기용하여야 하겠습니까?]}

原文 : 영인본 조선왕조실록 11집 407면

○ 命召領敦寧以上議政府 傳曰 臺諫以予用士洪 而宰相不言 歸咎予之用士洪 果非耶 卿等何以不言歟 尹弼商李克培盧思愼孫舜孝李崇元鄭蘭宗等啓 士洪之誠爲小人與否 臣等未之知焉 但   大妃未寧 旋卽平善 一國臣民之所共慶也 況   殿下誠孝之心 豈有其極 錄其父功 推恩其子 授以軍職 恐未爲過擧 臣等以此不上達 豈有觀望緘口之理乎 若如臺諫弘文館所啓 果眞小人也 則何必用之

성종 19년 11월 30일 己丑, 홍문관 부제학 신종호 등이 임사홍의 일로 논란하다 (소통 행위 (23))

#홍문관 부제학 신종호 등의 상소하였다.#
1 신종호 등 :
(진행 연속체 1) {[개시 : 삼가 신등이 금월 27일에 임사홍을 다시 기용할 수 없다는 일을 가지고 우러러 천청을 번거롭게 하였습니다. 어서로 답하시니 聖訓이 丁寧하였습니다.]

[문제진술 : 그러나 신등은 어리석고 천하여 오히려 보는 바를 고집하고 다시 품은 바를 드러내어 아룁니다.]

(진행 연속체 2) [문제진술 : 엎드려 어서를 읽어 보건대, ‘그대들이 경악에 있으면서 어찌 내 마음을 알지 못하는가? 연달아 상소하기를 그치지 아니하는 것은 반드시 임사홍을 미워하기 때문이다’라고 하셨습니다.]

[논박 : 우리 전하께서는 세상에 뛰어난 자질로써 크게 이룩하려는 뜻을 분별하사 二帝三王의 정치와 아름다움을 함께 하려고 하셨기에, 한·당 이하는 족히 더불어 의론할 것이 못되었습니다. 신등은 비록 모두 無狀하면서도 경악에 있은 지 오래 되었습니다. 어찌 성상의 마음에 두신 바를 알지 못하겠습니까?]

[논박 : 그러나 옛날에 아무리 밝고 지혜로운 임금이라 하더라도 소인을 기용하여 나라를 그르치는 것이 많았습니다. 이제 연달아 상소하기를 그치지 아니하는 것은 이 때문입니다.]

[논박 : 미워하는 것은 임사홍이 아니라 간사한 말을 가지고 그 임금을 속이는 것이며, 미워하는 것은 임사홍이 아니라 그 세력을 벌여서 악한 편당을 만드는 것입니다. 『左傳』에 이르기를, ‘그 임금에게 무례함을 나타내면 매가 새를 쫓는 것처럼 한다’고 하였으니, 임금에게 무례한 것이 오히려 이와 같은데, 하물며 임금을 속이고 악을 당류로 하는 임사홍을 미워하지 아니하겠습니까? 임사홍을 미워하지 아니하면 그도 역시 임사홍입니다.]

[변론 : 일찍이 전대를 보건대, 간흉이 조정에 있으면 충신·의사가 차라리 벼슬을 버리고 숨을지언정 참고 조정에 같이 있지 아니하며, 차라리

바다에 뛰어들어가 죽을지언정 참고 조정에 함께 서지 아니하였습니다. 그 악함을 미워하는 것이 너무 심한 듯하나, 이와 같이 아니하면 우주 사이에 정대하고 굽히게 아니하는 기운이 때로 혹시 그침이 있을 것입니다. 그리하여 여우처럼 호리고 쥐처럼 숨어서 간흉의 세력 밑에서 살기를 도모하는 자가 또한 청천백일 밑에서 원기 왕성하게 활보함을 얻어서 온 세상 사람으로 하여금 모두 간흉의 무리에게 아부하게 하면, 국가가 장차 어디에 의뢰하며 사직이 장차 어디에 의뢰하겠습니까? 신등이 임사홍을 미워하는 것은 국가와 사직을 위하는 계책입니다.]

(진행 연속체 3) [문제진술 : 어제 경연에 전하께서 좌우를 돌아보며 물으실 때에 대신인 사람은 곧게 말하고 숨기지 아니하는 것이 가한데, 윤호와 허종이 위로 微旨를 탐지하고 따라서 아첨하였습니다.]

　[변론 : 허종과 같은 이는 조종조로부터 본래 정직하다고 일컬었는데 오히려 말한 바가 이와 같았으니, 다른 날에 임사홍이 뜻을 얻으면 누가 즐겨 말하겠습니까?]

　[요청 : 원하건대, 전하께서는 세 번 생각하소서.]

(진행 연속체 4) [문제진술 : 어서를 엎드려 읽어 보건대, ‘자위를 위하여 그 아비의 공을 갚는 것은 그대들도 깊이 헤아리는 바이다’하였습니다.]

　[논박 : 대저 신하는 비록 하늘을 떠받들고 해를 그러쥐는 공이 있다고 하더라도 직분 안의 일입니다. 하물며 탕약의 공이겠습니까? 성상의 효성이 하늘에 지극하여 특별히 상전을 더하신 것은 東朝의 쾌차하심을 기뻐하시어 그 마음을 쓰지 아니한 바가 없는 까닭입니다. 숭록대부의 높은 작위는 조종께서 어질고 능력이 있는 이를 대우하는 것입니다. 임원준이 얻은 것도 이미 지나치는데 또 그 아들에게 벼슬을 줄 수 있겠습니까? 관작은 간사한 자를 상주는 도구가 아닌데 어찌하여 은혜를 보이는 밑천으로 삼고 만세의 염려를 생각하지 아니하십니까?]

　[요청 : 원하건대, 전하께서는 세 번 생각하소서.]

(진행 연속체 5) [엎드려 어서를 읽어 보건대, ‘나를 당의 덕종이 소인을 쓰는 데에 비하였으니 반드시 나에게 분해 하는 것이다’고 하셨습니다.]

　[논박 : 이는 대답하기 어려운 말로써 꺾는 것입니다. 임금은 하늘과 같으므로 하늘에게는 본래 분해할 수 없는 것인데 임금에게 분해 할 수 있겠

습니까? 어찌 감히 전하를 덕종에게 비하겠습니까?]

[변론 : 덕종이 일찍이 말하기를, '뭇사람이 이르기를 노기를 간사하다고 하는데, 짐은 진실로 무엇을 말하는지 알지 못하겠다'고 하였습니다. 바야흐로 노기가 정권을 행할 때에 어진이를 방해하고 나라를 병들게 하자 軍民이 함께 분해 하고 종사가 함께 분해 하며 천지가 함께 분해 하였습니다. 그 분한 기운이 육합에 뻗치고 차서 봉천의 난을 빚게 되어 流離播遷한 것은 진실로 노기에게 말미암은 것입니다. 그런데도 오히려 그 간사함을 깨닫지 못하였으니 그 밝지 못함이 심합니다. 그러나 바른 의론을 받아들여 한 번 물리친 뒤에는 다시 거두어 기용하지 아니하였습니다.]

[변론 : 이제 전하께서는 밝으심으로 간사함을 환하게 아시면서 중론을 어기고 다시 기용하시니, 성명하신 자질로써 위로 요순을 따르셔도 남음이 있을 터인데, 도리어 덕종의 뒤에 있으려고 하시는 것은 무엇 때문입니까? 이것이 신등의 여러 번 번거롭게 아뢰는 까닭입니다.]

[요청 : 원하건대, 전하께서는 세 번 생각하소서.]

(진행 연속체 6) [문제진술 : 엎드려 어서를 읽어 보건대, '내 마음을 이미 결정하였으니 윤허하지 아니하겠다'고 하셨는데, 신등이 읽다가 여기 이르자 실망을 금하지 못하겠습니다.]

[변론 : 전하께서 이미 다시 기용하지 못하겠다고 하셨는데, 이제 벼슬을 주었으니, 이는 신의를 잃은 것입니다. 대간과 시종이 모두 불가하다고 말하였는데도 어기시니, 이는 간하는 것을 거절하시는 것입니다. 전하께서는 어찌하여 신의를 잃는 것에만 결단하시고 신의를 지키는 것은 결단하지 못하시며, 간하는 것을 거절하는 데는 결단을 내리시면서 간하는 말을 받아들이는 데에는 결단을 내리지 못하십니까?]

[변론 : 임사홍을 한 번 기용하고 한 번 버리는 것은 음양의 소장이 결정되는 것이며 국가의 安危가 결정되는 것입니다.]

[종결(요청) : 원하건대, 전하께서는 세 번 생각하소서. 뜻이 절박하여 말이 이에 이름을 알지 못하겠습니다.]

#들어주지 아니하셨다.#

(2 상 : [들어줄 수 없노라.])}

原文 : 영인본 조선왕조실록 11집 407~408면

○ 弘文館副提學申從濩等上疏曰 伏以 臣等於今月二十七日 將士洪不可復用
事 仰瀆　　天聽 御書答之　　聖訓丁寧 然臣等愚陋 猶執所見 復露卑懷 伏讀
　御書 爾等在經幄 豈不知予心哉 所以連疏不已者 必疾士洪也 我　　殿下以
不世出之資 奮大有爲之志 欲竝美二帝三王之治矣 自漢唐以下 不足與議也 臣
等雖皆無狀 待罪經幄久矣 豈不知　　聖心之所在乎 然古者雖明智之君 用小
人以誤其國者多矣 今連疏不已者以此也 所疾者非士洪也 疾其挾邪說以欺其君
也 所疾者非士洪也 疾其張勢熖以黨惡也 傳曰 見無禮於其君 如鷹鸇之逐鳥雀
無禮於其君 尙且如此 況欺君黨惡 如士洪而不疾之乎 士洪而不疾之 則亦士洪
耳 嘗觀前代 奸凶在朝 忠信義士 寧棄官而隱 不忍同處于朝 寧蹈海而死 不忍
共立于朝 其疾惡也 似乎太甚 不如是 則宇宙間正大不屈之氣 有時乎或息 而
狐媚鼠伏 偸生於奸凶氣息之餘者 亦得揚眉闊步於靑天白日之下矣 使一世之人
皆黨附奸凶 則國家何賴焉 社稷何賴焉 臣等之疾士洪者 所以爲國家社稷計也
昨於經筵　　殿下顧問左右 爲大臣者 直言不諱可也 尹壕許琮 上探微旨 從而
從臾之 如琮 自　　祖宗朝 素稱正直 猶所言乃爾 異日士洪得志 誰肯言之 願
　　殿下三思焉 伏讀　　御書 爲慈闈酬父功 爾等亦所深度 夫人臣雖有擎天挾
日之勳 分內事也 況湯藥之功乎 聖孝天至 特加賞典 所以喜東朝之勿藥 而無
所不用其心也 崇祿極爵　　祖宗所以得賢能也 以元濬而得之亦已濫矣 又可以
爵其子乎 官爵非賞奸之器 何可爲示恩之資而不思萬世之慮也 願　　殿下三思
焉 伏讀　　御書 以予方德宗之用小人 必憤予也 是折之以難對之語也 君猶天
也 天固不可憤 君而可憤乎 豈敢以　　殿下 方德宗哉 德宗嘗曰 衆謂盧杞爲奸
邪 朕固不知其何謂 方盧杞之用事也 妨賢病國 軍民共憤 宗社共憤 天地共憤
其憤氣橫塞六合 釀成奉天之難 離流播遷 職杞之由 而猶不覺其奸 其不明甚矣
然迎 納讜論 一斥之後 更不收用 今　　殿下明以照奸 而違衆復用 以聖明之資
上追堯舜而有餘 反欲居於德宗之後何哉 此臣等所以累瀆也 願　　殿下三思焉
伏讀　　御書 予心旣決 不允 臣等讀至于此 不勝缺望　　殿下旣曰 不復用而
今爵之 是失信也 臺諫侍從 皆言不可而違之 是拒諫也　　殿下何獨決於失信
而不能決於守信耶 何獨決於拒諫 而不能決於納諫耶 士洪之一用一捨 陰陽之
消長決矣 國家之安危決矣 願　　殿下三思焉 情切意迫 不知言之至此　　不聽

성종 19년 11월 30일 己丑, 삼공육경과 승지를 탄핵하는 대간의 **合啓**
(소통 행위 (24))

#이칙 등이 또 아뢰었다.#

01 이칙 등 : {[문제진술 : 전하께서 임사홍을 돌보고 사랑하시면서 종사와 생령을 돌아보지 아니하심이 이에 이르렀습니다. 오늘날 임사홍의 나아가고 물러감은 사직과 생령의 위태롭고 망하는 것에 관계됩니다.]

[문제진술 : 생각하기를, 대신이 모여서 의론하였으니 반드시 바른 의론을 올리는 이가 있었을 것이라고 여겼습니다.]

[변론 : 이제 모두 의론한 것이 이와 같으니, 전하께서 이런 公卿을 길러서 장차 어디에 쓰시겠습니까?]

#전교하시었다.#

02 상 : [논박 : 한 사람의 임사홍을 기용하는데 사직과 생령이 망하는 데 이르는 까닭은 무엇인가?]

[변론 : 너희들이 모두 임사홍을 미워하여 말하는 것일 뿐이다.]

#이칙 등이 다시 아뢰었다.#

03 이칙 등 : [변론 : 개벽 이래로 聖主는 요순과 같은 이가 없습니다. 그러나 益이 순임금께 경계하여 아뢰기를, '간사한 자를 버리기를 의심하지 마소서'라고 하였습니다. 전하께서는 비록 성스러우시나 요순에는 미치지 못하십니다. 이제 임사홍을 기용하시면서 이르시기를, '임사홍이 어찌 나라를 그르칠 수 있겠느냐'고 하시니, 이는 전하께서 聖明하심을 스스로 믿으시고 과감히 소인을 기용한 것입니다. 임금은 마땅히 조심하고 두려워하여 깊은 못에 다다른 것처럼 하셔야 합니다. 어찌 성명하심을 스스로 믿을 수 있겠습니까?]

[변론 : 임사홍의 진퇴를 결정하는 것이 오늘에 달렸는데 삼공육경과 승지로 있는 이가 바로 극진히 말할 때를 당하여 입을 다물고 침묵하기를 이와 같이 하니, 이는 전하께서 고립되어 원조가 없는 것입니다.]

#전교하시었다.#

04 상 : [논박(하문) : 오늘이 바로 국가가 장차 끝나는 날인가?]

[논박(하문) : 너희들이 촛불을 밝히고 무리를 지어 이른 것은 무엇 때문인

가? 너희들이 만약 다시 내 얼굴을 보려고 한다면 어찌하여 이와 같이
하는가?]

이칙 등이 아뢰었다.

05 이칙 등 : [변론(응답) : 신등은 진실로 오늘은 바로 국가가 장차 끝나는 날
이라고 생각합니다. 전하께서 재상에게 물으셨으나 재상들도 감히 그 잘
못을 말하지 아니하니, 신등이 종사가 위태롭고 망하는 결정이 오늘에 달
렸다고 이르는 것입니다.]

전교하시었다.

06 상 : [논박(하문) : 오늘 만약 임사홍을 기용하면 내일 나라가 망하겠는가?]

대사간 안호 등이 아뢰었다.

07 안호 등 : [응답 : 오늘 재상을 불러서 의론하시기에 신등이 오늘 반드시
임사홍을 버릴 것이라고 생각하면서 우두커니 成命을 기다렸는데, 늦게
들으니 전교에 이르시기를, '물어 본 계책이 모두 같으므로 윤허하지 아
니한다'고 하셨으므로, 신등은 놀라서 예궐하였습니다.]

전교하시었다.

08 상 : [변론 : 『書經』에 龜從筮從이라는 말이 있다. 이제 삼공육경의 말이
이와 같은데 어찌하여 듣지 아니하겠는가?]

이칙 등이 아뢰었다.

09 이칙 등 : [응답 : 만약 임사홍을 기용하면 종사가 위태롭고 망하는 것은
어찌 내일을 기다리겠습니까? 결정이 오늘에 있습니다.]

   [변론 : 신등은 용렬하여 天心을 돌이킬 수 없다면 삼공육경은 말할 만한
데 말하지 아니하였습니다. 지금 의론에서도 그를 기용할 수 없다는 것
을 또한 말하지 아니하니, 이는 전하께서 고립되어 원조가 없는 것입니
다. 위태롭고 망하는 조짐이 이로부터 비롯될 것입니다.]

안호 등이 아뢰었다.

10 안호 등 : [논박 : 『서경』에 이른 바 귀종서종이란 말은 그 至公無私함을
말한 것입니다. 이제 삼공육경과 승지들이 모두 임원준·임사홍·임광재
등 삼부자와 사귀어 친하므로 임사홍을 비호하려고 하여 한 사람도 쓸 수
없음을 말하는 이가 없으니, 이들의 죄를 다스리지 아니할 수 없습니다.]

이칙 등에게 전교하시었다.

11 상 : [논박 : 임사홍은 소인이 아니다. 가령 참 소인을 기용한다 하더라도
     어찌 나라를 그르칠 수 있겠는가?]

     [논박 : 백년 뒤의 일을 나도 어찌 알겠는가?]

     [견해진술 : 또 卿等이 밤을 새워서 말하는 것을 어찌 꺼리겠는가마는, 臺
     諫이 밤이 깊도록 문에 머물면서 출입하면 듣는 이가 반드시 놀랄 것이
     다.]

#안호 등에게 전교하시었다.#

12 상 : [변론 : 龜從의 점도 오히려 반드시 썼는데 오늘날 대신의 말을 어찌
     듣지 아니하겠는가?]

     [하문 : 만약 龜筮로 점을 치고 대신이 말을 한다면 이 두 가지 중 어느
     것을 따르겠는가?]

#이칙 등이 아뢰었다.#

13 이칙 등 : [변론 : 대간이 문에 머물면서 출입하는 것은 과연 놀랄 일입니
     다. 임사홍을 기용하면 사직과 생령이 반드시 위태로울 것이니, 어찌 놀라
     지 않겠습니까? 만약 소동을 일으킨다 하여 말하지 아니하면 다른 날 나
     라를 그르칠 때에는 미처 구할 수 있겠습니까?]

#안호 등이 아뢰었다.#

14 안호 등 : [논박(응답) : 크게 의심스러운 일은 귀서로 점을 쳐서 결정하는
     데, 귀서는 지극히 공정하고 사사로움이 없는 물건이기 때문입니다. 이제
     재상 등은 모두 원준, 사홍, 광재와 사귀어 친한 까닭으로 비호하려고 하
     는데, 어찌 귀서에 비하겠습니까?]

#전교하시었다.#

15 상 : [논박 : 만약 임사홍이 나에게 요구함이 있어서 기용하는 것이라면 그
     조짐이 두려워할 만하므로 너희들이 말하는 것이 마땅하다. 임원준의 공
     이 커서 단지 1자급만 가하는 것이 마음에 차지 아니하기 때문에 그 아들
     에게 미친 것이다.]

#이칙이 아뢰었다.#

16 이칙 등 : [변론 : 전하께서는 旁支로서 들어와 大統을 이어받으셨으니, 이
     는 사람이 한 것이 아닙니다. 바로 하늘에 계시는 祖宗의 靈이 종사와 생
     령이 중하다는 것으로 聖人을 골라서 부여한 것입니다. 그러니 전하께서

는 마땅히 종사와 생령을 위해서 큰 계책을 삼아야 할 것입니다.]

　[변론 : 여기 어떤 사람이 전하의 錢穀을 지키는 창고의 관리가 되었는데
　만약 전곡을 다 써 버리고 남은 것이 없게 되었으면, 전하께서는 어떻다
　고 하시겠습니까? 이제 전하께서는 조종의 중한 부탁을 받으셨는데 관작
　을 남용하여 소인에게 더하기를 이와 같이 하시면, 하늘에 계시는 祖宗
　의 靈이 전하를 보심이 전하께서 이 사람을 보시는 것과 역시 같을 것입
　니다.]

　[견해진술 : 임사홍이 종사와 생령에 무슨 관계가 있어서 반드시 기용하려
　고 하십니까?]

＃전교하시었다. ＃

17 상 : [판정 : 오늘은 旁支와 正統을 분별할 때가 아니다.]

＃대간이 合辭하여 아뢰었다. ＃

18 대간 : [종결 : 임사홍의 일은 오늘 마땅히 머리를 깨뜨리며 다툴 것입니다
　마는, 밤이 깊어서 성상의 옥체가 수고로우실까 두려워 감히 다시 아뢰지
　못하고 물러가겠습니다.]

＃승정원에 전교하시었다. ＃

19 상 : [종결 : 날씨가 추우니 대간들에게 술을 대접하여 보내라.]}

＃물러가자 밤이 이미 四鼓가 되었다. ＃

原文 : 영인본 조성왕조실록 11집 408면

○ 李則等又啓曰 殿下顧矜士洪 而不顧宗社生靈至此 今日士洪之進退 而社稷
生靈之危亡係焉 意謂會議大臣 必有進正論者 今皆議之如此 殿下畜此公卿 將
安用之　　傳曰 用一士洪 而社稷生靈之所以至於亡者何也 爾等徒疾士洪而言
之耳 則等更啓曰 自開闢以來 聖主莫堯舜若也 然益戒舜曰 去邪勿疑　　殿下
雖聖不及堯舜矣 今用士洪而曰 士洪安能誤國乎 是　　殿下自恃聖明 而敢用
小人也 人君當兢兢業業 如臨深淵矣 安可自恃聖明乎 士洪進退 決在今日 爲
三公六卿承旨者 正當極言之時 而緘默不言如此 是　　殿下孤立無助矣　　傳
曰 今日是國家將終之日歟 爾等明燭而羣至者何也 爾等若欲更見吾顔 何以如
此乎 則等啓曰 臣等固謂今日是國家將終之日也　　殿下問于宰相 而宰相亦莫

敢言其非也　臣等謂宗社危亡　決在今日矣　傳曰　今日若用士洪　則明日危亡否

大司諫安瑚等啓曰　今日召宰相議之　臣等意謂今日必去士洪　竚待成命　晩聞傳

敎曰　詢謨僉同　不允　臣等驚駭詣闕矣　　　傳曰　書有龜從筮從之語　今三公六卿

之言如此　何不聽耶　則等曰　若用士洪　則宗社危亡　何待明日　決在今日矣　臣等

庸劣　不能回天　則三公六卿　可以言之　而不言亦已矣　今之議　又不言其不可用

是　　殿下孤立無助　危亡之兆　將自此始矣　安瑚等啓曰　書所謂龜從筮從之語

乃言其至公無私也　今三公六卿承旨等　皆與元濬士洪光載等三父子交親　而欲庇

護士洪　無一人言其不可用也　此等之罪　不可不治也　傳于李則等曰　士洪則非小

人也　假使用眞小人　豈能誤國哉　百年後事　予亦焉能知哉　且卿等達曙言之何妨

但臺諫夜深留門出入　聞者必驚駭矣　傳于安瑚等曰　龜從之占　尙必用之　今日大

臣之言　何不聽之　若龜筮占之　大臣言之　於斯二者　何從焉　則等啓曰　臺諫留門

出入　果驚駭矣　用士洪則社稷生靈必危矣　豈不驚駭哉　若以爲騷動而不言　則他

日誤國　其能及救乎　安瑚等啓曰　大疑　謨於龜筮而決之　龜筮　至公無私之物也

今宰相等　皆以元濬士洪光載交親之故　欲爲庇護　何以比於龜筮乎　　　傳曰　若

士洪　有求於予而用之　則其漸可畏　爾等言之宜矣　元濬功大　只加一資　未滿於

心　故又及其子耳　則曰　殿下以旁支　入繼大統　此非人爲也　乃　　祖宗在天之靈

以宗社生靈之重　擇聖人而附畀之也　殿下宜以宗社生靈爲大計矣　有人於此　守

　殿下錢穀　爲倉庫之吏　若使錢穀竭用無餘　則　　殿下以爲何如　今　　殿下受

祖宗附托之重　而濫用官爵　以加小人如此　則　　祖宗在天之靈　其視　　殿下

亦如　　殿下之視此人矣　士洪有何關於宗社生靈　而必欲用之哉　　　傳曰　今日

非分別旁支正統之時　臺諫同辭啓曰　士洪事　今日當破首諍之　但夜深　恐　　上

體勞動　不敢更啓而退　　　傳于承政院曰　日寒　臺諫等　饋酒送之　及退　夜已四

鼓矣

성종 19년 12월 1일 庚寅, 대간이 임금과 더불어 대간의 말의 옳고 그름을 논란하는 合啓 (소통 행위 (25))

#사헌부 집의 김미 등이 와서 아뢰었다. #

01 김미 등 : [문제진술 : 어제 전교하시기를, ‘너희들도 옳고 그름이 있으나 내가 말하지 아니한다.’라고 하셨습니다. 신등은 그 말을 듣고 물러가서

잠을 이루지 못하고 되풀이하여 생각하였습니다.]

[변론 : 신등은 言官으로 待罪하고 있으므로 임금의 과실도 말할 수 있는데, 만약 동료의 허물이 있음을 알면 어찌 용서하겠습니까? 신등의 직분은 사람의 과실을 논하는 것을 맡았는데, 성상의 하교가 이와 같으시니, 뻔뻔스럽게 직무에 나아가는 것이 또한 참으로 미안합니다.]

전교하시었다.

02 상 : [개시 : 예로부터 帝王은 악을 숨기고 선을 선양하며 사람의 허물을 감히 말하지 아니하였다. 그러므로 내가 처음에 이를 말하지 아니하였다. 지금 너희들이 '직무에 나아가는 것이 미안하다'고 하니, 내 마땅히 이를 말하겠다.]

[문제진술 : 어제 이칙이 이자건 등과 書啓하였는데, 그 가운데 '尹壕는 족히 책할 것이 못 된다'라는 말이 있었다. 이칙이 아뢰기를, '이는 신의 말이 아니고 바로 이자건의 말입니다. 윤호는 신에게 사촌형이 됩니다.'라고 하고, 또 말하기를, '신이 임사홍과 사귀어 친하고 그 아비 임원준은 신의 恩門입니다. 만약 사사로운 정으로 보면 어찌 감히 말하겠습니까? 다만 공론이 이와 같으니 감히 말하지 아니할 수 없습니다.'라고 하였다.]

[논박 : 만약 이칙이 참으로 공론을 위하는 사람이라면 어찌하여 윤호의 일을 말하지 아니하는가? 그 뜻은 반드시 '윤호는 바로 내 사촌형인데 만약 '족히 責할 것이 못된다.' 고 말하면 윤호가 반드시 미워할 것이라'고 여긴 것이다. 그러므로 말하지 아니한 것이다. 임사홍의 일에 이르러서는 이르기를 '내가 공론을 위함이다.'라고 하는데, 어찌하여 말이 전후가 다른가? 나는 정대하지 못하다고 여긴다.]

[문제진술 : 또 내가 이자건에게 묻기를, '너는 어찌하여 윤호는 족히 책할 것이 못된다고 하였느냐?'하니, 이자건이 대답하기를, '윤호는 비록 나이 많고 지위가 높을지라도 경력이 없고 오래 익힌 것이 없어서 어진이를 올리고 不肖한 이를 물리치는 데에는 아마도 능하지 못할 듯하였기 때문에 이처럼 아뢰었습니다.'라고 하였다. 내가 '윤호는 나이가 많고 지위가 높으며 경력도 있는데 어찌하여 어진이를 나아가게 하고 불초한 이를 물리치는 데 능하지 못하다고 하느냐?'고 하니, 이자건이 대답하지 못하였

다.]

[논박 : 만약 이자건이 진실로 정대하여 윤호는 족히 책할 것이 못된다고
논하였으면 마땅히 무슨 일과 무슨 일이 족히 책할 것이 못 된다고 낱낱
이 드는 것이 옳다. 그런데도 바로 말하지 아니하니 이를 정대하다고 할
수 있겠느냐? 어제 내가 말한 바는 이것이니라.]

김미 등이 아뢰었다.

03 김미 등 : [이제 성상의 전교를 받들고 그윽이 생각하건대, 이칙이 '윤호는
족히 책할 것이 못 된다고 한 말은 내가 말한 것이 아니다.'라고 한 것은,
신의 생각으로는, 이칙은 윤호와 사촌이므로 법으로는 相避에 해당하여
이자건과 함께 계달할 수 없기 때문에 이처럼 아뢴 것일 따름입니다.]

정언 이자건이 아뢰었다.

04 이자건 : [변론 : 신이 '윤호는 족히 책할 것이 못 된다.'고 한 것은 윤호에
게 큰 잘못과 악함이 있음을 이른 것이 아닙니다. 윤호는 허종에 비하면
차이가 있기 때문입니다. 허종은 옛일에 통달하고 당세의 중한 이름을 가
졌으니, 윤호는 물망이 허종에게 미치지 못합니다. 그러므로 이처럼 아뢴
것이지 어찌 다른 뜻이 있겠습니까?]

[요청 : 그러나 성상께서 능히 말을 다하지 못하였다고 전교하시니, 避嫌
하기를 청합니다.]

안호 등이 또한 아뢰었다.

05 안호 등 : [견해진술 : 신등이 처음 이자건과 더불어 의논하여 아뢸 때에,
'족히 책할 것이 못된다.'는 말은 신등이 비록 일찍이 말하지는 아니하였
으나 신등의 뜻도 역시 이와 같았습니다. 이자건의 말은 또한 그릇된 것
이 아닙니다.]

[요청 : 같이 의논하였는데 이자건만 홀로 문책을 당하니 신등이 뻔뻔스럽
게 직무에 나아가는 것이 미안합니다. 피혐하기를 청합니다.]

김미 등에게 전교하시었다.

06 상 : [논박 : 한 명의 임사홍을 쓰는데 어찌하여 나라를 그르치는 데 이르
겠느냐? 소인이 비록 쓰일지라도 권력을 얻은 뒤에야 능히 나라를 그르칠
수 있다.]

[논박 : 가령 임사홍이 소인이라고 하더라도 바야흐로 지금 위에는 임금이

있고 아래에는 어진 신하가 있는데, 누가 權柄을 주어서 군자를 물러나게 하고 소인을 나아가게 하여 나라를 그르치게 하겠는가?]

[견해진술 : 나의 뜻을 말하건대, 반드시 이런 이치가 없다.]

[변론 : 이칙이 참으로 윤호와 상피가 된다면 무릇 윤호에 관계되는 일은 모두 말하지 아니하는 것이 마땅하다. 지금 그리 하지 아니하고 다만 이 말을 가리켜 '내 말이 아니다.'라고 하니, 이를 정대하다고 이를 수 있는가?]

[변론 : 지금 너희들의 말을 듣건대, 대간을 편드는 것은 모두 옳다고 하고 내 말을 따르는 것은 모두 잘못이라고 하니, 이는 권세가 臺閣에 있는 것이다.]

#안호 등에게 전교하시었다. #

07 상 : [힐난(하문) : 이제 너희들의 아뢴 바를 듣건대, 어린 임금과 더불어 말하는 것 같다. 언관이 이와 같으니, 죄를 얻으면 누구에게 허물을 돌리겠는가?]

#안호 등이 아뢰었다. #

08 안호 등 : [변론 : 신등이 말한 바가 공론에서 나오지 아니하고 사사로움에서 나온 것이라면 비록 중한 죄를 입어서 죽을지라도 성덕에 累가 되지 않을 것입니다.]

#김미 등이 아뢰었다. #

09 김미 등 : [응답 : 지금 '권세가 대각에 있다.'는 전교를 받으니 황공함을 이기지 못하겠습니다.]

[변론 : 신등의 논한 바는 公論일 뿐입니다. 신등만 이를 말하는 것이 아니라 홍문관에서도 이를 말하였습니다. 온 나라 사람들에 이르기까지 누가 임사홍이 소인임을 알지 못하겠습니까?]

[변론 : 지금 재상이 의론하여 말하기를, '임사홍이 진실로 소인인지 아닌지는 신이 자세히 알지 못합니다.'라고 하였으니, 이는 비위를 맞추는 의론입니다. 또 말하기를, '과연 참으로 소인이라면 어찌 반드시 써야 하겠습니까?' 하였으니, 이는 任家의 陰中의 화를 두려워하여 거짓 모르는 체하며 피하는 것입니다.]

[변론 : 대신이 일을 의론할 때에는 마땅히 한 마음을 가져야 할 것인데,

어찌 두 마음을 가지고 의론할 수 있겠습니까? 하나는 비위를 맞추고 하
나는 화를 피하니, 임금을 속임이 크옵니다. 그러므로 신등이 그 죄를 다
스리고자 하는 것입니다.]

#안호 등이 아뢰었다. #

10 안호 등 : [요청 : 신등이 처음에 이자건과 같이 의논하였는데 이자건만 문
책을 당하니 신등이 뻔뻔스럽게 직무에 나아가기가 어렵습니다.]

#김미 등에게 전교하시었다. #

11 상 : [변론 : 너희들은 지금 임사홍을 쓰면 장차 나라를 그르칠 조짐이 있
다고 한다. 나는 생각하기를, 대간과 홍문관이 모두 자기의 말은 스스로
옳다고 하고 대신이 말한 것은 모두 그르다고 하니, 이와 같이 하면 대신
이 비록 일을 말하고자 할지라도 그 論責을 두려워하여 감히 발언하지 못
할 것이니, 그 폐단은 임사홍을 쓰는 것보다 심함이 있다.]

[변론 : 고로 '권세가 대각에 있다'고 한 것이다.]

#안호 등에게 전교하시었다. #

12 상 : [판정 : 피혐하지 말라.]

#안호와 김미 등이 合辭하여 아뢰었다. #

13 안호, 김미 등 : [변론 : 국사를 의론하는 대신이 모두 임사홍의 간사함을
알면서도 '신은 자세히 알지 못합니다.'라고 하였으니, 이 말이 사슴을 가
리켜 말이라고 하는 것과 무엇이 다르겠습니까? 임금을 속임이 크옵니다.]

[요청 : 청컨대 국문하소서.]

#대사헌 이칙이 와서 아뢰었다. #

14 이칙 : [문제진술 : 성상께서 임사홍을 쓰려고 하시어 신등이 힘껏 간쟁하
였으나 성상께서 들어주지 아니하셨습니다. 전일 경연에서 돌아보며 물으
셨을 때에 윤호와 허종이 '써도 무방합니다.'라고 하였습니다. 정언 이자
건이 신에게 이르기를, '지금 마땅히 탄핵해야 한다.'고 하였습니다. 신이
말하기를, '윤호는 나의 사촌형이오. 아무리 나라 일이라고 하더라도 인륜
은 폐할 수 없으니, 그대가 마땅히 따로 써서 아뢰도록 하오.'라고 하였습
니다. 이자건이 홀로 아뢰는 것이 어렵다고 여겼기 때문에 신의 이름을
함께 써서 아뢴 것인데, 성상께서 이 뜻을 알지 못하실 것이 두려워 '신의
말이 아니라'고 아뢴 것입니다.]

[문제진술 : 또 성상께서 신등이 임사홍을 치우치게 미워하여 이처럼 공격한다고 여기시기에 신이 '신은 임사홍과 사귀어 친하고 그 아버지는 신의 恩門입니다.'라고 한 것입니다.]

[변론 : 만약 사사로운 은혜를 돌아보았다면 신이 어찌 말하였겠습니까? 다만 공론을 위하여 감히 말하지 아니할 수 없었습니다.]

[문제진술 : 이제 성상의 하교가 이와 같으니, 신은 과연 무상하여 대임을 감당하지 못할 것을 스스로 알고 있습니다. 옛말에, '신하를 아는 것은 임금만한 이가 없다.'고 하였으니, 성상의 밝으심이 신의 무상함을 어찌 알지 못하시겠습니까?]

[요청 : 피혐하기를 청합니다.]

이칙에게 전교하시었다.

15 상 : [논평 : 경이 '인륜은 폐할 수 없다.'고 말하니 이 말은 그럴 듯하다. 다만 경이 참으로 피혐한다면, '족히 책할 것이 못 된다.'는 말을 이자건이 비록 함께 쓰려고 하였더라도 경이 강력히 말려 따로 써서 아뢰게 했어야 옳다.]

[변론 : 이제 聯名한 밑에 이를 쓰게 하고는 말하기를, '내가 말한 것이 아닙니다.'라고 하니 이는 경이 비록 겉으로는 避嫌한다고 할지라도 그 마음으로는 '족히 책할 것이 못 된다.'고 여기는 것이다.]

[논평 : 또 '旁支로 들어와 大統을 이었다'는 말은 과인이 유감스러움이 있다. 경이 '조종의 하늘에 계시는 靈이 종사와 생령을 위하여 적임자를 골라서 주신다.'하였으니, 경의 생각은 조종의 뜻은 능히 이와 같은데 지금은 그렇지 아니하다고 여기는 것인가? 이 말을 내가 또 유감스럽게 여긴다. 조종의 뜻이 대사헌의 뜻과 같다면 가하거니와 혹시 대사헌의 뜻과 같지 아니함이 없겠는가?]

[판정 : 내가 죄주고자 하나, 사람들이 내가 일을 말하는 자를 죄준다고 할까 두려워 감히 죄주지 못한다. 피혐하지 말라.]

대간에게 전교하시었다.

16 상 : [하문 : 너희들이 말하기를, '사슴을 가리켜 말이라고 하는 것과 무엇이 다릅니까?'라고 하였으니, 그렇다면 三公과 貳公은 모두 趙高인가?]

또 전교하시었다.

17 상 : [논박 : 지금 임사홍을 쓴다고 하여 양이 사라지고 음이 자라며 군자
     가 곧 물러나고 소인이 나아가며 나라 일이 그릇된다면 너희들이 이와 같
     이 말하는 것이 옳다. 다만 대비를 위하여 그 아비의 공을 미루어 단지 軍
     職에 서용한 것인데, 어찌하여 나라를 그르칠 수 있겠는가?]

     [힐난 : 너희들이 지난밤에 날이 새도록 아뢰었는데 지금 또 이에 이르니
      지나치지 아니한가?]

안호 등이 아뢰었다.

18 안호 등 : [변론 : 임사홍이 소인이라는 것은 성상께서 밝게 아실 뿐만 아
     니라 온 나라 신민이 함께 아는 바인데, 어찌 의론하는 대신만이 알지 못
     하겠습니까? 하물며 삼공과 의정부는 어진이를 올리고 불초한 이를 물리
     치는 것이 그 직책입니다. 그가 소인인 것을 알면서도 알지 못한다고 의
     론하였으니 이것이 사슴을 가리켜 말이라고 하는 것과 무엇이 다르며 또
     한 어찌 임금을 속임이 아니옵니까?]

     [변론 : 임사홍은 자신이 큰 죄를 입었으니 마땅히 문을 닫고 두려워하기
     에 겨를이 없어야 할 터인데, 요즈음 科擧의 일에 방자한 일이 많았고
     또 조정을 욕하였습니다. 또한 들건대, 집이 극도로 사치하고 화려하여
     참람함이 꺼림이 없으니, 이는 참으로 꺼림과 삼감이 없는 소인이 하는
     바입니다.]

     [변론 : 이와 같은 사람을 의론하는 대신이 마치 알지 못하는 것처럼 꾸며
     말하기를, ‘과연 참으로 소인이면 어찌 반드시 쓰겠습니까?’라고 하였습
     니다. 이런 모호한 말을 하여 위로는 聖旨에 아첨하고 아래로는 훗날 任
     門의 陰中을 두려워하여 피하니, 마음을 씀이 이와 같은데 장차 저런 재
     상을 어디에 쓰겠습니까?]

     [요청 : 청컨대 그 실정을 국문하소서.]

이칙이 아뢰었다.

19 이칙 : [해명 : 어제 윤호와 허종의 일을 계달할 때에 신이 정언 이자건에
     게 이르기를, ‘윤호는 나의 사촌형이라, 오늘 앞장서서 일을 아뢰며 부형
     을 논박하기는 어려우니, 그대가 가히 따로 써서 아뢰라’하였습니다. 이자
     건이 말하기를, ‘양사에서 같이 아뢰는데 각각 써서 아뢰는 것은 마땅하지
     않으니 함께 쓰되 상피하는 사연을 같이 아뢰는 것이 마땅하다.’하였습니

다. 신이 용렬하고 어리석어 그 불가함을 알지 못하였습니다.]

[수용 : 이제 성상의 하교를 받고 생각하니, 신이 앞장서서 일을 아뢰는데 윤호가 신에게 혐의스러움이 있으니 이자건이 각각 서계하는 것이 진실로 情理에 합당합니다. 신이 처음에는 의심하다가 마침내 강요하지 못하였으니, 용렬하고 어리석은 죄는 죽어도 피할 바가 없습니다.]

[변론(해명) : ‘방지로 들어와서 대통을 잇는다’는 말은, 신의 뜻을 말씀드리건대, 제왕이 서로 계승함에 만약 아버지가 아들에게 전하는 것이라면 비록 聖明하지 못할지라도 오히려 대통을 이을 수 있으나 만약 종사와 생령을 위하여 어진이를 골라서 준다면 大聖이 아니면 감히 감당할 수 없습니다. 이는 멀리 옛일을 끌어다 말할 것도 없습니다. 우리 세종께서 大業을 이어받은 것은 전하와 서로 같습니다. 세종께서는 우리 나라의 요순이십니다. 신은 전하께서 반드시 세종을 앞지르고 요순과 가지런하게 되기를 기대하였는데, 뜻밖에 전하께서 감히 소인을 써서 나라를 그르치는 계제가 되게 하시니, 신이 참으로 마음이 아파서 감히 아뢰었습니다.]

[변론 : 또 군자와 소인의 사이는 저울로 달 수도 없고 거울로 비추어 볼 수도 없으며 단지 공변됨과 사사로움의 사이에 있을 뿐입니다. 신이 용렬하고 어리석어 일을 처리하는 데 마땅함을 잃음이 위에 아뢴 바와 같습니다. 신은 진실로 소인 중에 더욱 심한 자이므로 憲長에 마땅하지 못한데, 하물며 이제 소인을 공격해 다스리는 때에 감히 소인으로서 뻔뻔스럽게 이 직분에 있을 수 있겠습니까?]

[요청 : 사직하기를 청합니다.]

#안호 등에게 전교하시었다. #

20 상 : [논평 : 너희들은 대신을 조고에게 비하였으니, 대신이 만약 이 말을 들으면 어찌 변명하려고 하지 아니하겠느냐?]

[논박(힐난) : 또 너희들이 임사홍의 집이 사치하고 화려함이 극진하다고 하였는데, 전일 대비께서 移御하실 때에 내가 친히 본 바이다. 어찌하여 이처럼 말하는가? 다른 말도 어찌 이와 같지 아니하겠는가? 임사홍의 집이 사치하고 화려하지 아니한데도 사치하고 화려하다고 이르면 그것도 임금을 속임이 아닌가?]

#이칙에게 전교하시었다. #

21 상 : [판정 : 경의 사직장을 받는 것과 받지 아니하는 것에 관계되는 바가
　　매우 크다. 오늘 내가 말하려고 하나 내일 장차 경복궁에 문안하려고 하
　　니, 그때 재상들이 모두 모일 것이므로 마땅히 거기에서 말하겠다.]
　　[종결 : 오늘은 우선 물러가라.]}

原文 : 영인본 조선왕조실록 11집 409~410면

○ 十二月朔庚寅 司憲府執義金楣等來啓曰 昨日　　傳敎曰 爾等亦有曲直 而
予不言之 臣等聞　　命 退而不寐 反覆思之 臣等待罪言官 人主過失 亦得言之
若知同僚之有過 其何饒之 臣等之職 以論人過失爲任 而　　上敎如此 靦然就
職 亦實未安　　傳曰 自古帝王 隱惡揚善 不敢言人之過 故予初不言之 今爾等
以謂 就職未安 予當言之 昨日李則與李自健等書啓 其中有尹壕不足責之語 李
則啓曰 此則非臣之言 乃自健之言也 壕於臣 爲四寸兄也 又曰 臣與士洪交親
而其父元濬 臣之恩門也 若以私情 則何敢言之 但公論如是 不敢不言 若李則
實爲公論之人 則何不言尹壕事也 其意必曰 尹壕乃吾四寸兄也 若言不足責 則
壕必惡之 故不言之 至於士洪事 則乃曰吾爲公論 何言之前後異也 予不以爲正
大也 且予問李自健曰 爾何以云尹壕不足責也 自健對曰 壕雖年老位高 無經歷
諳練之久 其於進賢退不肖 恐不能 故如此啓之爾 予曰 壕年老位高 且有經歷
何以云不能進賢退不肖耶 自健不對 若自健 實爲正大 而論尹壕之不足責 則當
歷擧某事某事爲不足責可也 而不直言之 其可謂正大乎 昨日予所云 爲此耳 楣
等啓曰 今承　　上敎 竊思李則之所謂尹壕不足責之語 非我所言云者 臣意以
謂 則之於壕也 以四寸 法當相避 而不可與自健共啓 故如此啓之耳 正言李自
健啓曰 臣之所謂尹壕不足責者 非謂壕有大過惡 以壕比琮則有間耳 琮通達古
事 負當世重名 壕則物望不及於琮 故如此啓之 豈有他意 然　　上敎以爲不能
盡言 請避嫌 安瑚等亦啓曰 臣等初與自健議啓時 不足責之說 臣等雖未嘗言之
然臣等之意亦如是也 自健之言 亦非曲也 同議而自健獨見責 臣等靦然就職 未
安 請避嫌 傳于金楣等曰 用一士洪 何至誤國 小人雖見用 得權然後能爲誤國
假使士洪爲小人 方今上旣有君 下有賢臣 誰授權柄使之退君子進小人 而爲誤
國哉 予意以謂 必無是理也 若李則 實謂尹壕爲相避 則凡干壕事 宜皆不言 今

乃不然 而但指此語曰 非我言也 其可謂正大乎 今聞爾等之言 右臺諫者皆是之
從予言者皆非之 是權在臺閣矣　　傳于瑚等曰 今聞爾等所啓 似與幼沖之主言
者 言官如是而獲罪 則其歸咎於誰歟 瑚等啓曰 臣等所言 不出於公 而出於私
則雖被重罪以死 無累於　　聖德矣 金楣等啓曰 今承權在臺閣之　　敎 不勝惶
恐 臣等所論 持公論而已 非徒臣等言之 弘文館亦言之 至於一國之人 誰不知
士洪之爲小人哉 今宰相議曰 士洪之誠爲小人與否 臣未詳知 是逢迎之議也 又
曰 果眞小人也 則何必用之 是畏任家陰中之禍 而佯爲不知之辭 以避之也 大
臣議事 當執一而已 豈可持兩端以議哉 一以逢迎 一以避禍 欺君大矣 故臣等
欲治其罪耳 瑚等啓曰 臣等初與自健同議 而自健獨見責 則臣等靦然就職爲難
　　傳于金楣等曰 爾等以謂今用士洪 則將有誤國之漸 予意以謂　臺諫與弘文館
皆自是其言 而大臣所言則共非之 如是則大臣雖欲言事 而畏其論責 莫敢發言
其弊有甚於用士洪 故云權在臺閣　　傳于瑚等曰 其勿避之 安瑚金楣等同辭啓
曰 議得大臣 皆知士洪之爲姦 而曰臣未詳知此言 何異於指鹿爲馬 欺君大矣
請鞫之 大司憲李則來啓曰　　上 欲用士洪 臣等力爭　　上 不聽 尹壕許琮 於
前日經筵顧問之時 乃謂用之無妨 正言李自健 謂臣曰 今當彈之 臣曰 壕予之
四寸兄也 雖爲國事 而人倫亦不可廢也 君宜別書以啓 自健以獨啓爲難 故竝書
臣名以啓 而恐　　上不知此意 故啓以非臣言也 且　　上意以臣等偏嫉士洪 而
攻之若是 故臣云臣與士洪交親 而其父 臣之恩門也 若顧私恩 臣何言之 但爲
公論 不敢不言也 今　　上敎如此 臣果無狀自知不能當大任 古云知臣莫如君
　　聖鑑豈不知臣之無狀乎 請避嫌　　傳于李則曰 卿謂人倫不可廢也 此言然矣
但卿實爲避嫌 則不足責之言 自健雖欲竝書之 而卿强使止之 別書以啓可也 今
乃使書於聯名之下 而曰非我言也 是卿雖陽爲避嫌 而其心必以爲不足責矣 且
旁支入繼大統之言 寡人有憾焉 卿云　　祖宗在天之靈 以宗社生靈擇畀 卿意
謂祖宗之意 以爲能如此 而今不如此乎 此言予又憾之　　祖宗之意 如大司憲
之意則可矣 其無奈或不如大司憲之意乎 予欲罪之 恐人謂予罪言事者 故不敢
耳 其勿避　　傳于臺諫曰 爾等云何異指鹿爲馬 然則三公與貳公者 皆趙高耶
又　　傳曰 今用士洪 而陽消陰長 君子立退 小人立進 國事立誤 則爾等如此言
之宜矣 但爲　　大妃推父功 只叙軍職 何得誤國乎 爾等去夜達曙啓之 而今又
至此 無奈過乎 瑚等啓曰 士洪之爲小人 非徒　　上所洞知 一國臣民之所共知
則議得大臣 豈獨不知 況三公政府 進賢退不肖 其職也 知其爲小人 而以不知
議之 此何異指鹿爲馬 亦豈非欺君乎 士洪身被大罪 固當闔門惶懼之不暇 而近

日科擧之事 放恣多端 又辱朝廷 且聞第舍窮極奢麗 僭擬無忌 此眞無忌憚小人
之所爲 如此之人 議得大臣 佯若不知 乃曰果眞小人 則何必用之 爲此摸稜之
語 上以逢迎　聖旨 下以畏避他日任門之陰中 用心如此 將焉用彼相哉 請鞫
其情 李則啓曰 昨日尹壕許琮事啓達時 臣謂正言李自健曰 尹壕 我之四寸兄也
今日作頭啓事 論駁父兄爲難 君可別書以啓 自健云 兩司同啓 各書未便 同書
而竝啓相避辭緣 爲便 臣之庸愚 不知其不可 今承　上敎 思之 臣作頭啓事
尹壕有嫌於臣 今李自健 各書以啓 實合情理 臣初疑之 而終不能强 庸愚之罪
死無所避 旁支入繼之言 臣意以謂 帝王相繼 若父傳於子 則雖未聖明 猶可繼
統 若爲宗社生靈 擇賢以授 則非大聖 不敢當也 此不須遠引古事 我　世宗繼
業與　殿下相同　世宗 我國之堯舜也 臣期　殿下 必欲軼　世宗齊堯
舜 而不意　殿下敢用小人 以階誤國 臣實痛心 敢啓耳 且君子小人之間 不可
以權衡而度之 鑑水而照之 只在公私之間 臣之庸愚 處事失當 如　上所云 臣
實小人之尤甚者 不宜憲長 況今攻治小人之時 敢以小人 靦居是職乎 請辭
傳于瑚等曰 爾等以大臣 比之趙高 大臣若聞此言 豈不欲辨明乎 且爾等以任士
洪家 爲窮極奢麗 前日　大妃移御時 予所親見 何以如此云乎 他言無奈類是
乎 士洪家非奢麗 而謂之奢麗 此亦非欺君乎　傳于李則曰 卿之辭狀 受與不
受 所關甚大 今日吾欲言之 但明日將問安于景福宮 其時宰相畢會 當於此言之
今日姑退

성종 19년 12월 2일 辛卯, 영돈녕 이상과 의정부 육조의 대신들로 하여금 대간의 말의 지나침을 의론하게 하다 (소통 행위 (28))

#영돈녕 이상과 의정부·육조에서 부름을 받고 빈청에 나아갔다. 전교하시었
다.#

1 상 : {[문제진술 : 대간은 내가 임사홍을 쓰고 社稷과 生靈을 돌아보지 아니
　　　한다고 하고, 또 삼공·육경이 임사홍의 집을 두려워하여 감히 말하는 이
　　　가 없다고 한다. 또 말하기를, 임사홍의 집이 화려하여 大內보다 낫다고
　　　한다. 임사홍의 집은 나만 눈으로 보았을 뿐만 아니라 대비전에서도 이미
　　　보셨고 시종하는 궁인들도 모두 보았다.]
　　　[논평 : 대간은 성준의 말을 듣고도 침묵을 지키며 말하지 아니하다가 임

사홍이 죄를 당할 때에 이르러서 비로소 말하였으니, 이는 대간도 임사홍의 집을 두려워하는 것이다. 대간이 그렇지 아니하다면, 임사홍의 집이 제도에 지나치다는 것을 들으면 곧 사람을 보내어서 적간하여 탄핵하는 것이 옳은데 그렇게 하지 아니하였으니, 이는 임사홍의 집을 두려워함이 아닌가? 재상들은 그것을 알도록 하라.]

#어서를 내리시었다.#

2 상 : [문제진술 : 一. 의정부 및 대신이 사슴을 가리켜서 말이라고 했다 하여 趙高에게 비유하였으니, 그러면 나는 二世가 된다는 것.]

　[문제진술 : 一. 諸宰에게 보이는 홍문관의 차자와 대간에서 상소한 말에 대한 것.]

#인하여 전교하시었다.#

3 상 : [하문 : 대간의 말이 이와 같은데 전일 의론한 재상이 이 일을 發明하였는가, 아니하였는가?]

#또 육조 당상관에게 전교하시었다.#

4 상 : [문제진술 : 이제 대간이 의정부 대신을 조고에게 비유하였으니, 만약 의정부 대신이 모두 조고라면 나는 이세가 된다. 옛사람은 丹朱와 桀·紂를 時君에 비한 것이 있었다. 그러나 이세 때는 바로 危亡할 때인데 거기에 비하였으니, 어떻게 받아들여야 하겠는가? 만약 의정부 대신이 과연 모두 조고라면 의정부에 있을 수 없을 것이며, 조고가 아닌데 비하기를 이처럼 한다면 말하는 자에게 죄가 있을 것이다.]

　[하명 : 경등은 마땅히 정대함으로써 의론해 아뢰라.]

#호조판서 한치례·형조판서 정문형·예조판서 유지·이조판서 성준·예조참판 박건·병조참판 이경동·공조참판 한환·형조참판 김세적·형조참의 이숙감·예조참의 윤민이 의론하였다.#

5 한치례 등 : [견해진술 : 신등이 아뢰옵건대, 조고가 사슴을 가리켜서 말이라고 한 것은 예로부터 奸臣이 임금을 속임에 이보다 더 심한 것이 있지 아니한데, 어찌 그것을 聖明한 조정에서 말할 수 있겠습니까? 대간의 말이 참으로 지나치다고 여겨집니다.]

　[변론 : 다만 생각하건대, 신하로서 임금에게 말을 올리는 이가 대개 모두 적당함을 지나칩니다. 이를테면 益이 순임금에게 경계하기를, '丹朱처럼

오만하지 마소서.'라고 하였으니, 순임금은 큰 성인이신데 어찌 익이 말하는 바와 같은 데 이르겠습니까? 대저 말이 激切하지 아니하면 족히 임금의 듣는 바를 움직일 수 없기 때문이었습니다. 주창은 한나라 고조를 걸·주라고 하였고, 유의는 진나라 무제를 환령이라고 하였으니, 말이 비록 지나칠지라도 모두 너그럽게 용서하였으므로 역사책에 기록하여 미담으로 삼았습니다.]

#전교하시었다.#

6 상 : [논평 : 내가 경등의 의론이 이 같을 것을 본래부터 알았다. 나로써 말하면 비록 단주나 걸·주에 비한다 하더라도 가하다. 또 사관도 본대로 기록하여 사책에 쓸 것이다.]

[변론 : 만약 의정부 대신을 모두 조고라고 하면 후세에 반드시 한치례 이하도 모두 그른 사람이라고 할 것이다. 이제 비록 임사홍을 쓰더라도 오히려 작은 일인데, 후세로 하여금 지금의 의정부 대신을 모두 조고라고 이르게 한다면 진실로 작은 일이 아니다.]

[논평 : 지금 홍문관에서는 오히려 대체에 의거하여 말하였는데 대간의 말은 지나침이 많이 있다. 그들의 생각으로는, '나는 대간이 되었으니, 말이 비록 지나칠지라도 무엇이 해롭겠느냐?'고 여길 것이다.]

[판정 : 그러나 내가 언관을 죄주려고 하는 것은 아니다. 이제 특별히 너그럽게 용서하니, 경등은 이를 알도록 하라. 그리고 이칙과 이자건은 그 처사가 비록 혹시 적중함을 잃었을지라도 모두 작은 일이다. 큰 일도 너그럽게 용서하는데 하물며 이처럼 작은 실수이겠는가? 그 사직 역시 들어주지 아니하였으니, 경등은 이를 알도록 하라.]}

原文 : 영인본 조선왕조실록 11집 412면

○ 領敎寧以上及議政府六曹 承召詣賓廳　　傳曰 臺諫 以予用士洪 而不顧社稷生靈 又以三公六卿 畏任家 無敢言之者 又云 士洪家華麗 過於大內 士洪家非徒予所目覩　　大妃殿亦已鑑視 至於侍從宮人皆見之 臺諫聞成俊之言 含默不言 至於罪士洪時 始言之 是則臺諫亦畏任家也 臺諫若不然 則聞士洪家過制 卽遣人摘姦劾之可也 而不爾 是不畏任家乎 宰相其知之　　下御書 一政府及

大臣指鹿爲馬 以趙高比之 然則我爲二世事 一示諸宰 以弘文館箚及臺諫疏言
事 仍   傳曰 臺諫之言如此 前日議得宰相 發明此事否 又   傳于六曹堂上
曰 今臺諫以政府大臣 比於趙高 若政府大臣皆趙高 則我爲二世也 古之人 有
以丹朱桀紂比時君者矣 然二世之時 乃危亡之時也 而比之何如 若政府大臣 果
皆趙高 則不得以居政府也 非趙高而比之若此 則言之者爲有罪也 卿等當以正
大議啓 戶曹判書韓致禮 刑曹判書鄭文炯 禮曹判書柳輊 吏曹判書成俊 禮曹參
判朴楗 兵曹參判李瓊仝 工曹參判韓懽 刑曹參判金世勣 刑曹參議李淑瑊 禮曹
參議尹慜議 臣等以謂 趙高之指鹿爲馬 自古姦臣欺罔之事 未有如此之甚者 豈
可言之於   聖明之朝乎 臺諫之言 實爲過越 但念人臣之進言於君者 類皆過
當 如益之戒舜曰 無若丹朱傲 舜大聖人也 豈至如益之所言哉 大抵言不激切
不足以動人主之聽 且如周昌以漢高爲桀紂 劉毅以晉武爲桓靈 言雖過中 亦皆
優容 書之史策 以爲美談   傳曰 予固知卿等之議如是也 以予言之 則雖比之
丹朱桀紂 可也 且史官亦以所覩記 書之史策也 若以政府大臣 皆爲趙高 則後
世必以謂致禮以下 亦皆非人也 今雖用士洪 猶小事也 使後世以今之政府大臣
皆爲趙高云 則誠非細事也 今弘文館則猶據大體言之也 臺諫之言則多有過越
其心以謂 我爲臺諫 言雖過中 何害云爾 然予非欲罪言官也 今特優容 卿等其
知之 且李則與李自健 其處事雖或失中 而皆小事也 大事尙且優容 況此小失乎
其辭職亦不聽 卿等其知之

성종 19년 12월 2일 辛卯, 영의정 윤필상 등이 사직을 청하였으나 허락하지 않다 (소통 행위 (29))

#영의정 윤필상 등이 아뢰었다.#
1 윤필상 등 : {[변론 : 대간이 신등을 조고라고 하였는데 뻔뻔스럽게 직무에
    나아가기가 미안합니다.]
    [요청 : 사피하기를 청합니다.]
#전교하시었다.#
2 상 : [판정 : 어찌 이런 일이 일어나는가? 사피하지 말도록 하라.]}

原文 : 영인본 조선왕조실록 11집 412면

○ 領議政尹弼商等啓曰 臺諫以臣等爲爲趙高 靦然就職未安 請辭避   傳曰 豈有是事 其勿避

성종 19년 12월 3일 壬辰, 대사간 안호와 장령 황사효가 사직을 청하니 허락하다 (소통 행위 (30))

#사간원 대사간 안호와 사헌부 장령 황사효가 와서 아뢰었다.#

1 안호, 황사효 : {[문제진술 : 임사홍의 집이 사치하고 화려한 일은, 들은 곳을 찾아서 서계한 뒤에 發落된 것을 알지 못합니다. 그리고 임사홍이 소인이라는 것은 신등이 전일에 이미 다 아뢰었는데 어제 삼가 어서의 三不足의 말을 보건대, 성상께서 그가 참 소인임을 밝게 아시는 것을 신등이 더욱 알았습니다.]

[변론 : 성상께서 아시면서도 오히려 버리지 아니하시니, 이는 진실로 신등이 용렬하여 능히 천의를 돌이키지 못하였기 때문입니다. 이와 같으면서 예사로 직무에 나아가 어진이를 올려 쓰는 길을 방해하고 뭇사람의 비방을 불러일으키게 하니, 마음이 참으로 편하지 못합니다.]

[요청 : 청컨대 신등의 벼슬을 바꾸소서.]

#전교하시었다.#

2 상 : [판정 : 어제 이미 유시하였다. 내 뜻은 윤허하지 아니함이니라.]

#안호 등이 다시 아뢰었다.#

3 안호, 황사효 : [변론 : 임사홍의 집이 사치하고 화려하다는 일을 전일에 아뢰었습니다. 이에 전교하시기를 '사치하고 화려하지 아니한데 그대들이 사치하고 화려하다고 하니, 이는 임금을 속이는 것이 아니냐?'라고 하셨습니다. 신등은 황공함을 이기지 못하겠습니다. 비록 보통 관원이라 할지라도 만일 '임금을 속인다.'는 하교를 받으면 마땅히 중죄를 받아야 할 것인데, 하물며 신등은 대간에 있으면서 뻔뻔스럽게 직무에 나아갈 수 없습니다.]

[요청 : 사직하기를 청합니다.]

#전교하시었다.#
4 상 : [허락 : 그리 하라.]}

原文 : 영인본 조선왕조실록, 11집 412면

○ 壬辰 司諫院大司諫安瑚 司憲府掌令黃事孝來啓曰 任士洪家奢麗事 得所聞
處書啓 後未知發落 且士洪之爲小人 臣等前日 啓之已盡 昨伏覩   御書三不
足之說 臣等益知   聖上 洞知其爲眞小人也   聖上知而猶不去之 是實臣等
庸劣 不能回天之故也 如此而安然就職 以妨賢路 以招衆謗 心實未安 請改臣
等之職   傳曰 昨日已諭 予意不允 瑚等更啓曰 士洪家奢麗事 前日啓之
傳曰 非奢麗 而汝等以爲奢麗 此非欺君乎 臣等不勝惶懼 雖常員 如承欺君之
敎 當服重罪 況臣等待罪臺諫 不可靦面就職 請辭   傳曰可

성종 19년 12월 4일 癸巳, 대간을 불러 직무에 나아가라 전교하다
(소통 행위 (32))

#승정원에서 의논하여 아뢰었다.#
1 승정원 : {[요청 : 대간은 하루라도 없을 수 없습니다. 정사는 어떻게 해야
　　　하겠습니까?]
#전교하시었다.#
2 상 : [판정 : 정사를 정지하고 대간을 부르라.]
#대간들이 모두 부름을 받고 예궐하였다. 전교하시었다.#
3 상 : [논평 : 내가 그대들의 사직을 받아들인 것은 어찌 다른 뜻이 있겠는가?
　　　임사홍의 사람됨은 소인으로 취급하는 것이 마땅하나, 다만 삼공을 조고
　　　로 삼으면 나는 어떤 임금이 되겠는가? 내가 임사홍을 쓰는 것은 그 아비
　　　임원준이 공이 있고 또 공신의 적장이기 때문이다. 삼공육경과 승지들은
　　　나의 부득이한 뜻을 알며, 또 권력을 주는 것이 아니고 단지 군직으로 서
　　　용하는 것뿐이기 때문에 말하지 아니하는 것이다. 그대들은 임사홍의 죄
　　　를 더하고자 하여 그 집이 사치하고 화려하다고 아뢰었다. 임사홍의 집을
　　　내가 친히 보았는 바, 사치하고 화려하지 아니한데 거짓 꾸며서 아뢰었으

니, 어찌 그것이 마땅하겠는가? 비록 內臣을 보내어 보게 할지라도 어찌
그대들이 아뢴 바와 같겠는가? 또 임사홍을 쓰는 뜻은 내가 경복궁에서
여러 의론을 널리 채택하여 설명하기를 자세히 하였는데, 어찌하여 다시
와서 사직하는가?]

#안호·김미·봉원효·황사효·권경희·김호·이의무·김봉·이자건이 아뢰
었다.#

4 안호 등 : [해명 : 신등은 대신을 가리켜서 조고라고 하는 것이 아닙니다. 임
   사홍이 소인인 것은 사람들이 함께 아는 바인데 대신들만 홀로 알지 못
   한다고 말하니, 이 한 가지 일은 사슴을 가리켜서 말이라고 하는 것과 같
   기 때문에 아뢴 것입니다.]

   [해명 : 임사홍의 집이 사치하고 화려하다는 일은, 또한 감히 죄를 더하려
   고 하여 거짓 꾸며서 아뢴 것이 아닙니다. 성준에게서 들은 것이 명백하
   기 때문에 단지 들은 바를 아뢰었을 뿐입니다.]

   [해명 : 그리고 신등은 용렬하여 능히 직책을 다하지 못하기 때문에 감히
   사피하는 것입니다.]

#전교하시었다.#

5 상 : [논평 : 이제 정부 대신들이 모두 와서 사면하니 이것이 어찌 아름다운
   일이겠는가? 그대들이 모두 삼공을 가리켜서 조고라고 하였으니 이는 매
   우 옳지 못하다. 임사홍의 집이 사치하고 화려한 일은 비록 성준이 말한
   것이라고 하더라도 내가 눈으로 본 것인데, 그대들이 아뢴 것은 잘못이
   다.]

   [판정 : 내가 죄를 가하고 싶으나 외간에서 내 뜻을 알지 못하고 말하는
   일로써 언관을 죄준다고 이를 것을 두려워하였기 때문에 특별히 너그럽
   게 용서하여 직무에 나아가게 하는 것이다.]}

原文 : 영인본 조선왕조실록, 11집 413면

   ○ 癸巳 承政院議啓曰 臺諫不可一日無也 政事何如   傳曰 停政事 召臺諫
臺諫等皆承召詣闕   傳曰 予之受爾等辭職者 豈有他哉 士洪之爲人 當置諸
小人矣 但以三公爲趙高 則以予爲何如主也 予之用士洪 以其父元濬有功 且功

臣嫡長故也 三公六卿承旨等 知予不得已之意 又非授之以權 而只敍於軍職 故
不言之也 爾等欲加之罪 而以其家奢麗啓之 士洪之家 予所親見 非奢麗而誣飾
啓之 豈其宜乎 雖遣內臣見之 豈與爾等所啓同乎 且用士洪之意 予於景福宮
博採羣議而諭之詳矣 何以更來辭職乎 安瑚金楣奉元孝黃事孝權景禧金浩李宜
茂金對李自健啓曰 臣等非指大臣爲趙高 士洪之爲小人 人所共知 而大臣獨以
謂未之知也 此一事類於指鹿爲馬 故啓之耳 士洪家奢麗之事 又非敢欲加之罪
而誣飾啓之也 所聞於成俊歷歷 故只以所聞啓之耳 且臣等庸劣 未能盡職 敢辭
避   傳曰 今政府大臣 皆來辭免 此豈美事乎 爾等率指三公爲趙高 此甚不可
也 士洪家奢麗事 雖成俊言之 予所目覩 爾等所啓誤矣 予欲加罪 恐外間未知
予意 謂以言事罪言官 故特優容 使就職

성종 19년 12월 4일 癸巳, 홍문관 부제학 신종호 등이 사직장을 올리니 직무에 나아가라 전교하다 (소통 행위 (33))

#홍문관 부제학 신종호 등이 사직장을 올려 아뢰었다.#

1 신종호 등 : {[문제진술 : 신등이 이달 초 4일에 복합하여 말씀을 올렸던 바,
   전교하시기를, ‘너희들은 물러가라.’고 하셨습니다.]

   [변론 : 전하께서 즉위하신 이래로 경악의 시신을 일찍이 우대하지 아니하
   심이 없어서 비록 신등의 용렬함으로써도 넓은 은혜를 그릇되게 입었습
   니다. 보답하기를 도모할 길이 없으므로 아는 것은 말하지 아니함이 없
   는 것만이 성상의 은덕에 만분의 하나라도 보답하는 것이라고 여겼습니
   다.]

   [변론 : 그런데 이 일에만 ‘너희들은 물러가라.’는 명이 있었습니다. 신등
   은 모두 無狀함으로써 시위소찬하면서 어진이를 방해하니 얼굴이 부끄럽
   습니다. 일찍이 천한 뜻을 가지고 여러 번 宸聽을 번거롭게 하였습니다
   만, 더구나 명이 이에 이르는 것이겠습니까?]

   [요청 : 청컨대 신등의 직을 바꾸어서 어진 사람을 쓰는 길을 열게 하소
   서.]

#어서로 이르시었다.#

2 상 : [해명 : 내가 그대들을 대우함이 박하다고 이를 수는 없다. 어저께 대신

의 列에 불러들여 임사홍을 쓰는 이유를 자세히 설명하였는데 또 와서 말하기 때문에 내가 말하기를, '이미 너희 말을 들었으니 물러가라.'고 한 것인데, '가라'는 말을 그대들이 이상하게 듣고서 허물을 구하는 것이다. 내가 어찌 의도적으로 한 말이겠는가? 만약 의도한 것이 있어서 가게 하려고 했다고 하면 답할 바를 알지 못하겠다.]

  [하명 : 마음대로 행하라.]

#신종호 등이 물러갔다. 전교하시었다.#

3 상 : [하문 : 홍문관 관원이 數대로 다 나갔으니, 신하가 마음대로 去就하기를 이같이 하는가?]

#드디어 명하여 문에 머물게 하고 재촉해 부르니, 신종호 등이 모두 갓을 쓰고 승정원에 나아갔다. 전교하시었다.#

4 상 : [하문 : 그대들이 내 글을 보고는 마음으로 어떻게 생각하고서 가는가?]

#신종호 등이 아뢰었다.#

5 신종호 등 : [응답 : 신등이 엎드려 어서를 보오니 그 가운데 아뢸 만한 말이 있기에 다시 아뢰려고 생각하였으나 밤이 깊어서 실행하지 못하였습니다. 마침 승정원 使令이 달려오며 부르짖기를, '대간과 홍문관은 문에 머물렀다가 나가라.'고 하기에 신등이 듣고는 갔습니다.]

#전교하시었다.#

6 상 : [해명 : 궐내에는 마땅히 유숙할 사람이 아니면 유숙할 수 없기 때문에 승정원의 아뢴 바로 인하여 이 문에 머물렀다가 내어 보내라는 명이 있었다.]

  [하문 : 다만 그대들은 내 글을 보고는 어떻다고 하여 갔는가? 만약 반드시 사직장을 받을 것이라고 생각하였으면 비록 다시 아뢸 일이 있을지라도 형편상 어려운 것이다. 또 그대들이 아뢰려고 한 것은 무슨 일인가?]

#신종호 등이 아뢰었다.#

7 신종호 등 : [응답 : 어서에 이르시기를, '내가 어찌 의도함이 있겠느냐? 만약 내가 의도함이 있다고 생각한다면 나는 답할 말이 없다. 마음대로 행하라.'고 하셨는데, 신등이 어찌 감히 전하를 의도함이 있다고 이르겠습니까? 아뢰고자 하는 것은 이 일입니다.]

  [응답 : 어제 전교에 이르시기를, '너희들은 물러가라.'고 하셨는데 신등이

가지 아니하려고 하면 바깥 사람이 신등을 이르기를 뻔뻔스럽게 벼슬에 있다고 할까 두렵습니다. 시종하는 신하는 나아가고 물러감을 구차히 할 수 없습니다. 그러므로 물러갔습니다.]

#전교하시었다.#

8 상 : [논평 : 내가 그대들을 대우하기를 재상을 대우하는 것과 같이 하였는데, 그대들이 만약 간다면 조정에 어찌 다른 사람이 없겠는가? 그렇지만 그대들은 옛 사람도 있고 새 사람도 있는데 그 사이에 내 마음을 아는 이를 나도 헤아리겠다. 내가 그대들을 미리 양성한 것은 그대들과 대간으로 하여금 바깥 일을 듣고 말하게 한 것이다. 전일 내가 전교하기를 '가라'고 한 것을, 그대들이 반드시 욕하는 것이라고 생각하고서 간 것이다. 무릇 사람이 친구 사이에도 이같은 말이 있는데 임금이 신하에게도 이와 같다. 그대들이 어찌 이것을 가지고 욕한다고 할 수 있겠는가? 그대들이 가고자 하면 마땅히 취품하여 알게 해야 할 것인데 이제 마음대로 행하였으니 잘못이 없겠는가?]

　[하명 : 그러나 오늘날 대간들에게 이미 복직하도록 하였으니, 그대들도 마땅히 직무에 나아가도록 하라.]

#신종호 등이 아뢰었다.#

9 신종호 등 : [응답 : 신등이 실로 잘못 생각하여 죄를 짓고 또 지었습니다.]}

原文 : 영인본 조선왕조실록 11집 413면

　○ 弘文館副提學申從濩等上狀辭職曰 臣等於本月初四日 伏閤進言　傳曰 汝等其去之　殿下卽位以來 待經幄侍臣 未嘗不優 雖以臣等庸劣 謬蒙洪私 圖報末由 以知無不言 庶幾報　上德萬分之一 獨於此事 乃有汝等其去之　命臣等俱以無狀 尸素妨賢 有覥面目 曾將卑悰 累瀆　宸聽 況有　命至此乎 請遞臣等之職 以開賢路　御書曰 予之待爾等 不可謂之薄也 昨者召入大臣之列 詳論用士洪之由 而又來言之 故予謂旣聽予語 其去之 去之之語 爾等巧聽求過耳 予豈有情 若以爲有情 欲以去之 則不知所答 任意行之 從濩等退　傳曰 弘文館員 盡數出去 人臣豈可任意去就若是哉 遂　命留門促召之 從濩等 皆着笠詣承政院 傳曰 爾等見予書 於意以爲何如 而去耶 從濩等啓曰 臣等

伏覩　　御書 其中有可啓之語 故思欲更啓 因夜深未果 適有承政院使令走且

呼 臺諫及弘文館 留門出之云云 故臣等聞之乃去　　　傳曰 闕內非應宿人則不

可留宿 故因政院所啓 有此留門出送之命 但爾等見予書 以爲何如而去耶 若以

爲 必受辭狀 則雖有更啓之事 勢所難也 且爾等所以欲啓者何事也 從濩等啓曰

　御書云 予豈有情 若以爲有情 則予無所答 任意行之 臣等安敢謂　　殿下有

情哉 所以欲啓者此事也 昨日　　敎云 爾等其去之 臣等欲不去 則恐外人謂臣

等 靦面居職也 侍從之臣 其進退不可苟且爲之 以是退去　　傳曰 予之待爾等

如待宰相 爾等若去 則朝廷之上 豈無他人 然爾等有舊有新 其間知予心者 予

亦數之 予之預養爾等 使爾等與臺諫 聞外事而言之也 前日予敎云其去之 爾等

必以謂辱而去之耳 凡人朋友間 亦有此等語 君之於下 亦且如此 爾等豈宜以是

爲辱哉 爾等欲去 則當取禀而知之 今乃任意行之 無乃誤乎 然今日臺諫等 已

令復職 爾等亦宜就職 從濩等啓曰 臣等實錯料 負罪負罪

■ ■ 저자소개 ■ ■

엄 훈

경북 김천 生

서울대학교 불어교육과를 졸업한 후

뜻한 바 있어 서울대학교 국어교육과에 편입함.

동 대학원에서 석사 학위와 박사 학위를 받음.

현재 청주교육대학교 국어교육과에 재직 중.

문화 교육의 관점에서 고전 논변을 연구하고 있으며,

학교 현장에 기반한 국어 교육의 질적 연구에도 관심을 기울이고 있다.

조선 전기 공론 논변 연구 ■ ■ ■

인 쇄 2005년 12월 23일
발 행 2005년 12월 30일

저 자 엄 훈
펴낸이 이 대 현
편 집 권분옥 · 박소정
펴낸곳 도서출판 역락
　　　　서울 성동구 성수2가 3동 301-80 (주)지시코 별관 3층
　　　　전화 • 3409-2058, 3409-2060 / FAX • 3409-2059
　　　　홈페이지 • http://www.youkrack.com
　　　　이메일 • youkrack@hanmail.net
　　　　등록 • 1999년 4월 19일 제303-2002-000014호

정 가 21,000원
ISBN 89-5556-444-9-93710

■ 잘못된 책은 교환해 드립니다.